C

MW00476010

ÉMILE BENVENISTE

Problèmes de linguistique générale

I

GALLIMARD

Avant-propos

Les études réunies dans cet ouvrage ont été choisies *entre beaucoup d'autres, plus techniques, que l'auteur a publiées au long de ces dernières années. Si on les a présentées ici sous la dénomination de « problèmes », c'est qu'elles apportent dans leur ensemble et chacune pour soi une contribution à la grande problématique du langage, qui s'énonce dans les principaux thèmes traités : on y envisage les relations entre le biologique et le culturel, entre la subjectivité et la socialité, entre le signe et l'objet, entre le symbole et la pensée, et aussi les problèmes de l'analyse intralinguistique. Ceux qui découvrent dans d'autres domaines l'importance du langage verront ainsi comment un linguiste aborde quelques-unes des questions qu'ils sont amenés à se poser et ils apercevront peut-être que la configuration du langage détermine tous les systèmes sémiotiques.*

A ceux-là certaines pages pourront sembler difficiles. Qu'ils se convainquent que le langage est bien un objet difficile et que l'analyse du donné linguistique se fait par des voies ardues. Comme les autres sciences, la linguistique progresse en raison directe de la complexité qu'elle reconnaît aux choses ; les étapes de son développement sont celles de cette prise de conscience. Au reste, il faudra se pénétrer de cette vérité que la réflexion sur le langage n'est fructueuse que si elle porte d'abord sur les langues réelles. L'étude de ces organismes empiriques, historiques, que sont les langues demeure le seul accès possible à la compréhension des mécanismes généraux et du fonctionnement du langage.*

Dans les premiers chapitres, nous avons esquissé un panorama des recherches récentes sur la théorie du langage et des perspectives qu'elles ouvrent. On passe ensuite au problème central de la communication et à ses modalités : nature du signe linguistique, caractères différentiels du langage humain ;*

corrélations entre les catégories linguistiques et celles de la pensée ; rôle du langage dans l'exploration de l'inconscient. La notion de structure et celle de fonction sont l'objet des essais suivants qui portent successivement sur les variations de structure dans les langues et sur les manifestations intralinguistiques de quelques fonctions ; notamment les relations de la forme et du sens sont mises en rapport avec les niveaux de l'analyse. Une série distincte est consacrée à des phénomènes de syntaxe : on recherche ici des constantes syntaxiques à travers des types linguistiques très variés, et on pose des modèles spécifiques de certains types de phrases à reconnaître comme universels : phrase nominale, phrase relative. « L'homme dans le langage » est le titre de la partie suivante ; c'est l'empreinte de l'homme dans le langage, définie par les formes linguistiques de la « subjectivité » et les catégories de la personne, des pronoms et du temps. En contrepartie, dans les derniers chapitres, c'est le rôle de la signification et de la culture qui est mis en relief ; on y étudie les méthodes de la reconstruction sémantique, ainsi que la genèse de quelques termes importants de la culture moderne.

L'unité et la cohérence de l'ensemble ressortiront de cet aperçu. Nous nous sommes à dessein abstenu de toute intervention rétrospective dans la présentation comme dans les conclusions des différents chapitres. Autrement il eût fallu ajouter à chacun d'eux un post-scriptum souvent étendu : soit au titre de la documentation, pour signaler par exemple les plus récents développements des recherches théoriques ; soit en historien de notre propre recherche, pour rendre compte de l'accueil fait à chacun de ces textes, et indiquer que « Nature du signe linguistique » (p. 49) a provoqué de vives controverses et fait surgir une longue série d'articles, que nos pages sur le temps dans le verbe francais (p. 237) ont été prolongées et confirmées dans les statistiques de H. Yvon sur l'emploi des temps chez les écrivains modernes, etc. Mais c'eût été chaque fois amorcer une nouvelle recherche. D'autres occasions se présenteront de revenir sur ces questions importantes et d'en traiter à neuf.

MM. P. Verstraeten et N. Ruwet ont bien voulu souhaiter la publication du présent recueil. Qu'ils soient remerciés ici de m'avoir obligeamment aidé à le constituer.

E. B.

1

Transformations de la linguistique

CHAPITRE PREMIER

Tendances récentes en linguistique générale [1]

Au cours des dernières décennies, la linguistique a connu un développement si rapide et étendu si loin son domaine qu'un bilan même sommaire des problèmes qu'elle aborde prendrait les proportions d'un ouvrage ou se dessécherait en une énumération de travaux. A vouloir seulement résumer l'acquis, on remplirait des pages, où l'essentiel manquerait peut-être. L'accroissement quantitatif de la production linguistique est tel qu'un gros volume de bibliographie annuelle ne suffit pas à la recenser. Les principaux pays ont maintenant leurs organes propres, leurs collections et aussi leurs méthodes. L'effort descriptif a été poursuivi et étendu au monde entier : la récente réédition des *Langues du monde* donne une idée du travail accompli et de celui, bien plus considérable, qui reste à faire. Les Atlas linguistiques, les dictionnaires se sont multipliés. Dans tous les secteurs l'accumulation des données produit des œuvres de plus en plus massives : une description du langage enfantin en quatre volumes (W. F. Leopold), une description du français en sept volumes (Damourette et Pichon) ne sont que des exemples. Une revue importante peut aujourd'hui être consacrée exclusivement à l'étude des langues indiennes d'Amérique. On entreprend en Afrique, en Australie, en Océanie des enquêtes qui enrichissent considérablement l'inventaire des formes linguistiques. Parallèlement le passé linguistique de l'humanité est exploré systématiquement. Tout un groupe d'anciennes langues d'Asie Mineure a été rattaché au monde indo-européen et en modifie la théorie. La restitution progressive du proto-chinois, du malayo-polynésien commun, de certains prototypes amérindiens

1. *Journal de Psychologie*, P.U.F., Paris, janvier-juin 1954.

permettra peut-être de nouveaux groupements génétiques, etc. Mais même si l'on pouvait donner de ces recherches un bilan plus détaillé, il montrerait que le travail procède très inégalement : ici on continue des études qui auraient été les mêmes en 1910; là on rejette jusqu'au nom de « linguistique » comme périmé; ailleurs on consacre des volumes entiers à la seule notion de « phonème ». C'est que la multiplication des travaux ne révèle pas immédiatement, mais masque plutôt les transformations profondes que subissent la méthode et l'esprit de la linguistique depuis quelques décennies, et les conflits qui la divisent aujourd'hui. Quand on a ouvert les yeux à l'importance de l'enjeu et aux conséquences que les débats présents peuvent avoir pour d'autres disciplines aussi, on est tenté de penser que les discussions sur les questions de méthode en linguistique pourraient n'être que le prélude d'une révision qui engloberait finalement toutes les sciences de l'homme. C'est pourquoi nous insisterons surtout, en termes non techniques, sur les problèmes qui sont aujourd'hui au centre des recherches de linguistique générale, sur la notion que les linguistes se font de leur objet et sur le sens que prennent leurs démarches.

Du reste, le recueil publié en 1933 par le *Journal de Psychologie* sous le titre de *Psychologie du langage* manifestait déjà un renouveau éclatant des vues théoriques et des affirmations doctrinales. On y lisait les premiers exposés de principes qui, comme ceux de la « phonologie », ont largement pénétré maintenant dans l'enseignement. On y voyait aussi apparaître des conflits qui depuis ont conduit à des réorganisations, telle la distinction entre synchronie et diachronie, entre phonétique et phonologie, qui s'est abolie quand on a mieux défini les termes en présence. Certaines convergences rapprochaient des théories indépendantes. Quand par exemple Sapir mettait en lumière la réalité psychologique des phonèmes, il retrouvait pour son compte une notion que Troubetzkoy et Jakobson s'employaient de leur côté à instaurer. Mais on ne pouvait alors prévoir que, dans un secteur toujours plus large de la linguistique, les recherches s'engageraient, en apparence au moins, à l'encontre des buts que la linguistique avait poursuivis jusqu'alors.

On a souvent souligné le caractère exclusivement historique qui marquait la linguistique pendant tout le XIXe siècle et le début du XXe. L'histoire comme perspective nécessaire et la successivité comme principe d'explication, le morcellement de la langue en éléments isolés et la recherche de lois d'évolution propres à chacun d'eux : tels étaient les caractères dominants de la doctrine linguistique. On reconnaissait bien des principes de tout autre nature, comme le facteur analogique, qui peut troubler la régularité de l'évolution. Mais, dans la pratique ordinaire, la grammaire d'une langue consistait en un tableau de l'origine de chaque son et de chaque forme. C'était la conséquence à la fois de l'inspiration évolutionniste qui pénétrait alors toutes les disciplines et des conditions où la linguistique était née. La nouveauté du point de vue saussurien, un de ceux qui ont le plus profondément agi, a été de prendre conscience que le langage en lui-même ne comporte aucune dimension historique, qu'il est synchronie et structure, et qu'il ne fonctionne qu'en vertu de sa nature symbolique. Ce n'est pas tant la considération historique qui est condamnée par là qu'une manière d'« atomiser » la langue et de mécaniser l'histoire. Le temps n'est pas le facteur de l'évolution, il n'en est que le cadre. La raison du changement qui atteint tel élément de la langue est d'une part dans la nature des éléments qui la composent à un moment donné, de l'autre dans les relations de structure entre ces éléments. La constatation brute du changement et la formule de correspondance qui la résume font place à une analyse comparée de deux états successifs et des agencements différents qui les caractérisent. La diachronie est alors rétablie dans sa légitimité, en tant que succession de synchronies. Cela fait déjà ressortir l'importance primordiale de la notion de système et de la solidarité restaurée entre tous les éléments d'une langue.

Ces vues sont déjà anciennes, elles se laissent pressentir dans toute l'œuvre de Meillet, et, quoiqu'elles ne soient pas toujours appliquées, on ne trouverait plus personne pour les contester. Si l'on voulait à partir de là caractériser d'un mot le sens où la linguistique paraît les prolonger aujourd'hui, on pourrait dire qu'elles marquent le début d'une linguistique conçue comme *science*, par sa cohérence, son autonomie et les visées qu'on lui assigne.

Cette tendance se marque d'abord au fait que certains types de problèmes sont délaissés. Personne ne se pose plus sérieusement la question de la monogenèse ou de la polygenèse des langues, ni, d'une manière générale, celle des commencements absolus. On ne cède plus aussi aisément qu'autrefois à la tentation d'ériger en propriétés universelles du langage les particularités d'une langue ou d'un type linguistique. C'est que l'horizon des linguistes s'est élargi. Tous les types de langues acquièrent des titres égaux à représenter le langage. A aucun moment du passé, sous aucune forme du présent on n'atteint quoi que ce soit d'« originel ». L'exploration des plus anciennes langues qui soient attestées les montre aussi complètes et non moins complexes que celles d'aujourd'hui ; l'analyse des langues « primitives » y révèle une organisation hautement différenciée et systématique. Loin de constituer une norme, le type indo-européen apparaît plutôt exceptionnel. A plus forte raison se détourne-t-on des recherches portant sur une catégorie choisie dans l'ensemble des langues et censée illustrer une même disposition de l'« esprit humain », depuis qu'on a vu la difficulté de décrire le système complet d'une seule langue et combien sont fallacieuses certaines analogies de structure décrites au moyen des mêmes termes. Il faut attacher une grande importance à cette expérience toujours plus large des variétés linguistiques du monde. On en a tiré plusieurs leçons. Il est apparu d'abord que les conditions d'évolution ne diffèrent pas foncièrement selon les niveaux de culture, et qu'on peut appliquer à la comparaison des langues non écrites les méthodes et les critères qui valent pour les langues de tradition écrite. A un autre point de vue, on s'est aperçu que la description de certains types linguistiques, des langues amérindiennes notamment, posait des problèmes que les méthodes traditionnelles ne peuvent résoudre. Il en est résulté un renouvellement des procédés de description qui, par contre-coup, a été étendu aux langues qu'on croyait décrites pour toujours et qui ont pris nouvelle figure. Autre conséquence encore, on commence à voir que le répertoire des catégories morphologiques, si varié qu'il semble, n'est pas illimité. On peut alors imaginer une sorte de classification logique de ces catégories qui en montrerait l'agencement et les lois de transformation. Enfin, et nous touchons ici à des questions dont la portée dépasse la linguistique, on discerne que les « catégories mentales » et les « lois de la pensée » ne font dans une large mesure que refléter l'organisation et la distribution des catégories linguistiques. Nous pensons un univers que notre langue a d'abord modelé. Les variétés de l'expérience philosophique ou spirituelle sont sous la dépendance inconsciente d'une classification que la langue opère du seul fait qu'elle est langue et qu'elle symbolise. Ce sont là quelques-uns des thèmes que découvre une réflexion familiarisée avec la diversité des types linguistiques, mais à vrai dire aucun n'a encore été exploité à fond.

Dire que la linguistique tend à se faire scientifique, ce n'est pas seulement insister sur un besoin de rigueur qui est commun à toutes les disciplines. Il s'agit d'abord d'un changement d'attitude envers l'objet, qui se définirait par un effort pour le formaliser. A l'origine de cette tendance on peut reconnaître une double influence : celle de Saussure en Europe, celle de Bloomfield en Amérique. Les voies de leur influence respective sont d'ailleurs aussi différentes que les œuvres dont elles procèdent. Il est difficile d'imaginer contraste plus marqué que celui de ces deux ouvrages : le *Cours de linguistique générale* de Saussure (1916), livre posthume rédigé d'après des notes d'élèves, ensemble d'aperçus géniaux dont chacun appelle une exégèse et dont certains nourrissent encore la controverse, projetant la langue sur le plan d'une sémiologie universelle, ouvrant des vues auxquelles la pensée philosophique d'aujourd'hui s'éveille à peine; le *Language* de Bloomfield (1933), devenu le vade-mecum des linguistes américains, « textbook » complètement achevé et mûri, remarquable autant par son parti pris de dénuement philosophique que par sa rigueur technique. Néanmoins Bloomfield, quoiqu'il ne se réfère pas à Saussure, aurait certainement souscrit au principe saussurien que « la linguistique a pour unique et véritable objet la langue envisagée en elle-même et pour elle-même ». Ce principe explique les tendances que montre partout la linguistique, s'il ne rend pas encore compte des raisons pour lesquelles elle se veut autonome et des fins qu'elle poursuit par là.

A travers les différences d'école, chez ceux des linguistes qui essayent de systématiser leurs démarches, les mêmes préoccupations apparaissent qui peuvent se formuler en trois questions fondamentales : 1º Quelle est la tâche du linguiste, à quoi accède-t-il et que décrira-t-il sous le nom de langue? C'est l'objet même de la linguistique qui est mis en question; 2º Comment décrira-t-on cet objet? Il faut forger des instruments qui permettent d'appréhender l'ensemble des traits d'une langue dans l'ensemble des langues manifestées et de les décrire en termes identiques. Quel sera alors le principe de ces procédés et de ces définitions? Cela montre l'importance que prend la technique linguistique; 3º Au sentiment naïf du parlant comme pour le linguiste, le langage a pour fonction de « dire quelque chose ». Qu'est exactement ce « quelque chose » en vue de quoi le langage est articulé, et comment le délimiter par rapport au langage lui-même? Le problème de la signification est posé.

Le seul énoncé de ces questions montre que le linguiste

veut se défaire des appuis ou des attaches qu'il trouvait dans des cadres tout faits ou dans des disciplines voisines. Il repousse toute vue *a priori* de la langue pour construire ses notions directement sur l'objet. Cette attitude doit mettre fin à la dépendance, consciente ou non, où la linguistique se trouvait vis-à-vis de l'histoire d'une part, d'une certaine psychologie de l'autre. Si la science du langage doit se choisir des modèles, ce sera dans les disciplines mathématiques ou déductives qui rationalisent complètement leur objet en le ramenant à un ensemble de propriétés objectives munies de définitions constantes. C'est dire qu'elle deviendra de plus en plus « formelle », au moins en ce sens que le langage consistera en la totalité de ses « formes » observables. Partant de l'expression linguistique native, on procède par voie d'analyse à une décomposition stricte de chaque énoncé en ses éléments, puis par analyses successives à une décomposition de chaque élément en unités toujours plus simples. Cette opération aura pour but de dégager les unités *distinctives* de la langue, et il y a déjà ici un changement radical de la méthode. Alors qu'autrefois l'objectivité consistait dans l'acceptation intégrale du donné, ce qui entraînait à la fois l'admission de la norme graphique pour les langues écrites et l'enregistrement minutieux de tous les détails articulatoires pour les textes oraux, on s'attache aujourd'hui à identifier les éléments en tant qu'ils sont distinctifs à tous les niveaux de l'analyse. Pour les reconnaître, ce qui n'est en aucun cas une tâche aisée, on s'éclaire de ce principe qu'il n'y a dans une langue que des différences, que la langue met en œuvre un ensemble de procédés discriminatoires. On ne dégage que les traits pourvus de valeur significative en écartant, après les avoir spécifiés, ceux qui ne représentent que des variantes. Une grande simplification est opérée désormais, et il devient alors possible de reconnaître l'organisation interne et les lois d'agencement de ces traits formels. Chaque phonème ou morphème devient relatif à chacun des autres, en ce qu'il en est à la fois différent et solidaire; chacun délimite les autres qui le délimitent à leur tour, distinctivité et solidarité étant des conditions connexes. Ces éléments s'ordonnent en séries et montrent dans chaque langue des arrangements particuliers. C'est une structure, dont chaque pièce reçoit sa raison d'être de l'ensemble qu'elle sert à composer.

Structure est un des termes essentiels de la linguistique moderne, un de ceux qui ont encore valeur programmatique. Pour ceux qui l'emploient en connaissance de cause, et non simplement pour se mettre au goût du jour, il peut signifier deux choses assez différentes. On entend par structure, particulièrement en Europe, l'arrangement d'un tout en parties et la solidarité démontrée entre les parties du tout qui se conditionnent mutuellement; pour la plupart des linguistes américains, ce sera la répartition des éléments telle qu'on la constate et leur capacité d'association ou de substitution. L'expression de linguistique structurale en reçoit des interprétations différentes, assez différentes en tout cas pour que les opérations qui en découlent n'aient pas le même sens. Sous le nom de structure, un « bloomfieldien » décrira un agencement de fait, qu'il segmentera en éléments constitutifs, et il définira chacun de ces éléments par la place qu'il occupe dans le tout et par les substitutions possibles à cette même place. Il repoussera comme entachée de téléologie la notion d'équilibre et de tendance que Troubetzkoy ajoute à celle de structure et qui s'est cependant révélée féconde. C'est même le seul principe qui fasse comprendre l'évolution des systèmes linguistiques. Un état de langue est avant tout le résultat d'un certain équilibre entre les parties d'une structure, équilibre qui n'aboutit cependant jamais à une symétrie complète, probablement parce que la dissymétrie est inscrite dans le principe même de la langue du fait de l'asymétrie des organes phonateurs. La solidarité de tous les éléments fait que chaque atteinte portée sur un point met en question l'ensemble des relations et produit tôt ou tard un nouvel arrangement. Dès lors l'analyse diachronique consiste à poser deux structures successives et à dégager leurs relations, en montrant quelles parties du système antérieur étaient atteintes ou menacées et comment se préparait la solution réalisée dans le système ultérieur. Par là se trouve dénoué le conflit si vivement affirmé par Saussure entre diachronie et synchronie. Cette conception de la structure organisée en totalité se complète par la notion de hiérarchie entre les éléments de la structure. On en trouve une illustration remarquable dans l'analyse, donnée par R. Jakobson, de l'acquisition et de la perte des sons du langage chez l'enfant et chez l'aphasique respectivement : les sons acquis en dernier par l'enfant sont les premiers à disparaître chez l'aphasique, et ceux que l'aphasique perd en dernier sont ceux que l'enfant articule en premier, l'ordre de disparition étant inverse de celui de l'acquisition.

En tout cas, une analyse ainsi conçue n'est possible que si le linguiste est en mesure d'observer intégralement, de contrôler ou de faire varier à son gré le jeu de la langue décrite. Seules les langues vivantes, écrites ou non, offrent un champ assez vaste et des faits assez sûrs pour que l'investigation soit conduite avec une rigueur exhaustive. La prépondérance est donnée aux langues parlées. Cette condition s'est imposée à certains linguistes pour des raisons empiriques. Pour d'autres, en Amérique, c'est d'abord la nécessité de noter et d'analyser des langues indiennes, difficiles et variées, qui a été justement le point de départ d'une révision dans les méthodes descriptives, puis dans la doctrine générale. Mais peu à peu le renouvellement s'étend à la description des langues anciennes. Il devient même possible de réinterpréter, à la lumière des nouvelles théories, les données fournies par la méthode comparative. Des travaux comme ceux de J. Kuryłowicz sur la reconstruction des phases indo-européennes montrent tout ce qu'on peut attendre d'une analyse ainsi orientée. Un maître de la linguistique historique, J. Vendryes, plaide aussi pour une linguistique « statique », qui serait un inventaire comparatif des ressources que les diverses langues offrent aux mêmes besoins d'expression.

On comprend que le type d'étude qui prédomine ces dernières années soit la description systématique, partielle ou totale, d'une langue particulière, avec un souci technique qui n'avait jamais été aussi minutieux. Car le linguiste se sent astreint à justifier ses procédés de bout en bout. Il met en avant un appareil de définitions qui doit légitimer le statut qu'il confère à chacun des éléments définis, et les opérations sont présentées explicitement de manière à rester vérifiables à toutes les étapes de la procédure. Il en résulte une refonte de la terminologie. Les termes employés sont si spécifiques que le linguiste informé peut reconnaître dès les premières lignes l'inspiration d'une étude, et que certaines discussions ne sont intelligibles aux tenants d'une méthode que transposées dans leur propre nomenclature. On exige d'une description qu'elle soit explicite et cohérente et que l'analyse soit conduite sans égard à la signification, mais seulement en vertu de critères formels. C'est surtout en Amérique que ces principes sont affirmés, et ils y ont donné lieu à de longues discussions. Dans un livre récent, *Methods in structural linguistics* (1951), Z. S. Harris en a produit une sorte de codification. Son ouvrage détaille pas à pas les procédés qui dégagent les phonèmes et les morphèmes d'après les conditions formelles de leur agencement : distribution, environnement, substitution, complémentarité, segmentation, corrélation, etc., chacune des opérations illustrée par des problèmes particuliers traités avec un appareil quasi mathématique de symboles graphiques. Il paraît difficile d'aller plus loin dans cette voie. Parvient-on au moins à établir une méthode unique et constante? L'auteur est le premier à convenir que d'autres procédés sont possibles, et que certains seraient même plus économiques, en particulier quand on fait intervenir la signification, en sorte qu'on se demande à la fir s'il n'y a pas quelque gratuité dans ce déploiement d'exigences méthodologiques. Mais surtout on observera que tout le travail du linguiste porte en fait sur le discours, assimilé implicitement à la langue. Ce point, fondamental, devrait être discuté de pair avec la conception particulière de la structure admise chez les partisans de cette méthode. Des schèmes de distribution, si rigoureusement qu'ils soient établis, ne constituent pas une structure, non plus que des inventaires de phonèmes et de morphèmes, définis par segmentation dans des chaînes de discours, ne représentent la description d'une langue. Ce qu'on nous donne en fait est une méthode de transcription et de décomposition matérielle appliquée à une langue qui serait représentée par un ensemble de textes oraux et dont le linguiste serait censé ignorer la signification.

Soulignons bien cette caractéristique qui, plus encore que la technicité particulière des opérations, est propre à la méthode : il y est admis par principe que l'analyse linguistique, pour être scientifique, doit s'abstraire de la signification et s'attacher uniquement à la définition et à la distribution des éléments. Les conditions de rigueur imposées à la procédure exigent qu'on élimine cet élément insaisissable, subjectif, inclassable, qu'est la signification ou le sens. Tout ce qu'on pourra faire sera de s'assurer que tel énoncé convient à telle situation objective, et, si la récurrence de la situation provoque le même énoncé, on les mettra en corrélation. Le rapport entre la forme et le sens est donc ramené au rapport entre l'expression linguistique et la situation, dans les termes de la doctrine behavioriste, et l'expression pourra y être à la fois réponse et stimulus. La signification se ramène pratiquement à un certain conditionnement linguistique. Quant au rapport entre l'expression et le monde, c'est un problème qu'on abandonne aux spécialistes de l'univers physique. « Le sens (meaning) d'une forme linguistique, dit Bloomfield, se définit comme la situation dans laquelle le parlant l'énonce et la réponse qu'elle évoque chez l'auditeur » (*Language*, p. 139). Et Harris insiste sur la difficulté d'analyser les situations : « Il n'y a présentement aucune méthode pour mesurer les situations sociales et pour identifier uniquement les situations sociales comme composées de parties constituantes, de telle manière que nous puissions diviser l'énoncé linguistique survenant dans cette situation sociale, ou y correspondant, en segments qui correspondront aux parties constituantes de la situation. D'une manière générale nous ne pouvons présentement nous fier à quelque subdivision naturelle ou scientifiquement contrôlable du champ sémantique de la culture locale, parce qu'il n'existe pas en ce moment de technique pour une telle analyse complète de la culture en éléments discrets; au contraire c'est le langage qui est une de nos sources principales de connaissance sur la culture (ou sur "le monde de la signification") d'un peuple et sur les distinctions ou divisions qui y sont pratiquées » (*op. cit.*, p. 188). Il est à craindre que, si cette méthode doit se généraliser, la linguistique ne puisse jamais rejoindre aucune des autres sciences de l'homme ni de la culture. La segmentation de l'énoncé en éléments discrets ne conduit pas plus à une analyse de la langue que la segmentation de l'univers physique ne mène à une théorie du monde physique. Cette manière de formaliser les parties de l'énoncé risque d'aboutir à une nouvelle atomisation de la langue, car la langue empirique est le résultat d'un procès de symbolisation à plusieurs niveaux, dont l'analyse n'est même pas encore tentée; le « donné » linguistique n'est pas, sous cette considération, une donnée première dont il n'y aurait plus qu'à dissocier les parties constitutives, c'est déjà un complexe, dont les valeurs résultent les unes des propriétés particulières à chaque élément, les autres des conditions de leur agencement, d'autres encore de la situation objective. On peut donc concevoir plusieurs types de description et plusieurs types de formalisation, mais toutes doivent nécessairement supposer que leur objet, la langue, est informé de signification, que c'est par là qu'il est structuré, et que cette condition est essentielle au fonctionnement de la langue parmi les autres systèmes de signes. Il est difficile de concevoir ce que donnerait une segmentation de la culture en éléments discrets. Dans une culture, comme dans une langue, il y a un ensemble de symboles dont il s'agit de définir les relations. Jusqu'ici la science des cultures reste fortement et délibérément « substantielle ». Pourra-t-on dégager dans l'appareil de la culture des structures formelles du type de celles que M. Lévi-Strauss a introduites dans les systèmes de parenté ? C'est le problème de l'avenir. On voit en tout cas combien serait nécessaire, pour l'ensemble des sciences qui opèrent avec des formes symboliques, une investigation des propriétés du symbole. Les recherches amorcées par Peirce n'ont pas été reprises et c'est grand dommage. C'est du progrès dans l'analyse des symboles qu'on pourrait attendre notamment une meilleure compréhension des procès complexes de la signification dans la langue et probablement aussi hors de la langue. Et puisque ce fonctionnement est inconscient, comme est inconsciente la structure des comportements, psychologues, sociologues et linguistes associeraient utilement leurs efforts dans cette recherche.

L'orientation que nous venons de caractériser n'est pas la seule qu'on ait à enregistrer. D'autres conceptions, également systématiques, se sont affirmées. Dans la psycholinguistique de G. Guillaume, la structure linguistique est posée comme immanente à la langue réalisée, et la structure systématique se dévoile à partir des faits d'emploi qui l'explicitent. La théorie que L. Hjelmslev, au Danemark, veut promouvoir sous le nom de « glossématique » est une construction d'un « modèle » logique de langue et un corps de définitions plutôt qu'un instrument d'exploration de l'univers linguistique. L'idée centrale est ici, en gros, celle du « signe » saussurien, où l'expression et le contenu (répondant au « signifiant » et au « signifié » saussuriens) sont posés comme deux plans corrélatifs, dont chacun comporte une « forme » et une « substance ». L'acheminement se fait ici de la linguistique vers la logique. Et à ce propos on aperçoit ce qui pourrait être une convergence entre disciplines qui s'ignorent encore assez largement. Au moment où des linguistes soucieux de rigueur cherchent à emprunter les voies et même l'appareil de la logique symbolique pour leurs opérations formelles, il se trouve que les logiciens deviennent attentifs à la « signification » linguistique et, à la suite de Russell et de Wittgenstein, s'intéressent toujours plus au problème de la langue. Leurs chemins se croisent plutôt qu'ils ne se rencontrent, et les logiciens préoccupés du langage ne trouvent pas toujours à qui parler. A vrai dire ceux des linguistes qui voudraient assurer à l'étude du langage un statut scientifique se tournent de préférence vers les mathématiques, ils recherchent des procédés de transcription plutôt qu'une méthode axiomatique, ils cèdent un peu facilement à l'attrait de certaines techniques récentes, comme la théorie cybernétique ou celle de l'information. Une tâche plus fructueuse serait de réfléchir aux moyens d'appliquer en linguistique certaines des opérations de la logique symbolique. Le logicien scrute les conditions de vérité auxquelles doivent satisfaire les énoncés où la science prend corps. Il récuse le langage « ordinaire » comme équivoque, incertain et flottant, et veut se forger une langue entièrement symbolique. Mais l'objet du linguiste est précisément ce « langage ordinaire » qu'il prend comme donnée et dont il explore la structure entière. Il aurait intérêt à utiliser tentativement, dans l'analyse des classes linguistiques de tous ordres qu'il détermine, les instruments élaborés par la logique des ensembles, pour voir si entre ces classes on peut poser des relations telles qu'elles soient justiciables de la symbolisation logique. On aurait alors au moins quelque idée du type de logique qui sous-tend l'organisation d'une langue, on verrait s'il y a une différence de nature entre les types de relations propres au langage ordinaire et ceux qui caractérisent le langage de la description scientifique, ou, en d'autres termes, comment le langage de l'action et celui de l'intelligence se comportent mutuellement. Il ne suffit pas de constater que l'un se laisse transcrire dans une notation symbolique, l'autre non ou non immédiatement; le fait demeure que l'un et l'autre procèdent de la même source et qu'ils comportent exactement les mêmes éléments de base. C'est la langue même qui propose ce problème.

Ces considérations nous éloignent beaucoup en apparence des thèmes de recherche que la linguistique se donnait il y a quelques décades. Mais ces problèmes sont de tous les temps, si c'est aujourd'hui seulement qu'on les aborde. Par contre, dans les liaisons que les linguistes recherchaient alors avec d'autres domaines, nous trouvons aujourd'hui des difficultés qu'ils ne soupçonnaient guère. Meillet écrivait en 1906 : « Il faudra déterminer à quelle structure sociale répond une structure linguistique donnée et comment, d'une manière générale, les changements de structure sociale se traduisent par des changements de structure linguistique. » En dépit de quelques tentatives (Sommerfelt), ce programme n'a pas été rempli, car, à mesure même qu'on essayait de comparer systématiquement la langue et la société, les discordances apparaissaient. On a appris que la correspondance de l'une à l'autre était constamment troublée par le fait majeur de la diffusion, aussi bien dans la langue que dans la structure sociale, de sorte que des sociétés de même culture peuvent avoir des langues hétérogènes, comme des langues très voisines peuvent servir à l'expression de cultures entièrement dissemblables. En poussant plus loin la réflexion, on a rencontré les problèmes inhérents à l'analyse de la langue d'une part, de la culture de l'autre, et ceux de la « signification » qui leur sont communs, bref ceux-là mêmes qui ont été évoqués ci-dessus. Cela ne veut pas dire que le plan d'études indiqué par Meillet soit irréalisable. Le problème sera bien plutôt de découvrir la base commune à la langue et à la société, les principes qui commandent ces deux structures, en définissant d'abord les unités qui, dans l'une et dans l'autre, se prêteraient à être comparées, et d'en faire ressortir l'interdépendance.

Il y a naturellement des manières plus faciles d'aborder la question, mais qui en réalité la transforment; par exemple l'étude de l'empreinte culturelle dans la langue. En pratique, on se borne au lexique. Ce n'est plus alors de la langue qu'il s'agit, mais de la composition de son vocabulaire. C'est d'ailleurs là une matière très riche et, malgré l'apparence, assez peu exploitée. On dispose maintenant de répertoires amples qui alimenteront de nombreux travaux, notamment le dictionnaire comparatif de J. Pokorny ou celui des notions par C. D. Buck sur le domaine indo-européen. L'étude des variations dans les significations historiques est un autre domaine aussi prometteur. D'importants ouvrages ont été consacrés à la « sémantique » du vocabulaire dans ses aspects théoriques aussi bien que sociaux ou historiques (Stern, Ullmann). La difficulté est de dégager d'une masse croissante de faits empiriques les constantes qui permettraient de construire une théorie de la signification lexicale. Ces faits semblent porter un défi constant à toute prévisibilité. A un autre point de vue, l'action des « croyances » sur l'expression soulève de nombreuses questions dont certaines ont été étudiées : l'importance du tabou linguistique (Meillet, Havers), les modifications des formes linguistiques pour signaler l'attitude du parlant envers les choses dont il parle (Sapir), la hiérarchie cérémonielle des expressions, mettent en lumière l'action complexe des comportements sociaux et des conditionnements psychologiques dans l'usage de la langue.

On touche par là aux problèmes du « style » dans toutes ses acceptions. Au cours de ces dernières années, des études de tendances très différentes, mais également notables (Bally, Cressot, Marouzeau, Spitzer, Vossler), ont porté sur les procédés du style. Dans la mesure où une recherche de cet ordre met en jeu, consciemment ou non, des critères à la fois esthétiques, linguistiques et psychologiques, elle engage à la fois la structure de la langue, son pouvoir de stimulation et les réactions qu'elle provoque. Si les critères sont encore trop souvent « impressifs », du moins s'efforce-t-on de préciser la méthode applicable à ces contenus affectifs, à l'intention qui les suscite aussi bien qu'à la langue qui en fournit l'instrument. On s'y achemine par des études sur l'ordre des mots, sur la qualité des sons, sur les rythmes et la prosodie comme sur les ressources lexicales et grammaticales de la langue. Ici aussi la psychologie est largement mise à contribution, non seulement à cause des valeurs de sentiment qui sont constamment impliquées dans l'analyse, mais aussi pour les techniques destinées à les objectiver, tests d'évocation, recherches sur l'audition colorée, sur les timbres vocaux, etc. C'est tout un symbolisme que lentement on apprend à déchiffrer.

Ainsi on constate de toutes parts un effort pour soumettre la linguistique à des méthodes rigoureuses, pour en bannir l'à peu près, les constructions subjectives, l'apriorisme philosophique. Les études linguistiques se font toujours plus difficiles, du fait même de ces exigences et parce que les linguistes découvrent que la langue est un complexe de propriétés spécifiques à décrire par des méthodes qu'il faut forger. Si particulières sont les conditions propres au langage qu'on peut poser en fait qu'il y a non pas une mais plusieurs structures de la langue, dont chacune donnerait lieu à une linguistique complète. D'en prendre conscience aidera peut-être à voir clair dans les conflits actuels. Le langage a d'abord ceci d'éminemment distinctif qu'il s'établit toujours sur deux plans, signifiant et signifié. La seule étude de cette propriété constitutive du langage et des relations de régularité ou de dysharmonie qu'elle entraîne, des tensions et des transformations qui en résultent en toute langue particulière, pourrait servir de fondement à une linguistique. Mais le langage est aussi fait humain; il est, dans l'homme, le lieu d'interaction de la vie mentale et de la vie culturelle et en même temps l'instrument de cette interaction. Une autre linguistique pourrait s'établir sur les termes de ce trinôme : langue, culture, personnalité. Le langage peut aussi être considéré comme tenant entièrement dans un corps d'émissions sonores articulées qui constitueront la matière d'une étude strictement objective. La langue sera donc l'objet d'une description exhaustive qui procédera par segmentation du donné observable. On peut au contraire tenir ce langage réalisé en énonciations enregistrables pour la manifestation contingente d'une infrastructure cachée.

C'est alors la recherche et la mise au jour de ce mécanisme latent qui seront l'objet de la linguistique. Le langage admet aussi d'être constitué en structure de « jeu », comme un ensemble de « figures » produites par les relations intrinsèques d'éléments constants. La linguistique deviendra alors la théorie des combinaisons possibles entre ces éléments et des lois universelles qui les gouvernent. On voit encore comme possible une étude du langage en tant que branche d'une sémiotique générale qui couvrirait à la fois la vie mentale et la vie sociale. Le linguiste aura alors à définir la nature propre des symboles linguistiques à l'aide d'une formalisation rigoureuse et d'une métalangue distincte.

Cette énumération n'est pas exhaustive et ne peut pas l'être. D'autres conceptions verront peut-être le jour. Nous voulons seulement montrer que, derrière les discussions et les affirmations de principe dont on vient de donner un aperçu, il y a souvent, sans que tous les linguistes le voient clairement, une option préalable qui détermine la position de l'objet et la nature de la méthode. Il est probable que ces diverses théories coexisteront, bien qu'à un point ou à un autre de leur développement elles doivent nécessairement se rencontrer, jusqu'au moment où le statut de la linguistique comme science s'imposera, non pas science des faits empiriques, mais science des relations et des déductions, retrouvant l'unité du plan dans l'infinie diversité des phénomènes linguistiques.

CHAPITRE II

Coup d'œil sur le développement
de la linguistique[1]

I

Il est survenu au cours de ces dernières années dans les études portant sur le langage et les langues des changements considérables et dont la portée dépasse même l'horizon pourtant très vaste de la linguistique. Ces changements ne se comprennent pas d'emblée; ils se dérobent dans leur manifestation même; à la longue ils ont rendu beaucoup plus malaisé l'accès des travaux originaux, qui se hérissent d'une terminologie de plus en plus technique. C'est un fait : on éprouve grande difficulté à lire les études des linguistes, mais plus encore à comprendre leurs préoccupations. A quoi tendent-ils, et que font-ils de ce qui est le bien de tous les hommes et ne cesse d'attirer leur curiosité : le langage? On a l'impression que, pour les linguistes d'aujourd'hui, les faits du langage sont transmués en abstractions, deviennent les matériaux inhumains de constructions algébriques ou servent d'arguments à d'arides discussions de méthode; que la linguistique s'éloigne des réalités du langage et s'isole des autres sciences humaines. Or c'est tout l'opposé. On constate en même temps que ces méthodes nouvelles de la linguistique prennent valeur d'exemple et même de modèle pour d'autres disciplines, que les problèmes du langage intéressent maintenant des spécialités très diverses et toujours plus nombreuses, et qu'un courant de recherches entraîne les sciences de l'homme à travailler dans le même esprit qui anime les linguistes.

[1]. *C.R. Académie des Inscriptions et belles-lettres*, Librairie C. Klincksieck, Paris, 1963.

Il peut donc être utile d'exposer, aussi simplement qu'on peut le faire dans ce sujet difficile, comment et pourquoi la linguistique s'est ainsi transformée, à partir de ses débuts.

Commençons par observer que la linguistique a un double objet, elle est science du langage et science des langues. Cette distinction, qu'on ne fait pas toujours, est nécessaire : le langage, faculté humaine, caractéristique universelle et immuable de l'homme, est autre chose que les langues, toujours particulières et variables, en lesquelles il se réalise. C'est des langues que s'occupe le linguiste, et la linguistique est d'abord la théorie des langues. Mais, dans la perspective où nous nous plaçons ici, nous verrons que ces voies différentes s'entrelacent souvent et finalement se confondent, car les problèmes infiniment divers des langues ont ceci de commun qu'à un certain degré de généralité ils mettent toujours en question le langage.

Chacun sait que la linguistique occidentale prend naissance dans la philosophie grecque. Tout proclame cette filiation. Notre terminologie linguistique est faite pour une large part de termes grecs adoptés directement ou dans leur traduction latine. Mais l'intérêt que les penseurs grecs ont pris très tôt au langage était exclusivement philosophique. Ils raisonnaient sur sa condition originelle — le langage est-il naturel ou conventionnel ? — bien plutôt qu'ils n'en étudiaient le fonctionnement. Les catégories qu'ils ont instaurées (nom, verbe, genre grammatical, etc.) reposent toujours sur des bases logiques ou philosophiques.

Pendant des siècles, depuis les Présocratiques jusqu'aux Stoïciens et aux Alexandrins, puis dans la renaissance aristotélicienne qui prolonge la pensée grecque jusqu'à la fin, du Moyen Age latin, la langue est restée objet de spéculation non d'observation. Personne ne s'est alors soucié d'étudier et de décrire une langue pour elle-même, ni de vérifier si les catégories fondées en grammaire grecque ou latine avaient validité générale. Cette attitude n'a guère changé jusqu'au XVIIIe siècle.

Une phase nouvelle s'ouvre au début du XIXe siècle avec la découverte du sanskrit. On découvre du même coup qu'il existe une relation de parenté entre les langues dites depuis indo-européennes. La linguistique s'élabore dans les cadres de la grammaire comparée, avec des méthodes qui deviennent de plus en plus rigoureuses à mesure que des trouvailles ou des déchiffrements favorisent cette science nouvelle de confirmations dans son principe et d'accroissements dans son domaine. L'œuvre accompli au cours d'un siècle est ample et belle. La méthode éprouvée sur le domaine indo-européen est devenue exemplaire. Rénovée aujourd'hui, elle connaît de nouveaux succès. Mais il faut voir que, jusqu'aux premières décennies de notre siècle, la linguistique consistait essentiellement en une génétique des langues. Elle se fixait pour tâche d'étudier l'*évolution* des formes linguistiques. Elle se posait comme science historique, son objet étant partout et toujours une phase de l'histoire des langues.

Cependant, au milieu de ces succès, quelques têtes s'inquiétaient : quelle est la nature du fait linguistique ? quelle est la réalité de la langue ? est-il vrai qu'elle ne consiste que dans le changement ? mais comment tout en changeant reste-t-elle la même ? comment alors fonctionne-t-elle et quelle est la relation des sons au sens ? La linguistique historique ne donnait aucune réponse à ces questions, n'ayant jamais eu à les poser. En même temps se préparaient des difficultés d'un ordre tout différent, mais également redoutables. Les linguistes commençaient à s'intéresser aux langues non écrites et sans histoire, notamment aux langues indiennes d'Amérique, et ils découvraient que les cadres traditionnels employés pour les langues indo-européennes ne s'y appliquaient pas. On avait affaire à des catégories absolument différentes qui, échappant à une description historique, obligeaient à élaborer un nouvel appareil de définitions et une nouvelle méthode d'analyse.

Peu à peu, à travers maints débats théoriques et sous l'inspiration du *Cours de linguistique générale* de Ferdinand de Saussure (1916), se précise une notion nouvelle de la langue. Les linguistes prennent conscience de la tâche qui leur incombe : étudier et décrire par une technique adéquate la réalité linguistique actuelle, ne mêler aucun présupposé théorique ou historique à la description, qui devra être synchronique, et analyser la langue dans ses éléments formels propres.

La linguistique entre alors dans sa troisième phase, celle d'aujourd'hui. Elle prend pour objet non la philosophie du langage ni l'évolution des formes linguistiques, mais d'abord la réalité intrinsèque de la langue, et elle vise à se constituer comme science, formelle, rigoureuse, systématique.

Dès lors sont remis en question tout à la fois la considération historique et les cadres instaurés pour les langues indo-européennes. Devenant descriptive, la linguistique accorde un intérêt égal à tous les types de langues, écrites ou non écrites, et elle doit y adapter ses méthodes. Il s'agit en effet de savoir en quoi consiste une langue et comment elle fonctionne.

Quand les linguistes ont commencé, à l'instar de F. de Saussure, à envisager la langue en elle-même et pour elle-même, ils ont reconnu ce principe qui allait devenir le principe fondamental de la linguistique moderne, que la langue forme un *système*. Ceci vaut pour toute langue, quelle que soit la culture où elle est en usage, à quelque état historique que nous la prenions. De la base au sommet, depuis les sons jusqu'aux formes d'expression les plus complexes, la langue est un arrangement systématique de parties. Elle se compose d'éléments formels articulés en combinaisons variables, d'après certains principes de *structure*. Voilà le second terme clé de la linguistique, la structure. On entend d'abord par là la structure du système linguistique, dévoilée progressivement à partir de cette observation qu'une langue ne comporte jamais qu'un nombre réduit d'éléments de base, mais que ces éléments, peu nombreux en eux-mêmes, se prêtent à un grand nombre de combinaisons. On ne les atteint même qu'au sein de ces combinaisons. Or l'analyse méthodique conduit à reconnaître qu'une langue ne retient jamais qu'une petite partie des combinaisons, fort nombreuses en théorie, qui résulteraient de ces éléments minimaux librement assemblés. Cette restriction dessine certaines configurations spécifiques, variables selon les systèmes linguistiques envisagés. C'est là d'abord ce qu'on entend par structure : des types particuliers de relations articulant les unités d'un certain niveau.

Chacune des unités d'un système se définit ainsi par l'ensemble des *relations* qu'elle soutient avec les autres unités, et par les *oppositions* où elle entre; c'est une entité relative et oppositive, disait Saussure. On abandonne donc l'idée que les données de la langue valent par elles-mêmes et sont des « faits » objectifs, des grandeurs absolues, susceptibles d'être considérées isolément. En réalité les entités linguistiques ne se laissent déterminer qu'à l'intérieur du système qui les organise et les domine, et les unes par rapport aux autres. Elles ne valent qu'en tant qu'éléments d'une structure. C'est tout d'abord le système qu'il faut dégager et décrire. On élabore ainsi une théorie de la langue comme système de signes et comme agencement d'unités hiérarchisées.

Il semblerait qu'une représentation aussi abstraite nous éloignât de ce qu'on appelle la réalité. Tout au contraire,

elle correspond à l'expérience linguistique la plus concrète.
Les distinctions obtenues par l'analyse concordent avec
celles que pratique instinctivement le locuteur. On a pu
montrer expérimentalement que les phonèmes, c'est-à-dire
les sons *distinctifs* de la langue, sont des réalités psychologiques dont on amène assez facilement le locuteur à prendre
conscience, car entendant des sons, il identifie en réalité
des phonèmes; il reconnaît comme variantes du même
phonème des sons parfois assez différents, et aussi comme
relevant de phonèmes différents des sons qui sembleraient
pareils.

Dès à présent on voit combien cette conception de la
linguistique diffère de celle qui prévalait autrefois. La notion
positiviste du *fait* linguistique est remplacée par celle de
relation. Au lieu de considérer chaque élément en soi et
d'en chercher la « cause » dans un état plus ancien, on l'envisage comme partie d'un ensemble synchrone; l'« atomisme »
fait place au « structuralisme ». En isolant dans le donné
linguistique des segments de nature et d'étendue variable,
on recense des unités de plusieurs types; on est amené à
les caractériser par des niveaux distincts dont chacun est à
décrire en termes adéquats. De là un grand développement
de la technique et de la terminologie de l'analyse, car toutes
les démarches doivent être explicites.

Les unités de la langue relèvent, en effet, de deux plans :
syntagmatique quand on les envisage dans leur rapport de
succession matérielle au sein de la chaîne parlée, *paradigmatique* quand elles sont posées en rapport de substitution
possible, chacune à son niveau et dans sa classe formelle.
Décrire ces rapports, définir ces plans, c'est se référer à la
structure formelle de la langue; et formaliser ainsi la description, c'est — sans paradoxe — la rendre de plus en plus
concrète en réduisant la langue aux éléments signifiants
dont elle se constitue uniquement et en définissant ces
éléments par leur relevance mutuelle. Au lieu d'une série
d'« événements » singuliers, innombrables, contingents, nous
obtenons un nombre fini d'unités et nous pouvons caractériser une structure linguistique par leur répartition et leurs
combinaisons possibles.

On voit clairement en procédant à des analyses portant
sur des systèmes différents qu'une forme linguistique constitue une structure définie : 1º c'est une unité de globalité
enveloppant des parties; 2º ces parties sont dans un arrangement formel qui obéit à certains principes constants; 3º ce
qui donne à la forme le caractère d'une structure est que

les parties constituantes remplissent une *fonction* ; 4° enfin ces parties constitutives sont des unités d'un certain *niveau*, de sorte que chaque unité d'un niveau défini devient sous-unité du niveau supérieur.

Tous les moments essentiels de la langue ont un caractère discontinu et mettent en jeu des unités discrètes. On peut dire que la langue se caractérise moins par ce qu'elle exprime que par ce qu'elle distingue à tous les niveaux :

— distinction des lexèmes permettant de dresser l'inventaire des notions désignées;

— distinction des morphèmes fournissant l'inventaire des classes et sous-classes formelles;

— distinction des phonèmes donnant l'inventaire des distinctions phonologiques non signifiantes;

— distinction des « mérismes » ou traits qui ordonnent les phonèmes en classes.

C'est là ce qui fait que la langue est un système où rien ne signifie en soi et par vocation naturelle, mais où tout signifie en fonction de l'ensemble; la structure confère leur « signification » ou leur fonction aux parties. C'est là aussi ce qui permet la communication indéfinie : la langue étant organisée systématiquement et fonctionnant selon les règles d'un code, celui qui parle peut, à partir d'un très petit nombre d'éléments de base, constituer des signes, puis des groupes de signes et finalement une variété indéfinie d'énoncés, tous identifiables pour celui qui les perçoit puisque le même système est déposé en lui.

On voit comme les notions de système, de distinction, d'opposition se tiennent étroitement et appellent par nécessité logique celles de dépendance et de solidarité. Il y a une solidarité des membres d'une opposition, de sorte que si l'un d'eux est atteint, le statut de l'autre s'en ressent et par suite l'équilibre du système en est affecté, ce qui peut conduire à le rééquilibrer en créant une opposition nouvelle sur un autre point. Chaque langue offre à cet égard une situation particulière, à chaque moment de son histoire. Cette considération réintroduit aujourd'hui en linguistique la notion d'évolution, en spécifiant la diachronie comme la relation entre des systèmes successifs.

L'approche descriptive, la conscience du système, le souci de pousser l'analyse jusqu'aux unités élémentaires, le choix explicite des procédures sont autant de traits qui caractérisent les travaux linguistiques modernes. Certes dans la pratique il y a de nombreuses divergences, des conflits d'écoles, mais nous nous en tenons ici aux principes les plus généraux, et les principes sont toujours plus intéressants que les écoles.

On découvre à présent que cette conception du langage a eu ses précurseurs. Elle était implicite chez celui que les descriptivistes modernes reconnaissent comme leur premier ancêtre, le grammairien indien Pāṇini, qui, au milieu du IVe siècle avant notre ère, avait codifié la langue védique en formules d'une densité exemplaire : description formelle, complète, rigoureuse, que n'entache aucune interprétation spéculative ou mystique. Mais il faut aussi rendre justice à des précurseurs qui n'étaient pas grammairiens et dont l'œuvre subsiste, généralement anonyme, fondamentale et méconnue, si présente à tous les instants de notre vie qu'on ne la remarque plus : je veux parler des inventeurs de nos alphabets modernes. Qu'un alphabet ait pu être inventé, qu'avec un petit nombre de signes graphiques on puisse mettre par écrit tout ce qui est prononcé, cela seul démontre déjà la structure articulée du langage. L'alphabet latin, l'alphabet arménien sont des exemples admirables de notation qu'on appellerait phonématique. Un analyste moderne n'aurait presque rien à y changer : les distinctions réelles sont reconnues, chaque lettre correspond toujours et seulement à un phonème, et chaque phonème est reproduit par une lettre toujours la même. L'écriture alphabétique diffère ainsi dans son principe de l'écriture chinoise qui est morphématique ou de l'écriture cunéiforme qui est syllabique. Ceux qui ont combiné de tels alphabets pour noter les sons de leur langue ont reconnu d'instinct — phonématistes avant la lettre — que les sons variés qu'on prononce se ramenaient à un nombre assez limité d'unités distinctives, qui devaient être représentées par autant d'unités graphiques. Les linguistes modernes n'opèrent pas autrement quand ils ont à noter les langues de tradition orale. Nous avons dans ces alphabets les plus anciens modèles d'analyse : les unités graphiques de l'alphabet, et leurs combinaisons en un grand nombre de groupements spécifiques, donnent l'image la plus approchée de la structure des formes linguistiques qu'elles reproduisent.

II

Ce n'est pas seulement la *forme* linguistique qui relève de cette analyse; il faut considérer parallèlement la *fonction* du langage.

Le langage *re-produit* la réalité. Cela est à entendre de la manière la plus littérale : la réalité est produite à nouveau par le truchement du langage. Celui qui parle fait renaître par son discours l'événement et son expérience de l'événement. Celui qui l'entend saisit d'abord le discours et à travers ce discours, l'événement reproduit. Ainsi la situation inhérente à l'exercice du langage qui est celle de l'échange et du dialogue, confère à l'acte de discours une fonction double : pour le locuteur, il représente la réalité; pour l'auditeur, il recrée cette réalité. Cela fait du langage l'instrument même de la communication intersubjective.

Ici surgissent aussitôt de graves problèmes que nous laisserons aux philosophes, notamment celui de l'adéquation de l'esprit à la « réalité ». Le linguiste pour sa part estime qu'il ne pourrait exister de pensée sans langage, et que par suite la connaissance du monde se trouve déterminée par l'expression qu'elle reçoit. Le langage reproduit le monde, mais en le soumettant à son organisation propre. Il est *logos*, discours et raison ensemble, comme l'ont vu les Grecs. Il est cela du fait même qu'il est langage articulé, consistant en un arrangement organique de parties, en une classification formelle des objets et des procès. Le contenu à transmettre (ou, si l'on veut, la « pensée ») est ainsi décomposé selon un schéma linguistique. La « forme » de la pensée est configurée par la structure de la langue. Et la langue à son tour révèle dans le système de ses catégories sa fonction médiatrice. Chaque locuteur ne peut se poser comme sujet qu'en impliquant l'autre, le partenaire qui, doté de la même langue, a en partage le même répertoire de formes, la même syntaxe d'énonciation et la même manière d'organiser le contenu. A partir de la fonction linguistique, et en vertu de la polarité *e : tu*, individu et société ne sont plus termes contradictoires, mais termes complémentaires.

C'est en effet dans et par la langue qu'individu et société se déterminent mutuellement. L'homme a toujours senti — et les poètes ont souvent chanté — le pouvoir fondateur du langage, qui instaure une réalité imaginaire, anime les choses inertes, fait voir ce qui n'est pas encore, ramène ici ce qui a disparu. C'est pourquoi tant de mythologies, ayant à expliquer qu'à l'aube des temps quelque chose ait pu naître de rien, ont posé comme principe créateur du monde cette essence immatérielle et souveraine, la Parole. Il n'est pas en effet de pouvoir plus haut, et tous les pouvoirs de l'homme, sans exception, qu'on veuille bien y songer, découlent de celui-là. La société n'est possible que par la langue; et par la langue aussi l'individu. L'éveil de la conscience chez l'enfant coïncide toujours avec l'apprentissage du langage, qui l'introduit peu à peu comme individu dans la société.

Mais quelle est donc la source de ce pouvoir mystérieux qui réside dans la langue? Pourquoi l'individu et la société sont-ils, ensemble et de la même nécessité, *fondés* dans la langue?

Parce que le langage représente la forme la plus haute d'une faculté qui est inhérente à la condition humaine, la faculté de *symboliser*.

Entendons par là, très largement, la faculté de *représenter* le réel par un « signe » et de comprendre le « signe » comme représentant le réel, donc d'établir un rapport de « signification » entre quelque chose et quelque chose d'autre.

Considérons-la d'abord sous sa forme la plus générale et hors du langage. Employer un symbole est cette capacité de retenir d'un objet sa structure caractéristique et de l'identifier dans des ensembles différents. C'est cela qui est propre à l'homme et qui fait de l'homme un être rationnel. La faculté symbolisante permet en effet la formation du concept comme distinct de l'objet concret, qui n'en est qu'un exemplaire. Là est le fondement de l'abstraction en même temps que le principe de l'imagination créatrice. Or cette capacité représentative d'essence symbolique qui est à la base des fonctions conceptuelles n'apparaît que chez l'homme. Elle s'éveille très tôt chez l'enfant, avant le langage, à l'aube de sa vie consciente. Mais elle fait défaut chez l'animal.

Faisons toutefois une exception glorieuse en faveur des abeilles. D'après les observations mémorables de K. von Frisch, quand une abeille éclaireuse a découvert au cours de son vol solitaire une source de nourriture, elle retourne à la ruche annoncer sa trouvaille en dansant sur les alvéoles une danse particulière, frétillante, et en décrivant certaines figures qu'on a pu analyser; elle indique ainsi aux autres abeilles qui trottinent derrière elle la distance et la direction où se trouve la nourriture. Celles-ci s'envolent alors et vont sans erreur au but qui est parfois fort éloigné de la ruche. Observation de la plus haute portée, qui semble suggérer que les abeilles communiquent entre elles par un symbolisme particulier et se transmettent de véritables messages. Devons-nous mettre ce système de communication en rapport avec le fonctionnement si remarquable de la ruche? La vie des insectes sociaux suppose-t-elle un certain niveau des relations symboliques? C'est déjà beaucoup de pouvoir seulement poser la question. Nous demeurons, hésitants et fascinés, au bord d'un immense problème : l'homme pourra-t-il pour la première fois, surmontant la barrière biologique, jeter un regard à l'intérieur d'une société animale et découvrir le principe qui l'organise ?

Cette réserve faite, on peut montrer plus précisément où est la différence qui sépare l'homme de l'animal. Prenons d'abord grand soin de distinguer deux notions qui sont bien souvent confondues quand on parle du « langage animal » : le signal et le symbole.

Un signal est un fait physique relié à un autre fait physique par un rapport naturel ou conventionnel : éclair annonçant l'orage; cloche annonçant le repas; cri annonçant le danger. L'animal perçoit le signal et il est capable d'y réagir adéquatement. On peut le dresser à identifier des signaux variés, c'est-à-dire à relier deux sensations par la relation de signal. Les fameux réflexes conditionnés de Pavlov le montrent bien. L'homme aussi, en tant qu'animal, réagit à un signal. Mais il utilise en outre le *symbole* qui est *institué* par l'homme; il faut apprendre le sens du symbole, il faut être capable de l'interpréter dans sa fonction signifiante et non plus seulement de le percevoir comme impression sensorielle, car le symbole n'a pas de relation naturelle avec ce qu'il symbolise. L'homme invente et comprend des symboles; l'animal, non. Tout découle de là. La méconnaissance de cette distinction entraîne toutes sortes de confusions ou de faux problèmes. On dit souvent que l'animal dressé comprend la parole humaine. En réalité l'animal obéit à la parole parce qu'il a été dressé à la reconnaître comme signal; mais il ne saura jamais l'interpréter comme symbole. Pour la même raison, l'animal *exprime* ses émotions, il ne peut les *dénommer*. On ne saurait trouver au langage un commencement ou une approximation dans les moyens d'expression employés chez les animaux. Entre la fonction sensori-motrice et la fonction représentative, il y a un seuil que l'humanité seule a franchi.

Car l'homme n'a pas été créé deux fois, une fois sans langage, et une fois avec le langage. L'émergence de Homo dans la série animale peut avoir été favorisée par sa structure corporelle ou son organisation nerveuse; elle est due avant tout à sa faculté de représentation symbolique, source commune de la pensée, du langage et de la société.

Cette capacité symbolique est à la base des fonctions conceptuelles. La pensée n'est rien autre que ce pouvoir de construire des représentations des choses et d'opérer

sur ces représentations. Elle est par essence symbolique[1].
La transformation symbolique des éléments de la réalité
ou de l'expérience en *concepts* est le processus par lequel
s'accomplit le pouvoir rationalisant de l'esprit. La pensée
n'est pas un simple reflet du monde; elle catégorise la réalité,
et en cette fonction organisatrice elle est si étroitement
associée au langage qu'on peut être tenté d'identifier pensée
et langage à ce point de vue.

En effet la faculté symbolique chez l'homme atteint sa
réalisation suprême dans le langage, qui est l'expression
symbolique par excellence; tous les autres systèmes de
communications, graphiques, gestuels, visuels, etc. en
sont dérivés et le supposent. Mais le langage est un système
symbolique particulier, organisé sur deux plans. D'une
part il est un fait physique : il emprunte le truchement de
l'appareil vocal pour se produire, de l'appareil auditif pour
être perçu. Sous cet aspect matériel il se prête à l'observation,
à la description et à l'enregistrement. D'autre part il est
structure immatérielle, communication de signifiés, remplaçant les événements ou les expériences par leur « évocation ». Tel est le langage, une entité à double face. C'est
pourquoi le symbole linguistique est médiatisant. Il organise
la pensée et il se réalise en une forme spécifique, il rend
l'expérience intérieure d'un sujet accessible à un autre
dans une expression articulée et représentative, et non par
un signal tel qu'un cri modulé; il se réalise dans une langue
déterminée, propre à une société distincte, non dans une
émission vocale commune à l'espèce entière.

Le langage offre le modèle d'une structure relationnelle,
au sens le plus littéral et le plus compréhensif en même temps.
Il met en relation dans le discours des mots et des concepts,
et il produit ainsi, en représentation d'objets et de situations,
des *signes*, distincts de leurs référents matériels. Il institue
ces transferts analogiques de dénominations que nous
appelons métaphores, facteur si puissant de l'enrichissement

---

1. « La pensée symbolique est la pensée tout court. Le jugement
crée les symboles. Toute pensée est symbolique. Toute pensée
construit des signes en même temps que des choses. La pensée,
en se faisant, aboutit inévitablement au symbole, puisque sa formulation est d'emblée symbolique, puisque les images sous lesquelles
elle constitue les groupes de choses en sont les symboles, puisqu'elle
opère toujours sur des symboles, les choses sur lesquelles elle opère,
alors même qu'elle a l'air d'opérer directement sur les choses,
n'étant au fond que des symboles. Et ces symboles, elle les ordonne
dans un monde de symboles, dans un système de signes, selon des
rapports et des lois. » H. Delacroix, *Le Langage et la pensée*, p. 602.

conceptuel. Il enchaîne les propositions dans le raisonnement et devient l'outil de la pensée discursive.

Enfin le langage est le symbolisme le plus économique. A la différence d'autres systèmes représentatifs, il ne demande aucun effort musculaire, il n'entraîne pas de déplacement corporel, il n'impose pas de manipulation laborieuse. Imaginons ce que serait la tâche de représenter aux yeux une « création du monde » s'il était possible de la figurer en images peintes, sculptées ou autres au prix d'un labeur insensé; puis, voyons ce que devient la même histoire quand elle se réalise dans le récit, suite de petits bruits vocaux qui s'évanouissent sitôt émis, sitôt perçus, mais toute l'âme s'en exalte, et les générations les répètent, et chaque fois que la parole déploie l'événement, chaque fois le monde recommence. Aucun pouvoir n'égalera jamais celui-là, qui fait tant avec si peu.

Qu'un pareil système de symboles existe nous dévoile une des données essentielles, la plus profonde peut-être, de la condition humaine : c'est qu'il n'y a pas de relation naturelle, immédiate et directe entre l'homme et le monde, ni entre l'homme et l'homme. Il y faut un intermédiaire, cet appareil symbolique, qui a rendu possibles la pensée et le langage. Hors de la sphère biologique, la capacité symbolique est la capacité la plus spécifique de l'être humain.

Il ne reste plus qu'à tirer la conséquence de ces réflexions. En posant l'homme dans sa relation avec la nature ou dans sa relation avec l'homme, par le truchement du langage, nous posons la société. Cela n'est pas coïncidence historique, mais enchaînement nécessaire. Car le langage se réalise toujours dans une *langue*, dans une structure linguistique définie et particulière, inséparable d'une société définie et particulière. Langue et société ne se conçoivent pas l'une sans l'autre. L'une et l'autre sont *données*. Mais aussi l'une et l'autre sont *apprises* par l'être humain, qui n'en possède pas la connaissance innée. L'enfant naît et se développe dans la société des hommes. Ce sont des humains adultes, ses parents, qui lui inculquent l'usage de la parole. L'acquisition du langage est une expérience qui va de pair chez l'enfant avec la formation du symbole et la construction de l'objet. Il apprend les choses par leur nom; il découvre que tout a un nom et que d'apprendre les noms lui donne la disposition des choses. Mais il découvre aussi qu'il a lui-même un nom et que par là il communique avec son entourage. Ainsi s'éveille en lui la conscience du milieu social où il baigne et qui façonnera peu à peu son esprit par l'intermédiaire du langage.

A mesure qu'il devient capable d'opérations intellectuelles plus complexes, il est intégré à la *culture* qui l'environne. J'appelle culture le *milieu humain*, tout ce qui, par-delà l'accomplissement des fonctions biologiques, donne à la vie et à l'activité humaines forme, sens et contenu. La culture est inhérente à la société des hommes, quel que soit le niveau de civilisation. Elle consiste en une foule de notions et de prescriptions, aussi en des *interdits* spécifiques; ce qu'une culture interdit la caractérise au moins autant que ce qu'elle prescrit. Le monde animal ne connaît pas de prohibition. Or ce phénomène humain, la culture, est un phénomène entièrement symbolique. La culture se définit comme un ensemble très complexe de représentations, organisées par un code de relations et de valeurs : traditions, religion, lois, politique, éthique, arts, tout cela dont l'homme, où qu'il naisse, sera imprégné dans sa conscience la plus profonde et qui dirigera son comportement dans toutes les formes de son activité, qu'est-ce donc sinon un univers de symboles intégrés en une structure spécifique et que le langage manifeste et transmet ? Par la langue, l'homme assimile la culture, la perpétue ou la transforme. Or comme chaque langue, chaque culture met en œuvre un appareil spécifique de symboles en lequel s'identifie chaque société. La diversité des langues, la diversité des cultures, leurs changements, font apparaître la nature conventionnelle du symbolisme qui les articule. C'est en définitive le symbole qui noue ce lien vivant entre l'homme, la langue et la culture.

Voilà à grands traits la perspective qu'ouvre le développement récent des études de linguistique. Approfondissant la nature du langage, décelant ses relations avec l'intelligence comme avec le comportement humain ou les fondements de la culture, cette investigation commence à éclairer le fonctionnement profond de l'esprit dans ses démarches opératoires. Les sciences voisines suivent ce progrès et y coopèrent pour leur compte en s'inspirant des méthodes et parfois de la terminologie de la linguistique. Tout laisse prévoir que ces recherches parallèles engendreront de nouvelles disciplines, et concourront à une véritable science de la culture qui fondera la théorie des activités symboliques de l'homme. Par ailleurs on sait que les descriptions formelles des langues ont une utilité directe pour la construction des machines logiques aptes à effectuer des traductions, et inversement on peut espérer des théories de l'information quelque clarté sur la manière dont la pensée est codée dans le langage. Dans le développement de ces recherches et de ces techniques, qui marqueront notre époque, nous apercevons le résultat de symbolisations successives, toujours plus abstraites, qui ont leur fondement premier et nécessaire dans le symbolisme linguistique. Cette formalisation croissante de la pensée nous achemine peut-être à la découverte d'une plus grande réalité. Mais nous ne pourrions seulement concevoir de telles représentations si la structure du langage n'en contenait le modèle initial et comme le lointain pressentiment.

CHAPITRE III

Saussure après un demi-siècle [1]

Ferdinand de Saussure est mort le 22 février 1913. Nous voici réunis cinquante ans après, à la même date, le 22 février 1963, pour une commémoration solennelle, en sa ville, en son université [2]. Cette figure prend maintenant ses traits authentiques, elle nous apparaît dans sa vraie grandeur. Il n'y a pas de linguiste aujourd'hui qui ne lui doive quelque chose. Il n'y a pas de théorie générale qui ne mentionne son nom. Quelque mystère entoure sa vie humaine, qui s'est tôt retirée dans le silence. C'est de l'œuvre que nous traiterons. A une telle œuvre, seul convient l'éloge qui l'explique dans sa genèse et en fait comprendre le rayonnement.

Nous voyons aujourd'hui Saussure tout autrement que ses contemporains ne pouvaient le voir. Toute une part de lui-même, la plus importante sans doute, n'a été connue qu'après sa mort. La science du langage en a été peu à peu transformée. Qu'est-ce que Saussure a apporté à la linguistique de son temps, et en quoi a-t-il agi sur la nôtre ?

Pour répondre à cette question, on pourrait aller d'un de ses écrits au suivant, analyser, comparer, discuter. Un tel inventaire critique serait sans doute nécessaire. Le bel et important ouvrage de M. Godel [3] y contribue déjà largement. Mais ce n'est pas notre propos. Laissant à d'autres le soin de

1. *Cahiers Ferdinand de Saussure*, 20 (1963), Librairie Droz, Genève.
2. Ces pages reproduisent l'essentiel d'une conférence donnée à Genève le 22 février 1963, sur l'invitation de l'Université, pour commémorer le cinquantenaire de la mort de Ferdinand de Saussure. Quelques phrases liminaires, toutes personnelles, ont été supprimées. On ne devra pas oublier que cet exposé a été conçu à l'intention d'un public plus large que celui des linguistes, et que la circonstance excluait toute discussion et même tout énoncé trop technique.
3. *Les Sources manuscrites du* Cours de linguistique générale *de Ferdinand de Saussure*, 1957.

décrire en détail cette œuvre, nous essaierons d'en ressaisir le principe dans une exigence qui l'anime et qui même la constitue.

Il y a chez tout créateur une certaine exigence, cachée, permanente, qui le soutient et le dévore, qui guide ses pensées, lui désigne la tâche, stimule ses défaillances et ne lui fait pas trêve quand parfois il tente de lui échapper. Il n'est pas toujours facile de la reconnaître dans les démarches diverses, parfois tâtonnantes, où s'engage la réflexion de Saussure. Mais, une fois discernée, elle éclaire le sens de son effort, et le situe vis-à-vis de ses devanciers comme par rapport à nous.

Saussure est d'abord et toujours l'homme des fondements Il va d'instinct aux caractères primordiaux, qui gouvernent la diversité du donné empirique. Dans ce qui appartient à la langue il pressent certaines propriétés qu'on ne retrouve nulle part ailleurs. A quoi qu'on la compare, la langue apparaît toujours comme quelque chose de différent. Mais en quoi est-elle différente ? Considérant cette activité, le langage, où tant de facteurs sont associés, biologiques, physiques et psychiques, individuels et sociaux, historiques, esthétiques, pragmatiques, il se demande : où est en propre la langue ?

On pourrait donner à cette interrogation une forme plus précise en la ramenant aux deux problèmes suivants, que nous mettons au centre de la doctrine saussurienne :

1º Quelles sont les données de base sur lesquelles la linguistique se fondera et comment pouvons-nous les atteindre ?

2º De quelle nature sont les notions du langage et par quel mode de relation s'articulent-elles ?

Nous discernons cette préoccupation chez Saussure dès son entrée dans la science, dans son *Mémoire sur le système primitif des voyelles dans les langues indo-européennes*, publié quand il avait vingt et un ans, et qui reste un de ses titres de gloire. Le génial débutant attaque un des problèmes les plus difficiles de la grammaire comparée, une question qui à vrai dire n'existait pas encore et qu'il a été le premier à formuler dans ses termes propres. Pourquoi a-t-il choisi, dans un domaine si vaste et si prometteur, un objet aussi ardu ? Relisons sa préface. Il y expose que son intention était d'étudier les formes multiples de l'*a* indo-européen, mais qu'il a été conduit à envisager « le système des voyelles dans son ensemble ». Cela l'amène à traiter « une série de problèmes de phonétique et de morphologie dont les uns attendent encore leur solution, dont plusieurs n'ont même pas été posés ». Et comme pour s'excuser d'avoir « à traverser les

régions les plus incultes de la linguistique indo-européenne »,
il ajoute cette justification très éclairante :

« Si néanmoins nous nous y aventurons, bien convaincu
d'avance que notre inexpérience s'égarera maintes fois dans le
dédale, c'est que pour quiconque s'occupe de ces études,
s'attaquer à de telles questions n'est pas une témérité, comme
on le dit souvent, c'est une nécessité; c'est la première école
où il faut passer; car il s'agit ici non de spéculations d'un
ordre transcendant, mais de la recherche de données élémentaires, sans lesquelles tout flotte, tout est arbitraire et incertitude. »

Ces dernières lignes pourraient servir d'épigraphe à son
œuvre entière. Elles contiennent le programme de sa recherche future, elles présagent son orientation et son but. Jusqu'au
bout de sa vie, et de plus en plus instamment, douloureuse-
ment pourrait-on dire, à mesure qu'il s'avance plus loin dans
sa réflexion, il va à la recherche des « données élémentaires »
qui constituent le langage, se détournant peu à peu de la
science de son temps, où il ne voit qu' « arbitraire et incertitude », à une époque pourtant où la linguistique indo-européenne, assurée de ses méthodes, poursuivait avec un succès
croissant l'entreprise comparative.

Ce sont bien les données élémentaires qu'il s'agit de
découvrir, et même (on voudrait écrire : surtout) si l'on se
propose de remonter d'un état de langue historique à un état
préhistorique. Autrement on ne peut fonder en raison le
devenir historique, car s'il y a histoire, de quoi est-ce l'histoire ? Qu'est-ce qui change et qu'est-ce qui demeure ?
Comment pouvons-nous dire d'une donnée linguistique
prise à deux moments de l'évolution que c'est la *même* donnée ?
En quoi réside cette identité, et puisqu'elle est posée par le
linguiste entre deux objets, comment la définirons-nous ?
Il faut un corps de définitions. Il faut énoncer les rapports
logiques que nous établissons entre les données, les traits
ou les points de vue sous lesquels nous les appréhendons.
Ainsi aller aux fondements est le seul moyen — mais le
sûr moyen — d'expliquer le fait concret et contingent.
Pour atteindre au concret historique, pour replacer le contingent dans sa nécessité propre, nous devons situer chaque
élément dans le réseau de relations qui le détermine, et
poser explicitement que le fait n'existe qu'en vertu de la
définition que nous lui donnons. Telle est l'évidence qui dès
le début s'impose à Saussure et qu'il n'aura pas trop de sa vie
entière pour introduire dans la théorie linguistique.

Mais même s'il avait pu alors formuler ce qu'il ne devait

enseigner que plus tard, il n'aurait fait qu'épaissir l'incompré-
hension ou l'hostilité que rencontrèrent ses premiers essais.
Les maîtres d'alors, assurés dans leur vérité, refusaient
d'entendre cette sommation rigoureuse, et la difficulté même
du *Mémoire* suffisait à rebuter la plupart. Saussure allait
peut-être se décourager. Il fallut une nouvelle génération
pour que lentement ses idées fissent leur chemin. Ce fut un
destin favorable qui le conduisit alors à Paris. Il retrouva
quelque confiance en lui-même grâce à cette conjoncture
exceptionnelle qui lui fit rencontrer à la fois un tuteur bien-
veillant, Bréal, et un groupe de jeunes linguistes, tels A. Meillet et M. Grammont, que son enseignement devait marquer
profondément. Une nouvelle phase de la grammaire comparée
date de ces années où Saussure inculque sa doctrine, en même
temps qu'il la mûrit, à quelques-uns de ceux qui la dévelop-
peront. C'est pourquoi nous rappelons, non seulement pour
mesurer l'influence personnelle de Saussure, mais pour
estimer le progrès des idées qu'ils annoncent, les termes de
la dédicace que Meillet faisait à son maître Saussure en 1903
de son *Introduction à l'étude comparative des langues indo-
européennes* « à l'occasion des vingt-cinq ans écoulés depuis
la publication du *Mémoire* ... (1878-1903) ». S'il n'avait tenu
qu'à Meillet, l'événement eût été plus nettement marqué
encore : une lettre inédite de Saussure nous apprend que
Meillet avait d'abord voulu écrire : « pour l'anniversaire de
la publication ... », dont Saussure l'avait amicalement dis-
suadé.

Mais même en 1903, c'est-à-dire vingt-cinq ans après,
on ne pouvait encore savoir tout ce que contenait d'intuitions
divinatrices le *Mémoire* de 1878. En voici un exemple éclatant.
Saussure avait discerné que le système vocalique de l'indo-
européen contenait plusieurs *a*. Au regard de la pure connaissance, les différents *a* de l'indo-européen sont des objets
aussi importants que les particules fondamentales en physique nucléaire. Or l'un de ces *a* avait la singulière propriété
de se comporter autrement que ses deux congénères vocaliques. Bien des découvertes ont commencé par une observation semblable, un désaccord dans un système, une pertur-
bation dans un champ, un mouvement anormal dans une
orbite. Saussure caractérise cet *a* par deux traits spécifiques.
D'une part, il n'est parent ni de *e* ni de *o ;* de l'autre il est
coefficient sonantique, c'est-à-dire qu'il est susceptible de
jouer le même rôle double, vocalique et consonantique, que
les nasales ou les liquides, et qu'il se combine avec des
voyelles. Notons que Saussure en parle comme d'un pho-

nème, et non comme d'un son ou d'une articulation. Il ne nous dit pas comment se prononçait ce phonème, de quel son il pouvait se rapprocher dans tel système observable; ni même si c'était une voyelle ou une consonne. La substance phonique n'est pas considérée. Nous sommes en présence d'une unité algébrique, un terme du système, ce qu'il appellera plus tard une entité distinctive et oppositive. On ne saurait dire que, même vingt-cinq ans après avoir été produite, cette observation ait éveillé beaucoup d'intérêt. Il fallait vingt-cinq ans encore pour qu'elle s'imposât, en des circonstances que l'imagination la plus audacieuse n'aurait pu concevoir. En 1927, M. Kuryłowicz retrouvait dans une langue historique, le hittite, nouvellement déchiffré alors, sous la forme du son écrit *ḫ*, le phonème défini cinquante ans auparavant par Saussure comme phonème sonantique indo-européen. Cette belle observation faisait entrer dans la réalité l'entité théorique postulée par le raisonnement en 1878.

Naturellement, la réalisation phonétique de cette entité comme *ḫ* en hittite apportait au débat un élément nouveau, mais de nature différente. A partir de là deux orientations se sont manifestées dans la recherche. Pour les uns il s'agissait avant tout de pousser plus loin l'investigation théorique, de mettre au jour notamment dans la morphologie indo-européennes les effets et les combinaisons de ce « coefficient sonantique ». On découvre aujourd'hui que ce phonème n'est pas unique, qu'il représente une classe entière de phonèmes, inégalement représentés dans les langues historiques, qu'on appelle les « laryngales ». D'autres linguistes accentuent au contraire l'analyse descriptive de ces sons; ils cherchent à en définir la réalité phonétique; et comme le nombre de ces laryngales est encore matière à discussion, on voit d'une année à l'autre se multiplier les interprétations, qui donnent lieu à de nouvelles controverses. Ce problème est aujourd'hui au centre de la théorie de l'indo-européen; il passionne les diachronistes autant que les descriptivistes. Tout cela atteste la fécondité des vues introduites par Saussure, et qui ne se sont accomplies que dans ces dernières décennies, un demi-siècle après avoir été publiées. Ceux même des linguistes d'aujourd'hui qui n'ont pas lu le *Mémoire* en restent tributaires.

Voilà donc Saussure qui s'avance tout jeune dans la carrière, l'étoile au front. Accueilli avec faveur à l'École des Hautes Études, où il trouve d'emblée des disciples que sa pensée enchante et inspire, à la Société de Linguistique où Bréal le charge bientôt du secrétariat adjoint, une carrière aisée s'ouvre devant lui, et tout semble annoncer une longue suite de découvertes. L'attente n'est pas déçue. Rappelons seulement ses articles fondamentaux sur l'intonation baltique, qui montrent la profondeur de son analyse et demeurent des modèles pour qui s'essaie aux mêmes recherches. C'est un fait cependant, qui a été noté — et déploré — par ceux qui ont eu à parler de Saussure dans ces années, que bientôt sa production se ralentit. Il se borne à quelques articles de plus en plus espacés et qu'il ne donne d'ailleurs que pour céder à des sollicitations d'amis. Rentré à Genève pour occuper une chaire à l'Université, il cesse à peu près complètement d'écrire. Et pourtant il n'a jamais cessé de travailler. Qu'est-ce donc qui le détournait de publier? Nous commençons à le savoir. Ce silence cache un drame qui a dû être douloureux, qui s'est aggravé avec les années, qui n'a même jamais trouvé d'issue. Il tient pour une part à des circonstances personnelles, sur lesquelles les témoignages de ses proches et de ses amis pourraient jeter quelque lumière. C'était surtout un drame de la pensée. Saussure s'éloignait de son époque dans la mesure même où il se rendait peu à peu maître de sa propre vérité, car cette vérité lui faisait rejeter tout ce qui était enseigné alors au sujet du langage. Mais, en même temps qu'il hésitait devant cette revision radicale qu'il sentait nécessaire, il ne pouvait se résoudre à publier la moindre note qu'il n'eût d'abord assuré les fondements de la théorie. A quelle profondeur ce trouble l'atteignait et combien parfois il était près de se décourager, c'est ce que révèle un document singulier, un passage d'une lettre à Meillet (4 janvier 1894) où, à propos de ses études sur l'intonation baltique, il lui confie :

« Mais je suis bien dégoûté de tout cela et de la difficulté qu'il y a en général à écrire dix lignes ayant le sens commun en matière de faits de langage. Préoccupé surtout depuis longtemps de la classification logique de ces faits, de la classification des points de vue sous lesquels nous les traitons, je vois de plus en plus à la fois l'immensité du travail qu'il faudrait pour montrer au linguiste *ce qu'il fait*; en réduisant chaque opération à sa catégorie prévue; et en même temps l'assez grande vanité de tout ce qu'on peut faire finalement en linguistique.

» C'est en dernière analyse seulement le côté pittoresque d'une langue, celui qui fait qu'elle diffère de toutes autres comme appartenant à un certain peuple ayant certaines origines, c'est ce côté presque ethnographique, qui conserve pour moi un intérêt : et précisément je n'ai plus le plaisir de pouvoir me livrer à cette étude sans arrière-pensée, et de jouir du fait particulier tenant à un milieu particulier.

» Sans cesse l'ineptie absolue de la terminologie courante, la nécessité de la réformer, et de montrer pour cela quelle espèce d'objet est la langue en général, vient gâter mon plaisir historique, quoique je n'aie pas de plus cher vœu que de n'avoir pas à m'occuper de la langue en général.

» Cela finira malgré moi par un livre, où, sans enthousiasme ni passion, j'expliquerai pourquoi il n'y a pas un seul terme employé en linguistique auquel j'accorde un sens quelconque. Et ce n'est qu'après cela, je l'avoue, que je pourrai reprendre mon travail au point où je l'avais laissé.

» Voilà une disposition peut-être stupide, qui expliquerait à Duvau pourquoi par exemple j'ai fait traîner plus d'un an la publication d'un article qui n'offrait matériellement aucune difficulté — sans arriver d'ailleurs à éviter les expressions logiquement odieuses, parce qu'il faudrait pour cela une réforme décidément radicale [1]. »

On voit dans quel débat Saussure est enfermé. Plus il sonde la nature du langage, moins il peut se satisfaire des notions reçues. Il cherche alors une diversion dans des études de typologie ethno-linguistique, mais il est toujours ramené à son obsession première. Peut-être est-ce encore pour y échapper qu'il se jettera plus tard dans cette quête immense d'anagrammes... Mais nous voyons aujourd'hui quel était l'enjeu : le drame de Saussure allait transformer la linguistique. Les difficultés où se heurte sa réflexion vont le contraindre à forger les nouvelles dimensions qui ordonneront les faits de langage.

Dès ce moment, en effet, Saussure a vu qu'étudier une langue conduit inévitablement à étudier le langage. Nous croyons pouvoir atteindre directement le fait de langue comme une réalité objective. En vérité nous ne le saisissons que selon un certain point de vue, qu'il faut d'abord définir. Cessons de croire qu'on appréhende dans la langue un objet simple, existant par soi-même, et susceptible d'une saisie totale. La première tâche est de montrer au linguiste « ce qu'il fait », à quelles opérations préalables il se livre inconsciemment quand il aborde les données linguistiques.

---

1. Ce texte a été cité par M. Godel, *op. cit.*, p. 31, mais d'après une copie défectueuse qui est à corriger en plusieurs endroits. Le passage est reproduit ici d'après l'original.

[1965]. Voir maintenant E. Benveniste, « Lettres de Ferdinand de Saussure à Antoine Meillet », *Cahiers Ferdinand de Saussure*, 21 (1964), p. 92-135.

Rien n'était plus éloigné de son temps que ces préoccupations logiques. Les linguistes étaient alors absorbés dans un grand effort d'investigation historique, dans la mise en œuvre des matériaux de comparaison et dans l'élaboration de répertoires étymologiques. Ces grandes entreprises, au demeurant fort utiles, ne laissaient pas de place aux soucis théoriques. Et Saussure restait seul avec ses problèmes. L'immensité de la tâche à accomplir, le caractère radical de la réforme nécessaire pouvaient le faire hésiter, parfois le décourager. Néanmoins il ne renonce pas. Il songe à un livre où il dira ces choses, où il présentera ses vues et entreprendra la refonte complète de la théorie.

Ce livre ne sera jamais écrit, mais il en subsiste des ébauches, sous forme de notes préparatoires, de remarques jetées rapidement, de brouillons, et quand il aura, pour remplir des obligations universitaires, à donner un cours de linguistique générale, il reprendra les mêmes thèmes et les prolongera jusqu'au point où nous les connaissons.

Nous retrouvons en effet chez le linguiste de 1910 le même dessein qui guidait le débutant de 1880 : assurer les fondements de la linguistique. Il récuse les cadres et les notions qu'il voit employer partout, parce qu'ils lui paraissent étrangers à la nature propre de la langue. Quelle est cette nature ? Il s'en explique brièvement dans quelques-unes de ces notes, fragments d'une réflexion qui ne peut ni renoncer ni se fixer complètement :

« Ailleurs il y a des choses, des objets donnés, que l'on est libre de considérer ensuite à différents points de vue. Ici il y a d'abord des points de vue, justes ou faux, mais uniquement des points de vue, à l'aide desquels on *crée* secondairement les choses. Ces créations se trouvent correspondre à des réalités quand le point de départ est juste ou n'y pas correspondre dans le cas contraire; mais dans les deux cas aucune chose, aucun objet n'est donné un seul instant en soi. Non pas même quand il s'agit du fait le plus matériel, le plus évidemment défini en soi en apparence, comme serait une suite de sons vocaux [1].

« Voici notre profession de foi en matière linguistique : en d'autres domaines, on peut parler des choses *à tel ou tel point de vue*, certain qu'on est de retrouver un terrain ferme dans l'objet même. En linguistique, nous nions en principe qu'il y ait des objets donnés, qu'il y ait des choses qui continuent d'exister quand on passe d'un ordre d'idées à un autre

1. *C.F.S.*, 12 (1954), p. 57 et 58.

et qu'on puisse par conséquent se permettre de considérer des "choses" dans plusieurs ordres, comme si elles étaient données par elles-mêmes [1]. »

Ces réflexions expliquent pourquoi Saussure jugeait si important de montrer au linguiste « ce qu'il fait ». Il voulait faire comprendre l'erreur où s'est engagée la linguistique depuis qu'elle étudie le langage comme une chose, comme un organisme vivant ou comme une matière à analyser par une technique instrumentale, ou encore comme une libre et incessante création de l'imagination humaine. Il faut revenir aux fondements, découvrir cet objet qu'est le langage, à quoi rien ne saurait être comparé.

Qu'est-ce donc que cet objet, que Saussure érige sur une table rase de toutes les notions reçues ? Nous touchons ici à ce qu'il y a de primordial dans la doctrine saussurienne, à un principe qui présume une intuition totale du langage, totale à la fois parce qu'elle contient l'ensemble de sa théorie, et parce qu'elle embrasse la totalité de son objet. Ce principe est que *le langage*, sous quelque point de vue qu'on étudie, *est toujours un objet double*, formé de deux parties dont l'une ne vaut que par l'autre.

Là est, me semble-t-il, le centre de la doctrine, le principe d'où procède tout l'appareil de notions et de distinctions qui formera le Cours publié. Tout en effet dans le langage est à définir en termes doubles; tout porte l'empreinte et le sceau de la dualité oppositive :

— dualité articulatoire/acoustique;
— dualité du son et du sens;
— dualité de l'individu et de la société;
— dualité de la langue et de la parole;
— dualité du matériel et de l'insubstantiel;
— dualité du « mémoriel » (paradigmatique) et du syntag-
    matique;
— dualité de l'identité et de l'opposition;
— dualité du synchronique et du diachronique, etc.

Et, encore une fois, aucun des termes ainsi opposés ne vaut par lui-même et ne renvoie à une réalité substantielle; chacun d'eux tire sa valeur du fait qu'il s'oppose à l'autre :

« La loi tout à fait finale du langage est, à ce que nous osons dire, qu'il n'y a jamais rien qui puisse résider dans *un* terme, par suite directe de ce que les symboles linguistiques sont sans relation avec ce qu'ils doivent désigner, donc que *a* est impuissant à rien désigner sans le secours de *b*, celui-ci de

1 *Ibid.*, p. 58.

même sans le secours de *a*, ou que tous les deux ne valent que par leur réciproque différence, ou qu'aucun ne vaut, même par une partie quelconque de soi (je suppose "la racine", etc.) autrement que par ce même plexus de différences éternellement négatives [1]. »

« Comme le langage n'offre sous aucune de ses manifestations une substance, mais seulement des *actions* combinées ou isolées de forces physiologiques, psychologiques, mentales; et comme néanmoins toutes nos distinctions, toute notre terminologie, toutes nos façons de parler sont moulées sur cette supposition involontaire d'une substance, on ne peut se refuser, avant tout, à reconnaître que la théorie du langage aura pour plus essentielle tâche de démêler ce qu'il en est de nos distinctions premières. Il nous est impossible d'accorder qu'on ait le droit d'élever une théorie en se passant de ce travail de définition, quoique cette manière commode ait paru jusqu'à présent satisfaire le public linguistique [2]. »

Certes on peut prendre comme objet de l'analyse linguistique un fait matériel, par exemple un segment d'énoncé auquel aucune signification ne serait attachée en le considérant comme simple production de l'appareil vocal, ou même une voyelle isolée. Croire que nous tenons là une substance est illusoire : ce n'est précisément que par une opération d'abstraction et de généralisation que nous pouvons délimiter un pareil objet d'étude. Saussure y insiste, seul le point de vue crée cette substance. Tous les aspects du langage que nous tenons pour donnés sont le résultat d'opérations logiques que nous pratiquons inconsciemment. Prenons-en donc conscience. Ouvrons les yeux à cette vérité qu'il n'y a pas un seul aspect du langage qui soit donné hors des autres et qu'on puisse mettre au-dessus des autres comme antérieur et primordial. De là cette constatation :

« A mesure qu'on approfondit la matière proposée à l'étude linguistique, on se convainc davantage de cette vérité qui donne, il serait inutile de le dissimuler, singulièrement à réfléchir : que le lien qu'on établit entre les choses préexiste, dans ce domaine, *aux choses elles-mêmes*, et sert à les déterminer [3]. »

Thèse d'allure paradoxale, qui aujourd'hui encore peut surprendre. Certains linguistes reprochent à Saussure de se complaire à souligner des paradoxes dans le fonctionnement

1. *C.F.S.*, 12 (1954), p. 63.
2. *Ibid.*, p. 55 et 56.
3. *Ibid.*, p. 57.

du langage. Mais le langage est bien ce qu'il y a de plus paradoxal au monde, et malheureux ceux qui ne le voient pas. Plus on ira, plus on sentira ce contraste entre l'unicité comme catégorie de notre aperception des objets et la dualité dont le langage impose le modèle à notre réflexion. Plus on pénétrera dans le mécanisme de la signification, mieux on verra que les choses ne signifient pas en raison de leur être-cela substantiel, mais en vertu de traits formels qui les distinguent des autres choses de même classe et qu'il nous incombe de dégager.

De ces vues procède la doctrine que les disciples de Saussure ont mise en forme et publiée. Aujourd'hui des exégètes scrupuleux s'emploient à la tâche nécessaire de restaurer dans leur teneur exacte les leçons de Saussure en s'aidant de tous les matériaux qu'ils ont pu retrouver. Grâce à leurs soins nous aurons une édition critique du *Cours de linguistique générale*, qui non seulement nous rendra une image fidèle de cet enseignement transmis sous sa forme orale, mais qui permettra de fixer avec rigueur la terminologie saussurienne.

Cette doctrine informe en effet, d'une manière ou d'une autre, toute la linguistique théorique de notre temps. L'action qu'elle a exercée s'est trouvée accrue par l'effet de convergences entre les idées saussuriennes et celles d'autres théoriciens. Ainsi en Russie, Baudoin de Courtenay et son disciple Kruszewski proposaient alors, de manière indépendante, une nouvelle conception du phonème. Ils distinguaient la fonction linguistique du phonème de sa réalisation articulatoire. Cet enseignement rejoignait en somme, sur une plus petite échelle, la distinction saussurienne entre langue et parole, et assignait au phonème une valeur différentielle. C'était le premier germe de ce qui s'est développé en une discipline nouvelle, la phonologie, théorie des fonctions distinctives des phonèmes, théorie des structures de leurs relations. Quand ils l'ont fondée, N. Troubetzkoy et R. Jakobson ont expressément reconnu en Saussure comme en Baudoin de Courtenay leurs précurseurs.

La tendance structuraliste qui s'affirme dès 1928, et qui devait ensuite être mise au premier plan, prend ainsi ses origines chez Saussure. Bien que celui-ci n'ait jamais employé en un sens doctrinal le terme « structure » (terme qui d'ailleurs, pour avoir servi d'enseigne à des mouvements très différents, a fini par se vider de tout contenu précis), la filiation est certaine de Saussure à tous ceux qui cherchent dans la relation des phonèmes entre eux le modèle de la structure générale des systèmes linguistiques.

Il peut être utile de situer à ce point de vue une des écoles structuralistes, la plus caractérisée nationalement, l'école américaine, en tant qu'elle se réclame de Bloomfield. On ne sait pas assez que Bloomfield avait écrit du *Cours de linguistique générale* un compte rendu très élogieux où, faisant mérite à Saussure de la distinction entre *langue* et *parole*, il concluait : « He has given us the theoretical basis for a science of human speech [1]. » Si différente que soit devenue la linguistique américaine, elle n'en garde pas moins une attache avec Saussure.

Comme toutes les pensées fécondes, la conception saussurienne de la langue portait des conséquences qu'on n'a pas aperçues tout de suite. Il est même une part de son enseignement qui est restée à peu près inerte et improductive pendant longtemps. C'est celle relative à la langue comme système de signes, et l'analyse du signe en signifiant et signifié. Il y avait là un principe nouveau, celui de l'unité à double face. Ces dernières années, la notion de signe a été discutée chez les linguistes : jusqu'à quel point les deux faces se correspondent, comment l'unité se maintient ou se dissocie à travers la diachronie, etc. Bien des points de la théorie sont encore à examiner. Il y aura lieu notamment de se demander si la notion de signe peut valoir comme principe d'analyse à tous les niveaux. Nous avons indiqué ailleurs que la phrase comme telle n'admet pas la segmentation en unités du type du signe.

Mais ce que nous voulons marquer ici est la portée de ce principe du signe instauré comme unité de la langue. Il en résulte que la langue devient un système sémiotique : « la tâche du linguiste, dit Saussure, est de définir ce qui fait de la langue un système spécial dans l'ensemble des faits sémiologiques... Pour nous le problème linguistique est avant tout sémiologique [2]. » Or nous voyons maintenant ce principe se propager hors des disciplines linguistiques et pénétrer dans les sciences de l'homme, qui prennent conscience de leur propre sémiotique. Loin que la langue s'abolisse dans la société, c'est la société qui commence à se reconnaître comme « langue ». Des analystes de la société se demandent si certaines structures sociales ou, sur un autre plan, ces discours complexes que sont les mythes ne seraient pas à considérer comme des signifiants dont on aurait à rechercher les signifiés. Ces investigations novatrices donnent à penser que le carac-

1. *Modern Language Journal*, 8 (1924), p. 319.
2. *Cours de linguistique générale*, 1re éd., p. 34 et 35.

tère foncier de la langue, d'être composée de signes, pourrait être commun à l'ensemble des phénomènes sociaux qui constituent la *culture*.

Il nous semble qu'on devra établir une distinction fondamentale entre deux ordres de phénomènes : d'une part les données physiques et biologiques, qui offrent une nature « simple » (quelle que soit leur complexité) parce qu'elles tiennent entièrement dans le champ où elles se manifestent, et que toutes leurs structures se forment et se diversifient à des niveaux successivement atteints dans l'ordre des mêmes relations ; et d'autre part les phénomènes propres au milieu interhumain, qui ont cette caractéristique de ne pouvoir jamais être pris comme données simples ni se définir dans l'ordre de leur propre nature, mais doivent toujours être reçus comme doubles, du fait qu'ils se relient à autre chose, quel que soit leur « référent ». Un fait de culture n'est tel qu'en tant qu'il renvoie à quelque chose d'autre. Le jour où une science de la culture prendra forme, elle se fondera probablement sur ce caractère primordial, et elle élaborera ses dualités propres à partir du modèle qu'en a donné Saussure pour la langue, sans s'y conformer nécessairement. Aucune science de l'homme n'échappera à cette réflexion sur son objet et sur sa place au sein d'une science générale de la culture, car l'homme ne naît pas dans la nature, mais dans la culture.

Quel étrange destin que celui des idées, et comme elles semblent parfois vivre de leur vie propre, révélant ou démentant ou recréant la figure de leur créateur. On peut rêver longtemps sur ce contraste : la vie temporelle de Saussure comparée à la fortune de ses idées. Un homme seul dans sa pensée pendant presque toute sa vie, ne pouvant consentir à enseigner ce qu'il juge faux ou illusoire, sentant qu'il faut tout refondre, de moins en moins tenté de le faire, et finalement, après maintes diversions qui ne peuvent l'arracher au tourment de sa vérité personnelle, communiquant à quelques auditeurs, sur la nature du langage, des idées qui ne lui paraissent jamais assez mûres pour être publiées. Il meurt en 1913, peu connu hors du cercle restreint de ses élèves et de quelques amis, déjà presque oublié de ses contemporains. Meillet, dans la belle notice qu'il lui consacre alors, déplore que cette vie s'achève sur une œuvre incomplète : « Après plus de trente ans, les idées qu'exprimait Ferdinand de Saussure dans son travail de début n'ont pas épuisé leur fécondité. Et pourtant ses disciples ont le sentiment qu'il n'a pas, à beaucoup près, tenu dans la linguistique de son

temps la place que devaient lui valoir ses dons géniaux [1]... »
Et il terminait sur ce regret poignant : « Il avait produit le
plus beau livre de grammaire comparée qu'on ait écrit, semé
des idées et posé de fermes théories, mis sa marque sur de
nombreux élèves, et pourtant il n'avait pas rempli toute sa
destinée [2]. »

Trois ans après la mort de Saussure paraissait le *Cours de
linguistique générale*, rédigé par Bally et Séchehaye d'après
des notes d'étudiants. En 1916, parmi le fracas des armes,
qui pouvait se soucier d'un ouvrage de linguistique ? Jamais
n'a été plus vraie la parole de Nietzsche que les grands événements arrivent sur des pattes de colombes.

Aujourd'hui, cinquante ans ont passé depuis la mort de
Saussure, deux générations nous séparent de lui, et que
voyons-nous ? La linguistique est devenue une science
majeure entre celles qui s'occupent de l'homme et de la
société, une des plus actives dans la recherche théorique
comme dans ses développements techniques. Or cette
linguistique renouvelée, c'est chez Saussure qu'elle prend
son origine, c'est en Saussure qu'elle se reconnaît et se
rassemble. Dans tous les courants qui la traversent, dans
toutes les écoles où elle se partage, le rôle initiateur de Saussure est proclamé. Cette semence de clarté, recueillie par
quelques disciples, est devenue une grande lumière, qui
dessine un paysage rempli de sa présence.

Nous disons ici que Saussure appartient désormais à
l'histoire de la pensée européenne. Précurseur des doctrines
qui ont depuis cinquante ans transformé la théorie du langage, il a jeté des vues inoubliables sur la faculté la plus
haute et la plus mystérieuse de l'homme, et en même temps,
posant à l'horizon de la science et de la philosophie la notion
de « signe » comme unité bilatérale, il a contribué à l'avènement de la pensée formelle dans les sciences de la société
et de la culture, et à la constitution d'une sémiologie générale.

Embrassant du regard ce demi-siècle écoulé, nous pouvons
dire que Saussure a bien accompli sa destinée. Par-delà sa
vie terrestre, ses idées rayonnent plus loin qu'il n'aurait pu
l'imaginer, et cette destinée posthume est devenue comme
une seconde vie, qui se confond désormais avec la nôtre.

1. *Linguistique historique et linguistique générale*, II, p. 174.
2. *Ibid.*, p. 183.

II

La communication

CHAPITRE IV

Nature du signe linguistique [1]

C'est de F. de Saussure que procède la théorie du signe linguistique actuellement affirmée ou impliquée dans la plupart des travaux de linguistique générale. Et c'est comme une vérité évidente, non encoe explicite, mais cependant incontestée en fait, que Saussure a enseigné que la nature du signe est *arbitraire*. La formule s'est immédiatement imposée. Tout propos sur l'essence du langage ou sur les modalités du discours commence par énoncer le caractère arbitraire du signe linguistique. Le principe est d'une telle portée qu'une réflexion portant sur une partie quelconque de la linguistique le rencontre nécessairement. Qu'il soit partout invoqué et toujours donné pour évident, cela fait deux raisons pour que l'on cherche au moins à comprendre en quel sens Saussure l'a pris et la nature des preuves qui le manifestent.

Cette définition est, dans le *Cours de linguistique générale* [2], motivée par des énoncés très simples. On appelle *signe* « le total résultant de l'association d'un signifiant [= image acoustique] et d'un signifié [= concept] »... « Ainsi l'idée de "sœur" n'est liée par aucun rapport intérieur avec la suite de sons *s-ö-r* qui lui sert de signifiant; il pourrait être aussi bien représenté par n'importe quelle autre : à preuve les différences entre les langues et l'existence même de langues différentes : le signifié "bœuf" a pour signifiant *b-ö-f* d'un côté de la frontière et *o-k-s* (Ochs) de l'autre » (p. 102). Ceci doit établir que « le lien unissant le signifiant au signifié est arbitraire », ou plus simplement que « le signe linguistique est arbitraire ». Par « arbitraire », l'auteur entend qu'« il

---

1. *Acta Linguistica*, I (1939), Copenhague.
2. Cité ici d'après la 1ʳᵉ éd., Lausanne-Pis, 1916.

est *immotivé*, c'est-à-dire arbitraire par rapport au signifié avec lequel il n'a aucune attache naturelle dans la réalité » (p. 103). Ce caractère doit donc expliquer le fait même par où il se vérifie : savoir que, pour une notion, les expressions varient dans le temps et dans l'espace, et par suite n'ont avec elle aucune relation nécessaire.

Nous ne songeons pas à discuter cette conclusion au nom d'autres principes ou en partant de définitions différentes. Il s'agit de savoir si elle est cohérente, et si, la bipartition du signe étant admise (et nous l'admettons), il s'ensuit qu'on doive caractériser le signe comme arbitraire. On vient de voir que Saussure prend le signe linguistique comme constitué par un signifiant et un signifié. Or — ceci est essentiel — il entend par « signifié » le *concept*. Il déclare en propres termes (p. 100) que « le signe linguistique unit non une chose et un nom, mais un concept et une image acoustique ». Mais il assure, aussitôt après, que la nature du signe est arbitraire parce que il n'a avec le signifié « aucune attache naturelle dans la réalité ». Il est clair que le raisonnement est faussé par le recours inconscient et subreptice à un troisième terme, qui n'était pas compris dans la définition initiale. Ce troisième terme est la chose même, la réalité. Saussure a beau dire que l'idée de « sœur » n'est pas liée au signifiant *s-ö-r ;* il n'en pense pas moins à la *réalité* de la notion. Quand il parle de la différence entre *b-ö-f* et *o-k-s,* il se réfère malgré lui au fait que ces deux termes s'appliquent à la même *réalité*. Voilà donc la *chose*, expressément exclue d'abord de la définition du signe, qui s'y introduit par un détour et qui y installe en permanence la contradiction. Car si l'on pose en principe — et avec raison — que la langue est *forme*, non *substance* (p. 163), il faut admettre — et Saussure l'a affirmé nettement — que la linguistique est science des formes exclusivement. D'autant plus impérieuse est alors la nécessité de laisser la « substance » *sœur* ou *bœuf* hors de la compréhension du signe. Or c'est seulement si l'on pense à l'animal « bœuf » dans sa particularité concrète et « substantielle » que l'on est fondé à juger « arbitraire » la relation entre *böf* d'une part, *oks* de l'autre, à une même réalité. Il y a donc contradiction entre la manière dont Saussure définit le signe linguistique et la nature fondamentale qu'il lui attribue.

Une pareille anomalie dans le raisonnement si serré de Saussure ne me paraît pas imputable à un relâchement de son attention critique. J'y verrai plutôt un trait distinctif de la pensée historique et relativiste de la fin du XIXe siècle,

une démarche habituelle à cette forme de la réflexion philosophique qu'est l'intelligence comparative. On observe
chez les différents peuples les réactions que suscite un même
phénomène : l'infinie diversité des attitudes et des jugements
amène à considérer que rien apparemment n'est nécessaire.
De l'universelle dissemblance, on conclut à l'universelle
contingence. La conception saussurienne est encore solidaire en quelque mesure de ce système de pensée. Décider
que le signe linguistique est arbitraire parce que le même
animal s'appelle *bœuf* en un pays, *Ochs* ailleurs, équivaut à
dire que la notion du deuil est « arbitraire », parce qu'elle
a pour symbole le noir en Europe, le blanc en Chine. Arbitraire, oui, mais seulement sous le regard impassible de
Sirius ou pour celui qui se borne à constater du dehors
la liaison établie entre une réalité objective et un comportement humain et se condamne ainsi à n'y voir que contingence. Certes, par rapport à une même réalité, toutes les
dénominations ont égale valeur; qu'elles existent est donc
la preuve qu'aucune d'elles ne peut prétendre à l'absolu
de la dénomination en soi. Cela est vrai. Cela n'est même
que trop vrai — et donc peu instructif. Le vrai problème
est autrement profond. Il consiste à retrouver la structure
intime du phénomène dont on ne perçoit que l'apparence
extérieure et à décrire sa relation avec l'ensemble des manifestations dont il dépend.

Ainsi du signe linguistique. Une des composantes du
signe, l'image acoustique, en constitue le signifiant; l'autre,
le concept, en est le signifié. Entre le signifiant et le signifié,
le lien n'est pas arbitraire; au contraire, il est *nécessaire*.
Le concept (« signifié ») « bœuf » est forcément identique
dans ma conscience à l'ensemble phonique (« signifiant »)
böf. Comment en serait-il autrement? Ensemble les deux
ont été imprimés dans mon esprit; ensemble ils s'évoquent
en toute circonstance. Il y a entre eux symbiose si étroite
que le concept « bœuf » est comme l'âme de l'image acoustique *böf*. L'esprit ne contient pas de formes vides, de
concepts innommés. Saussure dit lui-même : « Psycholo-
giquement, abstraction faite de son expression par les mots,
notre pensée n'est qu'une masse amorphe et indistincte.
Philosophes et linguistes se sont toujours accordés à reconnaître que, sans le secours des signes, nous serions incapa-
bles de distinguer deux idées d'une façon claire et constante.
Prise en elle-même, la pensée est comme une nébuleuse
où rien n'est nécessairement délimité. Il n'y a pas d'idées
préétablies, et rien n'est distinct avant l'apparition de la

langue » (p. 161). Inversement l'esprit n'accueille de forme
sonore que celle qui sert de support à une représentation
identifiable pour lui; sinon, il la rejette comme inconnue
ou étrangère. Le signifiant et le signifié, la représentation
mentale et l'image acoustique, sont donc en réalité les deux
faces d'une même notion et se composent ensemble comme
l'incorporant et l'incorporé. Le signifiant est la traduction
phonique d'un concept; le signifié est la contrepartie mentale du signifiant. Cette consubstantialité du signifiant et
du signifié assure l'unité structurale du signe linguistique.
Ici encore c'est à Saussure même que nous en appelons
quand il dit de la langue : « La langue est encore comparable à une feuille de papier : la pensée est le recto et le
son le verso; on ne peut découper le recto sans découper
en même temps le verso; de même, dans la langue, on
ne saurait isoler ni le son de la pensée, ni la pensée du son;
on n'y arriverait que par une abstraction dont le résultat
serait de faire ou de la psychologie pure ou de la phonologie pure » (p. 163). Ce que Saussure dit ici de la langue
vaut d'abord pour le signe linguistique en lequel s'affirment
incontestablement les caractères premiers de la langue.

On voit maintenant et l'on peut délimiter la zone de
l' « arbitraire ». Ce qui est arbitraire, c'est que tel signe, et
non tel autre, soit appliqué à tel élément de la réalité, et
non à tel autre. En ce sens, et en ce sens seulement, il est
permis de parler de contingence, et encore sera-ce moins
pour donner au problème une solution que pour le signaler
et en prendre provisoirement congé. Car ce problème n'est
autre que le fameux : φύσει ou θέσει? et ne peut être tranché
que par décret. C'est en effet, transposé en termes linguistiques, le problème métaphysique de l'accord entre l'esprit
et le monde, problème que le linguiste sera peut-être un
jour en mesure d'aborder avec fruit, mais qu'il fera mieux
pour l'instant de délaisser. Poser la relation comme arbitraire est pour le linguiste une manière de se défendre
contre cette question et aussi contre la solution que le sujet
parlant y apporte instinctivement. Pour le sujet parlant,
il y a entre la langue et la réalité adéquation complète :
le signe recouvre et commande la réalité; mieux, il *est* cette
réalité (*nomen omen*, tabous de parole, pouvoir magique
du verbe, etc.). A vrai dire le point de vue du sujet et celui
du linguiste sont si différents à cet égard que l'affirmation
du linguiste quant à l'arbitraire des désignations ne réfute
pas le sentiment contraire du sujet parlant. Mais, quoi
qu'il en soit, la nature du signe linguistique n'y est en rien

intéressée, si on le définit comme Saussure l'a fait, puisque le propre de cette définition est précisément de n'envisager que la relation du signifiant au signifié. Le domaine de l'arbitraire est ainsi relégué hors de la compréhension du signe linguistique.

Il est alors assez vain de défendre le principe de l' « arbitraire du signe » contre l'objection qui pourrait être tirée des onomatopées et mots expressifs (Saussure, p. 103-4), non seulement parce que la sphère d'emploi en est relativement limitée et parce que l'expressivité est un effet essentiellement transitoire, subjectif et souvent secondaire, mais surtout parce que, ici encore, quelle que soit la réalité dépeinte par l'onomatopée ou le mot expressif, l'allusion à cette réalité dans la plupart des cas n'est pas immédiate et n'est admise que par une convention symbolique analogue à celle qui accrédite les signes ordinaires du système. Nous retrouvons donc la définition et les caractères valables pour tout signe. L'arbitraire n'existe ici aussi que par rapport au phénomène ou à l'objet *matériel* et n'intervient pas dans la constitution propre du signe.

Il faut maintenant considérer brièvement quelques-unes des conséquences que Saussure a tirées du principe ici discuté et qui retentissent loin. Par exemple il montre admirablement qu'on peut parler à la fois de l'immutabilité et de la mutabilité du signe : immutabilité, parce qu'étant arbitraire il ne peut être mis en question au nom d'une norme raisonnable; mutabilité, parce qu'étant arbitraire il est toujours susceptible de s'altérer. « Une langue est radicalement impuissante à se défendre contre les facteurs qui déplacent d'instant en instant le rapport du signifié et du signifiant. C'est une des conséquences de l'arbitraire du signe » (p. 112). Le mérite de cette analyse n'est en rien diminué, mais bien renforcé au contraire si l'on spécifie mieux la relation à laquelle en fait elle s'applique. Ce n'est pas entre le signifiant et le signifié que la relation en même temps se modifie et reste immuable, c'est entre le signe et l'objet; c'est, en d'autres termes, la *motivation objective* de la désignation, soumise, comme telle, à l'action de divers facteurs historiques. Ce que Saussure démontre reste vrai, mais de la *signification*, non du signe.

Un autre problème, non moins important, que la définition du signe intéresse directement, est celui de la *valeur*, où Saussure pense trouver une confirmation de ses vues : « ... le choix qui appelle telle tranche acoustique pour telle idée est parfaitement arbitraire. Si ce n'était pas le cas, la notion de valeur perdrait quelque chose de son caractère, puisqu'elle contiendrait un élément imposé du dehors. Mais en fait les valeurs restent entièrement relatives, et voilà pourquoi le lien de l'idée et du son est radicalement arbitraire » (p. 163). Il vaut la peine de reprendre successivement les parties de ce raisonnement. Le choix qui appelle telle tranche acoustique pour telle idée n'est nullement arbitraire; cette tranche acoustique n'existerait pas sans l'idée correspondante et vice versa. En réalité Saussure pense toujours, quoiqu'il parle d' « idée », à la représentation de l'*objet réel* et au caractère évidemment non nécessaire, immotivé, du lien qui unit le signe à la *chose* signifiée. La preuve de cette confusion gît dans la phrase suivante dont je souligne le membre caractéristique : « Si ce n'était pas le cas, la notion de valeur perdrait quelque chose de son caractère, puisqu'*elle contiendrait un élément imposé du dehors.* » C'est bien « un élément imposé du dehors », donc la réalité *objective* que ce raisonnement prend comme axe de référence. Mais si l'on considère le signe en lui-même et en tant que porteur d'une valeur, l'arbitraire se trouve nécessairement éliminé. Car — la dernière proposition est celle qui enferme le plus clairement sa propre réfutation — il est bien vrai que les valeurs restent entièrement « relatives », mais il s'agit de savoir comment et par rapport à quoi. Posons tout de suite ceci : la valeur est un élément du signe; si le signe pris en soi n'est pas arbitraire, comme on pense l'avoir montré, il s'ensuit que le caractère « relatif » de la valeur ne peut dépendre de la nature « arbitraire » du signe. Puisqu'il faut faire abstraction de la convenance du signe à la réalité, à plus forte raison doit-on ne considérer la valeur que comme un attribut de la *forme*, non de la substance. Dès lors dire que les valeurs sont « relatives » signifie qu'elles sont relatives *les unes aux autres*. Or n'est-ce pas là justement la preuve de leur *nécessité?* Il s'agit ici, non plus du signe isolé, mais de la langue comme système de signes et nul n'a aussi fortement que Saussure conçu et décrit l'économie systématique de la langue. Qui dit système dit agencement et convenance des parties en une structure qui transcende et explique ses éléments. Tout y est si *nécessaire* que les modifications de l'ensemble et du détail s'y conditionnent réciproquement. La relativité des valeurs est la meilleure preuve qu'elles dépendent étroitement l'une de l'autre dans la synchronie d'un système toujours menacé, toujours restauré. C'est que toutes les valeurs sont d'opposition et ne se définissent que par leur différence. Opposées, elles se maintiennent en mutuelle relation de nécessité. Une opposition est, par la force des choses, sous-tendue de nécessité, comme la nécessité donne corps à l'opposition. Si la langue est autre chose qu'un conglomérat fortuit de notions erratiques et de sons émis au hasard, c'est bien qu'une nécessité est immanente à sa structure comme à toute structure.

Il apparaît donc que la part de contingence inhérente à la langue affecte la dénomination en tant que symbole phonique de la réalité et dans son rapport avec elle. Mais le signe, élément primordial du système linguistique, enferme un signifiant et un signifié dont la liaison doit être reconnue comme *nécessaire*, ces deux composantes étant consubstantielles l'une à l'autre. *Le caractère absolu du signe linguistique* ainsi entendu commande à son tour la *nécessité* dialectique des valeurs en constante opposition, et forme le principe structural de la langue. C'est peut-être le meilleur témoignage de la fécondité d'une doctrine que d'engendrer la contradiction qui la promeut. En restaurant la véritable nature du signe dans le conditionnement interne du système, on affermit, par-delà Saussure, la rigueur de la pensée saussurienne.

CHAPITRE V

Communication animale
et langage humain [1]

Appliquée au monde animal, la notion de langage n'a cours que par un abus de termes. On sait qu'il a été impossible jusqu'ici d'établir que des animaux disposent, même sous une forme rudimentaire, d'un mode d'expression qui ait les caractères et les fonctions du langage humain. Toutes les observations sérieuses pratiquées sur les communautés animales, toutes les tentatives mises en œuvre au moyen de techniques variées pour provoquer ou contrôler une forme quelconque de langage assimilable à celui des hommes, ont échoué. Il ne semble pas que ceux des animaux qui émettent des cris variés manifestent, à l'occasion de ces émissions vocales, des comportements d'où nous puissions inférer qu'ils se transmettent des messages « parlés ». Les conditions fondamentales d'une communication proprement linguistique semblent faire défaut dans le monde des animaux même supérieurs.

La question se pose autrement pour les abeilles, ou du moins on doit envisager qu'elle puisse se poser désormais. Tout porte à croire — et le fait est observé depuis longtemps — que les abeilles ont le moyen de communiquer entre elles. La prodigieuse organisation de leurs colonies, leurs activités différenciées et coordonnées, leur capacité de réagir collectivement devant des situations imprévues, font supposer qu'elles sont aptes à échanger de véritables messages. L'attention des observateurs s'est portée en particulier sur la manière dont les abeilles sont averties quand l'une d'entre elles a découvert une source de nourriture. L'abeille butineuse, trouvant par exemple au cours de son vol une solution sucrée par laquelle on l'amorce, s'en repaît

1. *Diogène*, I (1952).

aussitôt. Pendant qu'elle se nourrit, l'expérimentateur prend soin de la marquer. Puis elle retourne à sa ruche. Quelques instants après, on voit arriver au même endroit un groupe d'abeilles parmi lesquelles l'abeille marquée ne se trouve pas et qui viennent toutes de la même ruche qu'elle. Celle-ci doit avoir prévenu ses compagnes. Il faut même qu'elles aient été informées avec précision puisqu'elles parviennent sans guide à l'emplacement, qui est souvent à une grande distance de la ruche et toujours hors de leur vue. Il n'y a pas d'erreur ni d'hésitation dans le repérage : si la butineuse a choisi une fleur entre d'autres qui pouvaient également l'attirer, les abeilles qui viennent après son retour se porteront sur celle-là et délaisseront les autres.Apparemment l'abeille exploratrice a désigné à ses compagnes le lieu dont elle vient. Mais par quel moyen ?

Ce problème fascinant a défié longtemps les observateurs. On doit à Karl von Frisch (professeur de zoologie à l'Université de Munich) d'avoir, par des expériences qu'il poursuit depuis une trentaine d'années, posé les principes d'une solution. Ses recherches ont fait connaître le processus de la communication parmi les abeilles. Il a observé, dans une ruche transparente, le comportement de l'abeille qui rentre après une découverte de butin. Elle est aussitôt entourée par ses compagnes au milieu d'une grande effervescence, et celles-ci tendent vers elle leurs antennes pour recueillir le pollen dont elle est chargée, ou elles absorbent du nectar qu'elle dégorge. Puis, suivie par ses compagnes, elle exécute des danses. C'est ici le moment essentiel du procès et l'acte propre de la communication. L'abeille se livre, selon le cas, à deux danses différentes. L'une consiste à tracer des cercles horizontaux de droite à gauche, puis de gauche à droite successivement. L'autre, accompagnée d'un frétillement continu de l'abdomen *(wagging-dance)*, imite à peu près la figure d'un 8 : l'abeille court droit, puis décrit un tour complet vers la gauche, de nouveau court droit, recommence un tour complet sur la droite, et ainsi de suite. Après les danses, une ou plusieurs abeilles quittent la ruche et se rendent droit à la source que la première a visitée, et, s'y étant gorgées, rentrent à la ruche où, à leur tour, elles se livrent aux mêmes danses, ce qui provoque de nouveaux départs, de sorte qu'après quelques allées et venues, des centaines d'abeilles se pressent à l'endroit où la butineuse a découvert la nourriture. La danse en cercles et la danse en huit apparaissent donc comme de véritables messages par lesquels la découverte est signalée à la ruche. Il restait à trouver la différence entre les deux danses. K. von Frisch a pensé qu'elle portait sur la nature du butin : la danse circulaire annoncerait le nectar, la danse en huit, le pollen. Ces données, avec leur interprétation, exposées en 1923, sont aujourd'hui notions courantes et déjà vulgarisées [1]. On comprend qu'elles aient suscité un vif intérêt. Mais même démontrées, elles n'autorisaient pas à parler d'un véritable langage.

Ces vues sont maintenant complètement renouvelées par les expériences que Karl von Frisch a poursuivies depuis, étendant et rectifiant ses premières observations. Il les a fait connaître en 1948 dans des publications techniques, et résumées très clairement en 1950 dans un petit volume qui reproduit des conférences données aux États-Unis [2]. Après des milliers d'expériences d'une patience et d'une ingéniosité proprement admirables, il a réussi à déterminer la signification des danses. La nouveauté fondamentale est qu'elles se rapportent non, comme il l'avait d'abord cru, à la nature du butin, mais à la distance qui sépare ce butin de la ruche. La danse en cercle annonce que l'emplacement de la nourriture doit être cherché à une faible distance, dans un rayon de cent mètres environ autour de la ruche. Les abeilles sortent alors et se répandent autour de la ruche jusqu'à ce qu'elles l'aient trouvé. L'autre danse, que la butineuse accomplit en frétillant et en décrivant des huit *(wagging-dance)*, indique que le point est situé à une distance supérieure, au-delà de cent mètres et jusqu'à six kilomètres. Ce message comporte deux indications distinctes, l'une sur la distance propre, l'autre sur la direction. La distance est impliquée par le nombre de figures dessinées en un temps déterminé; elle varie toujours en raison inverse de leur fréquence. Par exemple, l'abeille décrit neuf à dix « huit » complets en quinze secondes quand la distance est de cent mètres, sept pour deux cents mètres, quatre et demi pour un kilomètre, et deux seulement pour six kilomètres. Plus la distance est grande, plus la danse est lente. Quant à la direction où le butin doit être cherché, c'est l'axe du « huit » qui la signale par rapport au soleil; selon qu'il incline à droite ou à gauche, cet axe

1. Ainsi Maurice Mathis, *Le Peuple des abeilles*, p. 70 : « Le docteur K. von Frisch avait découvert... le comportement de l'abeille amorcée, à son retour à la ruche. Selon la nature du butin à exploiter, miel ou pollen, l'abeille amorcée exécutera sur les gâteaux de cire une véritable danse de démonstration, tournant en rond pour une matière sucrée, décrivant des huit pour le pollen. »

2. Karl von Frisch, *Bees, their vision, chemical senses and language*, Cornell University Press, Ithaca, N.Y., 1950.

indique l'angle que le lieu de la découverte forme avec le soleil. Et les abeilles sont capables de s'orienter même par temps couvert, en vertu d'une sensibilité particulière à la lumière polarisée. Dans la pratique, il y a de légères variations d'une abeille à l'autre ou d'une ruche à l'autre dans l'évaluation de la distance, mais non dans le choix de l'une ou de l'autre danse. Ces résultats sont le produit d'environ quatre mille expériences, que d'autres zoologistes, d'abord sceptiques, ont répétées en Europe et aux États-Unis, et finalement confirmées [1]. On a maintenant le moyen de s'assurer que c'est bien la danse, en ses deux variétés, qui sert aux abeilles à renseigner leurs compagnes sur leurs trouvailles et à les y guider par des indications portant sur la direction et sur la distance. Les abeilles, percevant l'odeur de la butineuse ou absorbant le nectar qu'elle déglutit, apprennent en outre la nature du butin. Elles prennent leur vol à leur tour et atteignent à coup sûr l'endroit. L'observateur peut dès lors, d'après le type et le rythme de la danse, prévoir le comportement de la ruche et vérifier les indications qui ont été transmises.

L'importance de ces découvertes pour les études de psychologie animale n'a pas besoin d'être soulignée. Nous voudrions insister ici sur un aspect moins visible du problème auquel K. von Frisch, attentif à décrire objectivement ses expériences, n'a pas touché. Nous sommes pour la première fois en mesure de spécifier avec quelque précision le mode de communication employé dans une colonie d'insectes; et pour la première fois nous pouvons nous représenter le fonctionnement d'un « langage » animal. Il peut être utile de marquer brièvement en quoi il est ou il n'est pas un langage, et comment ces observations sur les abeilles aident à définir, par ressemblance ou par contraste, le langage humain.

Les abeilles apparaissent capables de produire et de comprendre un véritable message, qui enferme plusieurs données. Elles peuvent donc enregistrer des relations de position et de distance; elles peuvent les conserver en « mémoire »; elles peuvent les communiquer en les symbolisant par divers comportements somatiques. Le fait remarquable est d'abord qu'elles manifestent une aptitude à symboliser : il y a bien correspondance « conventionnelle » entre leur comportement et la donnée qu'il traduit. Ce rapport est perçu par les autres abeilles dans les termes où il leur est

1. Voir l'avant-propos de Donald R. Griffin au livre de K. von Frisch, p. VII.

transmis et devient moteur d'action. Jusqu'ici nous trouvons, chez les abeilles, les conditions mêmes sans lesquelles aucun langage n'est possible, la capacité de formuler et d'interpréter un « signe » qui renvoie à une certaine « réalité », la mémoire de l'expérience et l'aptitude à la décomposer.

Le message transmis contient trois données, les seules identifiables jusqu'ici : l'existence d'une source de nourriture, sa distance, sa direction. On pourrait ordonner ces éléments d'une manière un peu différente. La danse en cercle indique simplement la présence du butin, impliquant qu'il est à faible distance. Elle est fondée sur le principe mécanique du « tout ou rien ». L'autre danse formule vraiment une communication; cette fois, c'est l'existence de la nourriture qui est implicite dans les deux données (distance, direction) expressément énoncées. On voit ici plusieurs points de ressemblance au langage humain. Ces procédés mettent en œuvre un symbolisme véritable bien que rudimentaire, par lequel des données objectives sont transposées en gestes formalisés, comportant des éléments variables et de « signification » constante. En outre, la situation et la fonction sont celles d'un langage, en ce sens que le système est valable à l'intérieur d'une communauté donnée et que chaque membre de cette communauté est apte à l'employer ou à le comprendre dans les mêmes termes.

Mais les différences sont considérables et elles aident à prendre conscience de ce qui caractérise en propre le langage humain. Celle-ci, d'abord, essentielle, que le message des abeilles consiste entièrement dans la danse, sans intervention d'un appareil « vocal », alors qu'il n'y a pas de langage sans voix. D'où une autre différence, qui est d'ordre physique. N'étant pas vocale mais gestuelle, la communication chez les abeilles s'effectue nécessairement dans des conditions qui permettent une perception visuelle, sous l'éclairage du jour; elle ne peut avoir lieu dans l'obscurité. Le langage humain ne connaît pas cette limitation.

Une différence capitale apparaît aussi dans la situation où la communication a lieu. Le message des abeilles n'appelle aucune réponse de l'entourage, sinon une certaine conduite, qui n'est pas une réponse. Cela signifie que les abeilles ne connaissent pas le dialogue, qui est la condition du langage humain. Nous parlons à d'autres qui parlent, telle est la réalité humaine. Cela révèle un nouveau contraste. Parce qu'il n'y a pas dialogue pour les abeilles, la communication se réfère seulement à une certaine donnée objective. Il ne peut y avoir de communication relative à une donnée « linguistique »; déjà parce qu'il n'y a pas de réponse, la réponse étant une réaction linguistique à une manifestation linguistique; mais aussi en ce sens que le message d'une abeille ne peut être reproduit par une autre qui n'aurait pas vu elle-même les choses que la première annonce. On n'a pas constaté qu'une abeille aille par exemple porter dans une autre ruche le message qu'elle a reçu dans la sienne, ce qui serait une manière de transmission ou de relais. On voit la différence avec le langage humain, où, dans le dialogue, la référence à l'expérience objective et la réaction à la manifestation linguistique s'entremêlent librement et à l'infini. L'abeille ne construit pas de message à partir d'un autre message. Chacune de celles qui, alertées par la danse de la butineuse, sortent et vont se nourrir à l'endroit indiqué, reproduit quand elle rentre la même information, non d'après le message premier, mais d'après la réalité qu'elle vient de constater. Or le caractère du langage est de procurer un substitut de l'expérience apte à être transmis sans fin dans le temps et l'espace, ce qui est le propre de notre symbolisme et le fondement de la tradition linguistique.

Si nous considérons maintenant le contenu du message, il sera facile d'observer qu'il se rapporte toujours et seulement à une donnée, la nourriture, et que les seules variantes qu'il comporte sont relatives à des données spatiales. Le contraste est évident avec l'illimité des contenus du langage humain. De plus, la conduite qui signifie le message des abeilles dénote un symbolisme particulier qui consiste en un décalque de la situation objective, de la seule situation qui donne lieu à un message, sans variation ni transposition possible. Or, dans le langage humain, le symbole en général ne configure pas les données de l'expérience, en ce sens qu'il n'y a pas de rapport nécessaire entre la référence objective et la forme linguistique. Il y aurait ici beaucoup de distinctions à faire au point de vue du symbolisme humain dont la nature et le fonctionnement ont été peu étudiés. Mais la différence subsiste.

Un dernier caractère de la communication chez les abeilles l'oppose fortement aux langues humaines. Le message des abeilles ne se laisse pas analyser. Nous n'y pouvons voir qu'un contenu global, la seule différence étant liée à la position spatiale de l'objet relaté. Mais il est impossible de décomposer ce contenu en ses éléments formateurs, en ses « morphèmes », de manière à faire correspondre chacun de ces morphèmes à un élément de l'énoncé. Le langage humain se caractérise justement par là. Chaque énoncé se ramène à des éléments qui se laissent combiner librement selon des règles définies, de sorte qu'un nombre assez réduit de morphèmes permet un nombre considérable de combinaisons, d'où naît la variété du langage humain, qui est capacité de tout dire. Une analyse plus approfondie du langage montre que ces morphèmes, éléments de signification, se résolvent à leur tour en phonèmes, éléments d'articulation dénués de signification, moins nombreux encore, dont l'assemblage sélectif et distinctif fournit les unités signifiantes. Ces phonèmes « vides », organisés en systèmes, forment la base de toute langue. Il est manifeste que le langage des abeilles ne laisse pas isoler de pareils constituants; il ne se ramène pas à des éléments identifiables et distinctifs.

L'ensemble de ces observations fait apparaître la différence essentielle entre les procédés de communication découverts chez les abeilles et notre langage. Cette différence se résume dans le terme qui nous semble le mieux approprié à définir le mode de communication employé par les abeilles; ce n'est pas un langage, c'est un code de signaux. Tous les caractères en résultent : la fixité du contenu, l'invariabilité du message, le rapport à une seule situation, la nature indécomposable de l'énoncé, sa transmission unilatérale. Il reste néanmoins significatif que ce code, la seule forme de « langage » qu'on ait pu jusqu'ici découvrir chez les animaux, soit propre à des insectes vivant en société. C'est aussi la société qui est la condition du langage. Ce n'est pas le moindre intérêt des découvertes de K. von Frisch, outre les révélations qu'elles nous apportent sur le monde des insectes, que d'éclairer indirectement les conditions du langage humain et du symbolisme qu'il suppose. Il se peut que le progrès des recherches nous fasse pénétrer plus avant dans la compréhension des ressorts et des modalités de ce mode de communication, mais d'avoir établi qu'il existe et quel il est et comment il fonctionne, signifie déjà que nous verrons mieux où commence le langage et comment l'homme se délimite [1].

---

1. [1965.] Pour une vue d'ensemble des recherches récentes sur la communication animale, et sur le langage des abeilles en particulier, voir un article de T. A. Sebeok, paru dans *Science*, 1965, p. 1006 sq.

CHAPITRE VI

Catégories de pensée
et catégories de langue [1]

Nous faisons de la langue que nous parlons des usages infiniment variés, dont la seule énumération devrait être coextensive à une liste des activités où peut s'engager l'esprit humain. Dans leur diversité, ces usages ont cependant deux caractères en commun. L'un est que la réalité de la langue y demeure en règle générale inconsciente; hormis le cas d'étude proprement linguistique, nous n'avons au plus qu'une conscience faible et fugitive des opérations que nous accomplissons pour parler. L'autre est que, si abstraites ou si particulières que soient les opérations de la pensée, elles reçoivent expression dans la langue. Nous pouvons tout dire, et nous pouvons le dire comme nous voulons. De là procède cette conviction, largement répandue et elle-même inconsciente comme tout ce qui touche au langage, que penser et parler sont deux activités distinctes par essence, qui se conjoignent pour la nécessité pratique de la communication, mais qui ont chacune leur domaine et leurs possibilités indépendantes, celles de la langue consistant dans les ressources offertes à l'esprit pour ce qu'on appelle l'expression de la pensée. Tel est le problème que nous envisageons sommairement ici et surtout pour éclairer quelques ambiguïtés dont la nature même du langage est responsable.

Assurément, le langage en tant qu'il est parlé, est employé à convoyer « ce que nous voulons dire ». Mais cela que nous appelons ainsi, « ce que nous voulons dire » ou « ce que nous avons dans l'esprit » ou « notre pensée » ou de quelque nom qu'on le désigne, est un contenu de pensée, fort difficile à définir en soi, sinon par des caractères d'intentionnalité ou comme structure psychique, etc. Ce contenu reçoit forme

1. Les Études philosophiques, nº 4 (oct.-déc. 1958), P.U.F., Paris.

quand il est énoncé et seulement ainsi. Il reçoit forme de la langue et dans la langue, qui est le moule de toute expression possible; il ne peut s'en dissocier et il ne peut la transcender. Or cette langue est configurée dans son ensemble et en tant que totalité. Elle est en outre organisée comme agencement de « signes » distincts et distinctifs, susceptibles eux-mêmes de se décomposer en unités inférieures ou de se grouper en unités complexes. Cette grande structure, qui enferme des structures plus petites et de plusieurs niveaux, donne sa *forme* au contenu de pensée. Pour devenir transmissible, ce contenu doit être distribué entre des morphèmes de certaines classes, agencés dans un certain ordre, etc. Bref, ce contenu doit passer par la langue et en emprunter les cadres. Autrement la pensée se réduit sinon exactement à rien, en tout cas à quelque chose de si vague et de si indifférencié que nous n'avons aucun moyen de l'appréhender comme « contenu » distinct de la forme que la langue lui confère. La forme linguistique est donc non seulement la condition de transmissibilité, mais d'abord la condition de réalisation de la pensée. Nous ne saisissons la pensée que déjà appropriée aux cadres de la langue. Hors de cela, il n'y a que volition obscure, impulsion se déchargeant en gestes, mimique. C'est dire que la question de savoir si la pensée peut se passer de la langue ou la tourner comme un obstacle, pour peu qu'on analyse avec rigueur les données en présence, apparaît dénuée de sens.

Cependant, ce n'est encore là qu'une relation de fait. Poser ces deux termes, pensée et langue, comme solidaires et mutuellement nécessaires ne nous indique pas comment ils sont solidaires, pourquoi on les jugerait indispensables l'un à l'autre. Entre une pensée qui ne peut se matérialiser que dans la langue et une langue qui n'a d'autre fonction que de « signifier », on voudrait établir une relation spécifique, car il est évident que les termes en présence ne sont pas symétriques. Parler de contenant et de contenu, c'est simplifier. L'image ne doit pas abuser. A strictement parler, la pensée n'est pas une matière à laquelle la langue prêterait forme, puisque à aucun moment ce « contenant » ne peut être imaginé vide de son « contenu », ni le « contenu » comme indépendant de son « contenant ».

La question devient alors celle-ci. Tout en admettant que la pensée ne peut être saisie que formée et actualisée dans la langue, avons-nous le moyen de reconnaître à la pensée des caractères qui lui soient propres et qui ne doivent rien à l'expression linguistique ? Nous pouvons décrire la langue pour elle-même. Il faudrait de même atteindre directement la pensée. S'il était possible de définir celle-ci par des traits qui lui appartiennent exclusivement, on verrait du même coup comment elle s'ajuste à la langue et de quelle nature sont leurs relations.

Il semble utile d'aborder le problème par la voie des « catégories », qui apparaissent en médiatrices. Elles ne présentent pas le même aspect suivant qu'elles sont catégories de pensée ou catégories de langue. Cette discordance même pourrait nous éclairer sur leur nature respective. Par exemple, nous discernons immédiatement que la pensée peut spécifier librement ses catégories, en instaurer de nouvelles, alors que les catégories linguistiques, attributs d'un système que chaque locuteur reçoit et maintient, ne sont pas modifiables au gré de chacun; nous voyons cette autre différence que la pensée peut prétendre à poser des catégories universelles, mais que les catégories linguistiques sont toujours catégories d'une langue particulière. A première vue, cela confirmerait la position précellente et indépendante de la pensée à l'égard de la langue.

Cependant nous ne pouvons continuer, après tant d'auteurs, à poser le problème en termes aussi généraux. Il nous faut entrer dans le concret d'une situation historique, scruter les catégories d'une pensée et d'une langue définies. A cette condition seulement nous éviterons les prises de position arbitraires et les solutions spéculatives. Or, nous avons la bonne fortune de disposer de données qu'on dirait prêtes pour notre examen, élaborées et présentées de manière objective, intégrées dans un ensemble connu : ce sont les catégories d'Aristote. Il nous sera permis de considérer ces catégories sans préoccupation de technicité philosophique, simplement comme l'inventaire des propriétés qu'un penseur grec jugeait prédicables d'un objet, et par suite comme la liste des concepts *a priori* qui, selon lui, organisent l'expérience. C'est un document de grande valeur pour notre propos.

Rappelons d'abord le texte essentiel, qui donne la liste la plus complète de ces propriétés, dix au total (*Catégories*, chap. IV [1]) :

« Chacune des expressions n'entrant pas dans une combinaison signifie : la *substance*; ou *combien*; ou *quel*; ou *relativement à quoi*; ou *où*; ou *quand*; ou *être en posture*; ou *être en état*; ou *faire*; ou *subir*. "Substance", par exemple, en

---

[1]. Il était inutile de reproduire le texte original, puisque tous les termes grecs sont cités par la suite. Nous avons traduit ce passage littéralement, pour en communiquer la teneur générale avant l'analyse de détail.

général, "homme; cheval"; — "combien", par exemple "de deux coudées; de trois coudées"; — "quel", par exemple "blanc; instruit"; — "relativement à quoi", par exemple "double; demi; plus grand"; — "où", par exemple "au Lycée; au marché"; — "quand", par exemple "hier, l'an passé"; — "être en posture", par exemple "il est couché; il est assis"; — "être en état", par exemple "il est chaussé; il est armé"; — "faire", par exemple "il coupe; il brûle"; — "subir", par exemple "il est coupé; il est brûlé".

Aristote pose ainsi la totalité des prédicats que l'on peut affirmer de l'être, et il vise à définir le statut logique de chacun d'eux. Or, il nous semble — et nous essaierons de montrer — que ces distinctions sont d'abord des catégories de langue, et qu'en fait Aristote, raisonnant d'une manière absolue, retrouve simplement certaines des catégories fondamentales de la langue dans laquelle il pense. Pour peu qu'on prête attention à l'énoncé des catégories et aux exemples qui les illustrent, cette interprétation, non encore proposée apparemment, se vérifie sans longs commentaires. Nous passons en revue successivement les dix termes.

Qu'on traduise οὐσία par « substance » ou par « essence », il importe peu ici. C'est la catégorie donnant à la question « quoi ? » la réponse : « homme » ou « cheval », donc des spécimens de la classe linguistique des noms, indiquant des objets, que ceux-ci soient concepts ou individus. Nous reviendrons un peu plus loin sur le terme οὐσία pour dénoter ce prédicat.

Les deux termes suivants, ποσόν et ποιόν, font couple. Ils se réfèrent à l' « être-quantième », d'où l'abstrait ποσότης, « quant-ité », et à l' « être-quel », d'où l'abstrait ποιότης, « qual-ité ». Le premier ne vise pas proprement le « nombre », qui n'est qu'une des variétés du ποσόν, mais plus généralement tout ce qui est susceptible de mesure; la théorie distingue ainsi les « quantités » discrètes, comme le nombre ou le langage, et des « quantités » continues, comme les droites, ou le temps, ou l'espace. La catégorie du ποιόν englobe la « qual-ité » sans acception d'espèces. Quant aux trois suivantes, πρός τι, ποῦ, ποτέ, elles se rapportent sans ambiguïté à la « relation », au « lieu » et au « temps ».

Arrêtons notre attention sur ces six catégories dans leur nature et dans leur groupement. Il nous paraît que ces prédicats correspondent non point à des attributs découverts dans les choses, mais à une classification émanant de la langue même. La notion de οὐσία indique la classe des substantifs. A ποσόν et ποιόν cités ensemble répondent non pas seulement la classe des adjectifs en général, mais spécialement deux types d'adjectifs que le grec associe étroitement. C'est dès les premiers textes, et avant l'éveil de la réflexion philosophique, que le grec joignait ou opposait les deux adjectifs πόσοι et ποῖοι, avec les formes corrélatives ὅσος et οἷος ainsi que τόσος et τοῖος [1]. C'étaient des formations bien enracinées en grec, dérivées l'une et l'autre de thèmes pronominaux et dont la seconde a été productive : outre οἷος, ποῖος, τοῖος, on a ἀλλοῖος, ὁμοῖος. C'est donc bien dans le système des formes de la langue que sont fondés ces deux prédicats nécessaires. Si nous passons au πρός τι, derrière la « relation » se trouve encore une propriété fondamentale des adjectifs grecs, celle de fournir un comparatif (tel μεῖζον donné d'ailleurs comme exemple) qui est la forme « relative » par fonction. Les deux autres exemples, διπλάσιον, ἥμισυ, marquent la « relation » d'une manière différente : c'est le *concept* de « double » ou de « demi » qui est relatif par définition, alors que c'est la *forme* de μεῖζον qui indique la « relation ». Quant à ποῦ, « où », et ποτέ, « quand », ils impliquent respectivement les classes des dénominations spatiales et temporelles, et ici encore les concepts sont modelés sur les caractères de ces dénominations en grec : non seulement ποῦ et ποτέ se tiennent par la symétrie de leur formation reproduite dans οὗ ὅτε, τοῦ τότε, mais ils font partie d'une classe qui comprend encore d'autres adverbes (du type de ἐχθές, πέρυσιν) ou des expressions casuelles utilisant la forme du locatif (ainsi ἐν Λυκείῳ, ἐν ἀγορᾷ). Ce n'est donc pas sans raison que ces catégories se trouvent énumérées et groupées comme elles le sont. Les six premières se réfèrent toutes à des formes *nominales*. C'est dans la particularité de la morphologie grecque qu'elles trouvent leur unité.

Sous la même considération, les quatre suivantes forment aussi un ensemble : ce sont toutes des catégories *verbales*. Elles sont pour nous d'autant plus intéressantes que la nature de deux d'entre elles ne semble pas avoir été correctement reconnue.

Les deux dernières sont immédiatement claires : ποιεῖν, « faire », avec les exemples τέμνει, καίει, « il coupe, il brûle »; πάσχειν, « subir », avec τέμνεται, καίεται, « il est coupé, il est brûlé », manifestent les deux catégories de l'actif et du passif, et cette fois les exemples même sont choisis de manière à souligner l'opposition *linguistique* : c'est cette opposition morphologique de deux « voix » établies dans un grand nombre

---

1. Nous ne tenons pas compte ici de la différence d'accentuation entre la série relative et la série interrogative. C'est là un fait secondaire.

de verbe grecs qui transparaît dans les concepts polaires de ποιεῖν et de πάσχειν.

Mais qu'en est-il des deux premières catégories, κεῖσθαι et ἔχειν? La traduction même ne semble pas fixée : certains prennent ἔχειν comme « avoir ». De quel intérêt peut bien être une catégorie comme celle de la « posture » (κεῖσθαι)? Est-ce un prédicat aussi général que l' « actif » ou le « passif »? Est-il seulement de même nature? Et que dire du ἔχειν avec des exemples comme « il est chaussé; il est armé »? Les interprètes d'Aristote semblent considérer que ces deux catégories sont épisodiques; le philosophe ne les formule que pour épuiser toutes les prédications applicables à un homme. « Aristote, dit Gomperz, imagine un homme debout devant lui, au Lycée par exemple, et passe successivement en revue les questions et les réponses qu'on pourrait faire sur son compte. Tous les prédicats qui peuvent être attachés à ce sujet tombent sous l'un ou l'autre des dix chefs, depuis la question suprême : quel est l'objet perçu ici? jusqu'à des questions subalternes relatives à la pure apparence extérieure telles que : que porte-t-il en fait de chaussures ou d'armes?... L'énumération est conçue pour comprendre le maximum de prédicats qui peuvent être assignés à une chose ou à un être [1]... » Telle est, autant que nous pouvons voir, l'opinion générale des érudits. A les en croire, le philosophe distinguait bien mal l'important de l'accessoire, il donnait même à ces deux notions jugées secondaires la préséance sur une distinction comme celle de l'actif et du passif.

Ici encore, les notions nous paraissent avoir un fondement linguistique. Prenons d'abord le κεῖσθαι. A quoi peut répondre une catégorie logique du κεῖσθαι? La réponse est dans les exemples cités : ἀνάκειται, « il est couché »; κάθηται, « il est assis ». Ce sont deux spécimens de verbes *moyens*. Au point de vue de la langue, c'est là une notion essentielle. Contrairement à ce qu'il nous semblerait, le moyen est plus important que le passif, qui en dérive. Dans le système verbal du grec ancien, tel qu'il se maintient encore à l'époque classique, la véritable distinction est celle de l'actif et du moyen [2]. Un penseur grec pouvait à bon droit poser dans l'absolu un prédicat qui s'énonçait par une classe spécifique de verbes,

---

1. Cité avec d'autres opinions semblables et approuvé par H. P. Cooke dans l'Avant-propos à son édition des *Catégories* (Lœb Classical Library).
2. Sur cette question, voir un article du *Journal de psychologie*, 1950, p. 121 sqq., reproduit ci-dessous p. 168 sq.

ceux qui ne sont que moyens (les *media tantum*), et qui indiquent entre autres la « posture », l' « attitude ». Également irréductible à l'actif et au passif, le moyen dénotait une manière d'être aussi caractéristique que les deux autres.

Il n'en va pas autrement du prédicat dit ἔχειν. On ne doit pas le prendre au sens habituel de ἔχειν, « avoir », un « avoir » de possession matérielle. Ce qu'il y a de particulier et, à première vue, de déroutant dans cette catégorie est mis en lumière par les exemples : ὑποδέδεται, « il est chaussé », ὥπλισται, « il est armé », et Aristote y insiste quand il revient sur le sujet (au chap. IX du *Traité*); il reprend à propos de ἔχειν les mêmes exemples, cette fois à l'infinitif : τὸ ὑποδεδέσθαι, τὸ ὡπλίσθαι. La clef de l'interprétation est dans la nature de ces formes verbales : ὑποδέδεται et ὥπλισται sont des *parfaits*. Ce sont même, à parler strictement, des parfaits moyens. Mais la caractéristique du moyen est déjà assumée, comme on vient de le voir, par κεῖσθαι, dont les deux verbes témoins, ἀνάκειται et κάθηται, notons-le en passant, n'ont pas de parfait. Dans le prédicat ἔχειν et dans les deux formes choisies pour l'illustrer, c'est la catégorie du parfait qui est mise en évidence. Le sens de ἔχειν : à la fois « avoir » et, en emploi absolu, « être dans un certain état », s'harmonise au mieux avec la diathèse du parfait. Sans entrer dans un commentaire qui s'allongerait facilement, considérons seulement que pour faire ressortir la valeur du parfait dans la traduction des formes citées, nous devrons y inclure la notion d' « avoir »; elles deviendront alors : ὑποδέδεται, « il *a* ses chaussures aux pieds »; ὥπλισται, « il *a* ses armes sur lui ». Remarquons encore que ces deux catégories, telles que nous les comprenons, se suivent dans l'énumération et semblent former couple, tout comme ποιεῖν et πάσχειν qui suivent. Il y a en effet, entre le parfait et le moyen grecs, diverses relations à la fois formelles et fonctionnelles, qui, héritées de l'indo-européen, ont formé un système complexe; par exemple une forme γέγονα, parfait actif, va de pair avec le présent moyen γίγνομαι. Ces relations ont créé maintes difficultés aux grammairiens grecs de l'école stoïcienne : tantôt ils ont défini le parfait comme un temps distinct, le παρακείμενος ou le τέλειος; tantôt ils l'ont rangé avec le moyen, dans la classe dite μεσότης, intermédiaire entre l'actif et le passif. Il est certain en tout cas que le parfait ne s'insère pas dans le système temporel du grec et reste à part, indiquant, selon le cas, un mode de la temporalité ou une manière d'être du sujet. A ce titre, on conçoit, vu le nombre de notions qui ne s'expriment en grec que sous la forme du

parfait, qu'Aristote en ait fait un mode spécifique de l'être,
l'état (ou *habitus*) du sujet.

On peut maintenant transcrire en termes de langue la
liste des dix catégories. Chacune d'elles est donnée par sa
désignation et suivie de son équivalent : οὐσία (« substance »),
substantif; ποσόν, ποιόν (« quel; en quel nombre »), adjectifs
dérivés de pronoms, du type du lat. *qualis* et *quantus ;* πρός τι
(« relativement à quoi »), adjectif comparatif; ποῦ (« où »),
ποτέ (« quand »), adverbes de lieu et de temps ; κεῖσθαι
(« être disposé »), moyen; ἔχειν (« être en état »), parfait;
ποιεῖν (« faire »), actif; πάσχειν (« subir »), passif.

En élaborant cette table des « catégories », Aristote avait
en vue de recenser tous les prédicats possibles de la proposition, sous cette condition que chaque terme fût signifiant à
l'état isolé, non engagé dans une συμπλοκή, dans un syntagme,
dirions-nous. Inconsciemment il a pris pour critère la nécessité empirique d'une *expression* distincte pour chacun des
prédicats. Il était donc voué à retrouver sans l'avoir voulu
les distinctions que la langue même manifeste entre les
principales classes de formes, puisque c'est par leurs différences que ces formes et ces classes ont une signification
linguistique. Il pensait définir les attributs des objets; il ne
pose que des êtres linguistiques : c'est la langue qui, grâce à
ses propres catégories, permet de les reconnaître et de les
spécifier.

Nous avons ainsi une réponse à la question posée en
commençant et qui nous a conduit à cette analyse. Nous
nous demandions de quelle nature étaient les relations entre
catégories de pensée et catégories de langue. Pour autant
que les catégories d'Aristote sont reconnues valables pour la
pensée, elles se révèlent comme la transposition des catégories de langue. C'est ce qu'on peut *dire* qui délimite et
organise ce qu'on peut penser. La langue fournit la configuration fondamentale des propriétés reconnues par l'esprit
aux choses. Cette table des prédicats nous renseigne donc
avant tout sur la structure des classes d'une langue particulière.

Il s'ensuit que ce qu'Aristote nous donne pour un tableau
de conditions générales et permanentes n'est que la projection
conceptuelle d'un état linguistique donné. On peut même
étendre cette remarque. Au-delà des termes aristotéliciens,
au-dessus de cette catégorisation, se déploie la notion d' « être »
qui enveloppe tout. Sans être un prédicat lui-même, l' « être »
est la condition de tous les prédicats. Toutes les variétés de
l' « être-tel », de l' « état », toutes les vues possibles du « temps »,
etc., dépendent de la notion d' « être ». Or, ici encore, c'est

une propriété linguistique très spécifique que ce concept reflète. Le grec non seulement possède un verbe « être » (ce qui n'est nullement une nécessité de toute langue), mais il a fait de ce verbe des emplois tout à fait singuliers. Il l'a chargé d'une fonction logique, celle de copule (Aristote lui-même remarquait déjà qu'en cette fonction le verbe ne signifie proprement rien, qu'il opère simplement une *synthesis*), et de ce fait, ce verbe a reçu une extension plus large que n'importe quel autre. En outre, « être » peut devenir, grâce à l'article, une notion nominale, traitée comme une chose; il donne lieu à des variétés, par exemple son participe présent, substantivé lui-même et en plusieurs espèces (τὸ ὄν; οἱ ὄντες; τὰ ὄντα); il peut servir de prédicat à lui-même, comme dans la locution τὸ τί ἦν εἶναι désignant l'essence conceptuelle d'une chose, sans parler de l'étonnante diversité des prédicats particuliers avec lesquels il peut se construire, moyennant les formes casuelles et les prépositions... On n'en finirait pas d'inventorier cette richesse d'emplois, mais il s'agit bien de données de langue, de syntaxe, de dérivation. Soulignons-le, car c'est dans une situation linguistique ainsi caractérisée qu'a pu naître et se déployer toute la métaphysique grecque de l' « être », les magnifiques images du poème de Parménide comme la dialectique du *Sophiste*. La langue n'a évidemment pas orienté la définition métaphysique de l' « être », chaque penseur grec a la sienne, mais elle a permis de faire de l' « être » une notion objectivable, que la réflexion philosophique pouvait manier, analyser, situer comme n'importe quel autre concept.

Qu'il s'agit ici au premier chef d'un fait de langue, on s'en rendra mieux compte en considérant le comportement de cette même notion dans une langue différente. Il y a avantage à choisir, pour l'opposer au grec, une langue de type tout autre, car c'est justement par l'organisation interne de ces catégories que les types linguistiques diffèrent le plus. Précisons seulement que ce que nous comparons ici, ce sont des faits d'expression linguistique, non des développements conceptuels.

Dans la langue ewe (parlée au Togo), que nous choisissons pour cette confrontation, la notion d' « être » ou ce que nous dénommerions ainsi se répartit entre plusieurs verbes [1].

Il y a d'abord un verbe *nyé*, qui, dirions-nous, marque l'identité du sujet et du prédicat; il énonce « être qui, être

1. On trouvera le détail des faits chez D. Westermann, *Grammatik der Ewe-Sprache*, § 110-111; *Wörterbuch der Ewe-Sprache*, I, p. 321, 384.

quoi ». Le fait curieux est que *nye* se comporte en verbe transitif et qu'il régit comme un complément à l'accusatif ce qui est pour nous un prédicat d'identité.

Un deuxième verbe est *le* qui exprime proprement l' « existence » : *Mawu le*, « Dieu existe ». Mais il a aussi un emploi prédicatif; *le* s'emploie avec des prédicats de situation, de localisation, « être » dans un lieu, dans un état, dans un temps, dans une qualité » *e-le nyuie*, « il est bien »; *e-le a fi*, « il est ici »; *e-le ho me*, « il est à la maison ». Toute détermination spatiale et temporelle s'exprime ainsi par *le*. Or, dans tous ces emplois, *le* n'existe qu'à un seul temps, l'aoriste, qui remplit les fonctions d'un temps narratif passé et aussi d'un parfait présent. Si la phrase prédicative comportant *le* doit être mise à un autre temps, tel que le futur ou l'habituel, *le* est remplacé par le verbe transitif *no*, « demeurer, rester »; c'est-à-dire que, suivant le temps employé, il faut deux verbes distincts, *le* intransitif ou *no* transitif, pour rendre la même notion.

Un verbe *wo*, « faire, accomplir, produire un effet » avec certains noms de matière, se comporte à la manière de notre « être » suivi d'un adjectif de matière : *wo* avec *ke*, « sable », donne *wo ke*, « être sablonneux »; avec *tsi*, « eau » : *wo tis*, « être humide »; avec *kpe*, « pierre » : *wo kpe*, « être pierreux ». Ce que nous présentons comme un « être » de nature est en ewe un « faire », à la manière de notre « il *fait* du vent ».

Quand le prédicat est un terme de fonction, de dignité, le verbe est *du*, ainsi *du fia*, « être roi ».

Enfin avec certains prédicats de qualité physique, d'état, « être » s'exprime par *di* : par exemple *di ku*, « être maigre, » *di fo*, « être débiteur ».

On a donc pratiquement cinq verbes distincts pour correspondre approximativement aux fonctions de notre verbe « être ». Il ne s'agit pas d'un partage d'une même aire sémantique en cinq portions, mais d'une distribution qui entraîne un aménagement différent, et jusque dans les notions voisines. Par exemple, les deux notions d' « être » et d' « avoir » sont pour nous aussi distinctes que les termes qui les énoncent. Or, en ewe, un des verbes cités, *le*, verbe d'existence, joint à *asi*, « dans la main », forme une locution *le asi*, littéralement « être dans la main », qui est l'équivalent le plus usuel de notre « avoir » : *ga le asi-nye* (litt. « argent est dans ma main »), « j'ai de l'argent ».

Cette description de l'état de choses en ewe comporte une part d'artifice. Elle est faite au point de vue de *notre* langue, et non, comme il se devrait, dans les cadres de la langue même. A l'intérieur de la morphologie ou de la syntaxe ewe, rien ne rapproche ces cinq verbes entre eux. C'est par rapport à nos propres usages linguistiques que nous leur découvrons quelque chose de commun. Mais là est justement l'avantage de cette comparaison « égocentriste »; elle nous éclaire sur nous-mêmes; elle nous montre dans cette variété d'emplois de « être » en grec un fait propre aux langues indo-européennes, nullement une situation universelle ni une condition nécessaire. Assurément, les penseurs grecs ont à leur tour agi sur la langue, enrichi les significations, créé de nouvelles formes. C'est bien d'une réflexion philosophique sur l' « être » qu'est issu le substantif abstrait dérivé de εἶναι; nous le voyons se créer au cours de l'histoire : d'abord comme ἐσσία dans le pythagorisme dorien et chez Platon, puis comme οὐσία qui s'est imposé. Tout ce qu'on veut montrer ici est que la structure linguistique du grec prédisposait la notion d' « être » à une vocation philosophique. A l'opposé, la langue ewe ne nous offre qu'une notion étroite, des emplois particularisés. Nous ne saurions dire quelle place tient l' « être » dans la métaphysique ewe, mais *a priori* la notion doit s'articuler tout autrement.

Il est de la nature du langage de prêter à deux illusions en sens opposé. Étant assimilable, consistant en un nombre toujours limité d'éléments, la langue donne l'impression de n'être qu'un des truchements possibles de la pensée, celle-ci, libre, autarcique, individuelle, employant la langue comme son instrument. En fait, essaie-t-on d'atteindre les cadres propres de la pensée, on ne ressaisit que les catégories de la langue. L'autre illusion est à l'inverse. Le fait que la langue est un ensemble ordonné, qu'elle révèle un plan, incite à chercher dans le système formel de la langue le décalque d'une « logique » qui serait inhérente à l'esprit, donc extérieure et antérieure à la langue. En fait, on ne construit ainsi que des naïvetés ou des tautologies.

Sans doute n'est-il pas fortuit que l'épistémologie moderne n'essaie pas de constituer une table des catégories. Il est plus fructueux de concevoir l'esprit comme virtualité que comme cadre, comme dynamisme que comme structure. C'est un fait que, soumise aux exigences des méthodes scientifiques, la pensée adopte partout les mêmes démarches en quelque langue qu'elle choisisse de décrire l'expérience. En ce sens, elle devient indépendante, non de la langue, mais des structures linguistiques particulières. La pensée chinoise peut bien avoir inventé des catégories aussi spécifiques que le *tao*, le *yin* et le *yang* : elle n'en est pas moins capable d'assimiler les concepts de la dialectique matérialiste ou de la mécanique quantique sans que la structure de la langue chinoise y fasse obstacle. Aucun type de langue ne peut par lui-même et à lui seul ni favoriser ni empêcher l'activité de l'esprit. L'essor de la pensée est lié bien plus étroitement aux capacités des hommes, aux conditions générales de la culture, à l'organisation de la société qu'à la nature particulière de la langue. Mais la possibilité de la pensée est liée à la faculté de langage, car la langue est une structure informée de signification, et penser, c'est manier les signes de la langue.

CHAPITRE VII

Remarques sur la fonction du langage dans la découverte freudienne [1]

Dans la mesure où la psychanalyse veut se poser en science, on est fondé à lui demander compte de sa méthode, de ses démarches, de son projet, et à les comparer à ceux des « sciences » reconnues. Qui veut discerner les procédés de raisonnement sur lesquels repose la méthode analytique est amené à une constatation singulière. Du trouble constaté jusqu'à la guérison, tout se passe comme si rien de matériel n'était en jeu. On ne pratique rien qui prête à une vérification objective. Il ne s'établit pas, d'une induction à la suivante, cette relation de causalité visible qu'on recherche dans un raisonnement scientifique. Quand, à la différence du psychanalyste, le psychiatre tente de ramener le trouble à une lésion, du moins sa démarche a-t-elle l'allure classique d'une recherche qui remonte à la « cause » pour la traiter. Rien de pareil dans la technique analytique. Pour qui ne connaît l'analyse que dans les relations que Freud en donne (c'est le cas de l'auteur de ces pages) et qui considère moins l'efficacité pratique, qui n'est pas en question ici, que la nature des phénomènes et les rapports où on les pose, la psychanalyse semble se distinguer de toute autre discipline. Principalement en ceci : l'analyste opère sur ce que le sujet lui *dit*. Il le considère dans les discours que celui-ci lui tient, il l'examine dans son comportement

---

1. *La Psychanalyse*, I (1956).
Les références aux textes de Freud seront faites sous les abréviations suivantes : *G. W.* avec le numéro du volume pour les *Gesammelte Werke*, édition chronologique des textes allemands, publiée à Londres, Imago publishing; *S. E.* pour le texte anglais de la *Standard edition* en cours de publication par Hogarth press, à Londres; *C. P.* pour le texte anglais des *Collected papers*, Hogarth press, Londres. Les traductions françaises citées se trouvent aux P.U.F., sauf indication contraire.

locutoire, « fabulateur », et à travers ces discours se configure lentement pour lui un autre discours qu'il aura charge d'expliciter, celui du complexe enseveli dans l'inconscient. De la mise au jour de ce complexe dépend le succès de la cure, qui témoigne à son tour que l'induction était correcte. Ainsi du patient à l'analyste et de l'analyste au patient, le processus entier s'opère par le truchement du langage.

C'est cette relation qui mérite l'attention et qui signale en propre ce type d'analyse. Elle enseigne, nous semble-t-il, que l'ensemble des symptômes de nature diverse que l'analyste rencontre et scrute successivement sont le produit d'une *motivation* initiale chez le patient, inconsciente au premier chef, souvent transposée en d'autres motivations, conscientes celles-là et généralement fallacieuses. A partir de cette motivation, qu'il s'agit de dévoiler, toutes les conduites du patient s'éclairent et s'enchaînent jusqu'au trouble qui, aux yeux de l'analyste, en est à la fois l'aboutissement et le substitut symbolique. Nous apercevons donc ici un trait essentiel de la méthode analytique : les « phénomènes » sont gouvernés par un *rapport de motivation*, qui tient ici la place de ce que les sciences de la nature définissent comme un rapport de causalité. Il nous semble que si les analystes admettent cette vue, le statut scientifique de leur discipline, dans sa particularité propre, et le caractère spécifique de leur méthode en seront mieux établis.

De ce que la motivation porte ici la fonction de « cause », il y a un indice net. On sait que la démarche de l'analyste est entièrement régressive, et qu'elle vise à provoquer l'émergence, dans le souvenir et dans le discours du patient, de la donnée de fait autour de laquelle s'ordonnera désormais l'exégèse analytique du processus morbide. L'analyste est donc en quête d'une donnée « historique » enfouie, ignorée, dans la mémoire du sujet, que celui-ci doive ou non consentir à la « reconnaître » et à s'identifier avec elle. On pourrait alors nous objecter que cette résurgence d'un fait vécu, d'une expérience biographique, équivaut justement à la découverte d'une « cause ». Mais on voit aussitôt que le fait biographique ne peut porter à lui seul le poids d'une connexion causale. D'abord parce que l'analyste ne peut le connaître sans l'aide du patient, qui est seul à savoir « ce qui lui est arrivé ». Le pourrait-il qu'il ne saurait quelle valeur attribuer au fait. Supposons même que, dans un univers utopique, l'analyste puisse retrouver, en témoignages objectifs, la trace de *tous* les événements qui composent la biographie du patient, il en tirerait encore peu de chose,

et non, sauf accident heureux, l'essentiel. Car s'il a besoin
que le patient lui raconte tout et même qu'il s'exprime
au hasard et sans propos défini, ce n'est pas pour retrouver
un fait empirique qui n'aura été enregistré nulle part que
dans la mémoire du patient : c'est que les événements empiriques n'ont de réalité pour l'analyste que dans et par le
« discours » qui leur confère l'authenticité de l'expérience,
sans égard à leur réalité historique, et même (faut-il dire :
surtout) si le discours élude, transpose ou invente la biographie que le sujet se donne. Précisément parce que l'analyste
veut dévoiler les motivations plutôt que reconnaître les
événements. La dimension constitutive de cette biographie
est qu'elle est verbalisée et ainsi assumée par celui qui s'y
raconte; son expression est celle du langage; la relation de
l'analyste au sujet, celle du dialogue.

Tout annonce ici l'avènement d'une technique qui fait
du langage son champ d'action et l'instrument privilégié
de son efficience. Mais alors surgit une question fondamentale : quel est donc ce « langage » qui agit autant qu'il exprime ?
Est-il identique à celui qu'on emploie hors de l'analyse ?
Est-il seulement le même pour les deux partenaires ? Dans
son brillant mémoire sur la fonction et le champ de la parole
et du langage en psychanalyse, le docteur Lacan dit de la
méthode analytique (p. 103) : « Ses moyens sont ceux de
la parole en tant qu'elle confère aux fonctions de l'individu
un sens; son domaine est celui du discours concret en tant
que réalité transindividuelle du sujet; ses opérations sont
celles de l'histoire en tant qu'elle constitue l'émergence
de la vérité dans le réel. » On peut, à partir de ces justes
définitions, et d'abord de la distinction introduite entre
les moyens et le domaine, tenter de délimiter les variétés
du « langage » qui sont en jeu.

En première instance, nous rencontrons l'univers de la
parole, qui est celui de la subjectivité. Tout au long des
analyses freudiennes, on perçoit que le sujet se sert de la
parole et du discours pour se « représenter » lui-même,
tel qu'il veut se voir, tel qu'il appelle l' « autre » à le constater. Son discours est appel et recours, sollicitation parfois
véhémente de l'autre à travers le discours où il se pose
désespérément, recours souvent mensonger à l'autre pour
s'individualiser à ses propres yeux. Du seul fait de l'allocution, celui qui parle de lui-même installe l'autre en soi
et par là se saisit lui-même, se confronte, s'instaure tel
qu'il aspire à être, et finalement s'historise en cette histoire
incomplète ou falsifiée. Le langage est donc ici utilisé comme

parole, converti en cette expression de la subjectivité instante et élusive qui forme la condition du dialogue. La langue fournit l'instrument d'un discours où la personnalité du sujet se délivre et se crée, atteint l'autre et se fait reconnaître de lui. Or la langue est structure socialisée, que la parole asservit à des fins individuelles et intersubjectives, lui ajoutant ainsi un dessin nouveau et strictement personnel. La langue est système commun à tous; le discours est à la fois porteur d'un message et instrument d'action. En ce sens, les configurations de la parole sont chaque fois uniques, bien qu'elles se réalisent à l'intérieur et par l'intermédiaire du langage. Il y a donc antinomie chez le sujet entre le discours et la langue.

Mais pour l'analyste l'antinomie s'établit à un plan tout différent et revêt un autre sens. Il doit être attentif au contenu du discours, mais non moins et surtout aux déchirures du discours. Si le contenu le renseigne sur la représentation que le sujet se donne de la situation et sur la position qu'il s'y attribue, il y recherche, à travers ce contenu, un nouveau contenu, celui de la motivation inconsciente qui procède du complexe enseveli. Au-delà du symbolisme inhérent au langage, il percevra un symbolisme spécifique qui se constituera, à l'insu du sujet, autant de ce qu'il omet que de ce qu'il énonce. Et dans l'histoire où le sujet se pose, l'analyste provoquera l'émergence d'une autre histoire, qui expliquera la motivation. Il prendra donc le discours comme truchement d'un autre « langage », qui a ses règles, ses symboles et sa « syntaxe » propres, et qui renvoie aux structures profondes du psychisme.

En marquant ces distinctions, qui demanderaient beaucoup de développements, mais que l'analyste seul pourrait préciser et nuancer, on voudrait surtout éclaircir certaines confusions qui risqueraient de s'établir dans un domaine où il est déjà difficile de savoir de quoi on parle quand on étudie le langage « naïf » et où les préoccupations de l'analyse introduisent une difficulté nouvelle. Freud a jeté des lumières décisives sur l'activité verbale telle qu'elle se révèle dans ses défaillances, dans ses aspects de jeu, dans sa libre divagation quand le pouvoir de censure est suspendu. Toute la force anarchique que refrène ou sublime le langage normalisé, a son origine dans l'inconscient. Freud a remarqué aussi l'affinité profonde entre ces formes du langage et la nature des associations qui se nouent dans le rêve, autre expression des motivations inconscientes. Il était conduit ainsi à réfléchir au fonctionnement du langage dans ses relations avec les structures infra-conscientes du psychisme, et à se demander si les conflits qui définissent ce psychisme n'auraient pas imprimé leur trace dans les formes mêmes du langage.

Il a posé le problème dans un article publié en 1910 et intitulé *Sur les sens opposés dans les mots primitifs*. Au point de départ, il y a une observation essentielle de sa *Traumdeutung* sur l'insensibilité à la contradiction qui caractérise la logique du rêve : « La manière dont le rêve exprime les catégories de l'opposition et de la contradiction est particulièrement frappante : il ne les exprime pas, il paraît ignorer le "non". Il excelle à réunir les contraires et à les représenter en un seul objet. Il représente souvent aussi un élément quelconque par son contraire, de sorte qu'on ne peut savoir si un élément du rêve, susceptible de contradiction, trahit un contenu positif ou négatif dans la pensée du rêve. » Or Freud a cru trouver dans une étude de K. Abel la preuve que « la manière de procéder précitée, dont est coutumière l'élaboration du rêve, est également propre aux plus anciennes langues connues ». Après en avoir reproduit quelques exemples, il a pu conclure : « La concordance entre les particularités de l'élaboration du rêve que nous avons relevées au début de cet article et celles de l'usage linguistique, découvertes par le philologue dans les langues les plus anciennes, nous apparaît comme une confirmation de la conception que nous nous sommes faite de l'expression de la pensée dans le rêve, conception d'après laquelle cette expression aurait un caractère régressif, archaïque. L'idée s'impose alors à nous, psychiatres, que nous comprendrions mieux et traduirions plus aisément le langage du rêve si nous étions plus instruits de l'évolution du langage [1]. »

L'autorité de Freud risque de faire passer cette démonstration pour établie, et en tout cas d'accréditer l'idée qu'il y aurait là une suggestion de recherches fécondes. Une analogie aurait été découverte entre le processus du rêve et la sémantique des langues « primitives » où un même terme énoncerait une chose et son contraire aussi bien. La voie semblerait ouverte à une investigation qui rechercherait les structures communes au langage collectif et au psychisme individuel. Devant ces perspectives, il n'est pas inutile d'indiquer que des raisons de fait retirent tout crédit aux spéculations étymologiques de Karl Abel qui

1. *Essais de psychanalyse appliquée*, p. 59-67, Gallimard, 1933, *Collected Papers*, IV, p. 184-191. *G. W.*, VIII, p. 214-221.

ont séduit Freud. Ici nous avons affaire, non plus à des manifestations psychopathologiques du langage, mais aux données concrètes, générales, vérifiables, livrées par des langues historiques.

Ce n'est pas un hasard si aucun linguiste qualifié, ni à l'époque où Abel écrivait (il y en avait déjà en 1884), ni depuis, n'a retenu ce *Gegensinn der Urworte* dans sa méthode ni dans ses conclusions. C'est que si l'on prétend remonter le cours de l'histoire sémantique des mots et en restituer la préhistoire, le premier principe de la méthode est de considérer les données de forme et de sens successivement attestées à chaque époque de l'histoire jusqu'à la date la plus ancienne et de n'envisager une restitution qu'à partir du point dernier où notre enquête peut atteindre. Ce principe en commande un autre, relatif à la technique comparative, qui est de soumettre les comparaisons entre langues à des correspondances régulières. K. Abel opère sans souci de ces règles et assemble tout ce qui se ressemble. D'une ressemblance entre un mot allemand et un mot anglais ou latin de sens différent ou contraire, il conclut à une relation originelle par « sens opposés », en négligeant toutes les étapes intermédiaires qui rendraient compte de la divergence, quand il y a parenté effective, ou ruineraient la possibilité d'une parenté en prouvant qu'ils sont d'origine différente. Il est facile de montrer qu'aucune des preuves alléguées par Abel ne peut être retenue. Pour ne pas allonger cette discussion, nous nous bornons aux exemples pris aux langues occidentales qui pourraient troubler des lecteurs non linguistes.

Abel fournit une série de correspondances entre l'anglais et l'allemand, que Freud a relevées comme montrant d'une langue à l'autre des sens opposés, et entre lesquels on constaterait une « transformation phonétique en vue de la séparation des contraires ». Sans insister pour le moment sur la grave erreur de raisonnement qui se dissimule dans cette simple remarque, contentons-nous de rectifier ces rapprochements. L'ancien adverbe allemand *bass*, « bien », s'apparente à *besser*, mais n'a aucun rapport avec *bös*, « mauvais », de même qu'en vieil anglais *bat*, « bon, meilleur », est sans relation avec *badde* (aujourd'hui *bad*), « mauvais ». L'anglais *cleave*, « fendre », répond en allemand non à *kleben*, « coller », comme le dit Abel, mais à *klieben* « fendre » (cf. *Kluft*). L'anglais *lock*, « fermer », ne s'oppose pas à l'allemand *Lücke*, *Loch*, il s'y ajuste au contraire, car le sens ancien de *Loch* est « retranchement, lieu clos et caché ». L'allemand *stumm* signifie proprement « paralysé (de langue) » et se rattache à *stammeln, stemmen,* et n'a rien de commun avec *Stimme,* qui signifie déjà « voix » dans sa forme la plus ancienne, gotique *stibna.* De même en latin *clam,* « secrètement », se relie à *celare* « cacher », nullement à *clamare,* etc. Une seconde série de preuves, tout aussi erronées, est tirée par Abel de certaines expressions qui se prennent en sens opposés dans la même langue. Tel serait le double sens du latin *sacer,* « sacré » et « maudit » Ici l'ambivalence de la notion ne devrait plus nous étonner depuis que tant d'études sur la phénoménologie du sacré en ont banalisé la dualité foncière : au Moyen Age, un roi et un lépreux étaient l'un et l'autre, à la lettre, des « intouchables », mais il ne s'ensuit pas que *sacer* renferme deux sens contradictoires; ce sont les conditions de la culture qui ont déterminé vis-à-vis de l'objet « sacré » deux attitudes opposées. La double signification qu'on attribue au latin *altus,* comme « haut » et « profond », est due à l'illusion qui nous fait prendre les catégories de notre propre langue pour nécessaires et universelles. En français même, nous parlons de la « profondeur » du ciel ou de la « profondeur » de la mer. Plus précisément, la notion de *altus* s'évalue en latin dans la direction de bas en haut, c'est-à-dire du fond du puits en remontant ou du pied de l'arbre en remontant, sans égard à la position de l'observateur, tandis qu'en français *profond* se définit en directions opposées à partir de l'observateur vers le fond, que ce soit le fond du puits ou le fond du ciel. Il n'y a rien d' « originel » dans ces manières variées de construire linguistiquement nos représentations. Ce n'est pas davantage « aux origines du langage » qu'il faut chercher l'explication de l'anglais *with-out,* mais tout modestement dans les débuts de l'anglais. Contrairement à ce qu'Abel a cru et que certains croient encore, *with-out* n'enferme pas les expressions contradictoires « avec sans »; le sens propre de *with* est ici « contre » (cf. *with-stand*) et marque pulsion ou effort dans une direction quelconque. De là *with-in* « vers l'intérieur », et *with-out,* « vers l'extérieur », d'où « en dehors, sans ». Pour comprendre que l'allemand *wider* signifie « contre » et *wieder* (avec une simple variation de graphie) signifie « en retour », il suffit de penser au même contraste apparent de *re-* en français entre *re-pousser* et *re-venir.* Il n'y a aucun mystère dans tout cela et l'application de règles élémentaires dissipe ces mirages.

Mais par là s'évanouit la possibilité d'une homologie entre les démarches du rêve et les procédés des « langues primitives ». La question a ici deux aspects. L'un concerne la « logique » du langage. En tant qu'institution collective et traditionnelle, toute langue a ses anomalies, ses illogismes, qui traduisent une dissymétrie inhérente à la nature du signe linguistique. Mais il n'en reste pas moins que la langue est système, qu'elle obéit à un plan spécifique, et qu'elle est articulée par un ensemble de relations susceptibles d'une certaine formalisation. Le travail lent mais incessant qui s'opère à l'intérieur d'une langue ne s'opère pas au hasard, il porte sur celles des relations ou des oppositions qui sont ou ne sont pas nécessaires, de manière à renouveler ou à multiplier les distinctions utiles à tous les niveaux de l'expression. L'organisation sémantique de la langue n'échappe pas à ce caractère systématique. C'est que la langue est instrument à agencer le monde et la société, elle s'applique à un monde considéré comme « réel » et reflète un monde « réel ». Mais ici chaque langue est spécifique et configure le monde à sa manière propre. Les distinctions que chaque langue manifeste doivent être rapportées à la logique particulière qui les soutient et non soumises d'emblée à une évaluation universelle. A cet égard, les langues anciennes ou archaïques ne sont ni plus ni moins singulières que celles que nous parlons, elles ont seulement la singularité que nous prêtons aux objets peu familiers. Leurs catégories, orientées autrement que les nôtres, ont néanmoins leur cohérence. Il est donc *a priori* improbable — et l'examen attentif le confirme — que ces langues, si archaïques qu'on les suppose, échappent au « principe de contradiction » en affectant d'une même expression deux notions mutuellement exclusives ou seulement contraires. En fait, on attend encore d'en voir produire des exemples sérieux. A supposer qu'il existe une langue où « grand » et « petit » se disent identiquement, ce sera une langue où la distinction de « grand » et « petit » n'a littéralement pas de sens et où la catégorie de la dimension n'existe pas, et non une langue qui admettrait une expression contradictoire de la dimension. La prétention d'y rechercher cette distinction et de ne pas l'y trouver réalisée démontrerait l'insensibilité à la contradiction non dans la langue, mais chez l'enquêteur, car c'est bien un dessein contradictoire que d'imputer en même temps à une langue la connaissance de deux notions en tant que contraires, et l'expression de ces notions en tant qu'identiques.

Il en est de même de la logique particulière du rêve. Si nous caractérisons le déroulement du rêve par la liberté totale de ses associations et par l'impossibilité d'admettre une impossibilité, c'est d'abord parce que nous le retraçons et l'analysons dans les cadres du langage, et que le propre du langage est de n'exprimer que ce qu'il est possible d'exprimer. Ceci n'est pas une tautologie. Un langage est d'abord une catégorisation, une création d'objets et de relations entre ces objets. Imaginer un stade du langage, aussi « originel » qu'on le voudra, mais néanmoins réel et « historique », où un certain objet serait *dénommé* comme étant lui-même et en même temps n'importe quel autre, et où la relation *exprimée* serait la relation de contradiction permanente, la relation non relationnante, où tout serait soi et autre que soi, donc ni soi ni autre, c'est imaginer une pure chimère. Dans la mesure où nous pouvons nous aider du témoignage des langues « primitives » pour remonter aux origines de l'expérience linguistique, nous devons envisager au contraire une extrême complexité de la classification et une multiplicité des catégories. Tout paraît nous éloigner d'une corrélation « vécue » entre la logique onirique et la logique d'une langue réelle. Notons aussi en passant que justement dans les sociétés « primitives », loin que la langue reproduise l'allure du rêve, c'est le rêve qui est ramené aux catégories de la langue, en ce qu'on l'interprète en rapport avec des situations actuelles et moyennant un jeu d'équivalences qui le soumettent à une véritable rationalisation linguistique[1].

Ce que Freud a demandé en vain au langage « historique », il aurait pu en quelque mesure le demander au mythe ou à la poésie. Certaines formes de poésie peuvent s'apparenter au rêve et suggérer le même mode de structuration, introduire dans les formes normales du langage ce suspens du sens que le rêve projette dans nos activités. Mais alors c'est, paradoxalement, dans le surréalisme poétique, que Freud, au dire de Breton, ne comprenait pas, qu'il aurait pu trouver quelque chose de ce qu'il cherchait à tort dans le langage organisé.

Ces confusions semblent prendre naissance, chez Freud, dans son recours constant aux « origines » : origines de l'art, de la religion, de la société, du langage... Il transpose constamment ce qui lui paraît « primitif » dans l'homme en un primitif d'origine, car c'est bien dans l'histoire de ce monde-ci qu'il projette ce qu'on pourrait appeler une chronologie

1. Cf. *Science des rêves*, ch. II, p. 75, n. 1 : « ... Les clefs des songes orientales... expliquent le sens des éléments du rêve d'après l'assonance ou la ressemblance des mots... ». *G. W.*, II-III, p. 103, *S. E.*, IX, p. 99.

du psychisme humain. Est-ce légitime ? Ce que l'onto-
génèse permet à l'analyste de poser comme archétypal
n'est tel que par rapport à ce qui le déforme ou le refoule.
Mais si on fait de ce refoulement quelque chose qui est
génétiquement coextensif à la société, on ne peut pas plus
imaginer une situation de société sans conflit qu'un conflit
hors de la société. Róheim a découvert le complexe d'Œdipe
dans les sociétés les plus « primitives ». Si ce complexe
est inhérent à la société comme telle, un Œdipe libre d'épouser
sa mère est une contradiction dans les termes. Et, dans ce
cas, ce qu'il y a de nucléaire dans le psychisme humain,
c'est justement le conflit. Mais alors la notion d' « originel »
n'a plus guère de sens.

Dès qu'on pose le langage organisé en correspondance
avec le psychisme élémentaire, on introduit dans le raisonnement une donnée nouvelle qui rompt la symétrie qu'on
pensait établir. Freud en a donné lui-même la preuve, à
son insu, dans son ingénieux essai sur la négation [1]. Il ramène
la polarité de l'affirmation et de la négation linguistiques
au mécanisme biopsychique de l'admission en soi ou du
rejet hors de soi, lié à l'appréciation du bon et du mauvais.
Mais l'animal aussi est capable de cette évaluation qui
conduit à admettre en soi ou à rejeter hors de soi. La caractéristique de la négation linguistique est qu'elle ne peut
annuler que ce qui est énoncé, qu'elle doit poser explicitement pour supprimer, qu'un jugement de non-existence
a nécessairement aussi le statut formel d'un jugement
d'existence. Ainsi la négation est d'abord admission. Tout
autre est le refus d'admission préalable qu'on appelle refoulement. Freud a lui-même fort bien énoncé ce que la négation manifeste : « Un contenu refoulé de représentation
ou de pensée peut s'introduire dans la conscience sous
la condition qu'il se fasse *nier*. La négation est une manière
de prendre conscience de ce qui est refoulé, et même proprement une suppression du refoulement, mais qui n'est
cependant pas une admission de ce qui est refoulé... Il
en résulte une sorte d'admission intellectuelle de ce qui est
refoulé, l'essentiel du refoulement subsistant néanmoins. »
Ne voit-on pas ici que le facteur linguistique est décisif
dans ce procès complexe, et que la négation est en quelque
sorte constitutive du contenu nié, donc de l'émergence de
ce contenu dans la conscience et de la suppression du refoulement ? Ce qui subsiste alors du refoulement n'est plus

1. *G. W.*, XIV, p. 11-15. *C. P.*, V, p. 181-185.

qu'une répugnance à s'identifier avec ce contenu, mais le sujet n'a plus de pouvoir sur l'existence de ce contenu. Ici encore, son discours peut prodiguer les dénégations, mais non abolir la propriété fondamentale du langage, qui est d'impliquer que quelque chose correspond à ce qui est énoncé, quelque chose et non pas « rien ».

Nous arrivons ici au problème essentiel dont toutes ces discussions et l'ensemble des procédés analytiques attestent l'instance : celui du symbolisme. Toute la psychanalyse est fondée sur une théorie du symbole. Or, le langage n'est que symbolisme. Mais les différences entre les deux symbolismes illustrent et résument toutes celles que nous indiquons successivement. Les analyses profondes que Freud a données du symbolisme de l'inconscient éclairent aussi les voies différentes par où se réalise le symbolisme du langage. En disant du langage qu'il est symbolique, on n'énonce encore que sa propriété la plus manifeste. Il faut ajouter que le langage se réalise nécessairement dans une langue, et alors une différence apparaît, qui définit pour l'homme le symbolisme linguistique : c'est qu'il est *appris*, il est coextensif à l'acquisition que l'homme fait du monde et de l'intelligence, avec lesquels il finit par s'unifier. Il s'ensuit que les principaux de ces symboles et leur syntaxe ne se séparent pas pour lui des choses et de l'expérience qu'il en prend; il doit s'en rendre maître à mesure qu'il les découvre comme réalités. A celui qui embrasse dans leur diversité ces symboles actualisés dans les termes des langues, il apparaît bientôt que la relation de ces symboles aux choses qu'ils semblent recouvrir se laisse seulement constater, non justifier. En regard de ce symbolisme qui se réalise en signes infiniment divers, combinés en systèmes formels aussi nombreux et distincts qu'il y a de langues, le symbolisme de l'inconscient découvert par Freud offre des caractères absolument spécifiques et différents. Quelques-uns doivent être soulignés. D'abord, son universalité. Il semble, d'après les études faites sur les rêves ou les névroses, que les symboles qui les traduisent constituent un « vocabulaire » commun à tous les peuples sans acception de langue, du fait, évidemment, qu'ils ne sont ni appris ni reconnus comme tels de ceux qui les produisent. De plus, la relation entre ces symboles et ce qu'ils relatent peut se définir par la richesse des signifiants et l'unicité du signifié, ceci tenant à ce que le contenu est refoulé et ne se délivre que sous le couvert des images. En revanche, à la différence du signe linguistique, ces signifiants multiples et ce signifié unique sont constamment liés par un rapport de « motivation ». On observera enfin que la « syntaxe » où s'enchaînent ces symboles inconscients n'obéit à aucune exigence logique, ou plutôt elle ne connaît qu'une dimension, celle de la succession qui, comme Freud l'a vu, signifie aussi bien causalité.

Nous sommes donc en présence d'un « langage » si particulier qu'il a tout intérêt à le distinguer de ce que nous appelons ainsi. C'est en soulignant ces discordances qu'on peut mieux le situer dans le registre des expressions linguistiques. « Cette symbolique, dit Freud, n'est pas spéciale au rêve, on la retrouve dans toute l'imagerie inconsciente, dans toutes les représentations collectives, populaires notamment : dans le folklore, les mythes, les légendes, les dictons, les proverbes, les jeux de mots courants; elle y est même plus complète que dans le rêve. » C'est bien poser le niveau du phénomène. Dans l'aire où cette symbolique inconsciente se révèle, on pourrait dire qu'elle est à la fois infra- et supra-linguistique. Infra-linguistique, elle a sa source dans une région plus profonde que celle où l'éducation installe le mécanisme linguistique. Ell utilise des signes qui ne se décomposent pas et qui comportent de nombreuses variantes individuelles, susceptibles elles-mêmes de s'accroître par recours au domaine commun de la culture ou à l'expérience personnelle. Elle est supra-linguistique du fait qu'elle utilise des signes extrêmement condensés, qui, dans le langage organisé, correspondraient plutôt à de grandes unités du discours qu'à des unités minimales. Et entre ces signes s'établit une relation dynamique d'intentionnalité qui se ramène à une motivation constante (la « réalisation d'un désir refoulé ») et qui emprunte les détours les plus singuliers.

Nous revenons ainsi au « discours ». En suivant cette comparaison, on serait mis sur la voie de comparaisons fécondes entre la symbolique de l'inconscient et certains procédés typiques de la subjectivité manifestée dans le discours. On peut, au niveau du langage, préciser : il s'agit des procédés *stylistiques* du discours. Car c'est dans le style, plutôt que dans la langue, que nous verrions un terme de comparaison avec les propriétés que Freud a décelées comme signalétiques du « langage » onirique. On est frappé des analogies qui s'esquissent ici. L'inconscient use d'une véritable « rhétorique » qui, comme le style, a ses « figures », et le vieux catalogue des tropes fournirait un inventaire approprié aux deux registres de l'expression. On y trouve de part et d'autre tous les procédés de substitution engendrés par le tabou : l'euphémisme, l'allusion, l'antiphrase, la prétérition, la litote. La nature du contenu fera apparaître toutes les variétés de la métaphore, car c'est d'une conversion métaphorique que les symboles de l'inconscient tirent leur sens et leur difficulté à la fois. Ils emploient aussi ce que la vieille rhétorique appelle la métonymie (contenant pour contenu) et la synecdoque (partie pour le tout), et si la « syntaxe » des enchaînements symboliques évoque un procédé de style entre tous, c'est l'ellipse. Bref, à mesure qu'on établira un inventaire des images symboliques dans le mythe, le rêve, etc., on verra probablement plus clair dans les structures dynamiques du style et dans leurs composantes affectives. Ce qu'il y a d'intentionnel dans la motivation gouverne obscurément la manière dont l'inventeur d'un style façonne la matière commune, et, à sa manière, s'y délivre. Car ce qu'on appelle inconscient est responsable de la manière dont l'individu construit sa personne, de ce qu'il y affirme et de ce qu'il rejette ou ignore, ceci motivant cela.

III

Structures et analyses

CHAPITRE VIII

« Structure » en linguistique [1]

Le terme « structure » a pris en linguistique, au cours de ces vingt dernières années, une extension considérable depuis qu'il a acquis une valeur doctrinale et en quelque sorte programmatique. Ce n'est plus tant du reste *structure* qui apparaît désormais comme le terme essentiel que l'adjectif *structural,* pour qualifier la linguistique. Très vite *structural* a entraîné *structuralisme* et *structuraliste.* Il s'est créé ainsi un ensemble de désignations [2] que d'autres disciplines empruntent maintenant à la linguistique pour les adapter à leurs propres valeurs [3]. On ne peut parcourir aujourd'hui le sommaire d'une revue de linguistique sans y rencontrer un de ces termes, souvent dans le titre même de l'étude. Que le souci d'être « moderne » ne soit pas toujours étranger à cette diffusion, que certaines déclarations « structuralistes » couvrent des travaux de nouveauté ou d'intérêt discutable, on l'admettra sans peine. L'objet de la présente note n'est pas de dénoncer l'abus, mais d'expliquer l'usage. Il ne s'agit pas d'assigner à la linguistique « structurale » son champ et ses bornes, mais de faire comprendre à quoi répondait la préoccupation de la *structure* et quel sens avait ce terme chez ceux des linguistes qui, les premiers, l'ont pris dans une acception précise [4].

1. *Sens et usages du terme « structure » dans les sciences humaines et sociales,* La Haye, Mouton & Co., 1962.
2. Cependant aucun de ces termes ne figure encore dans le *Lexique de la terminologie linguistique* de J. Marouzeau, 3ᵉ éd., Paris, 1951. Voir un aperçu historique, assez général, chez J. R. Firth, « Structural Linguistics », *Transactions of the Philological Society,* 1955, p. 83-103.
3. Mais ni *structurer* ni *structuration* n'ont cours en linguistique.
4. Nous ne considérons ici que les travaux *de langue française ;* il est d'autant plus nécessaire d'y insister que cette terminologie est aujourd'hui internationale mais qu'elle ne recouvre pas exacte-

Le principe de la « structure » comme objet d'étude a été affirmé, un peu avant 1930, par un petit groupe de linguistes qui se proposaient de réagir ainsi contre la conception exclusivement historique de la langue, contre une linguistique qui dissociait la langue en éléments isolés et s'occupait à en suivre les transformations. On s'accorde à considérer que ce mouvement prend sa source dans l'enseignement de Ferdinand de Saussure à Genève, tel qu'il a été recueilli par ses élèves et publié sous le titre de *Cours de linguistique générale* [1]. On a appelé Saussure avec raison le précurseur du structuralisme moderne [2]. Il l'est assurément, au terme près. Il importe de noter, pour une description exacte de ce mouvement d'idées qu'il ne faut pas simplifier, que Saussure n'a jamais employé, en quelque sens que ce soit, le mot « structure ». A ses yeux la notion essentielle est celle du *système*. La nouveauté de sa doctrine est là, dans cette idée, riche d'implications qu'on mit longtemps à discerner et à développer, que la langue forme un système. C'est comme telle que le *Cours* la présente, en formulations qu'il faut rappeler : « La langue est un système qui ne connaît que son ordre propre » (p. 43); « La langue, système de signes arbitraires » (p. 106); « La langue est un système dont toutes les parties peuvent et doivent être considérées dans leur solidarité synchronique » (p. 124). Et surtout, Saussure énonce la primauté du système sur les éléments qui le composent : « C'est une grande illusion de considérer un terme simplement comme l'union d'un certain son avec un certain concept. Le définir ainsi, ce serait l'isoler du système dont il fait partie; ce serait croire qu'on peut commencer par les termes et construire le système en en faisant la somme, alors qu'au contraire c'est du tout solidaire qu'il faut partir pour obtenir par analyse les éléments qu'il renferme » (p. 157). Cette dernière phrase contient en germe tout l'essen-

ment les mêmes notions d'une langue à l'autre. Voir page 95 à la fin de cet article. Nous ne tiendrons pas compte de l'emploi non technique du terme « structure » chez certains linguistes, par exemple J. Vendryes, *Le Langage*, 1923, p. 361, 408 : « La structure grammaticale ».

1. Rappelons que ce livre, paru en 1916, est une publication posthume. Nous le citons ici d'après la 4e édition, Paris, 1949. Sur la genèse de la rédaction, voir maintenant R. Godel, *Les Sources manuscrites du* Cours de linguistique générale *de F. de Saussure*, Genève, 1957.

2. « Précurseur de la phonologie de Prague et du structuralisme moderne » (B. Malmberg, « Saussure et la phonétique moderne », *Cahiers F. de Saussure*, XII, 1954, p. 17). Voir aussi A. J. Greimas, « L'actualité du saussurisme », *Le français moderne*, 1956, p. 191 sq.

tiel de la conception « structurale ». Mais c'est toujours au *système* que Saussure se réfère.

Cette notion était familière aux élèves parisiens de Saussure[1]; bien avant l'élaboration du *Cours de linguistique générale*, Meillet l'a énoncée plusieurs fois, sans manquer de la rapporter à l'enseignement de son maître, dont il disait que « durant toute sa vie, ce qu'il a cherché à déterminer, c'est le *système* des langues qu'il étudiait [2] ». Quand Meillet dit que « chaque langue est un système rigoureusement agencé, où tout se tient[3] », c'est pour attribuer à Saussure le mérite de l'avoir montré dans le système du vocalisme indo-européen. Il y revient plusieurs fois : « Il n'est jamais légitime d'expliquer un détail en dehors de la considération du système général de la langue où il apparaît[4] »; « Une langue constitue un système complexe de moyens d'expression, système où tout se tient[5]... » De même Grammont louait Saussure d'avoir montré « que chaque langue forme un système où tout se tient, où les faits et les phénomènes se commandent les uns les autres, et ne peuvent être ni isolés ni contradictoires[6] ». Traitant des « lois phonétiques », il proclame : « Il n'y a pas de changement phonétique isolé... L'ensemble des articulations d'une langue constitue en effet un système où tout se tient, où tout est dans une étroite dépendance. Il en résulte que si une modification se produit dans une partie du système, il y a des chances pour que tout l'ensemble du système en soit atteint, car il est nécessaire qu'il reste cohérent[7]. »

Ainsi, la notion de la langue comme système était depuis longtemps admise de ceux qui avaient reçu l'enseignement de Saussure, en grammaire comparée d'abord, puis en linguistique générale[8]. Si on y ajoute ces deux autres principes, également saussuriens, que la langue est forme, non substance, et que les unités de la langue ne peuvent se définir que par leurs relations, on aura indiqué les fondements de la doctrine qui allait, quelques années plus tard, mettre en évidence la *structure* des systèmes linguistiques.

1. Saussure (1857-1913) a enseigné à Paris, à l'École des Hautes Études, de 1881 à 1891.
2. Meillet, *Linguistique historique et linguistique générale*, II (1936), p. 222.
3. *Ibid.*, p. 158.
4. *Linguistique historique et linguistique générale*, I (1921), p. 11.
5. *Ibid.*, p. 16.
6. Grammont, *Traité de phonétique*, 1933, p. 153.
7. *Ibid.*, p. 167.
8. C'est aussi de la doctrine saussurienne que se réclame l'étude de G. Guillaume, « La langue est-elle ou n'est-elle pas un système ? », *Cahiers de linguistique structurale de l'Université de Québec*, I (1952).

Cette doctrine trouve sa première expression dans les propositions rédigées en français que trois linguistes russes, R. Jakobson, S. Karcevsky, N. Troubetzkoy, adressaient en 1928 au Ier Congrès international de Linguistes à La Haye en vue d'étudier les systèmes de phonèmes [1]. Ces novateurs devaient eux-mêmes désigner ceux qu'ils considéraient comme leurs précurseurs, Saussure d'une part, Baudoin de Courtenay de l'autre. Mais déjà leurs idées avaient pris forme autonome, et dès 1929 ils les formulaient en langue française dans les thèses publiées à Prague pour le Ier Congrès des Philologues slaves [2]. Ces thèses anonymes, qui constituaient un véritable manifeste, inauguraient l'activité du Cercle linguistique de Prague. C'est là que le terme *structure* apparaît, avec la valeur que plusieurs exemples vont illustrer. Le titre énonce : « Problèmes de méthode découlant de la conception de la langue comme système » et en sous-titre : « ... comparaison structurale et comparaison génétique ». On préconise « une méthode propre à permettre de découvrir les lois de structure des systèmes linguistiques et de l'évolution de ceux-ci [3] ». La notion de « structure » est étroitement liée à celle de « relation » à l'intérieur du système : « Le contenu sensoriel de tels éléments phonologiques est moins essentiel que leurs relations réciproques au sein du système *(principe structural du système phonologique)* [4] ». D'où cette règle de méthode : « Il faut caractériser le système phonologique... en spécifiant obligatoirement les relations existant entre lesdits phonèmes, c'est-à-dire en traçant le schème de structure de la langue considérée [5]. » Ces principes sont applicables à toutes les parties de la langue, même aux « catégories de mots, système dont l'étendue, la précision et la structure intérieure (relations réciproques de ses éléments) doivent être étudiées pour chaque langue en particulier » [6]. « On ne peut déterminer la place d'un mot dans un système lexical qu'après avoir étudié la *structure* du dit système [7]. » Dans le recueil qui contient ces thèses, plusieurs autres articles de linguistes tchèques (Mathesius, Havránek), écrits en français aussi, contiennent le mot « structure [8] ».

---

1. *Actes du Ier Congrès international de Linguistes*, 1928, p. 36-39, 86.
2. *Travaux du Cercle linguistique de Prague*, I, Prague, 1929.
3. *Ibid.*, p. 8.
4. *Ibid.*, p. 10.
5. *Ibid.*, p. 10-11.
6. *Ibid.*, p. 12.
7. *Ibid.*, p. 26.
8. Les linguistes cités ont largement participé à l'activité du Cercle linguistique de Prague, sur l'initiative de V. Mathesius en

On notera dans les plus explicites de ces citations que
« structure » se détermine comme « structure d'un système ».
Tel est bien le sens du terme, tel que Troubetzkoy le reprend
un peu plus tard dans un article en français sur la phonologie [1] : « Définir un phonème, c'est indiquer sa place dans
le système phonologique, ce qui n'est possible que si l'on
tient compte de la structure de ce système...La phonologie,
universaliste par sa nature, part du système comme d'un
tout organique, dont elle étudie la structure [2]. » Il s'ensuit
que plusieurs systèmes peuvent et doivent être confrontés :
« En appliquant les principes de la phonologie à beaucoup
de langues toutes différentes pour mettre en évidence leurs
systèmes phonologiques, et en étudiant la structure de ces
systèmes, on ne tarde pas à remarquer que certaines combinaisons de corrélations se retrouvent dans les langues les
plus diverses, tandis que d'autres n'existent nulle part.
Ce sont là des lois de la structure des systèmes phonologiques [3] »... « Un système phonologique n'est pas la somme
mécanique de phonèmes isolés, mais un tout organique
dont les phonèmes sont les membres et dont la structure
est soumise à des lois [4]. » Par là, le développement de la
phonologie est en accord avec celui des sciences de la nature :
« La phonologie actuelle est caractérisée surtout par son
structuralisme et son universalisme systématique... l'époque
où nous vivons est caractérisée par la tendance de toutes
les disciplines scientifiques à remplacer l'atomisme par le
structuralisme et l'individualisme par l'universalisme (au
sens philosophique de ces termes, bien entendu). Cette
tendance se laisse observer en physique, en chimie, en
biologie, en psychologie, en science économique, etc. La
phonologie actuelle n'est donc pas isolée. Elle fait partie
d'un mouvement scientifique plus ample [5]. »
Il s'agit donc, la langue étant posée comme système,

particulier, ce qui fait que ce mouvement est souvent désigné
comme l'« école de Prague ». Pour en retracer l'histoire, la collection
des *Travaux du Cercle linguistique de Prague* sera une des sources
essentielles. Voir en particulier R. Jakobson, « La scuola linguistica
di Praga », *La Cultura*, XII (1933), p. 633-641; « Die Arbeit der
sogenannten « Prager Schule », *Bulletin du Cercle linguistique de
Copenhague*, III (1938), p. 6-8; Avant-propos aux *Principes de
Phonologie* de N. S. Troubetzkoy, trad. fr., Paris, 1949, p. xxv-xxvii.
    1. N. Troubetzkoy, « La phonologie actuelle », *Psychologie du
langage*, Paris, 1933, p. 227-246.
    2. *Ibid.*, p. 233.
    3. *Ibid.*, p. 243.
    4. *Ibid.*, p. 245.
    5. *Ibid.*, p. 245-6.

d'en analyser la *structure*. Chaque système, étant formé d'unités qui se conditionnent mutuellement, se distingue des autres systèmes par l'agencement interne de ces unités, agencement qui en constitue la structure [1]. Certaines combinaisons sont fréquentes, d'autres plus rares, d'autres enfin, théoriquement possibles, ne se réalisent jamais. Envisager la langue (ou chaque partie d'une langue, phonétique, morphologie, etc.) comme un système organisé par une structure à déceler et à décrire, c'est adopter le point de vue « structuraliste [2] ».

Ces vues des premiers phonologistes, qui s'appuyaient sur des descriptions précises de systèmes phonologiques variés, avaient gagné en peu d'années assez d'adeptes, hors même du Cercle linguistique de Prague, pour qu'il devînt possible de fonder à Copenhague, en 1939, une revue, *Acta Linguistica*, qui s'intitulait : *Revue internationale de linguistique structurale*. Dans une déclaration liminaire écrite en français, le linguiste danois Viggo Bröndal justifiait l'orientation de la revue par l'importance que la « structure » avait acquise en linguistique. A ce propos, il se référait à la définition du mot structure chez Lalande, « pour désigner, par opposition à une simple combinaison d'éléments, un tout formé de phénomènes solidaires, tels que chacun dépend des autres et ne peut être ce qu'il est que dans et par sa relation avec eux [3] ». Il soulignait aussi le parallélisme entre la linguistique structurale et la psychologie « gestaltiste » en invoquant la définition de la « Gestalttheorie » donnée par Claparède [4] : « Cette conception consiste à considérer les phénomènes non plus comme une somme d'éléments qu'il s'agit avant tout d'isoler, d'analyser, de disséquer, mais comme des ensembles *(Zusammenhänge)* constituant des unités autonomes, manifestant une solidarité interne, et ayant des lois propres. Il s'ensuit que la

1. Les deux termes « structure » et « système » sont posés en rapport différent dans l'article de A. Mirambel, « Structure et dualisme de système en grec moderne », *Journal de Psychologie*, 1952, p. 30 sq. Autrement encore chez W. S. Allen, « Structure and System in the Abaza Verbal Complex », *Transactions of the Philological Society*, 1956, p. 127-176.

2. Cette attitude à l'égard de la langue a été étudiée dans une perspective philosophique par Ernst Cassirer, « Structuralism in Modern Linguistics », *Word*, I (1945), p. 99 sq. Sur la situation de la linguistique structurale par rapport aux autres sciences humaines, voir maintenant A. G. Haudricourt, « Méthode scientifique et linguistique structurale », *L'Année Sociologique*, 1959, p. 31-48.

3. Lalande, *Vocabulaire de philosophie*, III, s.v. Structure.

4. *Ibid.*, III, s.v. Forme.

manière d'être de chaque élément dépend de la structure de l'ensemble et des lois qui le régissent [1]. »

Reprenant après la disparition de V. Bröndal la direction des *Acta Linguistica*, M. Louis Hjelmslev définit à nouveau, en 1944, le domaine de la linguistique structurale : « On comprend par *linguistique structurale* un ensemble de *recherches* reposant sur une *hypothèse* selon laquelle il est scientifiquement légitime de décrire le langage comme étant *essentiellement* une *entité autonome de dépendances internes*, ou en un mot, une *structure*... L'analyse de cette entité permet de dégager constamment des parties qui se conditionnent réciproquement, et dont chacune dépend de certaines autres et ne serait concevable ni définissable sans ces autres parties. Elle ramène son objet à un réseau de dépendances, en considérant les faits linguistiques comme étant en raison l'un de l'autre [2]. »

Tels ont été les débuts de « structure » et « structural » comme termes techniques.

Aujourd'hui le développement même des études linguistiques [3] tend à scinder le « structuralisme » en interprétations si diverses qu'un de ceux qui se réclament de cette doctrine ne craint pas d'écrire que « sous l'étiquette commune et trompeuse de « structuralisme » se retrouvent des écoles d'inspiration et de tendances fort divergentes... L'emploi assez général de certains termes comme « phonème » et même « structure » contribue souvent à camoufler des différences profondes [4]. » Une de ces différences, la plus notable sans doute, est celle qu'on peut constater entre l'usage américain du terme « structure » et les définitions rappelées ci-dessus [5].

1. Bröndal, *Acta Linguistica*, I (1939), p. 2-10. Article réimprimé dans ses *Essais de Linguistique générale*, Copenhague, 1943, p. 90 sq.
2. *Acta Linguistica*, IV, fasc. 3 (1944), p. v. Les mêmes notions sont développées en anglais par L. Hjelmslev dans un article intitulé « Structural analysis of Language », *Studia Linguistica* (1947), p. 69 sq. Cf. encore les *Proceedings of the VIIIth International Congress of Linguists*, Oslo, 1958, p. 636 sq.
3. Voir un aperçu d'ensemble dans notre article « Tendances récentes en linguistique générale », *Journal de Psychologie*, 1954, p. 130 sq. (chapitre I du présent ouvrage).
4. A. Martinet, *Économie des changements phonétiques*, Berne, 1955, p. 11.
5. Une instructive confrontation des points de vue est donnée par A. Martinet, « Structural Linguistics », in *Anthropology Today*, éd. Kroeber, Chicago, 1953, p. 574 sq. On trouvera maintenant plusieurs définitions recueillies par Eric P. Hamp, *A Glossary of American Technical Linguistic Usage*, Utrecht-Anvers, 1957, s.v. Structure.

Pour nous borner à l'emploi qui est généralement fait du mot « structure » dans la linguistique européenne de langue française, nous soulignerons quelques traits susceptibles d'en constituer une définition minimale. Le principe fondamental est que la langue constitue un système, dont toutes les parties sont unies par un rapport de solidarité et de dépendance. Ce système organise des unités, qui sont les signes articulés, se différenciant et se délimitant mutuellement. La doctrine structuraliste enseigne la prédominance du système sur les éléments, vise à dégager la structure du système à travers les relations des éléments, aussi bien dans la chaîne parlée que dans les paradigmes formels, et montre le caractère organique des changements auxquels la langue est soumise.

CHAPITRE IX

La classification des langues [1]

Sur un sujet qui demanderait un livre entier pour être exposé et discuté d'une manière adéquate à son importance, une conférence ne peut prétendre ni à embrasser toutes les questions ni à fonder une nouvelle méthode. On se propose seulement de passer en revue les théories qui prévalent aujourd'hui, de montrer à quels principes elles obéissent, et quels résultats elles peuvent obtenir. Le problème général de la classification des langues se décompose en un certain nombre de problèmes particuliers qui varient en nature selon le type de classification envisagé. Mais ces problèmes particuliers ont ceci de commun que, formulés avec rigueur, chacun d'eux met en question à la fois la totalité de la classification et la totalité de la langue à classifier. Cela suffit à faire mesurer l'importance de l'entreprise, les difficultés qui lui sont inhérentes et aussi la distance qui s'établira entre le but visé et les moyens dont nous disposons pour l'atteindre.

La première classification dont les linguistes se soient préoccupés est celle qui distribue les langues en familles supposées issues d'un prototype commun. C'est la classification génétique. On en voit les premiers essais à partir de la Renaissance, quand l'imprimerie permit de faire connaître les langues de peuples voisins ou lointains. Les observations sur la ressemblance de ces langues ont condusi très vite à les relier en familles, moins nombreuses que les langues actuelles, et dont les différences étaient expliquéet par référence à des mythes originels. Avec la découverte du sanskrit et le début de la grammaire comparée, la méthode de classification se rationalise et, sans abandonner entière-

1. Extrait des *Conférences de l'Institut de linguistique de l'Université de Paris*, XI, 1952-1953.

ment l'idée de la monogénèse des langues, définit avec
une précision croissante les conditions auxquelles doit
satisfaire l'établissement d'une relation génétique. Et,
aujourd'hui, les linguistes ont étendu à l'ensemble des langues les procédés vérifiés par l'analyse des langues indo-
européennes. Ils ont groupé la majeure partie des idiomes
en classes génétiques. Un ouvrage décrivant les langues
du monde ne peut guère trouver d'autre cadre que celui-là.
Et si on a abandonné toute hypothèse glottogonique, si
on mesure mieux les limites du connaissable et du démon-
trable, on n'a renoncé pour autant ni à chercher les relations entre les langues de régions mal explorées, par exemple
celles de l'Amérique du Sud, ni à tenter de grouper en
unités plus larges des familles entières, indo-européen et
sémitique, etc. Ce n'est donc pas la science des langues qui
a permis de poser les bases d'une classification, mais, au
contraire, c'est à partir d'une classification, si naïve et confuse
fût-elle, que la science des langues s'est progressivement
élaborée. Les ressemblances constatées entre les langues
anciennes ou modernes de l'Europe ont été la donnée primaire qui a conduit à une théorie de ces ressemblances.

Cette observation rend compte en quelque mesure des
conflits qui naissent autour de cette méthode de classification. Car c'est au sein d'une linguistique entièrement
génétique et historique que s'est développée depuis quelques décennies une linguistique générale. Du fait que cette
linguistique générale veut aujourd'hui s'affranchir de la
perspective historique et fait prévaloir l'étude synchronique des langues, elle est parfois amenée à prendre position
contre le principe génétique de la classification en faveur
d'autres méthodes. Il y aura intérêt à se demander dans
quelle mesure ces différences doctrinales affectent le problème que nous considérons.

Quelle qu'elle soit, une classification doit commencer
par poser ses critères. Ceux de la classification génétique
sont de nature historique. On vise à expliquer les similitudes — et aussi les différences — qui se constatent, et
d'autres moins apparentes, entre les langues d'une certaine
aire, par la démonstration de leur commune origine. Procédant à partir du donné, le linguiste use d'une méthode
comparative et inductive. S'il dispose de témoignages anciens,
intelligibles et assez étendus, il vise à restaurer une continuité entre les états successifs d'une langue ou d'un ensemble
de langues. De cette continuité, on peut souvent inférer
que des langues aujourd'hui distinctes dérivent d'une

langue unique. Les preuves de cette parenté consistent en similitudes régulières, définies par des correspondances, entre des formes complètes, des morphèmes, des phonèmes. Les correspondances sont à leur tcur ordonnées en séries, d'autant plus nombreuses que la parenté est plus proche. Pour que ces correspondances soient probantes, il faut pouvoir établir qu'elles ne sont dues ni à des coïncidences de hasard, ni à des emprunts de l'une à l'autre des langues considérées ou de ces deux langues à une source commune, ni à l'effet de convergences. Les preuves seront décisives si elles peuvent se grouper en faisceau. Ainsi la correspondance entre lat. *est : sunt*, all. *ist : sind*, fr. *e : sõ*, etc., suppose à la fois des équations phonétiques, la même structure morphologique, la même alternance, les mêmes classes de formes verbales et le même sens, et chacune de ces identités pourrait se subdiviser en un certain nombre de traits également concordants, dont chacun à son tour évoquerait des parallèles dans d'autres formes de ces langues. Bref, on a ici une réunion de conditions si spécifiques que la présomption de parenté est acquise.

Cette méthode est bien connue et elle a été éprouvée dans l'établissement de plus d'une famille. La preuve est faite qu'elle peut aussi bien s'appliquer à des langues sans histoire dont la parenté est constatée aujourd'hui, de quelque structure qu'elles relèvent. Un bel exemple en a été donné par Bloomfield dans la comparaison des quatre principales langues du groupe algonquin central, fox, ojibway, cree, menomini. Il avait, sur la base de correspondances régulières, établi le développement de cinq groupes consonantiques différents à second élément *k* dans ces langues et restitué en algonquin central primitif les prototypes *čk šk xk hk nk*. Mais une correspondance, limitée à la forme « il est rouge », faisait difficulté : elle était représentée en fox par *meškusiwa*, ojibway *miškuzi*, cree *mihkusiw*, menomini *mehkōn*, avec *šk* fox et ojibway répondant anomalement à *hk* cree et menomini. Pour cette raison, il avait postulé un groupe distinct *çk* proto-algonquin. C'est seulement ensuite qu'il eut l'occasion d'étudier un dialecte cree du Manitoba, où la forme en question apparaissait comme *mihtkusiw* avec un groupe -*htk*- distinct de -*hk*-, justifiant ainsi, après coup, le -*çk*- supposé pour des raisons théoriques [1]. La régularité des correspondances phonétiques et la possibilité de prévoir certaines évolutions ne sont limi-

---

1. Bloomfield, *Language*, I, p. 30, et IV, p. 99, et dans son livre *Language*, p. 359-360.

tées à aucun type de langues ni à aucune région. Il n'y a donc pas de raison d'imaginer que des langues « exotiques » ou « primitives » exigent d'autres critères de comparaison que les langues indo-européennes ou sémitiques.

La démonstration d'une parenté d'origine suppose un travail, souvent long et malaisé, d'*identification* appliqué à tous les niveaux de l'analyse : phonèmes isolés, puis liés, morphèmes, signifiants complexes, constructions entières. Le processus est lié à la considération de la *substance* concrète des éléments comparés : pour justifier le rapprochement de lat. *fere-* et de skr. *bhara-*, je dois expliquer pourquoi le latin a justement *f* là où le sanskrit a justement *bh*. Aucune démonstration de parenté n'échappe à cette obligation et une classification fait la somme d'un grand nombre de ces identifications substantielles pour attribuer sa place à chaque langue. Ici encore les conditions valent partout et sont nécessaires à la démonstration.

Mais nous ne pouvons instituer de conditions universelles quant à la *forme* que prendra une classification appliquée à des langues dont la parenté peut être prouvée. L'image que nous nous faisons d'une famille génétique et la position que nous assignons aux langues groupées dans une telle famille reflètent en réalité, il est bon d'en prendre conscience, le modèle d'une classification particulière, celle des langues indo-européennes. On accordera sans peine que c'est la plus complète et, pour nos exigences actuelles, la plus satisfaisante. Les linguistes cherchent, consciemment ou non, à imiter ce modèle chaque fois qu'ils tentent de définir les groupements de langues moins bien connues, et c'est tant mieux s'ils sont par là incités à se montrer toujours plus rigoureux. Mais d'abord il n'est pas certain que les critères employés en indo-européen aient tous valeur universelle. Un des arguments les plus forts pour établir l'unité indo-européenne a été la similitude des numéraux, restés aujourd'hui encore reconnaissables après plus de vingt-cinq siècles. Mais la stabilité de ces noms tient peut-être à des causes spécifiques, telles que le développement de l'activité économique et des échanges, constaté dans le monde indo-européen dès une date très reculée, plutôt qu'à des raisons « naturelles » ni universelles. De fait, il arrive que des noms de nombre s'empruntent ou même que la série entière des numéraux soit remplacée, pour des raisons de commodité ou autres [1].

1. Voir, dans le même sens, les observations de M. Swadesh, *I.J.A.L.*, XIX (1953), p. 31 sq.

Ensuite, et surtout, il n'est pas certain que le modèle construit pour l'indo-européen soit le type constant de la classification génétique. Ce qu'il y a de particulier en indo-européen est que chacune des langues participe à degré sensiblement égal au type commun. Même en faisant leur part aux innovations, la répartition des traits essentiels de la structure d'ensemble est sensiblement pareille dans les langues de même antiquité, comme il a été confirmé dans le cas du hittite, comme on pourrait le présumer d'après le peu qu'on sait de langues comme le phrygien ou le gaulois. Voyons maintenant comment se répartissent les caractères communs aux langues d'une famille pourtant bien établie, le bantou. On divise l'aire bantou en zones géographiques, chaque zone comprend des groupes de langues qui ont en partage certains traits phonétiques et grammaticaux; dans ces groupes, on distingue certains agrégats, qui se subdivisent en dialectes. La classification est toute provisoire, fondée sur une documentation très inégale. Prenons-la telle qu'elle est, avec quelques-unes des caractéristiques qui distinguent ces zones [1] :

Zone nord-ouest : préfixes monosyllabiques; flexion verbale moins développée qu'ailleurs; préfixes nominaux de forme particulière;

Zone nord : préfixes nominaux dissyllabiques; formation locative de type préfixal; grande richesse en formations préfixales augmentatives;

Zone du Congo : préfixes en général monosyllabiques; harmonie vocalique; développement de dérivés verbaux avec composition inusuelle de suffixes; système tonal généralement compliqué;

Zone centrale : préfixes monosyllabiques et dissyllabiques; classes nominales pour augmentatif, diminutif, locatif; grand développement de dérivés verbaux; grand développement des idéophones; système de trois tons;

Zone orientale : phonétique relativement simple; système de trois tons; formes verbales simplifiées; formation locative intermédiaire entre préfixation et suffixation;

Zone nord-est : mêmes caractères, avec morphologie plus simplifiée sous l'influence de l'arabe;

---

1. J'utilise ici quelques-unes des indications éparses dans l'excellent aperçu de Clement M. Doke, *Bantu* (International African Institute, 1945). Voir, pour plus de déta s, Malcolm Guthrie, *The Classification of the Bantu Languages*, 1948, dont les résultats ne sont pas essentiellement différents.

Zone centre-est : fait la transition entre les zones centrale et orientale;

Zone sud-est : préfixes monosyllabiques et dissyllabiques; locatif et diminutifs suffixés; système tonal compliqué; phonétique compliquée avec implosives, fricatives latérales et parfois clicks;

Zone centre-sud : transition entre les zones centrale et sud-est, avec une certaine ressemblance à la zone centre-est : système à trois tons; phénomènes phonétiques particuliers, implosives, affriquées; préfixes nominaux monosyllabiques avec voyelle initiale latente;

Zones ouest et centre-ouest : « buffer type » entre les zones ouest et centrale, avec traits de la zone Congo; assimilation vocalique extrême; subdivision des classes nominales en animé et inanimé.

Un pareil tableau, même réduit à quelques indications très schématiques, montre qu'à l'intérieur de l'aire on passe d'une zone à l'autre par des transitions où certains caractères s'accentuent dans un sens déterminé. On peut ordonner ces caractères en séries d'une zone à l'autre : préfixes monosyllabiques, puis dissyllabiques, avec des régions où les deux types coexistent; développement des idéophones; système à trois tons, puis à tons multiples. Quelles que soient les complexités structurales dont ces traits ne donnent qu'un aspect partiel, il semble que, depuis les langues « semi-bantou » du Soudan jusqu'au zoulou, chaque zone se définisse par rapport à la zone voisine plutôt que par référence à une structure commune.

Plus caractéristique encore à cet égard apparaît la liaison des grandes unités linguistiques en Extrême-Orient [1] : du chinois au tibétain, du tibétain au birman, puis aux langues de la Salwen (palaung, wa, riang), au mon-khmer jusqu'à l'Océanie, on discerne, sans pouvoir encore les définir exactement, des connexions de caractère sérial, chaque unité intermédiaire ayant certains rapports avec la précédente et d'autres avec la suivante, de sorte que, de l'une à l'autre, on s'éloigne beaucoup du type initial, toutes ces langues gardant néanmoins un « air de famille ». Les botanistes connaissent bien ces « parentés par enchaînement », et il est possible que ce type de classification soit le seul utilisable entre les grandes unités qui sont le terme actuel de nos reconstructions.

1. Voir, en dernier lieu, l'étude de R. Shafer sur l'austroasien, *B.S.L.*, XLVIII (1952), p. 111 sq.

S'il devait en être ainsi, on verrait s'accentuer certaines faiblesses inhérentes à la classification génétique. Pour que celle-ci soit intégrale, et puisqu'elle est par nature historique, il faut qu'elle dispose de tous les membres de l'ensemble à toutes les étapes de leur évolution. En fait, on sait que l'état de nos connaissances rend bien souvent cette exigence dérisoire. C'est pour une faible minorité de langues que nous disposons d'une documentation un peu ancienne, et combien déficiente souvent. En outre, il arrive que des familles entières aient disparu à l'exception d'un seul membre, qui devient inclassable : tel pourrait être le cas du sumérien. Même là où nous avons une histoire continue et des témoignages assez abondants, comme dans la famille indo-européenne, du fait que cette histoire se poursuit encore, on peut imaginer qu'à un certain stade futur de l'évolution l'appartenance des langues à leur famille génétique ne pût se définir qu'en termes d'histoire pour chacune d'elles, et non plus en termes de relations entre elles. Assurément, ce qui permet nos classifications est l'évolution assez lente des langues et le fait qu'elles ne changent pas identiquement dans toutes leurs parties. D'où le maintien de ces résidus archaïques qui facilitent la reconstruction des prototypes. Cependant même ces vestiges peuvent à la longue s'éliminer, et alors il ne reste plus au niveau des langues actuelles aucune marque d'identification possible. La classification ne s'assure de ses critères que si elle dispose, pour certaines au moins de ces langues, d'états plus anciens. Mais, là où cette tradition manque, le linguiste se trouve dans la situation où il serait s'il devait se prononcer sur la possibilité d'une parenté entre l'irlandais, l'albanais et le bengali, supposés à un stade plus avancé encore de leur évolution. Et quand, de surcroît, on embrasse par l'imagination l'énorme portion de l'histoire linguistique de l'humanité qui échappe à tout jamais à nos prises, et dont, néanmoins, la répartition actuelle des langues est le résultat, on découvre sans peine les limites de nos classifications présentes et aussi de notre pouvoir de classifier. Toutes les sciences qui procèdent du donné empirique pour constituer une génétique évolutive en sont là. La systématique des plantes n'est pas mieux partagée que celle des langues. Et si nous introduisons pour les langues la notion de « parenté par enchaînement », dont les botanistes font usage, nous ne nous dissimulons pas qu'elle est surtout un moyen de pallier notre impuissance à restaurer les formes intermédiaires et les connexions articulées qui organiseraient le donné actuel. Heureusement, dans la pratique, cette considération ne gêne pas toujours la constitution de groupes linguistiques à relations étroites et ne doit pas empêcher de rechercher systématiquement à joindre ces groupes en unités plus larges. Ce que nous voulons surtout souligner est qu'une classification génétique ne vaut, par la force des choses, qu'entre deux dates. La distance entre ces deux dates dépend presque autant de la rigueur apportée à l'analyse que des conditions objectives de nos connaissances.

Peut-on donner à cette rigueur une expression mathématique ? On a parfois tenté de prendre le nombre de concordances entre deux langues comme mesure de la probabilité de leur parenté et à appliquer le calcul des probabilités à un traitement numérique de ces concordances pour décider du degré et même de l'existence d'une parenté génétique. B. Collinder a employé cette méthode pour rechercher si l'ouralien est ou non apparenté à l'altaïque. Mais il a dû conclure que le choix entre parenté, d'une part, affinité ou emprunt, de l'autre, reste « inaccessible au calcul »[1]. Tout aussi décevante a été l'application de la statistique à la détermination des rapports entre le hittite et les autres langues indo-européennes; les auteurs de cette tentative, Kroeber et Chrétien, ont reconnu eux-mêmes que les résultats étaient étranges et inacceptables[2]. Il est clair qu'en opérant avec des rapprochements conçus comme des grandeurs mathématiques et, par suite, en considérant que le hittite ne peut être a priori qu'un membre égaré ou aberrant d'une famille linguistique déjà établie une fois pour toutes, on se ferme par avance la voie. Ni le nombre des rapprochements qui fondent une parenté génétique ni le nombre des langues qui participent à cette parenté ne peuvent constituer les données fixes d'un calcul. Il faut donc s'attendre à constater des degrés variables de parenté entre les membres des grandes familles linguistiques, tout comme on en constate entre les membres des petites unités dialectales. Il faut prévoir aussi que la configuration d'une parenté peut toujours être modifiée à la suite de quelque découverte. L'exemple du hittite est, précisément, celui qui illustre au mieux les conditions théoriques du problème. Comme le hittite diffère sous maints rapports de l'indo-européen traditionnel, Sturtevant a décidé que cette langue n'était apparentée que

1. B. Collinder, La parenté linguistique et le calcul des probabilités », *Uppsala Universitets Årsskrift*, 1948, 13, p. 24.
2. Kroeber et Chrétien, *Language*, XV, p. 69; cf. Reed et Spicer, *Ibid.*, XXVIII, p. 348 sq.

latéralement à l'indo-européen, avec lequel elle constitue-
rait une famille nouvelle dénommée « indo-hittite ». Cela
revenait à prendre pour une entité naturelle l'indo-européen
de Brugmann et à reléguer dans une condition spéciale les
langues non exactement conformes au modèle classique.
Nous devons, au contraire, intégrer le hittite dans un indo-
européen dont la définition et les relations internes seront
transformées par cet apport nouveau. Comme on l'indiquera
plus loin, la structure logique des rapports génétiques ne
permet pas de prévoir le nombre des éléments d'un ensemble.
Le seul moyen de conserver à la classification génétique un
sens linguistique sera de considérer les « familles » comme
ouvertes et leurs relations comme toujours sujettes à revision.

Toute classification génétique, en même temps qu'elle
pose et gradue la parenté entre certaines langues, détermine
un certain *type* qui leur est commun. Les identifications
matérielles entre les formes et les éléments des formes abou-
tissent à dégager une structure formelle et grammaticale
propre à la famille définie. D'où il suit qu'une classification
génétique est aussi typologique. Les ressemblances du
type peuvent même être plus apparentes que celles des
formes. Une question naît alors : quelle est la valeur du
critère typologique dans la classification ? Plus précisément :
peut-on fonder une classification génétique sur les seuls
critères typologiques ? C'est la question qu'on se posera
devant l'interprétation qui a été donnée par N. Troubetzkoy
du problème indo-européen, en un article suggestif et trop
peu remarqué [1].

Troubetzkoy se demande : à quoi reconnaît-on qu'une
langue est indo-européenne ? Il se montre très sceptique
à l'égard des « concordances matérielles » qu'on relèverait
entre la langue en question et d'autres pour démontrer
leur parenté. Il ne faut pas, dit-il en substance, exagérer
la valeur de ce critère, car on n'est d'accord ni sur le nombre
ni sur la nature des correspondances qui décideraient de
l'appartenance indo-européenne d'une langue, et il n'en est
aucune qui serait indispensable pour prouver cette parenté.
Il accorde beaucoup plus d'importance à un ensemble de
six caractères structurels qu'il énumère et justifie en détail.
Chacun de ces traits structurels, dit-il, se retrouve aussi dans

---

1. Troubetzkoy, « Gedanken über das Indogermanenproblem »,
Acta Linguistica, I (1939), p. 81 sq.

des langues non indo-européennes; mais seules les langues indo-européennes présentent les six à la fois.

C'est cette partie de la démonstration que nous voudrions examiner de plus près, à cause de son évidente importance théorique et pratique. Il y a ici deux questions qu'il faut considérer séparément 1° Ces six caractères sont-ils donnés ensemble en indo-européen seulement? 2° Suffiraient-ils seuls à fonder la notion d'indo-européen?

La première question est de fait. Il y sera répondu affirmativement si et seulement si aucune autre famille linguistique ne possède les six caractères énoncés par Troubetzkoy comme propres aux langues indo-européennes. Pour cette vérification, nous avons pris au hasard un spécimen d'une langue sûrement non indo-européenne. La langue choisie a été le takelma, langue indienne de l'Oregon, pour laquelle nous disposons d'une description excellente et aisément accessible due à Edward Sapir [1] (1922). Nous allons donc énumérer ces traits dans les termes où Troubetzkoy les définit en indiquant pour chacun d'eux la situation du takelma :

1. *Il n'y a pas d'harmonie vocalique* (Es besteht keinerlei Vokalharmonie).

En takelma non plus, l'harmonie vocalique ne fait l'objet d'aucune mention.

2. *Le consonantisme de l'initiale n'est pas plus pauvre que celui de l'intérieur ou de la finale* (Der Konsonantismus des Anlauts ist nicht ärmer als der des Inlauts und des Auslauts).

En takelma, après avoir donné le tableau complet des consonnes, Sapir note expressément (§ 12) : « Every one of the consonants tabulated may occur initially. » La seule restriction qu'il signale relativement à l'absence de $^{-cw}$ est annulée par lui-même quand il ajoute que ^{cw} n'existe qu'en liaison avec k et donc que k^{cw} seul est un phonème. Le consonantisme initial ne comporte donc en takelma aucune déficience.

3. *Le mot ne doit pas nécessairement commencer par la racine* (das Wort muss nicht unbedingt mit der Wurzel beginnen).

Le takelma connaît aussi bien la préfixation que l'infixation et la suffixation (exemples Sapir, § 27, p. 55).

4. *Les formes ne sont pas constituées seulement par des affixes, mais aussi par des alternances vocaliques à l'intérieur*

1. Sapir, « The Takelma Language of South-Western Oregon » *Handbook o Amer. Ind. Langu.*, II.

des morphèmes radicaux (Die Formbildung geschieht nicht nur durch Affixe, sondern auch durch vokalische Alternationen innerhalb der Stammorpheme).

Dans la description du takelma, un long paragraphe (p. 59-62) est consacré au « vowel-ablaut » à valeur morphologique.

5. *Outre les alternances vocaliques, les alternances consonantiques libres jouent aussi un rôle morphologique* (Ausser den vokalischen spielen auch freie konsonantische Alternationen eine morphologische Rolle).

En takelma, « consonant-ablaut, a rare method of word-formation, plays a rather important part in the tense-formation (aorist and non-aorist) of many verbs » (Sapir, § 32, p. 62).

6. *Le sujet d'un verbe transitif est traité comme le sujet d'un verbe intransitif* (Das Subjekt eines transitiven Verbums erfährt dieselbe Behandlung wie das Subjekt eines intransitiven Verbums).

Le principe se vérifie littéralement en takelma : *yap'a wili k'emèï*, litt. « people house they-make-it » = « les gens *(yap'a)* construisent une maison »; *gidī alxalī yap'a*, « thereon they-sit people » = « les gens s'y assoient », avec la même forme *yap'a* dans les deux constructions [1].

On voit donc que le takelma possède ensemble les six traits dont la réunion constituait, aux yeux de Troubetzkoy, la marque distinctive du type indo-européen. Il est probable qu'une enquête étendue ferait rencontrer des cas analogues dans d'autres familles. La définition posée par Troubetzkoy est, en tout cas, réfutée par les faits. Certes, il s'agissait surtout pour lui de trouver les marques structurelles minimales qui pussent distinguer l'indo-européen des groupes voisins : sémitique, caucasien, finno-ougrien. Dans ces limites, les critères semblent justifiés. Ils ne le sont plus si l'on confronte l'indo-européen à tous les autres types linguistiques. En ce cas, il faudrait des caractéristiques sensiblement plus nombreuses et plus spécifiques.

La deuxième question était si l'on pourrait définir l'indo-européen sur la base unique d'un ensemble de caractères typologiques. Troubetzkoy n'a pas été jusque-là; il reconnaît que des correspondances matérielles restent nécessaires,

1. Exemples pris dans le texte takelma chez Sapir, p. 294-5. Il est bon de noter que le takelma admet quelques affixes nominaux, mais n'a pas de flexion nominale et qu'en outre il pratique largement l'incorporation des pronoms sujet et objet. Mais il s'agissait seulement de montrer que le critère syntaxique de Troubetzkoy s'applique ici aussi.

même si elles sont peu nombreuses. On ne peut que l'approuver. Autrement, on se jetterait dans des difficultés sans issue. Qu'on le veuille ou non, des termes comme indoeuropéen, sémitique, etc., dénotent à la fois la filiation historique de certaines langues et leur parenté typologique. On ne peut donc à la fois garder le cadre historique et le justifier exclusivement par une définition a-historique. Les langues caractérisées historiquement comme indo-européennes ont, en effet, de surcroît, certains traits de structure en commun. Mais la conjonction de ces traits hors de l'histoire ne suffit pas à définir une langue comme indo-européenne. Ce qui revient à dire qu'une classification génétique ne se transpose pas en classification typologique ni inversement.

Qu'on ne se méprenne pas sur l'intention de la critique présentée ci-dessus. Elle vise une affirmation trop catégorique de Troubetzkoy, non pas le fond de sa pensée. Nous voulons seulement qu'on distingue bien les deux notions usuellement associées dans le terme de « parenté linguistique ». La parenté de structure peut résulter d'une origine commune; elle peut aussi bien provenir de développements réalisés par plusieurs langues indépendamment, même hors de toute relation génétique. Comme l'a bien dit R. Jakobson [1] à propos des affinités phonologiques qui se dessinent souvent entre langues simplement contiguës, « la similitude de structure est indépendante du rapport génétique des langues en question et peut indifféremment relier des langues de même origine ou d'ascendance différente. La similitude de structure ne s'oppose donc pas, mais se superpose à la "parenté originaire" des langues. » L'intérêt des groupements d'affinité est justement qu'ils associent souvent dans une même aire des langues génétiquement différentes. Ainsi la parenté génétique n'empêche pas la formation de nouveaux groupements d'affinités; mais la formation de groupements d'affinités n'abolit pas la parenté génétique. Il importe néanmoins de voir que la distinction entre filiation et affinité n'est possible que dans les conditions de notre observation actuelle. Un groupement d'affinité, s'il s'est établi préhistoriquement, nous apparaîtra historiquement comme un indice de parenté génétique. Ici encore la notion de classification génétique rencontre ses limites.

Si fortes et tranchées apparaissent les différences de type

---

1. Dans son article sur les affinités phonologiques reproduit en appendice aux *Principes de Phonologie* de Troubetzkoy, trad. Cantineau, p. 353.

entre les langues du monde que les linguistes ont pensé depuis longtemps à caractériser les familles de langues par une définition typologique. Ces classifications, fondées sur la structure morphologique, représentent un effort vers une systématique rationnelle. Depuis Humboldt et souvent dans son esprit, car c'est surtout en Allemagne que des théories de cet ordre ont été édifiées, on a tenté d'illustrer la diversité des langues par quelques types principaux. Finck [1] a été le principal représentant de cette tendance qui compte encore des adeptes éminents [2]. On sait que Finck distinguait huit types principaux, représentés par une langue caractéristique et définis ainsi : subordonnant (turc); incorporant (groenlandais); sériant, anreihend (subiya, bantou); isolant-radical, wurzelisolierend (chinois); isolant-thématique, stammisolierend (samoan); flexionnel-radical, wurzel-flektierend (arabe); flexionnel-thématique, stammflektierend (grec); flexionnel de groupe, gruppenflektierend (géorgien). Chacune de ces définitions dit, en effet, quelque chose du type enregistré et peut situer sommairement chacune des langues en question. Mais un pareil tableau n'est ni complet, ni systématique, ni rigoureux. On n'y trouve aucun des types si divers et si complexes des langues amérindiennes ni des langues soudanaises, qui participeraient à la fois à plusieurs catégories; il n'est pas tenu compte non plus des procédés différents qui peuvent réaliser une même structure apparente, créant par exemple l'illusion d'une parenté de type entre le chinois et l'anglais. De plus, les mêmes termes servent pour des caractéristiques qui n'ont pas le même sens : comment peut-on parler de « racines » à la fois pour le chinois et pour l'arabe? et comment se définira alors une « racine » pour l'eskimo? En somme, ces distinctions ne paraissent pas s'articuler dans une théorie unitaire qui légitimerait et ordonnerait des caractères non homogènes, tels que racine, incorporation, suffixe, thème, série, flexion, groupe, dont les uns concernent la nature des morphèmes, les autres leur disposition.

Les langues sont des ensembles si complexes qu'on peut les classer en fonction d'un grand nombre de critères. Une typologie consistante et compréhensive devra tenir compte

1. F. N. Finck, *Die Haupttypen des Sprachbaus*, 3e éd., 1936.

2. Les catégories de Finck sont utilisées, mais avec des enrichissements et assouplissements notables, dans les écrits de deux linguistes originaux, J. Lohmann et E. Lewy. Cf. surtout de ce dernier, « Der Bau der europäischen Sprachen », *Proceedings of the R. Irish Academy*, 1942.

de plusieurs ordres de distinctions et hiérarchiser les traits morphologiques qui en dépendent. C'est à quoi vise la classification la plus élaborée qui ait été proposée jusqu'ici, celle de Sapir [1]. Avec une intuition profonde de la structure linguistique et une expérience étendue des langues les plus singulières qui soient, celles de l'Amérique indienne, Sapir a construit un classement des types linguistiques d'après un triple critère : types de « concepts » exprimés; « technique » prévalente; degré de « synthèse ».

Il envisage d'abord la nature des « concepts » et en reconnaît quatre groupes : I, concepts de base (objets, actions, qualités, exprimés par des mots indépendants); II, concepts dérivationnels, moins concrets, tels que l'affixation d'éléments non radicaux à un des éléments radicaux, mais sans modifier le sens de l'énoncé; III, concepts relationnels concrets (nombre, genre, etc.); IV, concepts relationnels abstraits (relations purement « formelles » construisant la syntaxe). Les groupes I et IV doivent se trouver partout. Les deux autres (II et III) peuvent être présents ou manquer, ensemble ou séparément. Cela permet de poser quatre types de langues :

A. Langues possédant seulement les groupes I et IV : langues sans affixation (« simple pure-relational languages »).

B. Langues possédant les concepts des groupes I, II et IV : usant d'une syntaxe purement relationnelle, mais aussi de l'affixation et de la modification interne des radicaux « complex pure-relational languages »).

C. Langues exprimant les concepts des groupes I et III : relations syntaxiques assurées par des éléments plutôt concrets, mais sans que les éléments radicaux soient soumis à affixation ou à modification interne (« simple mixed-relational languages »).

D. Langues exprimant les concepts I, II et III : relations syntaxiques « mixtes » comme en C, mais avec possibilité de modifier le sens des éléments radicaux par affixation ou modification interne (« complex mixed-relational languages »). Ici se rangent les langues flexionnelles et beaucoup des langues « agglutinantes ».

Dans chacune de ces quatre classes, on introduit une quadruple division selon la « technique » employée par la langue : *a*) isolante, *b*) agglutinante, *c*) fusionnelle, *d*) symbolique (alternances vocaliques), chacune pouvant être soumise à une évaluation.

Enfin, on appréciera le degré de « synthèse » réalisé dans

---

1. Sapir, *Language*, 1921, ch. VI.

les unités de la langue en employant des qualifications telles que : analytique, synthétique, polysynthétique.

Le résultat de ces opérations apparaît dans le tableau où Sapir a rangé quelques-unes des langues du monde avec leur statut propre. On voit ainsi que le chinois représente le groupe A (simple pure-relational) : système relationnel abstrait, « technique » isolante, analytique. Le turc figure dans le groupe B (complex pure-relational) : utilisation de l'affixation, « technique » agglutinante, synthétique. Dans le groupe C, nous ne trouvons que le bantou (pour le français, Sapir hésite entre C et D), faiblement agglutinant et synthétique. Le groupe D (complex mixed-relational) comprend, d'une part, le latin, le grec et le sanskrit, à la fois fusionnels et légèrement agglutinants dans la dérivation, mais avec une teinture de symbolisme et un caractère synthétique; d'autre part, l'arabe et l'hébreu, comme type symbolique-fusionnel et synthétique; enfin, le chinook, fusionnel-agglutinatif et légèrement polysynthétique.

Sapir avait un sentiment trop vif de la réalité linguistique pour présenter cette classification comme définitive. Il lui assigne expressément un caractère tentatif et provisoire. Prenons-la avec toutes les réserves qu'il demandait lui-même. Indubitablement, un grand progrès est accompli par rapport aux anciennes divisions, sommaires et inopérantes, en flexionnel, incorporant, etc. Le mérite de cette théorie est double : 1º elle est plus complexe que toutes les précédentes, c'est-à-dire plus fidèle à l'immense complexité des organismes linguistiques; nous avons ici une combinaison habile de trois séries de critères étagés; 2º entre ces critères, une hiérarchie est instituée, qui se conforme à l'ordre de permanence des caractères décrits. On observe, en effet, que ceux-ci ne sont pas également soumis au changement. C'est d'abord le « degré de synthèse » qui est atteint par l'évolution (passage du synthétique à l'analytique); la « technique » (nature fusionnelle ou agglutinative des combinaisons morphologiques) est bien plus stable, et, enfin, le « type conceptuel » montre une persistance remarquable. On peut donc avec avantage recourir à ce procédé de classement pour évoquer avec quelque précision les traits saillants d'une morphologie. Mais la difficulté est dans le maniement de cette classification, moins pour sa complication qu'à cause de l'appréciation subjective qu'elle comporte en maints cas. Le linguiste doit décider — sur quels indices ? — si une langue est plutôt ceci que cela, par exemple si le cambodgien est plus « fusionnel » que le polynésien. La

limite entre les groupes C et D reste indécise, Sapir le
reconnaît lui-même. Dans ces nuancements gradués à
travers des types mixtes, il est malaisé de reconnaître les
critères constants qui assureraient une définition permanente.
Et Sapir s'en est bien rendu compte : « Après tout, dit-il,
les langues sont des structures historiques extrêmement
complexes. Il est moins important de loger chaque langue
dans une petite case bien nette que d'avoir développé une
méthode souple qui nous permet de la situer, de deux ou
trois points de vue indépendants, par rapport à une autre
langue [1]. »

Si même cette classification, la plus compréhensive et la
plus raffinée de toutes, ne satisfait qu'imparfaitement aux
exigences d'une méthode exhaustive, doit-on abandonner
l'espoir d'en forger une qui y réponde ? Faudra-t-il se rési-
gner à compter autant de types qu'il y a de familles génétiques, c'est-à-dire s'interdire de classifier autrement qu'en
termes historiques ? Nous avons chance de mieux voir ce
qu'on doit atteindre si nous discernons en quoi les systèmes
proposés sont en défaut. Si l'on compare l'une à l'autre
deux langues d'origine différente que ces théories rangent
ensemble, on sent bien qu'une analogie dans la manière
de construire les formes reste un trait superficiel tant que
la structure profonde n'est pas mise en évidence. La raison
en est que l'analyse porte sur les formes empiriques et sur
des agencements empiriques. Sapir distingue avec raison
la « technique » de certains procédés morphologiques, c'est-
à-dire la forme matérielle sous laquelle ils se présentent,
du « système relationnel ». Mais, si cette « technique » est
aisée à définir et à reconnaître d'une langue à l'autre au
moins dans un certain nombre de cas (par exemple si la
langue use ou non d'alternances vocaliques significatives
ou si les affixes sont distincts ou fusionnés), il en va tout
autrement du « type relationnel », beaucoup plus difficile
à définir et surtout à transposer, parce que la description
est nécessairement interprétation. Tout dépendra alors de
l'intuition du linguiste et de la manière dont il « sent » la
langue.
Le moyen de parer à cette difficulté fondamentale ne
sera pas de choisir des critères de plus en plus détaillés et
de moins en moins applicables, mais tout au contraire de

[1]. *Op. cit.*, p. 149.

reconnaître d'abord que la forme n'est que la possibilité de la structure et donc d'élaborer une théorie générale de la structure linguistique. Certes, on procédera à partir de l'expérience, mais pour aboutir à un ensemble de définitions constantes visant, d'une part, les éléments des structures, de l'autre, leurs relations. Si l'on parvient à formuler des propositions constantes sur la nature, le nombre et les enchaînements des éléments constitutifs d'une structure linguistique, on se sera donné le moyen d'ordonner en schèmes uniformes les structures des langues réelles. Le classement se fera alors en termes identiques et très probablement il n'aura aucune ressemblance avec les classifications actuelles.

Indiquons deux conditions à ce travail, l'une touchant sa méthode d'approche, l'autre son cadre d'exposition.

Il faudra recourir, pour une formulation adéquate des définitions, aux procédés de la logique, qui paraissent les seuls appropriés aux exigences d'une méthode rigoureuse. Certes, il y a plusieurs logiques, plus ou moins formalisées, dont même les plus simplifiées semblent encore peu utilisables aux linguistes pour leurs opérations spécifiques. Mais observons que même la classification génétique actuelle, dans son empirisme, est déjà informée de logique, et que la première chose à faire est d'en prendre conscience, pour l'expliciter et l'améliorer. Dans la simple énumération des états successifs par où l'on s'élève d'une langue actuelle à son prototype préhistorique, on peut reconnaître une construction logique pareille à celle qui soutient les classifications zoologiques. Voici, très sommairement, quelques-uns des principes logiques qu'on peut dégager d'un tableau classique tel que celui des langues indo-européennes échelonnées historiquement.

Soit le rapport entre le provençal et l'indo-européen. Il se décompose analytiquement en : provençal < gallo-roman < roman commun < italique < indo-européen, pour nous borner aux grandes divisions. Mais chacun de ces termes, au-dessus de la langue individuelle à classifier, désigne une *classe* de langues, et ces classes se disposent hiérarchiquement en unités supérieures et inférieures, chacune d'elles comprenant l'unité inférieure et étant comprise dans l'unité supérieure, selon un rapport d'emboîtement successif. Leur ordonnance est commandée par leur extension et leur compréhension respectives. Il apparaît alors que le terme individuel, le provençal, a la plus faible extension et la compréhension maximale, et contraste par là avec l'indo-européen, qui a l'extension maximale et la plus faible compréhension. Entre ces deux extrêmes se disposent une série de classes dont l'extension et la compréhension varient toujours en raison inverse, car chaque classe possède, outre ses caractères propres, tous ceux qu'elle a hérités de la classe supérieure. Une classe intermédiaire aura plus de caractères que celle, plus extense, qui la précède, et moins que celle, plus intense, qui la suit. Il deviendrait intéressant, pour le dire en passant, de reconstruire en termes linguistiques, sur ce modèle explicite, la filiation du provençal à l'indo-européen, en déterminant ce que le provençal a en plus du gallo-roman commun, puis ce que le gallo-roman commun a en plus du roman commun, etc.

En disposant ainsi les relations génétiques, on aperçoit certains caractères logiques qui semblent définir leur arrangement. D'abord chaque membre individuel (idiome) fait partie de l'ensemble des classes hiérarchiques et appartient à chacune d'elles à un niveau différent. Du fait qu'on pose le provençal en relation avec le gallo-roman, on l'implique comme roman, comme latin, etc. En second lieu, chacune de ces classes successives est en même temps incluante et incluse. Elle inclut celle qui la suit et elle est incluse dans celle qui la précède, entre les deux termes extrêmes de la classe ultime et de la langue individuelle à classifier : roman inclut gallo-roman et est inclus dans italique. Troisièmement, entre les classes définies par un même degré hiérarchique, il n'existe aucune relation telle que la connaissance de l'une permette la connaissance de l'autre. Constater et caractériser des langues italiques ne procure aucune notion quant à la nature ni même quant à l'existence des langues slaves. Ces classes ne peuvent se commander, n'ayant rien de commun. Quatrièmement, et en conséquence, les classes d'un ensemble de même niveau ne peuvent jamais être exactement complémentaires, puisque aucune d'elles ne renseigne sur la totalité dont elle fait partie. On peut donc toujours s'attendre que de nouvelles classes de langues s'ajoutent à celles d'un niveau donné. Enfin, de même que chaque langue ne met en œuvre qu'une partie des combinaisons que permettrait son système phonématique et morphématique, ainsi chaque classe, à supposer même qu'elle soit intégralement connue, ne contient qu'une partie des langues qui auraient pu être réalisées. Les classes de langues, sous ce rapport, ne sont jamais exhaustives. Il suit de là qu'une prévision est impossible quant à l'existence ou à la non-existence d'une classe de telle ou telle structure. D'où cette nouvelle conséquence que chaque classe se caractérisera vis-à-vis des autres de même niveau par une somme de traits respectivement absents ou présents : des ensembles complexes, tels que italique et celtique, se définiront seulement par le fait que tel trait de l'un est absent de l'autre, et réciproquement.

Ces considérations sommaires donnent une idée de la manière dont on pourrait construire le modèle logique d'une classification même empirique, comme celle des familles linguistiques. A vrai dire, l'agencement logique qu'on entrevoit ne semble pas pouvoir donner lieu à une formalisation très développée, non plus d'ailleurs que celui des espèces zoologiques et botaniques, qui est de même nature.

On pourrait attendre davantage, quoique ici la tâche soit beaucoup plus ardue, et la perspective plus lointaine, d'une classification portant cette fois sur les éléments de la structure linguistique au sens indiqué plus haut. La condition initiale d'une telle entreprise serait d'abandonner ce principe, non formulé et qui pèse d'autant plus sur une grande partie de la linguistique actuelle qu'il semble se confondre avec l'évidence, qu'il n'y a de linguistique que du donné, que le langage tient intégralement dans ses manifestations effectuées. S'il en était ainsi, la voie serait définitivement fermée à toute investigation profonde sur la nature et les manifestations du langage. Le donné linguistique est un résultat, et il faut chercher de quoi il résulte. Une réflexion un peu attentive sur la manière dont une langue, dont toute langue se construit, enseigne que chaque langue a un certain nombre de problèmes à résoudre, qui se ramènent tous à la question centrale de la « signification ». Les formes grammaticales traduisent, avec un symbolisme qui est la marque distinctive du langage, la réponse donnée à ces problèmes; en étudiant ces formes, leur sélection, leur groupement, leur organisation propres, nous pouvons induire la nature et la forme du problème intra-linguistique auquel elles répondent. Tout ce processus est inconscient, difficile à atteindre, mais essentiel. Par exemple, il y a un trait de structure caractéristique dans les langues bantou et dans bien d'autres encore : les « classes nominales ». On peut se contenter d'en décrire l'agencement matériel, ou on peut en rechercher l'origine. Bien des études y ont été consacrées. Seule nous intéressera ici une question qui n'a pas encore été posée, celle de la fonction d'une pareille structure. Or, on peut montrer, et nous essayerons de le faire ailleurs, que tous les systèmes variés de « classes nominales » sont fonctionnellement analogues aux divers modes d'expression du « nombre grammatical » dans d'autres types de langues, et que des procédés linguistiques matérialisés en formes très dissemblables sont à classer ensemble au point de vue de leur fonction. Encore faut-il commencer par voir au-delà de la forme matérielle et ne pas faire tenir toute la linguistique dans la description des formes linguistiques. Si les agencements matériels que constate et analyse la linguistique descriptive peuvent être progressivement ramenés aux figures diverses d'un même jeu et expliqués par référence à un certain nombre de principes définis, on aura gagné une base pour une classification rationnelle des éléments, des formes, et finalement des ensembles linguistiques. Rien n'interdit de penser, si l'on prolonge avec quelque complaisance cette perspective, que les linguistes sauront alors retrouver dans les structures linguistiques des lois de transformation comme celles qui permettent, dans les schèmes opérationnels de la logique symbolique, de passer d'une structure à une structure dérivée et de définir des relations constantes. Ce sont là des vues lointaines, assurément, et plutôt des thèmes de réflexion que des recettes pratiques. Une chose est certaine : puisqu'une classification intégrale signifie une connaissance intégrale, c'est par une compréhension toujours plus profonde et une définition toujours plus stricte des signes linguistiques que nous progresserons vers une classification rationnelle. La distance à parcourir a moins d'importance que la direction où s'orienter.

CHAPITRE X

Les niveaux de l'analyse linguistique [1]

Quand on étudie dans un esprit scientifique un objet tel que le langage, il apparaît bien vite que toutes les questions se posent à la fois à propos de chaque fait linguistique, et qu'elles se posent d'abord relativement à ce que l'on doit admettre comme *fait*, c'est-à-dire aux critères qui le définissent tel. Le grand changement survenu en linguistique tient précisément en ceci : on a reconnu que le langage devait être décrit comme une structure formelle, mais que cette description exigeait au préalable l'établissement de procédures et de critères adéquats, et qu'en somme la réalité de l'objet n'était pas séparable de la méthode propre à le définir. On doit donc, devant l'extrême complexité du langage, viser à poser une ordonnance à la fois dans les phénomènes étudiés, de manière à les classer selon un principe rationnel, et dans les méthodes d'analyse, pour construire une description cohérente, agencée selon les mêmes concepts et les mêmes critères.

La notion de *niveau* nous paraît essentielle dans la détermination de la procédure d'analyse. Elle seule est propre à faire justice à la nature *articulée* du langage et au caractère *discret* de ses éléments; elle seule peut nous faire retrouver, dans la complexité des formes, l'architecture singulière des parties et du tout. Le domaine où nous l'étudierons est celui de la langue comme système organique de signes linguistiques.

La procédure entière de l'analyse tend à délimiter les *éléments* à travers les *relations* qui les unissent. Cette analyse consiste en deux opérations qui se commandent l'une l'autre

1. *Proceedings of the 9th International Congress of Linguists*, Cambridge, Mass., 1962, Mouton & Co., 1964.

et dont toutes les autres dépendent : 1° la segmentation; 2° la substitution.

Quelle que soit l'étendue du texte considéré, il faut d'abord le segmenter en portions de plus en plus réduites jusqu'aux éléments non décomposables. Parallèlement on identifie ces éléments par les substitutions qu'ils admettent. On aboutit par exemple à segmenter fr. *raison* en [r] — [ɛ] — [z] — [õ], où l'on peut opérer les substitutions : [s] à la place de [r] (= saison); [a] au lieu de [ɛ] (= rasons); [y] au lieu de [z] (rayon); [ɛ̃] au lieu de [õ] (raisin). Ces substitutions peuvent être recensées : la classe des substituts possibles de [r] dans [rɛzõ] comprend [b], [s], [m], [t], [v]. Appliquant à chacun des trois autres éléments de [rɛzõ] la même procédure, on dresse ainsi un répertoire de toutes les substitutions recevables, chacune d'elles dégageant à son tour un segment identifiable dans d'autres signes. Progressivement, d'un signe à l'autre, c'est la totalité des éléments qui sont dégagés et pour chacun d'eux la totalité des substitutions possibles. Telle est en bref la méthode de distribution : elle consiste à définir chaque élément par l'ensemble des environnements où il se présente, et au moyen d'une double relation, relation de l'élément avec les autres éléments simultanément présents dans la même portion de l'énoncé (relation syntagmatique); relation de l'élément avec les autres éléments mutuellement substituables (relation paradigmatique).

Observons tout de suite une différence entre les deux opérations dans le champ de leur application. Segmentation et substitution n'ont pas la même étendue. Des éléments sont identifiés par rapport à d'autres segments avec lesquels ils sont en relation de substituabilité. Mais la substitution peut opérer aussi sur des éléments non segmentables. Si les éléments segmentables minimaux sont identifiés comme *phonèmes*, l'analyse peut aller au-delà et isoler à l'intérieur du phonème des *traits distinctifs*. Mais ces traits distinctifs du phonème ne sont plus segmentables, quoique identifiables et substituables. Dans [dʻ] on reconnaît quatre traits distinctifs : occlusion, dentalité, sonorité, aspiration. Aucun d'eux ne peut être réalisé pour lui-même hors de l'articulation phonétique où il se présente. On ne peut non plus leur assigner un ordre syntagmatique; l'occlusion est inséparable de la dentalité, et le souffle de la sonorité. Chacun d'eux admet néanmoins une substitution. L'occlusion peut être remplacée par une friction; la dentalité par la labialité; l'aspiration par la glottalité, etc. On aboutit ainsi à distinguer deux classes d'éléments minimaux : ceux qui sont à la fois segmentables et substituables, les phonèmes; et ceux qui sont seulement substituables, les traits distinctifs des phonèmes. Du fait qu'ils ne sont pas segmentables, les traits distinctifs ne peuvent constituer de classes syntagmatiques; mais du fait qu'ils sont substituables, ils constituent des classes paradigmatiques. L'analyse peut donc reconnaître et distinguer un niveau phonématique, où les deux opérations de segmentation et de substitution sont pratiquées, et un niveau hypo-phonématique, celui des traits distinctifs, non segmentables, relevant seulement de la substitution. Là s'arrête l'analyse linguistique. Au-delà, les données fournies par les techniques instrumentales récentes appartiennent à la physiologie ou à l'acoustique, elles sont infra-linguistiques.

Nous atteignons ainsi, par les procédés décrits, les deux niveaux inférieurs de l'analyse, celui des entités segmentables minimales, les phonèmes, le niveau *phonématique*, et celui des traits distinctifs, que nous proposons d'appeler mérismes (gr. *merisma, -ato*, « délimitation »), le niveau *mérismatique*.

Nous définissons empiriquement leur relation d'après leur position mutuelle, comme celle de deux niveaux atteints successivement, la combinaison des mérismes produisant le phonème ou le phonème se décomposant en mérismes. Mais quelle est la condition *linguistique* de cette relation? Nous la trouverons si nous portons l'analyse plus loin, et, puisque nous ne pouvons plus descendre, en visant le niveau supérieur. Il nous faut alors opérer sur des portions de textes plus longues et chercher comment réaliser les opérations de segmentation et de substitution quand il ne s'agit plus d'obtenir les plus petites unités possibles, mais des unités plus étendues.

Supposons que dans une chaîne angl. [liːviŋθiŋz] « leaving things (as they are) », nous ayons identifié à différentes places les trois unités phonématiques [i], [θ], [ŋ]. Nous tentons de voir si ces unités nous permettent de délimiter une unité supérieure qui les contiendrait. Procédant par exhaustion logique, nous envisageons les six combinaisons possibles de ces trois unités : [iθŋ], [iŋθ], [θiŋ], [θŋi], [ŋiθ], [ŋθi]. Nous voyons alors que deux de ces combinaisons sont effectivement présentes dans la chaîne, mais réalisées de telle manière qu'elles ont deux phonèmes en commun, et que nous devons choisir l'une et exclure l'autre : dans [liːviŋθiŋz] ce sera ou bien [ŋθi], ou bien [θiŋ]. La réponse ne fait pas de doute : on rejettera [ŋθi] et on élira [θiŋ] au rang de nouvelle unité /θiŋ/. D'où vient l'autorité de cette décision? De la condition linguistique du *sens* auquel doit satisfaire la délimitation de la nouvelle unité de niveau supérieur : [θiŋ] a un sens, [ŋθi] n'en a pas. A quoi s'ajoute le critère distributionnel que nous obtenons à un point ou à un autre de l'analyse dans sa phase présente, si elle porte sur un nombre suffisant de textes étendus : [ŋ] n'est pas admis en position initiale et la séquence [ŋθ] est impossible, alors que [ŋ] fait partie de la classe des phonèmes finaux et que [θi] et [iŋ] sont également admis.

Le *sens* est en effet la condition fondamentale que doit remplir toute unité de tout niveau pour obtenir statut linguistique. Nous disons bien de tout niveau : le phonème n'a de valeur que comme discriminateur de signes linguistiques, et le trait distinctif, à son tour, comme discriminateur des phonèmes. La langue ne pourrait fonctionner autrement. Toutes les opérations qu'on doit pratiquer au sein de cette chaîne supposent la même condition. La portion [ŋθi] n'est recevable à aucun niveau; elle ne peut ni être remplacée par aucune autre ni en remplacer aucune, ni être reconnue comme forme libre, ni être posée en relation syntagmatique complémentaire aux autres portions de l'énoncé; et ce qu'on vient de dire de [ŋθi] vaut aussi pour une portion découpée dans ce qui le précède, par exemple [iːvi] ou ce qui le suit, [ŋz]. Ni segmentation ni substitution ne sont possibles. Au contraire l'analyse guidée par le sens dégagera deux unités dans [θiŋz], l'une signe libre /θiŋ/, l'autre [z] à reconnaître ultérieurement comme variante du signe conjoint /-s/. Plutôt que de biaiser avec le « sens » et d'imaginer des procédés compliqués — et inopérants — pour le laisser hors de jeu en retenant seulement les traits formels, mieux vaut reconnaître franchement qu'il est une condition indispensable de l'analyse linguistique.

Il faut seulement voir comment le sens intervient dans nos démarches et de quel niveau d'analyse il relève.

Il ressort de ces analyses sommaires que segmentation et substitution ne peuvent pas s'appliquer à des portions quelconques de la chaîne parlée. En fait, rien ne permettrait de définir la distribution d'un phonème, ses latitudes combinatoires de l'ordre syntagmatique et paradigmatique, donc la réalité même d'un phonème, si l'on ne se référait toujours à une *unité particulière* du niveau supérieur qui le contient. C'est là une condition essentielle, dont la portée sera indiquée plus loin. On voit alors que ce niveau n'est pas quelque chose d'extérieur à l'analyse; il est *dans* l'analyse; le niveau est un opérateur. Si le phonème se définit, c'est comme constituant d'une unité plus haute, le morphème. La fonction discriminatrice du phonème a pour fondement son inclusion dans une unité particulière, qui, du fait qu'elle inclut le phonème, relève d'un niveau supérieur.

Soulignons donc ceci : une unité linguistique ne sera reçue telle que si on peut l'identifier *dans* une unité plus haute. La technique de l'analyse distributionnelle ne met pas en évidence ce type de relation entre niveaux différents.

Du phonème on passe ainsi au niveau du *signe*, celui-ci s'identifiant selon le cas à une forme libre ou à une forme conjointe (morphème). Pour la commodité de notre analyse, nous pouvons négliger cette différence, et classer les signes comme une seule espèce, qui coïncidera pratiquement avec le *mot*. Qu'on nous permette, toujours pour la commodité, de conserver ce terme décrié — et irremplaçable.

Le mot a une position fonctionnelle intermédiaire qui tient à sa nature double. D'une part il se décompose en unités phonématiques qui sont de niveau inférieur; de l'autre il entre, à titre d'unité signifiante et avec d'autres unités signifiantes, dans une unité de niveau supérieur. Ces deux propriétés doivent être quelque peu précisées.

En disant que le mot se décompose en unités phonématiques, nous devons souligner que cette décomposition s'accomplit même quand le mot est monophonématique. Par exemple, il se trouve qu'en français tous les phonèmes vocaliques coïncident matériellement avec un signe autonome de la langue. Disons mieux : certains signifiants du français se réalisent dans un phonème unique qui est une voyelle. L'analyse de ces signifiants n'en donnera pas moins lieu à une décomposition : c'est l'opération nécessaire pour accéder à une unité de niveau inférieur. Donc fr. *a*, ou *à* s'analyse en /a/ ; — fr. *est* s'analyse en /e/; — fr. *ait*, en /ɛ/ : — fr. *y*, *hie* en /i/; — fr. *eau*, en /o/; fr. *eu*, en /y/; — fr. *où* en /u/; — fr. *eux*, en /ø/. De même en russe, où des unités ont un signifiant monophonématique, qui peut être vocalique ou consonantique : les conjonctions *a*, *i*; les prépositions *o ; u* et *k ; s ; v*.

Les relations sont moins aisées à définir dans la situation inverse, entre le mot et l'unité de niveau supérieur. Car cette unité n'est pas un mot plus long ou plus complexe : elle relève d'un autre ordre de notions, c'est une phrase. La phrase se réalise en mots, mais les mots n'en sont pas simplement les segments. Une phrase constitue un tout, qui ne se réduit pas à la somme de ses parties; le sens inhérent à ce tout est réparti sur l'ensemble des constituants. Le mot est un constituant de la phrase, il en effectue la signification;

mais il n'apparaît pas nécessairement dans la phrase avec le sens qu'il a comme unité autonome. Le mot peut donc se définir comme la plus petite unité signifiante libre susceptible d'effectuer une phrase, et d'être elle-même effectuée par des phonèmes. Dans la pratique, le mot est envisagé surtout comme élément syntagmatique, constituant d'énoncés empiriques. Les relations paradigmatiques comptent moins, en tant qu'il s'agit du mot, par rapport à la phrase. Il en va autrement quand le mot est étudié comme lexème, à l'état isolé. On doit alors inclure dans une unité toutes les formes flexionnelles, etc.

Toujours pour préciser la nature des relations entre le mot et la phrase, il sera nécessaire de poser une distinction entre mots *autonomes*, fonctionnant comme constituants de phrases (c'est la grande majorité), et mots *synnomes* qui ne peuvent entrer dans des phrases que joints à d'autres mots : ainsi fr. *le (la...), ce (cette...) ; mon (ton...)*, ou *de, à, dans, chez ;* mais non toutes les prépositions : cf. fr. pop. *c'est fait pour ; je travaille avec ; je pars sans*. Cette distinction entre « mots autonomes » et « mots synnomes » ne coïncide pas avec celle qui est faite depuis Marty entre « autosémantiques » et « synsémantiques ». Dans les « synsémantiques » se trouvent rangés par exemple les verbes auxiliaires, qui sont pour nous « autonomes », déjà en tant qu'ils sont des verbes et surtout qu'ils entrent directement dans la constitution des phrases.

Avec les mots, puis avec des groupes de mots, nous formons des *phrases ;* c'est la constatation empirique du niveau ultérieur, atteint dans une progression qui semble linéaire. En fait une situation toute différente va se présenter ici.

Pour mieux comprendre la nature du changement qui a lieu quand du mot nous passons à la phrase, il faut voir comment sont articulées les unités selon leurs niveaux et expliciter plusieurs conséquences importantes des rapports qu'elles entretiennent. La transition d'un niveau au suivant met en jeu des propriétés singulières et inaperçues. Du fait que les entités linguistiques sont discrètes, elles admettent deux espèces de relation : entre éléments de même niveau ou entre éléments de niveaux différents. Ces relations doivent être bien distinguées. Entre les éléments de même niveau, les relations sont *distributionnelles ;* entre éléments de niveau différent, elles sont *intégratives*. Ces dernières seules ont besoin d'être commentées.

Quand on décompose une unité, on obtient non pas des unités de niveau inférieur, mais des segments formels de l'unité en question. Si on ramène fr. /ɔm/ *homme* à [ɔ] —

[m], on n'a encore que deux segments. Rien ne nous assure encore que [ɔ] et [m] sont des unités phonématiques. Pour en être certain, il faudra recourir à /ɔt/ *hotte*, /ɔs/ *os* d'une part, à /om/ *heaume*, /ym/ *hume* de l'autre. Voilà deux opérations complémentaires de sens opposé. Un signe est matériellement fonction de ses éléments constitutifs, mais le seul moyen de définir ces éléments comme constitutifs est de les identifier à l'intérieur d'une unité déterminée où ils remplissent une fonction *intégrative*. Une unité sera reconnue comme distinctive à un niveau donné si elle peut être identifiée comme « partie intégrante » de l'unité de niveau supérieur, dont elle devient l'*intégrant*. Ainsi /s/ a le statut d'un phonème parce qu'il fonctionne comme intégrant de /-al/ dans *salle*, de /-o/ dans *seau*, de /-ivil/ dans *civil*, etc. En vertu de la même relation transposée au niveau supérieur, /sal/ est un signe parce qu'ils fonctionne comme intégrant de : — *à manger ;* — *de bains*...; /so/ est un signe parce qu'il fonctionne comme intégrant de : — *à charbon ;* un — *d'eau ;* et /sivil/ est un signe parce qu'il fonctionne comme intégrant de : — *ou militaire ; état* — ; *guerre* —. Le modèle de la « relation intégrante » est celui de la « fonction propositionnelle » de Russell [1].

Quelle est, dans le système des signes de la langue, l'étendue de cette distinction entre constituant et intégrant ? Elle joue entre deux limites. La limite supérieure est tracée par la phrase, qui comporte des constituants, mais qui, comme on le montre plus loin, ne peut intégrer aucune unité plus haute. La limite inférieure est celle du « mérisme », qui, trait distinctif de phonème, ne comporte lui-même aucun constituant de nature linguistique. Donc la phrase ne se définit que par ses constituants; le mérisme ne se définit que comme intégrant. Entre les deux un niveau intermédiaire se dégage clairement, celui des signes, autonomes ou synnomes, mots ou morphèmes, qui à la fois contiennent des constituants et fonctionnent comme intégrants. Telle est la structure de ces relations.

Quelle est finalement la fonction assignable à cette distinction entre constituant et intégrant ? C'est une fonction d'importance fondamentale. Nous pensons trouver ici le

1. B. Russell, *Introduction à la Philosophie mathématique*, trad. fr. p. 188 : « Une « fonction propositionnelle » est une expression contenant un ou plusieurs constituants indéterminés, tels que, lorsque des valeurs leur sont assignées, l'expression devient une proposition... « *x* est humain » est une fonction propositionnelle; tant que *x* reste indéterminé, elle n'est ni vraie ni fausse; mais, dès que l'on assigne un sens à *x*, elle devient une proposition vraie ou fausse. »

principe rationnel qui gouverne, dans les unités des différents niveaux, la relation de la FORME et du SENS.

Voici que surgit le problème qui hante toute la linguistique moderne, le rapport forme : sens que maints linguistes voudraient réduire à la seule notion de la forme, mais sans parvenir à se délivrer de son corrélat, le sens. Que n'a-t-on tenté pour éviter, ignorer, ou expulser le sens ? On aura beau faire : cette tête de Méduse est toujours là, au centre de la langue, fascinant ceux qui la contemplent.

Forme et sens doivent se définir l'un par l'autre et ils doivent ensemble s'articuler dans toute l'étendue de la langue. Leurs rapports nous paraissent impliqués dans la structure même des niveaux et dans celle des fonctions qui y répondent, que nous désignons ici comme « constituant » et « intégrant ».

Quand nous ramenons une unité à ses constituants, nous la ramenons à ses éléments *formels*. Comme il a été dit plus haut, l'analyse d'une unité ne livre pas automatiquement d'autres unités. Même dans l'unité la plus haute, la phrase, la dissociation en constituants ne fait apparaître qu'une structure formelle, comme il arrive chaque fois qu'un tout est fractionné en ses parties. On peut trouver quelque chose d'analogue dans l'écriture, qui nous aide à former cette représentation. Par rapport à l'unité du mot écrit, les lettres qui le composent, prises une à une, ne sont que des segments matériels, qui ne retiennent aucune portion de l'unité. Si nous composons SAMEDI par l'assemblage de six cubes portant chacun une lettre, le cube M, le cube A, etc. ne seront porteurs ni du sixième ni d'une fraction quelconque du *mot* comme tel. Ainsi en opérant une analyse d'unités linguistiques, nous y isolons des constituants seulement formels.

Que faut-il pour que dans ces constituants formels nous reconnaissions, s'il y a lieu, des unités d'un niveau défini ? Il faut pratiquer l'opération en sens inverse et voir si ces constituants ont fonction intégrante au niveau supérieur. Tout est là : la dissociation nous livre la constitution formelle; l'intégration nous livre des unités signifiantes. Le phonème, discriminateur, est l'intégrant, avec d'autres phonèmes, d'unités signifiantes qui le contiennent. Ces signes à leur tour vont s'inclure comme intégrants dans des unités plus hautes qui sont informées de signification. Les démarches de l'analyse vont, en directions opposées, à la rencontre ou de la forme ou du sens dans les mêmes entités linguistiques.

Nous pouvons donc formuler les définitions suivantes :

La *forme* d'une unité linguistique se définit comme sa

capacité de se dissocier en constituants de niveau inférieur.

Le *sens* d'une unité linguistique se définit comme sa capacité d'intégrer une unité de niveau supérieur.

Forme et sens apparaissent ainsi comme des propriétés conjointes, données nécessairement et simultanément, inséparables dans le fonctionnement de la langue[1]. Leurs rapports mutuels se dévoilent dans la structure des niveaux linguistiques, parcourus par les opérations descendantes et ascendantes de l'analyse, et grâce à la nature articulée du langage.

Mais la notion de sens a encore un autre aspect. Peut-être est-ce parce qu'on ne les a pas distingués que le problème du sens a pris une opacité aussi épaisse.

Dans la langue organisée en signes, le sens d'une unité est le fait qu'elle a un sens, qu'elle est signifiante. Ce qui équivaut à l'identifier par sa capacité de remplir une « fonction propositionnelle ». C'est la condition nécessaire et suffisante pour que nous reconnaissions cette unité comme signifiante. Dans une analyse plus exigeante, on aurait à énumérer les « fonctions » que cette unité est apte à remplir, et — à la limite — on devrait le citer toutes. Un tel inventaire serait assez limité pour *méson* ou *chrysoprase*, immense pour *chose* ou *un*; peu importe, il obéirait toujours au même principe d'identification par la capacité d'intégration. Dans tous les cas on serait en mesure de dire si tel segment de la langue « a un sens » ou non.

Un tout autre problème serait de demander : *quel* est ce sens ? Ici « sens » est pris en une acception complètement différente.

Quand on dit que tel élément de la langue, court ou étendu, a un sens, on entend par là une propriété que cet élément possède en tant que signifiant, de constituer une unité distinctive, oppositive, délimitée par d'autres unités, et identifiable pour les locuteurs natifs, de qui cette langue est *la* langue. Ce « sens » est implicite, inhérent au système linguistique et

---

1. F. de Saussure semble avoir conçu aussi le « sens » comme une composante interne de la forme linguistique, bien qu'il ne s'exprime que par une comparaison destinée à réfuter une autre comparaison : « On a souvent comparé cette unité à deux faces [l'association du signifiant et du signifié] avec l'unité de la personne humaine, composée du corps et de l'âme. Le rapprochement est peu satisfaisant. On pourrait penser plus justement à un composé chimique, l'eau par exemple; c'est une combinaison d'hydrogène et d'oxygène; pris à part, chacun de ces éléments n'a aucune des propriétés de l'eau » (*Cours*, 2e éd., p. 145).

à ses parties. Mais en même temps le langage porte référence au monde des objets, à la fois globalement, dans ses énoncés complets, sous forme de phrases, qui se rapportent à des situations concrètes et spécifiques, et sous forme d'unités inférieures qui se rapportent à des « objets » généraux ou particuliers, pris dans l'expérience ou forgés par la convention linguistique. Chaque énoncé, et chaque terme de l'énoncé, a ainsi un référend, dont la connaissance est impliquée par l'usage natif de la langue. Or, dire *quel* est le référend, le décrire, le caractériser spécifiquement est une tâche distincte, souvent difficile, qui n'a rien de commun avec le maniement correct de la langue. Nous ne pouvons nous étendre ici sur toutes les conséquences que porte cette distinction. Il suffit de l'avoir posée pour délimiter la notion du « sens », en tant qu'il diffère de la « désignation ». L'un et l'autre sont nécessaires. Nous les retrouvons, distincts mais associés, au niveau de la *phrase*.

C'est là le dernier niveau que notre analyse atteigne, celui de la *phrase*, dont nous avons dit ci-dessus qu'il ne représentait pas simplement un degré de plus dans l'étendue du segment considéré. Avec la phrase une limite est franchie, nous entrons dans un nouveau domaine.

Ce qui est nouveau ici, tout d'abord, est le critère dont relève ce type d'énoncé. Nous pouvons segmenter la phrase, nous ne pouvons pas l'employer à intégrer. Il n'y a pas de fonction propositionnelle qu'une proposition puisse remplir. Une phrase ne peut donc pas servir d'intégrant à un autre type d'unité. Cela tient avant tout au caractère distinctif entre tous, inhérent à la phrase, d'être un *prédicat*. Tous les autres caractères qu'on peut lui reconnaître viennent en second par rapport à celui-ci. Le nombre de signes entrant dans une phrase est indifférent : on sait qu'un seul signe suffit à constituer un prédicat. De même la présence d'un « sujet » auprès d'un prédicat n'est pas indispensable : le terme prédicatif de la proposition se suffit à lui-même puisqu'il est en réalité le déterminant du « sujet ». La « syntaxe » de la proposition n'est que le code grammatical qui en organise l'arrangement. Les variétés d'intonation n'ont pas valeur universelle et restent d'appréciation subjective. Seul le caractère prédicatif de la proposition peut donc valoir comme critère. On situera la proposition au niveau *catégorématique* [1].

Mais que trouvons-nous à ce niveau ? Jusqu'ici la dénomi-

---

1. Gr. *katégoréma* = lat. *praedicatum*.

nation du niveau se rapportait à l'unité linguistique relevante. Le niveau phonématique est celui du phonème; il existe en effet des phonèmes concrets, qui peuvent être isolés, combinés, dénombrés. Mais les catégorèmes ? Existe-t-il des catégorèmes ? Le prédicat est une propriété fondamentale de la phrase, ce n'est pas une unité de phrase. Il n'y a pas plusieurs variétés de prédication. Et rien ne serait changé à cette constatation si l'on remplaçait « catégorème » par « phrasème [1] ». La phrase n'est pas une classe formelle qui aurait pour unités des « phrasèmes » délimités *et opposables entre eux*. Les types de phrases qu'on pourrait distinguer se ramènent tous à un seul, la proposition prédicative, et il n'y a pas de phrase hors de la prédication. Il faut donc reconnaître que le niveau catégorématique comporte seulement une forme spécifique d'énoncé linguistique, la proposition; celle-ci ne constitue pas une classe d'unités distinctives. C'est pourquoi la proposition ne peut entrer comme partie dans une totalité de rang plus élevé. Une proposition peut seulement précéder ou suivre une autre proposition, dans un rapport de consécution. Un groupe de propositions ne constitue pas une unité d'un ordre supérieur à la proposition. Il n'y a pas de niveau linguistique au-delà du niveau catégorématique.

Du fait que la phrase ne constitue pas une classe d'unités distinctives, qui seraient membres virtuels d'unités supérieures, comme le sont les phonèmes ou les morphèmes, elle se distingue foncièrement des autres entités linguistiques. Le fondement de cette différence est que la phrase contient des signes, mais n'est pas elle-même un signe. Une fois ceci reconnu, le contraste apparaît clairement entre les ensembles de signes que nous avons rencontrés aux niveaux inférieurs et les entités du présent niveau.

Les phonèmes, les morphèmes, les mots (lexèmes) peuvent être comptés; ils sont en nombre fini. Les phrases, non.

Les phonèmes, les morphèmes, les mots (lexèmes) ont une distribution à leur niveau respectif, un emploi au niveau supérieur. Les phrases n'ont ni distribution ni emploi.

Un inventaire des emplois d'un mot pourrait ne pas finir; un inventaire des emplois d'une phrase ne pourrait même pas commencer.

La phrase, création indéfinie, variété sans limite, est la vie même du langage en action. Nous en concluons qu'avec

---

1. Puisqu'on a fait *lexème* sur gr. *lexis*, rien n'empêcherait de faire *phrasème* sur gr. *phrasis*, « phrase ».

la phrase on quitte le domaine de la langue comme système de signes, et l'on entre dans un autre univers, celui de la langue comme instrument de communication, dont l'expression est le discours.

Ce sont là vraiment deux univers différents, bien qu'ils embrassent la même réalité, et ils donnent lieu à deux linguistiques différentes, bien que leurs chemins se croisent à tout moment. Il y a d'un côté la langue, ensemble de signes formels, dégagés par des procédures rigoureuses, étagés en classes, combinés en structures et en systèmes, de l'autre, la manifestation de la langue dans la communication vivante.

La phrase appartient bien au discours. C'est même par là qu'on peut la définir : la phrase est l'unité du discours. Nous en trouvons confirmation dans les modalités dont la phrase est susceptible : on reconnaît partout qu'il y a des propositions assertives, des propositions interrogatives, des propositions impératives, distinguées par des traits spécifiques de syntaxe et de grammaire, tout en reposant identiquement sur la prédication. Or ces trois modalités ne font que refléter les trois comportements fondamentaux de l'homme parlant et agissant par le discours sur son interlocuteur : il veut lui transmettre un élément de connaissance, ou obtenir de lui une information, ou lui intimer un ordre. Ce sont les trois fonctions interhumaines du discours qui s'impriment dans les trois modalités de l'unité de phrase, chacune correspondant à une attitude du locuteur.

La phrase est une unité, en ce qu'elle est un segment de discours, et non en tant qu'elle pourrait être distinctive par rapport à d'autres unités de même niveau, ce qu'elle n'est pas, comme on l'a vu. Mais c'est une unité complète, qui porte à la fois sens et référence : sens parce qu'elle est informée de signification, et référence parce qu'elle se réfère à une situation donnée. Ceux qui communiquent ont justement ceci en commun, une certaine référence de situation, à défaut de quoi la communication comme telle ne s'opère pas, le « sens » étant intelligible, mais la « référence » demeurant inconnue.

Nous voyons dans cette double propriété de la phrase la condition qui la rend analysable pour le locuteur même, depuis l'apprentissage qu'il fait du discours quand il apprend à parler et par l'exercice incessant de son activité de langage en toute situation. Ce qui lui devient plus ou moins sensible est la diversité infinie des contenus transmis, contrastant avec le petit nombre d'éléments employés. De là, il dégagera inconsciemment, à mesure que le système lui devient familier, une notion tout empirique du signe, qu'on pourrait définir ainsi, au sein de la phrase : le signe est l'unité minimale de la phrase susceptible d'être reconnue comme identique dans un environnement différent, ou d'être remplacée par une unité différente dans un environnement identique.

Le locuteur peut ne pas aller plus loin ; il a pris conscience du signe sous l'espèce du « mot ». Il a fait un début d'analyse linguistique à partir de la phrase et dans l'exercice du discours. Quand le linguiste essaie pour sa part de reconnaître les niveaux de l'analyse, il est amené par une démarche inverse, partant des unités élémentaires, à fixer dans la phrase le niveau ultime. C'est dans le discours, actualisé en phrases, que la langue se forme et se configure. Là commence le langage. On pourrait dire, calquant une formule classique : nihil est in *lingua* quod non prius fuerit in *oratione*.

CHAPITRE XI

Le système sublogique des prépositions en latin [1]

Dans son important ouvrage sur *La Catégorie des cas* (I, p. 127 sq.), M. Louis Hjelmslev a posé les grandes lignes du « système sublogique » qui sous-tend la distinction des cas en général et qui permet de construire l'ensemble des relations casuelles d'un état idiosynchronique. Ce système sublogique comporte trois dimensions, chacune d'elles étant susceptible de plusieurs modalités : 1º direction (rapprochement-éloignement); 2º cohérence-incohérence; 3º subjectivité-objectivité. Dans son analyse, M. Hjelmslev, quoique occupé uniquement des cas, n'a pu se dispenser de considérer en même temps, au moins d'une manière latérale, les prépositions ; et à bon droit, si étroit est le rapport fonctionnel entre les deux catégories. Il faut insister sur ce point que chaque préposition d'un idiome donné dessine, dans ses emplois divers, une certaine figure où se coordonnent son sens et ses fonctions et qu'il importe de restituer si l'on veut donner de l'ensemble de ses particularités sémantiques et grammaticales une définition cohérente. Cette figure est commandée par le même système sublogique qui gouverne les fonctions casuelles. Il va de soi qu'une description guidée par ce principe doit embrasser, pour prendre sa force démonstrative, la totalité des prépositions et la totalité des relations casuelles d'un état de langue. On peut néanmoins l'amorcer sur quelques faits particuliers, en résumant ici une recherche indépendante qui vise avant tout à montrer qu'une telle description permet de résoudre les problèmes concrets que pose l'emploi d'une préposition [2].

---

1. Extrait des « Travaux du Cercle linguistique de Copenhague », vol. V, *Recherches structurales*, 1949.
2. Nous ne distinguons pas ici entre prépositions et préverbes.

Pour indiquer la position « devant », le latin a deux prépositions, *pro* et *prae*. Les latinistes [1] leur donnent un sens
à peu près pareil, qui pour les besoins immédiats de la
traduction peut suffire, mais qui dissimule leur véritable
relation linguistique. La différence profonde qui les sépare
se trouve par là effacée. Il faut délimiter exactement cette
différence pour définir leur configuration respective.

1º *Pro* ne signifie pas tant « devant » que « au-dehors, à
l'extérieur »; c'est un « en avant » réalisé par un mouvement
de sortie ou d'expulsion hors d'un lieu supposé intérieur
ou couvert (cf. *prodeo, progenies*); 2º ce mouvement crée
séparation entre la position initiale et la position *pro ;* c'est
pourquoi *pro*, indiquant ce qui vient se mettre « devant »
le point de départ, peut marquer, selon le cas, couverture,
protection, défense, ou équivalence, permutation, substitution; 3º le sens même de ce mouvement crée entre le point
de départ et le point *pro* une relation objective, qui n'est
pas exposée à s'inverser si la position de l'observateur change.

Par tous ces traits, *pro* se distingue de *prae*, qu'il faut
considérer de plus près. On discerne dans *prae* les caractères suivants : 1º il indique la position non pas « devant »,
mais « à l'avant » d'un objet; 2º cet objet est toujours conçu
comme *continu*, en sorte que *prae* spécifie la portion antérieure de l'objet par rapport à celle qui est postérieure;
3º la relation posée par *prae* implique que le sujet est censé
constituer ou occuper la partie postérieure; de là part le
mouvement *prae*, vers ce qui est à l'avant, en pointe, en
anticipation ou en excès, mais toujours sans solution de
continuité de l'arrière, position « normale », vers l'avant,
position « extrême ».

Il est aisé de vérifier cette définition dans les emplois
les plus communs. Dans des expressions telles *i prae, iam
ego te sequar* (Pl., *Cist.*, 773) ou *praefert cautas subsequiturque
manus*, « avec précaution il porte en avant ses mains qu'il
suit » (Ov., *Fast.*, II, 336), c'est en quelque sorte une nécessité
interne qui fait surgir *sequi* à la suite de *prae :* une fois énoncé
prae, l'objet est figuré comme continu, et le reste doit « suivre »,
ne peut pas ne pas suivre, étant continu. Il suffira de passer
en revue quelques composés nominaux et verbaux pour
s'assurer que cette relation est constante : *praeeo*, « être à
la tête » (à condition que la troupe suive), *praeire verbis*,

1. Voir en particulier Bruno Kranz, *De particularum « pro » et
« prae » in prisca latinitate vi atque usu*, Diss. Breslau, 1907, et
J. B. Hofmann, *Lat. Synt.*, p. 532 sq.

« précéder par la parole consacrée, dire d'abord la formule qu'un autre doit répéter »; *praecipio*, « prendre à l'avance des dispositions (qui seront suivies) »; *praecingo*, « ceindre par devant »; *praecido, -seco, -trunco*, « trancher l'extrémité »; *praefringere bracchium*, « se casser le bras (à l'extrémité du corps dans un accident qui implique le corps entier) »; *praeacuo*, « aiguiser la pointe »; *praerupta saxa*, « rochers rompus à l'extrémité (et s'achevant sur un précipice) »; *praehendo*, « saisir à l'extrémité » (*praehendere pallio, auriculis*, avec continuité entre la partie saisie et le reste de l'objet); *praedico, -divino, -sagio, -scio*, « ... à l'avance » (en anticipant l'événement ou en devançant les autres); *praeripio*, « enlever de l'extrémité de... » : *huc mihi venisti sponsam praeriptum meam*, « pour me l'enlever sous le nez » (Pl., *Cas.*, 102); *praescribo*, « écrire le premier (ce qu'un autre doit écrire) », d'où « prescrire »; *praebeo*, litt. « tenir à l'extrémité de soi-même » (cf. *prae se gerere*), offrir (quelque chose qui tient au corps), *praebere collum;* de là *praebia*, « amulettes au cou des enfants », litt. « choses qu'on tient à l'avant de soi (pour détourner le mauvais sort) »; *praefari carmen*, « préluder par un *carmen* (à la cérémonie qui suit) »; et aussi *praefari*, « lancer une parole (d'excuse) avant ce qu'on va dire (d'inconvenant) »; parmi les composés nominaux : *praenomen*, « ce qui vient avant le *nomen* (lequel doit nécessairement suivre) »; *praefurnium*, « ce qui précède le *furnus*, entrée du four »; *praecox, -maturus*, « qui est mûr en avance, qui devance l'heure (normale) de la maturité »; *praeceps*, « la tête la première (et le reste suit) »; *praegnas*, litt. « dans l'état qui précède la parturition, dont la parturition est assurée par avance et doit suivre », c.-à-d. « enceinte »; *praepes*, litt. « qui devance son propre vol (oiseau), qui fond d'un vol rapide », etc.

Un adjectif mérite qu'on le considère à part : c'est *praesens*. Il pose un problème de sens dont la solution a échappé à de bons philologues. *Praesens* est évidemment indépendant de *praesum*. Pour parer à l'absence de participe tiré de *esse* et répondant à gr. ὤν, le latin a forgé en composition des formes en *-sens*, comme *absens* de *absum*. Donc auprès de *adsum* on attendrait *adsens. Mais c'est seulement *praesens* que l'on trouve, doté du sens qui aurait dû revenir à *adsens. Pourquoi? J. Wackernagel, ne pouvant découvrir à cette anomalie de raison interne, a pensé que *praesens* aurait été créé pour calquer gr. παρών [1]. Mais, outre que *prae* n'est

---

1. Wackernagel, *Jahrb. d. Schweizer Gymnasiallehrervereins*, XLVII (1919), p. 166 sq., suivi par Hofmann, *op. cit.*

pas symétrique de gr. παρά, cela laisse sans réponse la
question essentielle : alors que *adsens était appelé par la
proportion *absum : absens/adsum :* x, quelle raison a fait
choisir *prae-?* La solution ne peut se trouver que dans le
sens même de *prae.* Mais il faut commencer par restaurer
la signification exacte de *praesens* qui n'est pas celle de l'usage
classique. On le voit dans un passage tel que Pl., *Pseud.*, 502,
où deux maux sont comparés : *illud malum aderat, istuc
aberat longius; illud erat praesens, huic erant dieculae.* La
liaison de *adesse* et de *praesens* ressort clairement, mais
aussi leur différence. Par *praesens* on entend non pas proprement « ce qui est là », mais « ce qui est à l'avant de moi »,
donc « imminent, urgent », à peu près avec l'image de l'angl.
ahead ; ce qui est *praesens* ne souffre pas de délai *(dieculae),*
n'est pas séparé par un intervalle du moment où l'on parle.
Citons encore : *iam praesentior res erat,* « la chose devenait
plus urgente » (Liv., II, 36, 5); *praesens pecunia,* « argent
comptant », litt. « qui est au bout, qui est donné sans délai,
immédiat »; *praesens poena,* « châtiment immédiat » (Cic.,
Nat. Deor., II, 59), *praesens (tempus), in praesenti,* « moment qui doit venir immédiatement ». Dès lors *praesens*
s'applique à ce qui est « sous les yeux, visible, immédiatement présent » et peut sans pléonasme s'adjoindre à *adesse,*
comme dans le texte cité de Plaute ou dans : *praesens
adsum* (Pl., Cic.); *lupus praesens esuriens adest* (Pl., *Stich.*,
577); *belua ad id solum quod adest quodque praesens est
se accommodat,* « ce qui est présent et sous ses yeux » (Cic.,
Off., I, 4). On a donc pu, et très tôt, transposer cette valeur
étymologique forte dans des locutions *praesente testibus,
praesente amicis* (Pompon., *Com.*, 47, 168) où *praesente,*
devenu presque une préposition, ne signifie pas seulement
« qui adest, παρών », mais « qui est sous les yeux, immédiatement actuel ». On voit comment *praesens,* de par ses
emplois, rendait inutile la création de *adsens sans en
avoir été l'équivalent exact et comment il s'est de
bonne heure associé à *adesse.* Surtout, la signification propre
de *praesens* confirme la définition de *prae,* et c'est ce qui
importe ici.

Jusqu'à ce point, il a été relativement facile de vérifier
dans les composés le sens général conféré à *prae.* La véritable
difficulté commence quand on veut rendre compte des
emplois causal et comparatif de la préposition. Ce sont
deux catégories indépendantes l'une de l'autre et représentées
toutes les deux dès le plus ancien latin. On sait que *prae*
est apte à indiquer la cause : *cor Ulixi frixit prae pavore*

« son cœur se glaça d'épouvante » (Liv. Andr., *Od.*, 16). Il peut en outre marquer une comparaison : *videbant omnes prae illo parvi futuros* (Nep., *Eum.*, 10). Nous avons ici des emplois de *prae* que *pro* ne présente pas et dont on ne saurait chercher l'origine ailleurs que dans le sens même de *prae*. Mais la genèse n'en apparaît pas au premier regard et il faut bien dire qu'aucune des interprétations fournies jusqu'ici n'aide si peu que ce soit à les comprendre. B. Kranz croit se tirer d'affaire en imaginant que le *prae* causal serait pour *prae(sente)*, ce qui est l'invraisemblance même. Selon Brugmann, il faut partir du sens local : « Etwas stellt sich vor etwas und wird dadurch Anlass und Motiv für etwas [1]. » Ne voit-on pas ici l'erreur où conduit une définition ambiguë ? Que veut dire « *vor* etwas » ? On croirait que *prae* peut signifier l'antériorité d'un événement par rapport à un autre et donc la cause, mais cela est impossible. Le vice du raisonnement se montre dès qu'on l'applique à la traduction d'un exemple concret. Voici chez Plaute : *prae laetitia lacrimae prosiliunt mihi*, « de joie mes larmes jaillissent ». Dira-t-on que « quelque chose » se place « devant » la joie ? C'est pourtant ce que demanderait l'explication de Brugmann. Elle supposerait en latin « je pleure *devant* la joie » pour dire « je pleure de joie ». En quelle langue s'est-on jamais exprimé ainsi ? C'est non seulement une étrangeté, mais une contradiction logique, car si *prae gaudio* signifie « devant la joie », il faudrait admettre que « devant la joie » équivaut à « par suite de la joie », et qu'une préposition énonçant la cause sert à marquer la conséquence. En d'autres mots, si *prae gaudio* veut dire « devant la joie » et que *prae* indique ce qui vient avant et ce qui est cause, il s'ensuit que dans *prae gaudio lacrimae prosiliunt mihi*, les larmes viennent avant la joie et la provoquent. Voilà le résultat d'une explication qui procède d'une vue erronée et s'achève dans la confusion. Il est donc impossible de juger, avec J. B. Hofmann, que le sens causal de *prae* s'est développé « aus lokaler-temporaler Grundlage ». On n'a pas résolu davantage la question du *prae* de comparaison en supposant que *prae*, « devant », a pu aboutir à « vis-à-vis de, en comparaison de ». Une fois encore l'erreur s'installe dans le raisonnement à la faveur de cette traduction ambiguë « devant ». Répétons que *prae* ne signifie jamais « devant » au sens de « en face » et impliquant comparaison d'un objet avec un autre, pour cette raison majeure que, dessinant la continuité et donc l'unicité

---

1. Brugmann, *Grundr.*[2], II, 2, p. 881, § 692 B.

de l'objet, il ne saurait confronter deux objets distincts. Toute interprétation qui néglige cette donnée fondamentale passe à côté du problème.

Ces pseudo-solutions écartées, la solution doit découler des conditions posées à la signification générale de la préposition. Le *prae* causal et le *prae* comparatif doivent s'expliquer ensemble par le même schème sublogique qui est à la base des emplois communs de *prae*. Considérons d'abord le sens causal. Dans quelles limites *prae* est-il susceptible d'énoncer une cause? Tout latiniste sait que *prae* ne peut suppléer *ob*, *erga* ou *causā* en leurs fonctions ordinaires. Il serait impossible de remplacer *ob eam causam* par **prae ea causa*. Comment alors se spécifie la fonction de *prae?* Lisons au complet les exemples que Plaute en offre :

> *prae laetitia lacrimae prosiliunt mihi* (Stich., 466);
> *neque miser me commovere possum prae formidine* (Amph., 337);
> *ego miser vix asto prae formidine* (Capt., 637);
> *prae lassitudine opus est ut lavem* (Truc., 328);
> *prae maerore adeo miser atque aegritudine consenui* (Stich., 215);
> *terrore meo occidistis prae metu* (Amph., 1066);
> *prae metu ubi sim nescio* (Cas., 413);
> *prae timore in genua in undas concidit* (Rud., 174);
> *omnia corusca prae tremore fabulor* (Rud., 526).

Il apparaît aussitôt que cet emploi obéit à des conditions étroites : 1º *prae* causal a toujours pour complément un terme de sentiment *(laetitia, formido, lassitudo, maeror, metus, terror, tremor, timor)* ; 2º ce terme de sentiment affecte toujours le sujet du verbe, en sorte que la condition énoncée par *prae* est en relation interne et « subjective » avec le procès verbal, le sujet du procès étant toujours le possesseur du sentiment. Quand *prae* marque une cause, cette cause n'est pas objectivement posée hors du sujet et rapportée à un facteur extérieur, mais elle réside dans un certain sentiment propre au sujet et, plus exactement, elle tient à un certain *degré* de ce sentiment. En effet, tous les exemples font ressortir le *degré extrême* du sentiment éprouvé par le sujet. Là est l'explication de *prae*, qui signifie littéralement « à l'avancée, à la pointe » de l'affection envisagée, donc « à l'extrême ». Et c'est bien le sens qui convient partout : *prae laetitia lacrimae prosiliunt mihi*, « à l'extrême de ma joie,

mes larmes jaillissent »; cor *Ulixi frixit prae pavore*, « le
cœur d'Ulysse se glaça, à l'extrême de l'épouvante », etc.
On peut aligner autant d'exemples qu'il s'en trouve chez
les auteurs, aucun ne fait exception : *vivere non quit prae
macie* (Lucr., IV, 1160); *prae iracundia non sum apud me*,
« à l'extrême de ma colère, je ne me possède plus » (Ter.,
Heaut., 920); *prae amore exclusti hunc foras*, « par excès
d'amour tu l'as mis dehors » (*Eun.*, 98); *oblitae prae gaudio
decoris*, « oubliant les convenances à l'extrême de leur joie »
(Liv., IV, 40); *in proelio prae ignavia tubae sonitum perferre
non potes* (Auct. ad Her., IV, 21); *ex imis pulmonibus prae
cura spiritus ducebat* (*id.*, IV, 45); *nec divini humanive iuris
quicquam prae impotenti ira est servatum* (Liv., XXXI, 24);
vix sibimet ipsi prae necopinato gaudio credentes (*id.*, XXXIX,
49), etc. Partout se montre la même valeur « paroxystique »,
et celle-ci n'est qu'un cas particulier du sens général de *prae*.
Indiquant le mouvement vers la partie antérieure et avancée
d'un continu, *prae* laisse en quelque sorte le reste de l'objet
en position d'infériorité; c'est pourquoi prédominent les
expressions négatives : *non me commovere possum prae formi-
dine*, « à l'extrême de ma frayeur je ne puis bouger ». C'est
donc à tort qu'on parle ici d'un sens « causal ». *Prae* ne fait
pas intervenir une cause objective; il marque seulement
une pointe extrême, un excès, qui a pour conséquence une
certaine disposition, généralement négative, du sujet.
   Du même coup est donnée la possibilité d'expliquer *prae*
comparatif. Il importe seulement de faire valoir au préalable
— ce que Riemann est à notre connaissance seul à observer [1]
— que, « en règle générale, le complément de *prae* désigne
celui des deux termes qui est *supérieur* à l'autre ». Procédant
d'ici, on ressaisit aisément la relation entre cet emploi et
le précédent, par exemple dans cette phrase de César : *Gallis
prae magnitudine corporum suorum brevitas nostra contemptui
est*, « aux yeux des Gaulois, notre petite taille à côté de leur
haute stature est un objet de mépris » (*B.G.*, II, 30, 4). C'est
ici aussi de la notion d'« extrême » que résulte la fonction
comparative de *prae*, car *prae magnitudine* signifie « à l'extrême
de leur grandeur = si haute est leur taille (que nous leur
semblons petits) ». Étendant son emploi, *prae* pourra alors
se joindre à n'importe quel genre de nom et même de pronom pour mettre en relief une supériorité : *omnium unguen-
tum prae tuo nauteast* (Pl., *Curc.*, 99); *sol occaecatust prae
huius corporis candoribus* (Pl., *Mén.*, 181); *pithecium est prae*

illa (Pl., *Mil.*, 989); *te... volo adsimulare prae illius forma quasi spernas tuam* (*id.*, 1170); *solem prae multitudine iaculorum non videbitis* (Cic.); *omnia prae divitiis humana spernunt* (Liv., III, 26, 7). Et enfin on atteint la réalisation de l'expression comparative : *non sum dignus prae te* (Pl., *Mil.*, 1140). Tout cela sort de la condition propre à *prae* et ne diffère en réalité du (prétendu) *prae* causal que par un trait : alors que, dans la catégorie précédente, *prae* gouvernait un mot abstrait dénotant la situation du sujet, ici, par un élargissement d'emploi, *prae* se rapporte à un objet extérieur au sujet. Dès lors deux termes sont mis en parallèle. En partant de *prae gaudio loqui nequit*, « à l'extrême de sa joie il ne peut parler », on aboutit à *prae candoribus tuis sol occaecatust,* « à l'extrême de ton éclat, le soleil est offusqué », et finalement à *prae te pitheciumst,* « auprès de toi, elle est une guenon ».

Tous les emplois de *prae* se tiennent ainsi dans une définition constante. Nous avons voulu montrer sur un exemple que, dans l'étude des prépositions, quels que soient l'idiome et l'époque considérés, une nouvelle technique de la description est nécessaire et devient possible, pour restituer la structure de chacune des prépositions et intégrer ces structures dans un système général. La tâche entraîne l'obligation de réinterpréter toutes les données acquises et de refondre les catégories établies.

CHAPITRE XII

Pour l'analyse des fonctions casuelles : le génitif latin [1]

Parmi les études publiées ces dernières années sur la syntaxe des cas, une des plus notables est celle que M. A. W. de Groot a consacrée au génitif latin [2]. Par le souci qui s'y affirme de construire une description strictement structurale, ce qui dans la pensée de l'auteur signifie strictement « grammaticale [3] », autant que par l'abondance des exemples et des éclaircissements théoriques, cette étude ne contribuera pas seulement à réformer les catégories désuètes qui encombrent encore beaucoup de manuels, mais aussi à montrer comment la description syntaxique peut se réformer elle-même.

Pour dénoncer les confusions qui règnent dans les classifications traditionnelles, M. A. W. de Groot passe en revue les quelque trente emplois distincts du génitif qui y sont enregistrés. Après discussion, il en rejette la plupart, et avec raison. Sa conclusion est que le latin a *huit* emplois grammaticaux réguliers du génitif. Ce sont donc ces huit emplois qu'une théorie structuraliste du génitif latin admet comme valables. Il est intéressant de voir quels ils sont et comment ils se justifient. Les voici, tels que l'auteur les donne, répartis en cinq catégories :

I. Nom ou groupe de noms adjoints à un nom :
    A. Génitif propre : *eloquentia hominis ;*
    B. Génitif de qualité : *homo magnae eloquentiae.*

II. Adjoint à un « substantival » (pronom, adjectif, etc.) :
    C. Génitif d'un ensemble de personnes : *reliqui peditum.*

---

1. *Lingua*, vol. XI (1962), Amsterdam.
2. A. W. de Groot, « Classification of the Uses of a Case illustrated on the Genitive in Latin », *Lingua*, VI (1956), p. 8-65.
3. *Ibid.*, p. 8 : « A structural description is a description of grammar in terms of grammar. »

III. Conjoint (« complément ») d'une copule :
  D. Génitif du type de personne : *sapientis est aperte odisse.*

IV. Adjoint à un verbe (non à une copule) :
  E. Génitif du projet : *Aegyptum proficiscitur cognoscendae antiquitatis.*
  F. Génitif de localité : *Romae consules creabantur.*

IV*a*. Adjoint à un participe présent :
  G. Génitif avec un participe présent : *laboris fugiens.*

V. Indépendant :
  H. Génitif d'exclamation : *mercimoni lepidi!*

Ce résultat a un intérêt particulier du fait même que, par principe, l'auteur élimine toutes les variétés extra-grammaticales du génitif et qu'il ne retient que les emplois qui satisfont à des critères purement « grammaticaux ». On voit cependant aussi que, au bout de cette discussion systématique, on retrouve une situation fort complexe à décrire, puisque, sans même nous attarder aux emplois « irréguliers » que l'auteur range à part, nous devons admettre que le génitif latin n'assume pas moins de huit emplois différents et irréductibles, tous « réguliers », c'est-à-dire « librement productifs [1] ».

On est alors tenté de porter un peu plus loin l'examen, en partant des conclusions de M. A. W. de Groot, pour voir si tous les critères utilisés sont valides, si l'on ne devrait pas en proposer certains autres, et si en conséquence une simplification ne pourrait être obtenue dans la classification de ces emplois. Une réduction de leur nombre est assurément réalisable.

Ce qui est dénommé « génitif de localité » recouvre le « locatif » de la syntaxe traditionnelle, c'est-à-dire le type *Romae, Dyrrachii.* La classification de ce cas comme génitif répond à un critère morphologique. Mais la distribution des formes est très particulière, restreinte à la fois dans la classe de mots (noms propres de lieux), dans la classe sémantique (noms de villes et d'îles; avec les noms de pays l'emploi est tardif, ou entraîné par symétrie, comme *Romae Numidiaeque* chez Salluste), et dans la classe flexionnelle (thèmes en -*o*- et en -*ā*-). Ces limitations sont si spécifiques qu'elles mettent en question la légitimité du critère morphologique pour l'attribution de cet emploi. Le trait qui nous paraît ici essentiel

---

1. *Ibid.*, p. 22 : « A regular category may be said to be "freely productive". »

est que ce génitif, dénommé « génitif de localité », n'apparaît que dans les *noms propres* de localité, et même dans une portion bien délimitée de ces noms propres, sous des conditions précises de forme flexionnelle et de désignation. Nous avons affaire ici à un système lexical distinct, celui des noms propres de lieu, et non plus à une simple variété de génitif. C'est dans le système des noms propres qu'on pourra évaluer et définir la nature de cet emploi. C'est aussi dans ce système que se posera la question des conflits, échanges ou empiétements entre le génitif et l'ablatif, ici complémentaires. Il faudrait séparer les noms de lieu même des autres noms propres (noms de personnes, de peuples), à plus forte raison des noms ordinaires, et décrire séparément les fonctions des cas pour chacune de ces espèces de noms. Il n'y a aucune raison de présumer que les cas fonctionnent de même manière dans toutes ces espèces. Il y a même toutes raisons de penser qu'ils fonctionnent différemment dans les noms de lieux et dans les substantifs : 1º Le « génitif » du type *Romae* est bien confiné à une classe lexicale, puisqu'il n'a pas d'homologue dans celles des substantifs; il ne se trouve pas à l'époque classique pour les noms de continents, de montagnes, etc. 2º La relation *Thais Menandri* qui, dans les noms de personnes, peut indiquer Thais *a)* fille, *b)* mère, *c)* femme, *d)* compagne, *e)* esclave de Menandre [1] ne peut se transposer entre deux substantifs, quels qu'ils soient, etc. Dès lors, dans l'appréciation du « génitif de localité », le double critère de l'appartenance lexicale et de la distribution complémentaire génitif/ablatif, auquel s'ajoute la restriction dans l'aire d'emploi, doit prévaloir sur celui de la concordance formelle entre *Romae* et *rosae*. Le « génitif de localité » ne peut trouver place dans une classification des emplois du génitif, mais seulement (ou en tout cas d'abord) dans le système casuel des toponymes.

Le « génitif d'exclamation », type : *mercimoni lepidi!* occupe dans l'énumération une situation singulière à plusieurs égards. C'est le seul génitif « indépendant » qui ne soit le déterminant d'aucun autre terme d'un énoncé, puisqu'il constitue à lui seul une manière d'énoncé. En outre, il est lui-même constamment déterminé par un adjectif, ce qui est une restriction d'emploi. Il ne s'applique pas à une personne, ce qui est une nouvelle restriction. Enfin et surtout il a une valeur « expressive » que M. de Groot définit lui-même : « expression of an emotional attitude of the speaker to some-

1. De Groot, p. 32.

thing, perhaps always a non-person [1] ». Il est difficile de faire cadrer un pareil emploi avec la fonction, essentiellement relationnelle, du génitif. A tout cela s'ajoute, pour mettre le comble à ces anomalies, un autre trait qui en réduit la portée : le fait que ce « génitif d'exclamation » est d'une extrême rareté. Dans toute la latinité on n'en cite que six ou sept exemples, dont deux seulement chez Plaute, où pourtant les locutions exclamatives abondent, deux ou trois chez des poètes savants (un, incertain, chez Catulle; un chez Properce; un chez Lucain) et deux chez des auteurs chrétiens. A notre avis, Riemann avait correctement apprécié cette situation quand il écrivait :

« Le génitif exclamatif, si commun en grec pour marquer la *cause* de tel ou tel mouvement de l'âme qui se traduit par une interjection (φεῦ, τοῦ ἀνδρός), par une apostrophe aux Dieux (ὦ Πόσειδον, δεινῶν λόγων), etc., ne se rencontre pour ainsi dire pas en latin. On peut citer Plaute, *Most.*, 912 : « Di immortales, *mercimoni lepidi!* » et quelques exemples *poétiques* sans doute imités du grec. Le génitif y est toujours accompagné d'un adjectif [2]. »

Ce tour, très rare, transposé du grec, n'a jamais constitué un emploi régulier et productif du génitif latin. Tout au plus le consignera-t-on parmi les emplois occasionnels, à titre de variante stylistique de l'accusatif.

La nature exacte du « génitif de projet [3] » demanderait un examen détaillé. Ici le critère de la comparaison préhistorique est introduit indûment; on fait état de faits ombriens pour déclarer héritée en latin la construction du type : *Aegyptum proficiscitur cognoscendae antiquitatis*. Mais même sur ce terrain on pourrait encore discuter. L'ombrien n'est pas du pré-latin. De plus, la syntaxe de l'exemple unique des Tables Eugubines VI *a* 8 *ocrer peihaner*, « arcis piandae », est interprétée diversement; les uns acceptent [4], les autres repoussent [5] le rapprochement avec la construction latine. Il vaut mieux laisser de côté l'ombrien et considérer le latin en propre. On ne peut ici faire abstraction de la limitation de l'emploi au gérondif ou à un syntagme nom + adjectif en *-ndus ;* ni de la dépendance où se trouve ce syntagme vis-à-vis d'un verbe qui, par son sens, implique le « projet ». Comment

1. *Ibid.*, p. 56.
2. *Synt. lat.* [7], p. 135.
3. Genitive of purpose, *op. cit.*, p. 46.
4. J. W. Poultney, *The Bronze Tables of Iguvium*, 1959, § 153 i, p. 154.
5. G. Devoto, *Tabulae Iguvinae* [2], p. 519.

une forme casuelle exprimerait-elle par elle-même, et à elle
seule une valeur telle que l' « intention » ? C'est en réalité
de l'ensemble des constituants syntaxiques qui environnent
ce génitif et aussi de la fonction même de l'adjectif en -*ndus*
que résulte cette valeur. Et il s'y ajoute, dans une mesure
plus large qu'il n'apparaît d'abord, des facteurs sémantiques.
Prenons Térence, *Ad.*, 270, qu'il faut citer complètement :
*vereor coram in os te laudare amplius | ne id assentandi magis
quam quo habeam gratum facere existumes*, « je n'ose te louer
davantage en face, de peur que tu croies que je le fais par
flatterie plutôt que par reconnaissance ». La valeur d' « intention » qu'on attache au génitif *assentandi* [1] est induite à la fois
par l'antécédent *facere* et par le membre symétrique, cette
fois explicite, *quo* (= *ut* ou *quia*) *habeam*. On cite encore
Liv., IX, 45, 18 : *ut Marrucini mitterent Romam oratores pacis
petendae*. Ici il faut tenir compte de *mittere*, qui oriente
le syntagme *pacis petendae* vers une fonction de « destina-
tion », et peut-être plus encore de *oratores*, car, dans la langue
ancienne, *orator* est un terme qui par raison sémantique
attire un déterminant nominal au génitif : *foederum, pacis,
belli, indutiarum oratores fetiales* [2]. Un *orator* a mission de
demander ou de proposer quelque chose au nom de ceux
qui l'envoient; il est nécessairement « orator alicuius rei ».
C'est pourquoi on peut dire, sans plus, *orator pacis*, « porte-
parole chargé de demander la paix »; par exemple Liv., IX, 43 :
ad senatum pacis oratores missi. Dès lors l'exemple donné plus
haut, *ut mitterent Romam oratores pacis petendae*, pourrait
ne pas même contenir la construction en question, si l'on
joint en un syntagme de détermination *oratores pacis petendae*,
élargissement de *oratores pacis*.

Plus généralement encore, on doit lier dans un même
examen la construction du génitif + gérondif ou adjectif
en -*ndus* à celle qui dépend de *esse* dans un tour comme :
cetera minuendi luctus sunt, « les autres (dispositions légales)
sont destinées à restreindre le deuil » (Cic.), où le syntagme
prédicat au génitif avec *esse* relève de l'expression de l' « appar-

---

1. Le commentaire de cet exemple chez De Groot, *op. cit.*,
p. 46-7, fait de *id* le régime de *assentandi* : « Indefinite case of the
substantival neuter pronoun with the genitive of a gerundive, *id
assentandi* ... [p. 47]. Consequently, *id assentandi* may, in a sense,
be said to be the equivalent of *eius rei assentandi ;* there are, however,
no examples of the latter construction, and no examples of *assentari*
with a noun object, *assentari aliquam rem.* » En réalité *id* n'est
pas et ne pourrait être le régime de *assentandi ;* la phrase serait
inintelligible; il faut évidemment construire *id* avec *facere*.
2. Cic., *Leg.*, II, 9.

tenance » (cf. ci-dessous). Il y a nombre d'exemples, en locutions simples ou complexes, de génitifs qui les uns dépendent d'antécédents syntaxiques immédiats, les autres de tours prédicatifs, et qui avoisinent la construction ici étudiée [1]. C'est là, même si l'on ne fait pas intervenir une imitation du tour grec τοῦ + infinitif, qu'on rangera le « génitif de projet ». Dans les conditions très restrictives où il se présente, on ne peut le tenir pour un emploi autonome du génitif; si l'on fait abstraction du gérondif ou du participe en *-ndus*, on retrouve simplement un génitif de dépendance.

Sur le « génitif du type de personne », posé par M. A. W. de Groot (p. 43 sq.) comme dénotant une qualité typique d'une classe de personnes, nous observerons qu'il est propre à une seule classe d'expressions : *pauperis est numerare pecus ; — est miserorum ut invideant bonis ; — constat virorum esse fortium toleranter dolorem pati ; — Gallicae consuetudinis est...*, etc. Le trait sémantique (« qualité typique d'une classe de personnes ») n'est pas une donnée primaire; il nous paraît un produit de la construction prédicative du génitif, qui est le trait principal. Cela met sur la voie d'une autre interprétation. Le génitif prédicat de *esse* dénote l' « appartenance » : *haec aedes regis est*, « cette maison appartient au roi [2] ». Si le nom comme sujet est remplacé par un infinitif, on obtient *hominis est (errare)* : « il appartient à l'homme, c'est le fait de l'homme... ». Nous voyons donc dans cet emploi une sous-classe de la « prédication d'appartenance », où la variation syntaxique (infinitif comme sujet) ne change rien au trait distinctif, l'emploi du génitif, qui reste le même. Or ce génitif prédicatif construit avec *esse* n'est lui-même qu'un dérivé syntaxique du génitif dit « possessif » : c'est l'emploi normal du génitif *aedes regis* qui rend possible la construction *haec aedes regis est ;* la relation posée entre *aedes* et *regis* subsiste pareille quand, du syntagme déterminatif *aedes regis*, on passe à l'énoncé assertif *haec aedes regis est*, et de là à *pauperis est numerare pecus*, variante de cet énoncé.

On ne voit pas non plus de raison suffisante pour poser comme distinctif un « genitive of the set of persons », qui n'a

---

1. Voir en particulier A. Ernout, *Philologica*, p. 217 sqq., qui donne une bonne collection d'exemples. Cf. aussi Ernout-Thomas, *Syntaxe latine*, p. 225-6.

2. L'appartenance, dont le cas est le génitif, doit être soigneusement distinguée de la possession, qui est prédiquée au datif; cf. *Archiv Orientální*, XVII (1949), p. 44-5.

d'ailleurs été suggéré qu'avec réserve [1], puisqu'il ne présente aucun trait *grammatical* qui le distingue du génitif normal. Entre *arbor horti* et *primus equitum, plerique hominum,* la différence est seulement lexicale puisque le choix de *unus* (*duo,* etc.) ou de *plerique* (*multi,* etc.) fait prévoir que le déterminant dénotera un « set of persons » (la restriction aux « personnes » par rapport aux « choses » étant un fait d'usage, non de grammaire). Tout au plus, à l'intérieur des emplois « normaux » du génitif, mettra-t-on en un sous-groupe ces syntagmes dont le membre déterminé est un pronom, un numéral ou un adjectif de position, pour les distinguer des syntagmes à deux membres substantifs.

Nous rencontrons un tout autre problème avec le génitif déterminant un participe présent *laboris fugiens; cupiens nuptiarum; neglegens religionis,* etc. M. A. W. de Groot distingue avec raison ce génitif avec participe présent du génitif avec adjectif [2]. La liaison au verbe est même — on doit y insister — un trait distinctif de cet emploi. Nous voyons dans cette liaison une fonction essentielle. Ce type de syntagme doit être séparé de tous les autres, et posé sur un plan distinct. Ce qui lui confère son caractère spécifique est en réalité qu'il donne une « version » nominale d'une construction verbale transitive; *fugiens laboris* provient de *fugere laborem; neglegens religionis < neglegere religionem; cupiens nuptiarum < cupere nuptias.* Mais on doit aller plus loin. Il faut mettre avec *neglegens religionis* le syntagme *neglegentia religionis;* lenom abstrait *neglegentia* est dans la même situation que *neglegens* par rapport au verbe, et il est déterminé par le même génitif. Nous pourrons dire alors que dans cet emploi, différent de tous les autres, la fonction du génitif est de transposer en dépendance nominale la relation d'un accusatif régime d'un verbe transitif. C'est donc un *génitif de transposition,* qu'une solidarité d'un type particulier unit à un cas tout distinct, mais ici homologue, l'accusatif, en vertu de leurs fonctions respectives. A parler rigoureusement, ce n'est pas le génitif seul qui est le produit d'une transposition, mais le syntagme entier participe (ou nom d'action) + génitif; le terme « génitif de transposition » doit s'entendre sous cette réserve. Un tel génitif est différent de tous autres emplois justement en ce qu'il est issu d'un autre cas transposé, du fait qu'une rection verbale est devenue

1. De Groot, p. 42 : « if I am right in taking this as a separate grammatical category... »
2. *Ibid.,* p. 52.

détermination nominale. Ces deux classes de noms (participes présents et nom d'action) étant sous la dépendance du verbe, et non l'inverse, les syntagmes qu'ils constituent avec le génitif doivent être interprétés comme dérivés par transposition de la rection du verbe personnel : *tolerans frigoris* et *tolerantia frigoris* ne sont possibles qu'à partir de *tolerare frigus*. Nous avons donc à reconnaître ici le génitif en une fonction spécifique résultant de la conversion de la forme verbale personnelle en forme nominale de participe ou de substantif abstrait.

Mais, dès lors qu'on englobe dans cet emploi les substantifs verbaux, il n'y a aucune raison de se borner à ceux qui sont tirés de verbes transitifs. Les substantifs verbaux de verbes intransitifs doivent aussi bien y entrer, et leur déterminant au génitif sera également à interpréter par rapport à la forme casuelle homologue du syntagme verbal. Or cette fois la forme casuelle transposée en génitif n'est plus un accusatif, mais un nominatif : *adventus consulis* provient de *consul advenit ;* — *ortus solis*, de *sol oritur*. Le génitif déterminant transpose ici, non un accusatif régime, mais un nominatif sujet.

De là résulte une double conséquence. Dans cet emploi du génitif confluent par transposition deux cas opposés : l'accusatif régime d'un verbe transitif, et le nominatif sujet d'un verbe intransitif. L'opposition nominatif : accusatif, fondamentale dans le syntagme verbal, est neutralisée formellement et syntaxiquement dans le génitif déterminant nominal. Mais elle se reflète dans la distinction logico-sémantique du « génitif subjectif » et « génitif objectif » : *patientia animi* < *animus patitur ;* — *patientia doloris* < *pati dolorem*.

En second lieu, on est amené à penser que ce génitif issu d'un nominatif ou d'un accusatif transposés donne le « modèle » de la relation de génitif en général. Le membre déterminé du syntagme nominal dans les exemples qui précèdent provient de la forme verbale transposée; mais une fois constitué ce schème de détermination internominale, la situation de membre déterminé du syntagme peut être assumée par tout substantif, et non plus seulement par ceux issus d'une forme verbale convertie. On part de syntagmes de conversion, tels que *ludus pueri* < *puer ludit ;* — *risus pueri* < *puer ridet ;* la relation peut alors être étendue à *somnus pueri*, puis à *mos pueri* et finalement à *liber pueri*. Nous considérons que tous les emplois du génitif sont engendrés par cette relation de base, qui est de nature purement syntaxique, et qui subordonne, dans une hiérarchie fonctionnelle, le génitif au nominatif et à l'accusatif.

On voit finalement que, dans la conception esquissée ici, la fonction du génitif se définit comme résultant d'une transposition d'un syntagme verbal en syntagme nominal; le génitif est le cas qui transpose à lui seul entre deux noms la fonction qui est dévolue ou au nominatif, ou à l'accusatif dans l'énoncé à verbe personnel. Tous les autres emplois du génitif sont, comme on a tenté de le montrer plus haut, dérivés de celui-ci, sous-classes à valeur sémantique particulière, ou variétés de nature stylistique. Et le « sens » particulier attaché à chacun de ces emplois est lui aussi dérivé de la valeur grammaticale de « dépendance » ou de « détermination » inhérente à la fonction syntaxique primordiale du génitif.

I V

Fonctions syntaxiques

CHAPITRE XIII

La phrase nominale [1]

Depuis l'article mémorable où A. Meillet (*M.S.L.*, XIV) a défini la situation de la phrase nominale en indo-européen, lui donnant par là son premier statut linguistique, plusieurs études, relatives surtout aux langues indo-européennes anciennes, ont contribué à la description historique de ce type d'énoncé. Caractérisée sommairement, la phrase nominale comporte un prédicat nominal, sans verbe ni copule, et elle est considérée comme l'expression normale en indo-européen là où une forme verbale éventuelle eût été à la 3e personne du présent indicatif de « être ». Ces définitions ont été largement utilisées, hors même du domaine indo-européen, mais sans donner lieu à une étude parallèle des conditions qui ont rendu possible cette situation linguistique. Il s'en faut même de beaucoup que la théorie de ce phénomène syntaxique hautement singulier ait progressé à mesure qu'on découvrait l'étendue de ses manifestations.

Ce type de phrase n'est pas limité à une famille ou à certaines familles de langues. Celles où il a été signalé ne sont que les premières d'une liste qu'on pourrait maintenant allonger considérablement. La phrase nominale se rencontre non seulement en indo-européen, en sémitique, en finno-ougrien, en bantou, mais encore dans les langues les plus diverses : sumérien, égyptien, caucasien, altaïque, dravidien, indonésien, sibérien, amérindien, etc. Elle est même si générale que, pour en mesurer statistiquement ou géographiquement l'extension, on aurait plus vite fait de dénombrer les langues flexionnelles qui ne la connaissent pas (telles les langues européennes occidentales d'aujourd'hui)

1. *Bulletin de la Société de Linguistique de Paris*, XLVI (1950), fasc. 1, n⁰ 132.

que celles où elle apparaît. On ne saurait la décrire identiquement partout. Elle comporte des variétés qu'il faudra distinguer. Il n'en reste pas moins que les structures linguistiques les plus variées admettent ou exigent que, dans certaines conditions, un prédicat verbal ne soit pas exprimé ou qu'un prédicat nominal suffise. A quelle nécessité est donc liée la phrase nominale pour que tant de langues différentes la produisent pareillement, et comment se fait-il — la question semblera étrange, mais l'étrangeté est dans les faits — que le verbe d'existence ait, entre tous les verbes, ce privilège d'être présent dans un énoncé où il ne figure pas? Pour peu qu'on approfondisse le problème, on se trouve contraint d'envisager dans leur ensemble les rapports du verbe et du nom, puis la nature particulière du verbe « être ».

Sur la différence entre verbe et nom, souvent débattue [1], les définitions proposées se ramènent en général à l'une des deux suivantes : le verbe indique un procès; le nom, un objet; ou encore : le verbe implique le temps, le nom ne l'implique pas. Nous ne sommes pas le premier à insister sur ce que ces définitions ont l'une et l'autre d'inacceptable pour un linguiste. Il faut brièvement montrer pourquoi.

Une opposition entre « procès » et « objet » ne peut avoir en linguistique ni validité universelle, ni critère constant, ni même sens clair. La raison en est que des notions comme procès ou objet ne reproduisent pas des caractères objectifs de la réalité, mais résultent d'une expression déjà linguistique de la réalité, et cette expression ne peut être que particulière. Ce ne sont pas des propriétés intrinsèques de la nature que le langage enregistrerait, ce sont des catégories formées en certaines langues et qui ont été projetées sur la nature. La distinction entre procès et objet ne s'impose qu'à celui qui raisonne à partir des classifications de sa langue native et qu'il transpose en données universelles; et celui-là même, interrogé sur le fondement de cette distinction, en viendra vite à reconnaître que, si « cheval » est un objet et « courir » un procès, c'est parce que l'un est un nom, l'autre, un verbe. Une définition qui cherche une justification « naturelle » à la manière dont un idiome particulier organise ses notions, est condamnée à tourner en cercle. Du reste, il suffit de l'appliquer à des idiomes d'un type différent pour voir que le rapport entre objet et procès

---

1. En dernier lieu, dans plusieurs des articles du *Journal de psychologie*, 1950 (fascicule intitulé : *Grammaire et psychologie*).

peut s'inverser et même s'abolir, les relations grammaticales restant les mêmes. En hupa (Oregon), des formes verbales actives ou passives à la 3ᵉ personne s'emploient comme noms : *nañya*, « il descend », est le mot pour « pluie »; *nilliñ*, « il coule », désigne le « ruisseau »; *naxōwilloiᶻ*, « c'est attaché autour de lui », dénomme la « ceinture », etc. [1]. En zuñi, le nom *yätokä*, « soleil », est une forme verbale de *yäto-*, « traverser » [2]. Inversement, des formes verbales peuvent se constituer sur des notions qui ne correspondent pas à ce que nous appellerions des procès. En siuslaw (Oregon), des particules comme *wahá*, « de nouveau », *yäᵃxa*, « beaucoup », se conjuguent verbalement [3]. La conjugaison des adjectifs, des pronoms interrogatifs et surtout des numéraux caractérise un grand nombre de langues amérindiennes. Comment alors identifier linguistiquement des objets et des procès ?

Il faudrait répéter ces observations à propos de l'autre définition, celle qui fait de l'expression du temps le trait distinctif du verbe. Nul ne niera que la forme verbale, en plusieurs familles de langues, dénote, entre autres catégories, celle du temps. Il ne s'ensuit pas que le temps soit une expression nécessaire du verbe. Il y a des langues comme le hopi où le verbe n'implique absolument aucune modalité temporelle, mais seulement des modes aspectuels [4], et d'autres comme le tübatulabal (du même groupe uto-aztec que le hopi) où l'expression la plus claire du passé appartient non au verbe, mais au nom : *hani·l*, « la maison »; *hani·pï·l*, « la maison au passé » (= ce qui était une maison et ne l'est plus) [5]. Les langues non flexionnelles ne sont pas les seules à employer des expressions temporelles non verbales. Même là où un verbe existe, il peut n'avoir pas de fonction temporelle, et le temps peut s'exprimer autrement que par un verbe.

Il va de soi, également, qu'on ne peut fonder cette différence du nom et du verbe sur l'analyse empirique des faits de morphologie. La manière dont nom et verbe se distinguent en tel idiome (par des morphèmes spécifiques, ou par leurs latitudes combinatoires, etc.), ou le fait qu'en tel autre ils ne se distinguent pas formellement ne fournit aucun critère de ce qui constitue leur différence et ne permet

---

1. Cf. Goddard, *Handb. of the Amer. Ind. Langu.*, I, p. 109, § 23.
2. Bunzel, *H.A.I.L.*, III, p. 496.
3. Frachtenberg, *H.A.I.L.*, II, p. 604.
4. Cf. Whorf, *Lingu. struct. of native Amer.*, p. 165.
5. Voegelin, *Tübatulabal Grammar*, p. 164.

même pas de dire s'il en existe nécessairement une. Si l'on pouvait décrire une à une toutes les morphologies, on constaterait seulement que verbe et nom sont ici distingués, là, non, avec un certain nombre de variétés intermédiaires. Les faits n'enseigneraient pas la raison de cette différence, quand elle se manifeste, ni sa nature.

Il apparaît donc que, pour caractériser en propre, et sans considération de type linguistique, l'opposition du verbe et du nom, nous ne pouvons utiliser ni des notions telles que objet et procès, ni des catégories comme celle du temps, ni des différences morphologiques. Le critère existe cependant, il est d'ordre syntaxique. Il tient à la fonction du verbe dans l'énoncé.

Nous définirons le verbe comme l'élément indispensable à la constitution d'un énoncé assertif fini. Pour parer au danger d'une définition circulaire, indiquons tout de suite qu'un énoncé assertif fini possède au moins deux caractères formels indépendants : 1º il est produit entre deux pauses; 2º il a une intonation spécifique, « finale », qui s'oppose en chaque idiome à d'autres intonations également spécifiques (suspensive, interrogative, exclamative, etc.).

La fonction verbale, telle que nous la posons, reste en une certaine mesure indépendante de la forme verbale, bien que souvent les deux coïncident. Il s'agit justement de rétablir dans leur relation exacte cette fonction et cette forme. Au sein de l'énoncé assertif, la fonction verbale est double : fonction cohésive, qui est d'organiser en une structure complète les éléments de l'énoncé; fonction assertive, consistant à doter l'énoncé d'un prédicat de réalité. La première fonction n'a pas besoin d'être autrement définie. Tout aussi importante, quoique sur un autre plan, est la fonction assertive. Une assertion finie, du fait même qu'elle est assertion, implique référence de l'énoncé à un ordre différent, qui est l'ordre de la réalité. A la relation grammaticale qui unit les membres de l'énoncé s'ajoute implicitement un « cela *est!* » qui relie l'agencement linguistique au système de la réalité. Le contenu de l'énoncé est donné comme conforme à l'ordre des choses. Ainsi la structure syntaxique de l'assertion finie permet de distinguer deux plans : le plan de la cohésion grammaticale, où le verbe sert d'élément cohéreur, et le plan de l'assertion de réalité, d'où le verbe reçoit sa fonction d'élément assertif. Le verbe, dans un énoncé assertif fini, possède cette double capacité.

Il importe de souligner que cette définition fait état de la fonction syntaxique essentielle du verbe, non de sa forme matérielle. La fonction verbale est assurée, quels que soient les caractères morphologiques de la forme verbale. Que par exemple, en hongrois, la forme de conjugaison objective *varo-m*, « je l'attends », soit superposable à la forme nominale possessive *karo-m*, « mon bras », et *kere-d*, « tu le pries », à *vere-d*, « ton sang », c'est un trait notable en soi, mais la similitude de la forme verbale objective et de la forme nominale possessive ne doit pas obscurcir le fait que seuls *varom* et *kered* peuvent constituer des assertions finies, non *karom* ni *vered*, et cela suffit à distinguer les formes verbales de celles qui ne le sont pas. Bien plus, il n'est pas nécessaire qu'un idiome dispose d'un verbe morphologiquement diffé-rencié pour que cette fonction verbale s'accomplisse, puisque toute langue, quelle que soit sa structure, est capable de produire des assertions finies. Il s'ensuit que la distinction morphologique du verbe et du nom est seconde par rapport à la distinction syntaxique. Dans la hiérarchie des fonctions, le fait premier est que certaines formes seulement sont aptes à fonder des assertions finies. Il peut arriver, et il arrive souvent, que ces formes soient *en outre* caractérisées par des indices morphologiques. La distinction du verbe et du nom émerge alors au plan formel, et la forme verbale devient susceptible d'une définition strictement morpho-logique. C'est la situation des langues où verbe et nom ont des structures différentes, et où la fonction verbale, telle que nous l'entendons, a pour support une forme ver-bale. Mais cette fonction n'a pas besoin d'une forme spéci-fiquement verbale pour se manifester dans l'énoncé.

On peut alors décrire plus précisément la structure fonc-tionnelle de la forme verbale dans l'énoncé assertif. Elle comprend deux éléments, l'un explicite et variable, l'autre implicite et invariable. La variable est la forme verbale comme donnée matérielle : variable dans l'expression séman-tique, variable dans le nombre et la nature des modalités qu'elle porte, temps, personne, aspect, etc. Cette variable est le siège d'un invariant, inhérent à l'énoncé assertif : l'affirmation de conformité entre l'ensemble grammatical et le fait asserté. C'est l'union d'une variable et d'un inva-riant qui fonde la forme verbale dans sa fonction de forme assertive d'un énoncé fini.

Quelle est la relation entre cette propriété syntaxique et la forme verbale morphologiquement caractérisée ? Il faut distinguer ici entre la dimension des formes et leur nature. Un énoncé assertif minimum peut avoir la même dimension qu'un élément syntaxique minimum, mais cet élément syntaxique minimum n'est pas par avance spécifié quant à sa nature. En latin l'énoncé assertif *dixi* peut être considéré comme minimum. D'autre part *dixi* est un élément syntaxique minimum, en ce sens qu'on ne peut définir une unité syntaxique inférieure dans un syntagme où *dixi* entrerait. Il en résulte que l'énoncé minimum *dixi* est identique à l'élément syntaxique minimum *dixi*. Or en latin l'assertion *dixi*, équidimensionnelle à l'unité syntaxique *dixi*, se trouve coïncider en même temps avec la forme verbale *dixi*. Mais il n'est pas nécessaire, pour la constitution d'un énoncé assertif à un seul terme, que ce terme coïncide, comme dans l'exemple cité, avec une forme de nature verbale. En d'autres langues il pourra coïncider avec une forme nominale.

Précisons d'abord ce point. En ilocano (Philippines)[1], on a l'adjectif *mabisin*, « affamé ». Par ailleurs un énoncé assertif peut comprendre, aux deux premières personnes, une forme nominale avec affixe pronominal : *ari'-ak*, « roi-je » (= je suis roi); *mabisin-ak*, « affamé-je » (= je suis affamé). Or, à la 3e personne, qui est de signe pronominal zéro, ce même énoncé se formulera : *mabisin*, « il est affamé ». Voici donc l'assertion minima *mabisin*, « il est affamé », identique, non plus à une forme verbale, mais à une forme nominale, l'adjectif *mabisin*, « affamé ». De même encore en tübatulabal, la forme nominale *tá·twál*, « l'homme », est susceptible de fonctionner comme énoncé assertif dans une opposition où seul l'indice de personne varie : *tá-twál-gi*, « l'homme-je » (= je suis l'homme), *tá·twál*, « l'homme [-lui] » (= il est l'homme). Ou avec une forme nominale munie du suffixe du passé : *tíkapíganán-gi*, « mangeur passé-je » (= je suis celui qui a mangé); *tíkapiganán*, « mangeur passé [-lui] » (= il est celui qui a mangé)[2]. Ici aussi l'énoncé assertif minimum coïncide avec un élément syntaxique qui, au point de vue morphologique, est de la classe des noms. Une forme caractérisée comme nominale morphologiquement assume une fonction syntaxiquement verbale.

Nous sommes par là introduits au problème propre de la phrase nominale.

En considérant jusqu'ici le verbe, sa nature et sa fonction, nous avons délibérément laissé hors de question le verbe « être ». En abordant maintenant l'analyse de la phrase nominale, nous continuons de l'exclure. Il importe en effet,

1. Cf. Bloomfield, *Language*, XVIII, 1942, p. 196.
2. Cf. Voegelin, *op. cit.*, p. 149, 162.

si l'on veut dissiper les obscurités qui se sont accumulées sur le problème, de séparer entièrement l'étude de la phrase nominale et celle de la phrase à verbe « être ». Ce sont deux expressions distinctes, qui se conjoignent en certaines langues, mais non partout ni nécessairement. Une phrase à verbe « être » est une phrase verbale, pareille à toutes les phrases verbales. Elle ne saurait, sous peine de contradiction, être prise pour une variété de phrase nominale. Un énoncé est ou nominal ou verbal. Nous rejetterons donc, comme génératrices de confusion, les expressions telles que « phrase nominale pure » ou « phrase nominale à verbe "être" ».

La phrase nominale comporte des variétés qu'une description complète devrait distinguer soigneusement. La situation de la phrase nominale est différente suivant que la langue considérée possède ou non un verbe « être » et que, par conséquent, la phrase nominale représente une expression possible ou une expression nécessaire. Il faudrait également distinguer, selon les langues, l'aire de la phrase nominale : restreinte à la 3e personne ou admise à toutes les personnes. Un autre trait important est de savoir si la phrase nominale se forme librement ou si elle dépend d'un ordre fixe dans l'énoncé. Ce dernier cas est celui des langues où un syntagme à deux éléments se caractérise comme prédicatif ou comme attributif suivant leur séquence. L'assertion finie y résulte toujours d'une dissociation signalée par une pause entre sujet et prédicat, et par l'ordre inverse de celui que l'attribution exige : v. irl. *infer maith*, « le bon homme », mais *maith infer*, « l'homme est bon »; turc *qirmizi ev*, « la maison rouge », mais *ev qirmizi*, « la maison est rouge »; hongrois *a meleg viz*, « l'eau chaude », mais *a viz meleg*, « l'eau est chaude »[1]; coos (Oregon) *tsáyux*ᵘ *tắnîk* (adj. + nom), « la petite rivière », mais *tắnîk tsáyux*ᵘ, « la rivière est petite »[2], etc. Il arrive en outre que la phrase nominale comporte elle-même deux variétés avec une distinction de forme, mais non de sens, liée à la séquence des éléments. On pourrait dire en grec ancien ἄριστον μὲν ὕδωρ (qui est attesté) ou ὕδωρ μὲν ἄριστον sans que changent le sens ni la nature de l'énoncé, non plus que la forme des éléments. En hongrois, *a haz magas*, « la maison (est) grande », peut

1. Sur les conditions de la phrase nominale en finno-ougrien, outre l'article de R. Gauthiot, *M.S.L.*, XV, p. 201-236, voir celui de T. A. Sebeok, *Language*, XIX (1943), p. 320-7. Cf. aussi A. Sauvageot, *Lingua*, I (1948), p. 225 sq.
2. Cf. Frachtenberg, *H.A.I.L.*, II, p. 414.

s'énoncer aussi *magas a haz* « grande (est) la maison ». Mais
en tagalog (Philippines) [1], quoique les deux ordres soient
licites, ils sont distingués par l'absence ou la présence d'une
particule. On peut dire *sumùsúlat aŋ báta'*, « writing (is)
the child », *mabaít aŋ báta'*, « bon (est) l'enfant », ou aussi
bien *aŋ báta' ay sumùsúlat* (prononcé *aŋ báta y sumùsúlat*),
aŋ báta' ay mabaít (prononcé *aŋ báta y mabaít*), sans différence de sens. Mais le second tour est signalé par la particule atone *ay* qui caractérise l'expression assertive, tandis
que la particule *aŋ* (en fait identique à l'article) transforme
la même séquence en syntagme attributif : par là *aŋ báta
y mabaít*, « l'enfant est bon », se différencie de *aŋ báta ŋ
mabaít*, « l'enfant qui est bon, le bon enfant ». Il y aurait
ainsi bien des distinctions à marquer.

Sous réserve de ces particularités, le problème de la
phrase nominale peut être posé dans ses termes linguistiques par référence à la définition du verbe donnée ci-dessus.
Il faut seulement, dans l'intérêt d'une description cohérente, se limiter à un type de langues. Nous choisirons ici
le type indo-européen ancien, qui n'est du reste pas très
différent de certains autres, notamment du finno-ougrien.

Nous dirons que la phrase nominale en indo-européen
constitue un énoncé assertif fini, pareil dans sa structure à
n'importe quel autre de même définition syntaxique. Le
terme à fonction verbale se compose également de deux
éléments : l'un, invariant, implicite, qui donne à l'énoncé
force d'assertion; l'autre, variable et explicite, qui est cette
fois une forme de la classe morphologique des noms. C'est
là la seule différence avec l'énoncé dont la fonction verbale
repose sur une forme de la classe des verbes. Cette différence porte sur la morphologie, non sur la fonction. Car,
au point de vue fonctionnel, les deux types s'équivalent.
On peut mettre en équation, d'une part : *omnia praeclara
— rara* (ou *omnia praeclara — quattuor*, ou *omnia praeclara —
eadem*) et d'autre part : *omnia praeclara — pereunt*, sans
qu'il en ressorte une différence dans la structure de l'énoncé
ni dans sa qualité assertive. Nous ne voyons rien — sinon
la force des habitudes — qui oblige à considérer *omnia
praeclara — rara* comme autre ou comme moins « régulier »
que *omnia praeclara — pereunt*. Une fois qu'on s'est décidé
à les considérer comme de même type, donc comme pareillement justifiés, on discerne mieux en quoi ils diffèrent,

1. Bloomfield, *Tagalog Texts*, II, p. 153, § 89.

suivant que la fonction verbale réside dans une forme de classe verbale ou dans une forme de classe nominale.

La différence résulte des propriétés qui appartiennent à chacune de ces classes. Dans la phrase nominale, l'élément assertif, étant nominal, n'*est pas* susceptible des déterminations que la forme verbale porte : modalités temporelles, personnelles, etc. L'assertion aura ce caractère propre d'être intemporelle, impersonnelle, non modale, bref de porter sur un terme réduit à son seul contenu sémantique. Une seconde conséquence est que cette assertion nominale ne peut pas non plus participer à la propriété essentielle d'une assertion verbale, qui est de mettre le temps de l'événement en rapport avec le temps du discours sur l'événement. La phrase nominale en indo-européen asserte une certaine « qualité » (au sens le plus général) comme propre au sujet de l'énoncé, mais hors de toute détermination temporelle ou autre et hors de toute relation avec le locuteur.

Si l'on pose la définition sur ces bases, on écarte du même coup plusieurs des notions couramment enseignées au sujet de ce type d'énoncé. Il apparaît d'abord que la phrase nominale ne saurait être considérée comme privée de verbe. Elle est aussi complète que n'importe quel énoncé verbal. On ne saurait non plus la tenir pour une phrase à copule zéro, car il n'y a pas lieu en indo-européen d'établir entre phrase nominale et phrase verbale à « être » une relation de forme zéro à forme pleine. Dans notre interprétation, *omnis homo — mortalis* devient symétrique à *omnis homo — moritur* et n'est pas la « forme à copule zéro » de *omnis homo mortalis est*. Il y a bien opposition entre *omnis homo mortalis* et *omnis homo mortalis est ;* mais elle est de nature, non de degré. Au point de vue indo-européen, ce sont deux énoncés de type distinct, comme on essaiera de le montrer ci-dessous. Nous n'adopterons pas non plus le terme de « proposition équationnelle » pour toutes les modalités de la phrase nominale. Il vaudrait mieux le limiter aux cas où deux termes de même classe sont posés en équation, ce qui dans les langues indo-européennes ne se produit guère hors des locutions traditionnelles (*the sooner the better ; Ehestand, Wehestand*, etc.). Autrement, il n'y a pas vraiment équation entre le sujet et le terme nominal à fonction verbale.

Il reste à compléter ces indications en examinant, par rapport à la phrase nominale, la situation du verbe « être ». On doit insister fortement sur la nécessité de rejeter toute implication d'un « être » lexical dans l'analyse de la phrase nominale, et de réformer des habitudes de traduction imposées par la structure différente des langues occidentales modernes. Une interprétation stricte de la phrase nominale ne peut commencer que lorsqu'on s'est libéré de cette servitude et qu'on a reconnu le verbe *esti* en indo-européen comme un verbe pareil aux autres. Il l'est, non seulement en ce qu'il porte toutes les marques morphologiques de sa classe et qu'il remplit la même fonction syntaxique, mais aussi parce qu'il a dû avoir un sens lexical défini, avant de tomber — au terme d'un long développement historique — au rang de « copule ». Il n'est plus possible d'atteindre directement ce sens, mais le fait que **bhū-*, « pousser, croître », a fourni une partie des formes de **es-* permet de l'entrevoir. En tout cas, même en l'interprétant comme « exister, avoir consistance réelle » (cf. le sens de « vérité » attaché aux adjectifs v. isl. *sannr*, lat. *sons*, skr. *satya-*), on le définit suffisamment par sa fonction d'intransitif susceptible d'être soit employé absolument, soit accompagné d'un adjectif apposé; de sorte que *esti* absolu ou *esti* + adj. fonctionne comme un grand nombre de verbes intransitifs en cette double position (tels que : sembler, paraître, croître, se tenir, gésir, jaillir, tomber, etc.). Lat. *est mundus* se superpose à *stat mundus, fit mundus*. Et dans *mundus immensus est*, la forme *est* peut être remplacée par *videtur, dicitur, apparet*... Il y a équivalence syntaxique entre *puer studiosus est* et *puer praeceps cadit*. On doit restituer au verbe « être » sa pleine force et sa fonction authentique pour mesurer la distance entre une assertion nominale et une assertion à « être ». Au point de vue indo-européen, la seconde n'est pas une variante plus claire ou plus pleine de la première, ni la première une forme déficiente de la seconde. Elles sont l'une et l'autre possibles, mais non pour la même expression. Une assertion nominale, complète en soi, pose l'énoncé hors de toute localisation temporelle ou modale et hors de la subjectivité du locuteur. Une assertion verbale, où **esti* est sur le même plan que **esmi* ou **essi* ou que toute autre forme temporelle du même verbe, introduit dans l'énoncé toutes les déterminations verbales et le situe par rapport au locuteur.

Ces observations resteront théoriques si on ne les confronte pas avec les données d'une langue historique. On ne pourra les juger valides que si elles donnent une image exacte des relations réelles et si en même temps elles aident à les mieux comprendre. Nous choisissons pour cette épreuve nécessaire le grec ancien, à cause de la variété des témoignages et aussi comme permettant un contrôle aisé de nos remarques.

En grec, comme en indo-iranien ou en latin, les deux types d'énoncé coexistent et nous les prenons dans leur coexistence, sans chercher à les tirer l'un de l'autre par un processus génétique dont il n'y a aucune preuve. La question est de rendre compte de cette double expression, et de voir si elle signifie emploi libre et arbitraire ou si elle reflète une différence et laquelle. On a insisté ci-dessus sur la dissemblance des deux énoncés, pour montrer qu'ils n'assertent pas de la même manière. Cette distinction, fondée sur des raisons théoriques, répond-elle à l'usage que le grec fait respectivement de la phrase nominale et de la phrase à ἐστι? La vérification portera sur deux textes étendus, également anciens, également caractéristiques; l'un spécimen d'une poésie soutenue, les *Pythiques* de Pindare; l'autre, de la prose narrative, l'Histoire d'Hérodote. Dans ces deux témoignages si différents de ton, de style et de contenu, nous chercherons si la phrase nominale sert à spécifier certaines expressions ou si elle est simplement la forme occasionnelle d'un énoncé qui aurait pu aussi bien comprendre un verbe explicite.

Voici, pour les *Pythiques* de Pindare, une liste complète des phrases nominales :

ναυσιφορήτοις δ' ἀνδράσι πρῶτα χάρις... πομπαῖον ἐλθεῖν οὖρον, « quand les hommes s'embarquent, la première grâce qu'ils souhaitent est un vent favorable » (I, 33);

χάρμα δ' οὐκ ἀλλότριον νικαφορία πατέρος, « la joie que cause le triomphe d'un père ne reste pas étrangère à un fils » (I, 59);

τὸ δὲ παθεῖν εὖ πρῶτον ἀέθλων· εὖ δ' ἀκούειν δευτέρα μοῖρα, « le bonheur est le premier des biens à conquérir; la bonne renommée vient au second rang » (I, 99);

τὸ πλουτεῖν δὲ σὺν τύχᾳ πότμου σοφίας ἄριστον, « la richesse associée au bonheur d'être sage, voilà le meilleur lot pour l'homme » (II, 56);

καλός τοι πίθων παρὰ παισίν, αἰεὶ καλός, « le singe semble beau à des enfants, toujours beau » (II, 71);

ἄλλοτε δ' ἀλλοῖαι πνοαὶ ὑψιπετᾶν ἀνέμων, « les vents qui soufflent dans les hauteurs changent sans cesse » (III, 104);

μία βοῦς Κρηθεῖ τε μάτηρ καὶ θρασυμήδεϊ Σαλμωνεῖ, « la même génisse est la mère de Créthée et de l'audacieux Salmonée » (IV, 142; le fait est énoncé comme vérité, pour fonder un accord entre les descendants des deux personnages);

ῥᾴδιον μὲν γὰρ πόλιν σεῖσαι καὶ ἀφαυροτέροις, « il est aisé d'ébranler une cité; les plus vils manants en sont capables » (IV, 272);

ὁ πλοῦτος εὐρυσθενής, ὅταν τις κτλ., « la richesse est toute puissante, lorsque... » (V, 1);

κάλλιστον αἱ μεγαλοπόλιες Ἀθᾶναι προοίμιον... κρηπῖδ᾽ ἀοιδᾶν... βαλέσθαι, « le plus beau prélude est la grande cité d'Athènes pour jeter la base d'un chant... » (VII, 1);

κέρδος δὲ φίλτατον, ἑκόντος εἴ τις ἐκ δόμων φέροι, « le gain le meilleur est celui qu'on rapporte d'une maison dont le maître vous le cède » (VIII, 14);

τί δέ τις; τί δ᾽ οὔ τις; σκιᾶς ὄναρ ἄνθρωπος, « qu'est chacun de nous? que n'est-il pas? l'homme est le rêve d'une ombre » (VIII, 95);

ὠκεῖα δ᾽ ἐπειγομένων ἤδη θεῶν πρᾶξις ὁδοί τε βραχεῖαι, « quand les dieux ont un désir, l'accomplissement en est prompt, et les voies en sont courtes » (IX, 67);

ἀρεταὶ δ᾽ αἰεὶ μεγάλαι πολύμυθοι, « les grandes vertus sont toujours une riche matière » (IX, 76);

κωφὸς ἀνήρ τις, ὃς Ἡρακλεῖ στόμα μὴ περιβάλλει, « il faudrait être muet, pour ne pas consacrer sa bouche à la louange d'Héraclès » (IX, 86);

ὁ χάλκεος οὐρανὸς οὔ ποτ᾽ ἀμβατὸς αὐτῷ, « le ciel d'airain lui reste inaccessible » (X, 27; sentence, non récit);

τὰ δ᾽ εἰς ἐνιαυτὸν ἀτέκμαρτον προνοῆσαι,« ce qui se passera dans un an, nul indice ne peut le révéler » (X, 63);

τὸ δὲ νέαις ἀλόχοις ἔχθιστον ἀμπλάκιον, « ce crime est le plus affreux pour de jeunes épouses » (XI, 26);

τὸ δὲ μόρσιμον οὐ παρφυκτόν, « le destin demeure inévitable » (XII, 30).

La seule énumération de ces exemples délimite l'emploi de la phrase nominale : 1º elle est toujours liée au discours direct; 2º elle sert toujours à des assertions de caractère général, voire sentencieux [1]. Cela signifie que, par contraste, seule la phrase verbale (avec ἐστί) convient à la narration d'un fait, à la description d'une manière d'être ou d'une situation. La phrase nominale vise à convaincre en énonçant une « vérité générale »; elle suppose le discours et le dialogue; elle ne communique pas une donnée de fait, mais pose un rapport intemporel et permanent qui agit comme un argu-

---

1. Le fait que la phrase nominale exprime souvent des « vérités générales » a été déjà observé, cf. Meillet, *M.S.L.*, XIV, p. 16, et Meillet-Vendryes, *Traité de gramm. comp.*, 2ᵉ éd., p. 595, § 871. A cette constatation empirique nous essayons de donner une base, qui est la structure même de l'énoncé.

ment d'autorité. Si on voulait une autre preuve que tel est bien le domaine de la phrase nominale, on la trouverait dans les *Erga* d'Hésiode, où foisonnent des exemples tels que : ἔργον δ᾽ οὐδὲν ὄνειδος, ἀεργίη δέ τ᾽ ὄνειδος, « le travail n'est pas un opprobre; c'est de ne rien faire qui est un opprobre » (310); χρήματα δ᾽ οὐχ ἁρπακτά, θεόσδοτα πολλὸν ἀμείνω, « la richesse ne se doit pas ravir; donnée par le ciel, elle est bien préférable » (320); πῆμα κακὸς γείτων, « un mauvais voisin est une calamité » (346), etc. L'œuvre entière est une admonestation personnelle, une longue suite de conseils et de remontrances, où sont insérées, en phrase nominale, des vérités permanentes qu'on veut imposer. Mais jamais la phrase nominale n'est employée à décrire un fait dans sa particularité.

Mettons en regard l'usage et la proportion des phrases nominales dans un texte de prose narrative. Hérodote raconte des événements, décrit des pays et des coutumes. Ce qui abonde chez lui est la phrase à ἐστι, qui renseigne objectivement sur des situations de fait, du type de : τὸ δὲ Πανιώνιόν ἐστι τῆς Μυκάλης χῶρος ἱρός· ἡ δὲ Μυκάλη ἐστὶ τῆς ἠπείρου ἄκρη (I, 148). De pareilles phrases se présentent à tout instant chez l'historien, parce qu'il est historien; le dictionnaire de Powell enregistre 507 exemples de ἐστί en cette fonction. Que trouvons-nous en fait de phrases nominales? Une lecture étendue (mais non exhaustive) nous en a livré moins de dix exemples, qui figurent *tous* dans des discours rapportés et qui sont tous des « vérités générales » : οὕτω δὴ καὶ ἀνθρώπου κατάστασις, « telle est aussi la condition de l'homme » (II, 173); ἄξιος μὲν Αἰγυπτίων οὗτος γε ὁ θεός, « il est bien digne des Égyptiens, ce dieu-là! » (III, 29); ἀγαθόν τοι πρόνοον εἶναι, σοφὸν δὲ ἡ προμηθίη, « il est bon de penser à l'avenir, la prévoyance est sagesse » (III, 36); φιλοτιμίη κτῆμα σκαιόν· ... τυραννὶς χρῆμα σφαλερόν, « l'amour-propre est sottise; ... la tyrannie est chose glissante » (III, 52); δηλοῖ καὶ οὗτος ὡς ἡ μουναρχίη κράτιστον, « il montre lui-même que la monarchie est ce qu'il y a de mieux » (III, 82); ἔνθα γὰρ σοφίης δεῖ, βίης ἔργον οὐδέν, « là où il faut de l'adresse la violence ne sert de rien » (III, 127); ἴση γε ἡ χάρις... « (de ce petit don) la grâce est égale (à celle d'un grand don) » (III, 140); ὄλβιος οὗτος ἀνὴρ ὅς... « bienheureux l'homme qui... » (V, 92; oracle métrique); αὐτόματον γὰρ οὐδέν, « car rien ne se fait de soi-même » (VII, 9 γ). La rareté de ces phrases et leur caractère stéréotypé illustrent le contraste entre la poésie sentencieuse et la prose narrative; la phrase nominale n'apparaît que là où intervient le discours

direct et pour énoncer une assertion de type « proverbial ».
Mais quand un historien veut dire que « la Crète est une
île », il n'écrira pas *ἡ Κρήτη νῆσος; seul convient ἡ Κρήτη
νῆσός ἐστι.

A partir de ces constatations, fondées sur des textes de
genre différent, on peut mieux apprécier l'usage homérique,
où la phrase nominale et la phrase à ἐστί coexistent à proportions à peu près égales. Cette coexistence serait inexplicable
si elle n'était fondée dans les différences qui viennent d'être
indiquées. En fait, compte tenu du caractère composite de
l'œuvre et des nécessités du mètre, la répartition des phrases
nominales et des phrases verbales obéit chez Homère aux
raisons mentionnées. On ne peut procéder ici à une vérification exhaustive, même pour une portion du texte. La question mériterait d'être traitée d'ensemble pour l'épopée
entière. Il suffira ici de justifier par quelques exemples la
distinction des deux types.

On n'a aucune peine à s'assurer que chez Homère la phrase
nominale apparaît seulement dans des discours, non dans les
parties narratives ou descriptives, et qu'elle exprime des
assertions de valeur permanente, non des situations occasion-
nelles. Le type en est : οὐκ ἀγαθὸν πολυκοιρανίη ou encore
Ζεὺς δ' ἀρετὴν ἄνδρεσσιν ὀφέλλει τε μινύθει τε | ὅππως κεν
ἐθέλησιν · ὁ γὰρ κάρτιστος ἁπάντων (Υ 242); ἀργαλέος γὰρ
Ὀλύμπιος ἀντιφέρεσθαι (Α 589). On ne remarque pas assez
que la phrase nominale homérique apparaît fréquemment en
relation *causale*, soulignée par γάρ, avec le contexte. L'énonciation ainsi formulée, à cause même du caractère permanent
de son contenu, est apte à servir de référence, de justification, quand on veut créer une conviction. C'est la raison des
clausules si fréquentes ὡς γὰρ ἄμεινον — τὸ γὰρ ἄμεινον —
ὅπερ σέο πολλὸν ἀμείνων (Η, 114); ἀλλὰ πίθεσθε καὶ ὕμμες,
ἐπεὶ πείθεσθαι ἄμεινον (Α, 274) — ὁ γὰρ αὖτε βίη οὗ πατρὸς
ἀμείνων (Α, 404) — φιλοφροσύνη γὰρ ἀμείνων (Ι, 256), etc.,
ou κρείσσων γὰρ βασιλεύς (Α, 80) — λῃστοὶ γὰρ βόες... κτητοὶ
τρίποδες, ἀνδρὸς δὲ ψυχὴ... οὔτε λῃστή κτλ. (Ι, 406) — στρεπ·
τοί δέ τε καὶ θεοὶ αὐτοί (Ι, 497) — ἡ δ' Ἄτη σθεναρή τε καὶ
ἀρτίπος (Ι, 505) — οὔπω πάντες ὁμοῖοι ἀνέρες ἐν πολέμῳ (Ζ,
270). C'est aussi pourquoi on a en grec tant de locutions
du type χρή ou avec des adjectifs neutres, δῆλον, χαλεπόν,
θαυμαστόν, qui se sont fixées comme assertions nominales
de valeur intemporelle et absolue. Au contraire, la phrase
avec ἐστί vise des situations *actuelles* : ἠπείλησα μῦθον, ὃ δὴ
τετελεσμένος ἐστί (Α, 388; il est effectivement accompli) —
εἰ δ' οὕτω τοῦτ' ἐστίν... « s'il en est effectivement ainsi »

(A, 564) — ἀλλ' ὅ γε φέρτερός ἐστιν, ἐπεί πλεόνεσσιν ἀνάσσει, « le fait qu'il commande à plus d'hommes montre qu'il est, en effet, supérieur » (A, 281) — ἀφρήτωρ, ἀθέμιστος, ἀνέστιός ἐστι ἐκεῖνος | ὅς ... décrit la situation réelle de celui qui, etc. (I, 63). — ὁ δ' ἀγήνωρ ἐστὶ καὶ ἄλλως, « il est bien assez orgueilleux sans cela » (I, 699).

Même contraste dans l'expression de la possession. Avec la phrase nominale, cette possession est donnée comme permanente et absolue : ἴση μοῖρα μένοντι, καὶ εἰ μάλα τις πολεμίζοι, ἐν δὲ ἰῇ τιμῇ ἠμὲν κακὸς ἠδὲ καὶ ἐσθλός (I, 318) — οὐ γαρ ἐμοὶ ψυχῆς ἀντάξιον (I, 401) — οὐ γάρ πώ τοι μοῖρα θανέειν (H, 52) — σοί τὸ γέρας πολὺ μείζων (A, 167, attribution de droit et permanente). Mais l'expression verbale indique une possession actuelle : τῶν δ' ἄλλων ἅ μοι ἐστι, « de ce qui m'appartient » (A, 300) — ἔστι δέ μοι μάλα πολλά (I, 364) — οὐδ' εἴ μοι δοίη ὅσσά τέ οἱ νῦν ἔστι, « même s'il me donnait tout ce qu'il possède *en ce moment* » (I, 380) — μήτηρ δέ μοι ἐστ' Ἀφροδίτη (Υ, 209), etc.

Une étude exhaustive de la phrase nominale chez Homère, qui serait nécessaire, nuancerait sans doute ces distinctions, en faisant leur part aux formules, aux variantes, aux imitations. Le principe même de la répartition resterait intact.

Ce principe résulte clairement des textes produits. La phrase nominale et la phrase à ἐστι n'assertent pas de la même manière et n'appartiennent pas au même registre. La première est du discours; la seconde, de la narration. L'une pose un absolu; l'autre décrit une situation. Ces deux traits sont solidaires et ils dépendent ensemble du fait que, dans l'énoncé, la fonction assertive repose sur une forme nominale ou sur une forme verbale. La liaison structurale de ces conditions ressort à plein. Étant apte à des assertions absolues, la phrase nominale a valeur d'argument, de preuve, de référence. On l'introduit dans le discours pour agir et convaincre, non pour informer. C'est, hors du temps, des personnes et de la circonstance, une vérité proférée comme telle. C'est pourquoi la phrase nominale convient si bien à ces énonciations où elle tend d'ailleurs à se confiner, sentences ou proverbes, après avoir connu plus de souplesse.

Dans les autres langues indo-européennes anciennes, les conditions sont les mêmes; cf. lat. *triste lupus stabulis ; varium et mutabile semper femina*, etc. Le contraste des deux types en sanskrit pourrait être illustré par celui de *tvám váruṇaḥ*, « tu es Varuṇa », homologie absolue posée entre Agni, auquel on s'adresse, et Varuṇa à qui il s'identifie, et la formule *tat tvam asi*, « hoc tu es », qui enseigne à l'homme sa condition actuelle. La phrase nominale en védique est l'expression par excellence de la *définition* intemporelle. Si, en iranien ancien, la phrase nominale abonde dans les Gāthās, où il n'y a pour ainsi dire aucun exemple de la phrase avec *asti*, c'est à cause du caractère des Gāthās : catéchisme abrupt, suite d'affirmations de vérité et de définitions implacables, rappel autoritaire des principes révélés. Dans les morceaux épiques et narratifs des Yašts, par contre, la phrase verbale à *asti* reprend ses droits.

La description de la phrase nominale indo-européenne est donc à renouveler entièrement dans le cadre esquissé ici [1]. Nous avons omis bien des détails pour souligner des différences de nature et de valeur, parce qu'une étude de ce phénomène syntaxique, comme de tout fait linguistique, doit commencer par une définition de sa *différence*. Tant que ce type d'énoncé a été considéré comme une phrase verbale à verbe déficient, sa nature spécifique ne pouvait ressortir. Il faut le mettre en parallèle et en contraste avec l'énoncé verbal pour voir qu'il y a ici deux modes d'énonciation distincts. Dès qu'on y introduit une forme verbale, la phrase nominale perd sa valeur propre, qui réside dans la *non-variabilité* du rapport impliqué entre l'énoncé linguistique et

---

1. Le lecteur qui comparera nos remarques à l'important exposé de L. Hjelmslev sur « Le verbe et la phrase nominale » publié dans les *Mélanges J. Marouzeau*, Paris, 1948, p. 253-281, pourra constater, entre les deux démonstrations, quelques points d'accord et une divergence grave, qu'il faut se borner à indiquer brièvement. Nous sommes d'accord pour prendre le terme « phrase nominale » dans son sens strict. En outre, la définition finale de M. Hjelmslev : « est verbe une conjonction de proposition » (*op. cit.*, p. 281) ne diffère guère de l'une des deux propriétés par où nous caractérisons le verbe; toutefois l'autre, la fonction assertive, nous semble également nécessaire. Mais le point critique dans la démonstration de M. Hjelmslev nous semble être la commutation par laquelle il dégage, dans le contenu de *omnia praeclara rara*, trois éléments implicites : infectum, présent et indicatif. « La preuve, dit-il, est fournie par le fait que, dès qu'on voudrait remplacer l'infectum par l'autre aspect, le présent par un autre temps, ou l'indicatif par un autre mode, l'expression changerait nécessairement du même coup » (*op. cit.*, p. 259). C'est là justement l'opération que le sens de la phrase nominale nous paraît interdire. M. Hjelmslev soutient que, entre la phrase nominale *omnia praeclara rara* et une phrase verbale telle que *omnia praeclara sunt rara*, il n'y a qu'une différence d'emphase ou de relief (p. 265). Nous avons au contraire tenté d'établir que ce sont là deux types à fonctions distinctes. Par suite, il n'y a pas de commutation possible de l'un à l'autre, et il devient illégitime de chercher une expression implicite de temps, de mode et d'aspect dans un énoncé nominal qui par nature est non-temporel, non-modal, non-aspectuel.

l'ordre des choses. Si la phrase nominale peut définir une « vérité générale », c'est parce qu'elle exclut toute forme verbale qui particulariserait l'expression; et à cet égard ἐστι est aussi particulier que εἰμί, que ἦν, ou que ἔσται. Quand on s'est délivré de la tyrannie inconsciente de nos catégories modernes et de la tentation de les projeter dans les langues qui les ignorent, on ne tarde pas à reconnaître en indo-européen ancien une distinction que par ailleurs tout concourt à manifester.

Une confirmation indépendante en est donnée, pour l'irlandais, dans l'excellente description du parler du Kerry par M. L. Sjoestedt. On y trouve, sur la valeur propre de la phrase nominale, l'appréciation la plus juste : « La valeur de la phrase nominale apparaît lorsqu'on la met en contraste avec la phrase à verbe d'existence. La phrase nominale est une équation qualitative établissant une équivalence (totale ou partielle, selon l'extension relative du sujet et du prédicat) entre deux éléments nominaux. La phrase avec *táim* exprime un état, et les modalités de cet état. Ainsi le prédicat de la phrase nominale, même lorsqu'il est adjectif, a-t-il une valeur essentielle et exprime-t-il une part intégrante de l'être du sujet, tandis que le complément du verbe d'existence n'a qu'une valeur circonstancielle et exprime un accident (fût-il permanent) de la manière d'être du sujet [1] ».

Du fait que cette distinction a généralement été effacée, on ne saurait conclure qu'elle ne peut plus resurgir. Jusque dans une langue moderne où la phrase nominale est abolie au profit de la phrase verbale, il s'introduit parfois, au sein même du verbe « être », une différenciation. C'est le cas de l'espagnol avec la distinction classique de *ser* et *estar*. Il n'est sans doute pas fortuit que la distinction entre *ser*, être d'essence, et *estar*, être d'existence ou de circonstance, coïncide en une large mesure avec celle que nous indiquons entre la phrase nominale et la phrase verbale pour un état linguistique beaucoup plus ancien. Même s'il n'y a pas continuité historique entre les deux expressions, on peut voir dans le fait espagnol la manifestation renouvelée d'un trait qui a profondément marqué la syntaxe indo-européenne L'emploi concurrent de deux types d'assertion, sous des formes diverses, constitue une des solutions les plus instructives à un problème qui s'est posé en maintes langues et parfois à plusieurs moments de leur évolution.

1. M. L. Sjoestedt, *Description d'un parler irlandais du Kerry*, Paris, 1938, p. 116, § 154.

CHAPITRE XIV

Actif et moyen dans le verbe

La distinction de l'actif et du passif peut fournir un exemple d'une catégorie verbale propre à dérouter nos habitudes de pensée : elle semble nécessaire — et beaucoup de langues l'ignorent; simple — et nous avons grande difficulté à l'interpréter; symétrique — et elle abonde en expressions discordantes. Dans nos langues même, où cette distinction paraît s'imposer comme une détermination fondamentale de la pensée, elle est si peu essentielle au système verbal indo-européen que nous la voyons se former au cours d'une histoire qui n'est pas si ancienne. Au lieu d'une opposition entre actif et passif, nous avons en indo-européen historique une triple division : actif, moyen, passif, que reflète encore notre terminologie : entre l'ἐνέργεια (= actif) et le πάθος (= passif), les grammairiens grecs ont institué une classe intermédiaire, « moyenne » (μεσότης), qui semblerait faire la transition entre les deux autres, supposées primitives. Mais la doctrine hellénique ne fait que transposer en concepts la particularité d'un certain état de langue. Cette symétrie des trois « voix » n'a rien d'organique. Elle prête certes à une étude de synchronie linguistique, mais pour une période donnée de l'histoire du grec. Dans le développement général des langues indo-européennes, les comparatistes ont établi depuis longtemps que le passif est une modalité du moyen, dont il procède et avec lequel il garde des liens étroits alors même qu'il s'est constitué en catégorie distincte. L'état indo-européen du verbe se caractérise donc par une opposition de deux diathèses seulement, active et moyenne, selon l'appellation traditionnelle.

1. *Journal de Psychologie*, janv.-fév. 1950, P.U.F.

Il est évident alors que la signification de cette opposition doit être tout autre, dans la catégorisation du verbe, qu'on ne l'imaginerait en partant d'une langue où règne seule l'opposition de l'actif et du passif. Il n'est pas question de considérer la distinction « actif-moyen » comme plus ou comme moins authentique que la distinction « actif-passif ». L'une et l'autre sont commandées par les nécessités d'un système linguistique, et le premier point est de reconnaître ces nécessités, y compris celle d'une période intermédiaire où moyen et passif coexistent. Mais à prendre l'évolution à ses deux extrémités, nous voyons qu'une forme verbale active s'oppose d'abord à une forme moyenne, puis à une forme passive. Dans ces deux types d'opposition, nous avons affaire à des catégories différentes, et même le terme qui leur est commun, celui d' « actif », ne peut avoir, opposé au « moyen », le même sens que s'il est opposé au « passif ». Le contraste qui nous est familier de l'actif et du passif peut se figurer — assez grossièrement, mais cela suffit ici — comme celui de l'action agie et de l'action subie. Par contre, quel sens attribuerons-nous à la distinction entre actif et moyen ? C'est le problème que nous examinerons sommairement.

Il faut bien mesurer l'importance et la situation de cette catégorie parmi celles qui s'expriment dans le verbe. Toute forme verbale finie relève nécessairement de l'une ou de l'autre diathèse, et même certaines des formes nominales du verbe (infinitifs, participes) y sont également soumises. C'est dire que temps, mode, personne, nombre ont une expression différente dans l'actif et dans le moyen. Nous avons bien affaire à une catégorie fondamentale, et qui se lie, dans le verbe indo-européen, aux autres déterminations morphologiques. Ce qui caractérise en propre le verbe indo-européen est qu'il ne porte référence qu'au sujet, non à l'objet. A la différence du verbe des langues caucasiennes ou amérindiennes par exemple, celui-ci n'inclut pas d'indice signalant le terme (ou l'objet) du procès. Il est donc impossible, devant une forme verbale isolée, de dire si elle est transitive ou intransitive, positive ou négative dans son contexte, si elle comporte un régime nominal ou pronominal, singulier ou pluriel, personnel ou non, etc. Tout est présenté et ordonné par rapport au sujet. Mais les catégories verbales qui se conjoignent dans les désinences ne sont pas toutes également spécifiques : la personne se marque aussi dans le pronom ; le nombre, dans le pronom et dans le nom. Il reste donc le mode, le temps, et, par-dessus tout, la « voix », qui est la diathèse fondamentale du sujet dans le verbe ; elle dénote une certaine attitude du sujet relativement au procès, par où ce procès se trouve déterminé dans son principe.

Sur le sens général du moyen, tous les linguistes s'accordent à peu près. Rejetant la définition des grammairiens grecs, on se fonde aujourd'hui sur la distinction que Pāṇini, avec un discernement admirable pour son temps, établit entre le *parasmaipada*, « mot pour un autre » (= actif), et l'*ātmane-pada*, « mot pour soi » (= moyen). A la prendre littéralement, elle ressort en effet d'oppositions comme celle dont le grammairien hindou fait état : skr. *yajati*, « il sacrifie (pour un autre, en tant que prêtre), et *yajate*, « il sacrifie » (pour soi, en tant qu'offrant [1]). On ne saurait douter que cette définition réponde en gros à la réalité. Mais il s'en faut qu'elle s'applique telle quelle à tous les faits, même en sanskrit, et qu'elle rende compte des acceptions assez diverses du moyen. Si on embrasse l'ensemble des langues indo-européennes, les faits apparaissent souvent si fuyants que, pour les couvrir tous, on doit se contenter d'une formule assez vague, qu'on retrouve à peu près identique chez tous les comparatistes : le moyen indiquerait seulement une certaine relation de l'action avec le sujet, ou un « intérêt » du sujet dans l'action. Il semble qu'on ne puisse préciser davantage, sinon en produisant des emplois spécialisés où le moyen favorise une acception restreinte, qui est ou possessive, ou réflexive, ou réciproque, etc. On est donc renvoyé d'une définition très générale à des exemples très particuliers, morcelés en petits groupes et déjà diversifiés. Ils ont certes un point commun, cette référence à l'*ātman*, au « pour soi » de Pāṇini, mais la nature linguistique de cette référence échappe encore, à défaut de laquelle le sens de la diathèse risque de n'être plus qu'un fantôme.

Cette situation donne à la catégorie de la « voix » quelque chose de singulier. Ne faut-il pas s'étonner que les autres catégories verbales, mode, temps, personne, nombre, admettent des définitions assez précises, mais que la catégorie de base, la diathèse verbale, ne se laisse pas délimiter avec quelque rigueur ? Ou serait-ce qu'elle s'oblitérait déjà avant la constitution des dialectes ? C'est peu probable, à voir la constance de l'usage et les correspondances nombreuses qui s'établissent d'une langue à l'autre dans la répartition des formes. On doit donc se demander par où aborder le problème et quels sont les faits les plus propres à illustrer cette distinction de « voix ».

1. Nous avons utilisé dans cet article, à dessein, les exemples qui sont cités dans tous les ouvrages de grammaire comparée.

Les linguistes se sont jusqu'à présent accordés à juger, explicitement ou non, que le moyen devait être défini à partir des formes — et elles sont nombreuses — qui admettent les deux séries de désinences, telles que skr. *yajati* et *yajate*, gr. ποιεῖ et ποιεῖται. Le principe est irréprochable, mais il n'atteint que des acceptions déjà restreintes, ou une signification d'ensemble assez lâche. Cette méthode n'est cependant pas la seule possible, car la faculté de recevoir les désinences actives ou les désinences moyennes, si générale qu'elle soit, n'est pas inhérente à toutes les formes verbales. Il y a un certain nombre de verbes qui ne possèdent qu'une série de désinences; ils sont les uns actifs seulement, les autres seulement moyens. Personne n'ignore ces classes des *activa tantum* et des *media tantum*, mais on les laisse en marge des descriptions [1]. Ils ne sont pourtant ni rares, ni insignifiants. Pour n'en rappeler qu'une preuve, nous avons dans les déponents du latin une classe entière de *media tantum*. On peut présumer que ces verbes à diathèse unique étaient si caractérisés ou comme actifs ou comme moyens qu'ils ne pouvaient admettre la double diathèse dont les autres verbes étaient susceptibles. Au moins à titre d'essai, on doit chercher pourquoi ils sont restés irréductibles. Nous n'avons plus alors la possibilité de confronter les deux formes d'un même verbe. Il faut procéder par comparaison de deux classes de verbes différents, pour voir ce qui rend chacune inapte à la diathèse de l'autre.

On dispose d'un certain nombre de faits sûrs, grâce à la comparaison. Nous allons énumérer brièvement les principaux verbes représentés dans chacune des deux classes.

I. — Sont seulement actifs : être (skr. *asti*, gr. ἐστι); aller (skr. *gachati*, gr. βαίνει); vivre (skr. *jīvati*, lat. *vivit*); couler (skr. *sravati*, gr. ῥεῖ); ramper (skr. *sarpati*, gr. ἕρπει); plier (*bhujati*, gr. φεύγει); souffler (en parlant du vent, skr. *vāti*, gr. ἄησ'); manger (skr. *atti*, gr. ἔδει); boire (skr. *pibati*, lat. *bibit*); donner (skr. *dadāti*, lat. *dat*).

II. — Sont seulement moyens : naître (gr. γίγνομαι, lat. *nascor*); mourir (skr. *mriyate*, *marate*, lat. *morior*); suivre, épouser un mouvement (skr. *sacate*, lat. *sequor*); être maître (av. *xšayete*, gr. κτάομαι; et skr. *patyate*, lat. *potior*); être

---

[1]. A ma connaissance, seul Delbrück, *Vergl. Synt.*, II, p. 412 sq., les met à la base de sa description. Mais il a morcelé les faits en petites catégories sémantiques au lieu de viser à une définition générale. En procédant ainsi, nous n'impliquons pas que ces verbes à diathèse unique préservent nécessairement un état plus ancien que les verbes à double diathèse.

couché (skr. *śete*, gr. κεῖμαι); être assis (skr. *āste*, gr. ἧμαι), revenir à un état familier (skr. *nasate*, gr. νέομαι); jouir; avoir profit (skr. *bhuṅkte*, lat. *fungor*, cf. *fruor*); souffrir, endurer (lat. *patior*, cf. gr. πένομαι); éprouver une agitation mentale (skr. *manyate*, gr. μαίνομαι); prendre des mesures (lat. *medeor, meditor*, gr. μήδομαι); parler (*loquor, for*, cf. φάτο), etc. Nous nous bornons dans cette classe et dans l'autre à relever ceux des verbes dont l'accord d'au moins deux langues garantit la diathèse ancienne et qui la conservent dans l'usage historique. Il serait facile d'allonger cette liste à l'aide de verbes qui sont dans chaque langue spécifiquement moyens, comme skr. *vardhate*, « croître »; *cyavate* (cf. gr. σεύομαι), « s'ébranler »; *prathate*, « s'élargir »; ou gr. δύναμαι, βούλομαι, ἔραμαι, ἔλπομαι, αἴδομαι, ἄζομαι, etc.

De cette confrontation se dégage assez clairement le principe d'une distinction proprement linguistique, portant sur la relation entre le sujet et le procès. Dans l'actif, les verbes dénotent un procès qui s'accomplit à partir du sujet et hors de lui. Dans le moyen, qui est la diathèse à définir par opposition, le verbe indique un procès dont le sujet est le siège; le sujet est intérieur au procès.

Cette définition vaut sans égard à la nature sémantique des verbes considérés; verbes d'état et verbes d'action sont également représentés dans les deux classes. Il ne s'agit donc nullement de faire coïncider la différence de l'actif au moyen avec celle des verbes d'action et des verbes d'état. Une autre confusion à éviter est celle qui pourrait naître de la représentation « instinctive » que nous nous formons de certaines notions. Il peut nous paraître surprenant par exemple que « être » appartienne aux *activa tantum*, au même titre que « manger ». Mais c'est là un fait et il faut y conformer notre interprétation : « être » est en indo-européen, comme « aller » ou « couler », un procès où la participation du sujet n'est pas requise. En face de cette définition qui ne peut être exacte qu'autant qu'elle est négative, celle du moyen porte des traits positifs. Ici le sujet est le lieu du procès, même si ce procès, comme c'est le cas pour lat. *fruor* ou skr. *manyate*, demande un objet; le sujet est centre en même temps qu'acteur du procès; il accomplit quelque chose qui s'accomplit en lui, naître, dormir, gésir, imaginer, croître, etc. Il est bien intérieur au procès dont il est l'agent.

Dès lors supposons qu'un verbe typiquement moyen tel que gr. κοιμᾶται, « il dort », soit doté secondairement d'une forme active. Il en résultera, dans la relation du sujet au procès, un changement tel que le sujet, devenant extérieur au procès, en sera l'agent, et que le procès, n'ayant plus le sujet pour lieu, sera transféré sur un autre terme qui en deviendra objet. Le moyen se convertira en transitif. C'est ce qui se produit quand κοιμᾶται, « il dort », fournit κοιμᾷ, « il endort (quelqu'un) »; ou que skr. *vardhate*, « il croît », passe à *vardhati*, « il accroît (quelque chose) ». La transitivité est le produit nécessaire de cette conversion du moyen à l'actif. Ainsi se constituent à partir du moyen des actifs qu'on dénomme transitifs ou causatifs ou factitifs et qui se caractérisent toujours par ceci que le sujet, posé hors du procès, le commande désormais comme acteur, et que le procès, au lieu d'avoir le sujet pour siège, doit prendre un objet pour fin : ἔλπομαι, « j'espère » > ἔλπω, « je produis espoir (chez un autre) »; ὀρχέομαι, « je danse » > ὀρχέω, « je fais danser (un autre) ».

Si maintenant nous revenons aux verbes à double diathèse, qui sont de beaucoup les plus nombreux, nous constaterons que la définition rend compte ici aussi de l'opposition actif : moyen. Mais, cette fois, c'est par les formes du même verbe et dans la même expression sémantique que le contraste s'établit. L'actif alors n'est plus seulement l'absence du moyen, c'est bien un actif, une production d'acte, révélant plus clairement encore la position *extérieure* du sujet relativement au procès; et le moyen servira à définir le sujet comme *intérieur* au procès : δῶρα φέρει, « il porte des dons » : δῶρα φέρεται, « il porte des dons qui l'impliquent lui-même » (= il emporte des dons qu'il a reçus); — νόμους τιθέναι, « poser des lois » : νόμους τιθέσθαι, « poser des lois en s'y incluant » (= se donner des lois); — λύει τὸν ἵππον, « il détache le cheval »; λύεται τὸν ἵππον, « il détache le cheval en s'affectant par là même » (d'où il ressort que ce cheval est le *sien*); — πόλεμον ποιεῖ, « il produit la guerre » (= il en donne l'occasion ou le signal) : πόλεμον ποιεῖται, « il fait la guerre où il prend part », etc. On peut diversifier le jeu de ces oppositions autant qu'on le voudra, et le grec en a usé avec une extraordinaire souplesse; elles reviennent toujours en définitive à situer des positions du sujet vis-à-vis du procès, selon qu'il y est extérieur ou intérieur, et à le qualifier en tant qu'agent, selon qu'il effectue, dans l'actif, où qu'il effectue en s'affectant, dans le moyen. Il semble que cette formulation réponde à la fois à la signification des formes et aux exigences d'une définition, en même temps qu'elle nous dispense de recourir à la notion, fuyante et d'ailleurs extra-linguistique, d' « intérêt » du sujet dans le procès.

Cette réduction à un critère purement linguistique du contenu de l'opposition entraîne plusieurs conséquences.

L'une ne peut être qu'indiquée ici. La présente définition, si elle vaut, doit conduire à une nouvelle interprétation du passif, dans la mesure même où le passif dépend du « moyen » dont il représente historiquement une transformation, qui à son tour contribue à transformer le système qui l'accueille. Mais c'est là un problème qui ne saurait être discuté en passant. Pour rester dans les limites de celui-ci, nous avons à indiquer quelle place cette diathèse tient dans le système verbal indo-européen et à quelles fins elle est employée.

Si forte est la suggestion qui émane de la terminologie traditionnelle, qu'on a peine à se représenter comme nécessaire une opposition fonctionnant entre une forme « active » et une forme « moyenne ». Même le linguiste peut avoir l'impression qu'une pareille distinction reste incomplète, boiteuse, un peu bizarre, gratuite en tout cas, en regard de la symétrie réputée intelligible et satisfaisante entre l' « actif » et le « passif ». Mais, si l'on convient de substituer aux termes « actif » et « moyen » les notions de « diathèse externe » et de « diathèse interne », cette catégorie retrouve plus facilement sa nécessité dans le groupe de celles que porte la forme verbale. La diathèse s'associe aux marques de la personne et du nombre pour caractériser la désinence verbale. On a donc, réunies en un même élément, un ensemble de trois références qui, chacune à sa manière, situent le sujet relativement au procès et dont le groupement définit ce qu'on pourrait appeler le champ positionnel du sujet : la personne, suivant que le sujet entre dans la relation de personne « je-tu » ou « qu'il est non-personne (dans la terminologie usuelle « 3ᵉ personne [1] »); le nombre, suivant qu'il est individuel ou plural; la diathèse enfin, selon qu'il est extérieur ou intérieur au procès. Ces trois catégories fondues en un élément unique et constant, la désinence, se distinguent des oppositions modales, qui se marquent dans la structure du thème verbal. Il y a ainsi solidarité des morphèmes avec les fonctions sémantiques qu'ils portent, mais en même temps il y a répartition et équilibre des fonctions sémantiques à travers la structure délicate de la forme verbale : celles qui sont dévolues à la désinence (dont la diathèse) indiquent le rapport du sujet au procès, alors que les variations modales et temporelles propres au thème affectent la représentation même du procès, indépendamment de la situation du sujet.

Pour que cette distinction des diathèses ait eu en indo-

---

1. Cette distinction est justifiée dans un article du *Bull. Soc. Lingu.*, XLIII (1946), p. 1 sq.; ci-dessous p. 225 sq.

européen une importance égale à celle de la personne et du nombre, il faut qu'elle ait permis de réaliser des oppositions sémantiques qui n'avaient pas d'autre expression possible. On constate en effet que les langues de type ancien ont tiré parti de la diathèse pour des fins variées. L'une est l'opposition, notée par Pāṇini, entre le « pour un autre » et le « pour soi », dans les formes, citées plus haut, du type skr. *yajati* et *yajate*. Dans cette distinction toute concrète et qui compte un bon nombre d'exemples, nous voyons, non plus la formule générale de la catégorie, mais seulement une des manières dont on l'a utilisée. Il y en a d'autres, tout aussi réelles : par exemple la possibilité d'obtenir certaines modalités du réfléchi, pour signaler des procès qui affectent physiquement le sujet, sans que toutefois le sujet se prenne lui-même pour objet; notions analogues à celles de fr. *s'emparer de, se saisir de*, aptes à se nuancer diversement. Enfin les langues ont effectué a l'aide de cette diathèse des oppositions lexicales de notions polaires où un même verbe, par le jeu des désinences, pouvait signifier ou « prendre » ou « donner » : skr. *dāti*, « il donne » : *ādāte*, « il reçoit »; gr. μισθοῦν, « donner en location » : μισθοῦσθαι, « prendre ʼen location »; — δανείζειν, « prêter » : δανείζεσθαι, « emprunter »; lat. *licet* « (l'objet) est mis aux enchères »: *licetur*, « (l'homme) se porte acquéreur ». Notions importantes quand les rapports humains sont fondés sur la réciprocité des prestations privées ou publiques, dans une société où il faut s'engager pour obtenir.

Ainsi s'organise en « langue » et en « parole » une catégorie verbale dont on a tenté d'esquisser, à l'aide de critères linguistiques, la structure et la fonction sémantiques, en partant des oppositions qui les manifestent. Il est dans la nature des faits linguistiques, puisqu'ils sont des signes, de se réaliser en oppositions et de ne signifier que par là.

CHAPITRE XV

La construction passive
du parfait transitif [1]

A la suite de l'étude souvent citée où H. Schuchardt proclamait « le caractère passif du transitif dans les langues caucasiennes [2] », l'interprétation des constructions transitives par une expression passive a semblé trouver confirmation dans un nombre toujours croissant de langues des familles les plus diverses [3]. On en est même venu à imaginer que le passif a dû être l'expression nécessaire du verbe transitif à un certain stade du développement des langues flexionnelles. Ce problème très vaste est lié à l'analyse des faits de syntaxe et de rection qui sont propres, en nombre de langues, à l'emploi d'un cas « transitif » (ergatif, etc.), distinct du cas sujet, et qui a pour fonction de réaliser la construction transitive. Mais en même temps, dans la mesure même où la description linguistique tente de se donner un corps de définitions constantes et rigoureuses, on éprouve de graves difficultés à caractériser objectivement la structure de catégories telles que le passif et le transitif [4]. Il faut souhaiter une révision générale de ces notions aussi bien que des faits de langues auxquelles elles ont été appliquées.

Nous voudrions ici préluder à cette discussion en examinant le problème sous l'aspect qu'il a pris en indo-européen. Il est généralement admis que deux au moins des langues indo-européennes anciennes montrent une expression pas-

1. *Bulletin de la Société de Linguistique de Paris*, t. XLVIII (1952), fasc. 1.
2. H. Schuchardt, *Ueber den passiven Charakter des Transitivs in den kaukasischen Sprachen* (SB. Wien. Akad., Vol. 133, 1895).
3. On en trouvera un aperçu dans l'article de Hans Schnorr v. Carolsfeld, *Transitivum und Intransitivum*, I. F., LII (1933), p. 1-31.
4. Voir, par exemple, l'étude récente de H. Hendriksen, *The Active and the Passive*, dans *Uppsala Univers. Arsskrift*, 1948, 13, p. 61 sq.

sive dans le verbe transitif, et ce témoignage a été invoqué à l'appui de développements semblables hors de l'indo-européen. Nous tentons de remettre les faits dans leur véritable lumière et en proposons une explication toute différente.

C'est en 1893 que W. Geiger a affirmé, dans le titre d'un article qui a fait date, « la construction passive du prétérit transitif en iranien [1] ». Il s'appuyait sur un fait qui a été dès lors constamment invoqué dans le même sens : l'expression du vieux-perse *ima tya manā krtam*, « voici ce que j'ai fait », litt. « ce qui par moi a été fait », pour établir à travers l'histoire entière de l'iranien jusqu'aux parlers modernes que le prétérit avait eu dès l'origine et toujours gardé une construction passive. On sait que l'expression du vieux-perse a déterminé la forme du prétérit transitif et du pronom en moyen-perse, où *man kart* continue *manā krtam* et prépare le prétérit du persan *man kardam*, redevenu actif et transitif par l'adjonction de désinences personnelles. Voici un demi-siècle que cette théorie s'est imposée et que les descriptions des dialectes anciens ou modernes de l'iranien [2] se réfèrent, pour l'analyse des formes du prétérit transitif, à une construction originellement ou actuellement passive [3].

Comme c'est le vieux-perse qui est le témoignage le plus net de cette construction, l'analyse doit s'adresser aux formes perses pour les considérer dans leur ensemble. On tiendra compte seulement d'une rectification importante : il ne s'agit pas d'un « prétérit », mais d'un parfait, ou plutôt du tour qui, en vieux-perse, sert à suppléer le parfait ancien [4].

Nous donnons ci-dessous, malgré leur peu de variété, la totalité des exemples perses utilisables :

ima tya manā krtam, « voilà ce que j'ai fait » (B. I, 27; IV, 1, 49);

utāmaiy vasiy astiy krtam, « j'ai encore fait beaucoup (de choses) » (B. IV, 46);

tya manā krtam (B. IV, 49; rest. NRb 56), *tyamaiy krtam* (NRb 48; X. Pers. b 23; d 19), « ce que j'ai fait »;

1. W. Geiger, *Die Passivconstruktion des Präteritums transitiver Verba im Iranischen*, in *Festgruss an Rudolf v. Roth*, 1893, p. 1 sqq.

2. Y compris notre *Grammaire du vieux-perse*[2], p. 124.

3. Par exemple G. Morgenstierne, *N.T.S.*, XII, 1940, p. 107, n. 4, pour l'explication du prétérit transitif en pashto.

4. *Gramm. du v. p.*[2], p. 122 sq.

avaišām avā [1] *naiy astiy krtam yaθā manā... krtam*, « ils n'ont pas fait autant que j'ai fait » (B. IV, 51);

avaθāšām hamaranam krtam, « ainsi ils ont livré bataille » (B. II, 27, 36, 42, 47, 56, 62, 98; III 8, 19, 40, 47, 63, 69);

tya manā krtam utā tyamaiy pissa krtam, « ce que j'ai fait et ce que mon père a fait » (X. Pers. a 19-20; c 13-14);

tya manā krtam idā utā tyamaiy apataram krtam, « ce que j'ai fait ici et ce que j'ai fait en dehors » (X. Pers. b 23);

tyataiy gaušayā [*xšnūtam* [2]], « ce que tu as [entendu] de tes oreilles » (D. NRb 53).

En une trentaine d'exemples, nous avons une remarquable constance d'emploi, due avant tout au caractère formulaire du texte. Dans cette énumération, que le sujet soit représenté par un nom ou par un pronom de forme pleine *(manā)* ou enclitique *(-maiy, -taiy, -šām)*, la forme casuelle reste la même. L'acteur est dénoté par le génitif-datif.

Mais une question se pose alors. A quel critère reconnaissons-nous que cette construction est passive? Pouvons-nous considérer qu'une construction où l'acteur est au génitif-datif et le verbe représenté par l'adjectif verbal se définit par là même comme passive? Pour en produire la preuve indiscutable, il faudrait retrouver cette construction dans un énoncé dont le caractère passif fût assuré par l'emploi d'une forme verbale de la classe morphologique des passifs. Nous devons donc rechercher comment une forme verbale pourvue des marques du passif se construit en vieux-perse, et en particulier comment s'énonce alors la forme de l'acteur.

Les textes perses contiennent deux exemples de construction à verbe passif :

tyašām hačāma aθahya, « ce qui par moi leur était ordonné » (B. I, 19-20; NRa 20; X. Pers. h 18);

yaθāšām hačāma aθahya, « comme par moi il leur était ordonné » (B. I, 23-24).

Voilà une construction passive assurée par la morphologie de la forme verbale. La différence avec la construction du parfait apparaît aussitôt. L'acteur est énoncé ici, non par le génitif-datif, mais par l'ablatif avec *hačā*. Ainsi *tyašām hačāma aθahya* se traduit littéralement « quod-illis *a-me* jubebatur ». Telle est la seule structure syntaxique qu'on soit

---

1. La forme et le sens de v. p. *avā*, « autant », sont justifiés, dans une note du *B.S.L.*, XLVII (1951), p. 31.

2. La restitution du participe prête à discussion et d'autres formes peuvent être envisagées. Mais il faut en tout cas un participe, et seule la construction importe ici.

en droit d'attribuer au passif en perse[1]. Cela suffit à ruiner
la notion traditionnelle que le parfait *tya manā krtam* serait
une expression passive. Cette différence dans la forme casuelle
du pronom, *manā* d'une part, *hačāma* de l'autre, montre que
le parfait doit s'interpréter comme une catégorie propre, et
qu'il est en tout cas distinct du passif.

Puisque la particularité du parfait est de comporter le
nom de l'acteur au génitif-datif, il faut, pour une intelligence
correcte de la construction, définir ici, indépendamment
du problème considéré, la fonction normale du génitif-datif.
L'emploi pour la détermination nominale *(manā pitā*, « mon
père ») ne nous retiendra pas. Plus intéressante est la fonction
de datif qui apparaît dans l'enclitique *-šām* des exemples
cités : « (ce qui) à *eux* (était ordonné) ». Mais le fait le plus
notable est que le génitif-datif, avec une forme de « être »,
sert à dénoter le prédicat de possession : *utātaiy yāvā tauhmā
ahatiy*, « et aussi longtemps que tu auras de la semence[2] »
(B. IV, 74, 78); *utātaiy tauhmā vasiy biyā*, « et puisses-tu
avoir beaucoup de semence » (B. IV, 75); *dārayava[h]auš
puşşā aniyaičiy ahantā*, litt. « à Darius étaient d'autres fils,
Dario (non Darii) alii filii erant » (X. Pers. f 28), c'est-à-dire
« Darius avait d'autres fils[3] »; *avahyā ka(n)būjiyahyā brātā
brdiya nāma āha* », ce Cambyse avait un frère nommé Brdiya »
(B, I, 29-30). Il sera utile de rappeler ici que, comme Meillet
l'a établi[4], les langues indo-européennes n'ont connu longtemps que le tour *est mihi aliquid* pour exprimer le rapport
de possession et que le verbe « avoir » est partout d'acquisition récente. Le vieux-perse se conforme à l'usage ancien
en disant **manā puşşa astiy*, « mihi filius est[5] », pour signifier « j'ai un fils ».

1. Il est curieux que ces exemples, les seuls qui renseignent sur
la construction du passif, ne soient même pas mentionnés chez
Kent, *Old Persian*, § 275, dans le paragraphe, très indigent, où
il traite du passif.

2. Pour la traduction du *tau[h]mā*, cf. *B.S.L.* XLVII, p. 37.

3. La trad. Kent : « other sons of Darius there were » (*Old Persian*,
150), n'est pas littérale qu'en apparence. Kent a méconnu le vrai sens
de la phrase, faute d'avoir vu que le génitif-datif a ici une fonction
de prédicat. C'est le nom de Darius qui est le pivot du développement : « Darius avait d'autres fils que moi, mais c'est à moi qu'il
a accordé la prééminence. » Même remarque pour la trad. de B. I,
29-30 : « Of that Cambyses there was a brother. »

4. A. Meillet, « Le développement du verbe "avoir" », *Antidoron...
J. Wackernagel*, 1924, p. 9-13.

5. L'expression est tirée, pour la commodité de la démonstration, du dernier exemple perse cité. Elle s'est d'ailleurs maintenue
en moyen-perse : *ēn zan kē-š yak pust ast*, « cette femme qui a
un fils » (*H. R.*, II, p. 91).

De cette remarque résulte l'explication du parfait. Nous avons deux constructions exactement superposables, l'une possessive, *manā puṣṣa astiy*, l'autre de parfait, *manā kr̥tam astiy*. Ce parallélisme complet révèle le sens du parfait perse, qui est *possessif*. Car de même que *manā puṣṣa astiy*, « mihi filius est », équivaut à « habeo filium », de même *manā kr̥tam astiy* est à entendre « mihi factum est », équivalent à « habeo factum ». C'est sur le modèle de la construction possessive que le parfait a été conformé, et son sens est indubitablement possessif, puisqu'il reproduit, avec une autre tournure, le sens littéral du type *habeo factum*. La similitude des expressions apparaît dès qu'on les superpose :

manā puṣṣa astiy, « mihi filius est » = « habeo filium »;
manā kr̥tam astiy, « mihi factum est » = « habeo factum ».

L'interprétation du parfait perse se trouve transformée. C'est un parfait *actif* d'expression *possessive*, qui réalise dès l'iranien ancien occidental le type périphrastique qu'on croyait être une innovation tardive, limitée au moyen-iranien oriental (cf. ci-après, p. 185).

On peut tenir pour acquis que la prétendue construction « passive » du parfait transitif est née d'une interprétation erronée des témoignages perses. Par malheur cette définition inexacte a vicié les descriptions et a fait méconnaître la véritable valeur et l'intérêt réel de cette forme à travers toute l'histoire. L'analyse des faits de l'iranien moyen et moderne devra être reprise à partir de cette constatation, qui restaure l'unité du développement iranien et l'intègre dans l'évolution parallèle d'autres langues indo-européennes.

On est maintenant en mesure d'aborder un problème tout différent en apparence, dont la seule relation avec le précédent semble être qu'il concerne aussi le parfait, mais dans une autre langue. Il s'agit du parfait transitif en arménien classique, qui a été aussi expliqué comme attestant une construction passive. Ce n'est pas seulement en ce qu'ils ont reçu la même solution que les deux problèmes se ressemblent.

Une distinction rigoureuse sépare en arménien le parfait transitif du parfait intransitif. On trouvera une bonne description des deux types dans l'ouvrage de S. Lyonnet, *Le parfait en arménien classique*, 1933. Les deux ont en commun qu'ils s'énoncent par une construction périphrastique. Mais ils diffèrent par la forme casuelle du nom de l'acteur. Le parfait intransitif comporte le schème suivant : sujet au nominatif + participe invariable en *-eal* + « être ». Ainsi le parfait *es cneal em* signifie littéralement « ego natus sum », dans le même ordre; ou encore *žamanak haseal ē*, « le temps est arrivé »; *Yisus ekeal ēr*, « Jésus était venu », etc. Rien dans cette syntaxe n'appelle un commentaire, tout y est conforme aux normes des langues qui ont une forme périphrastique du parfait intransitif.

Au parfait transitif, la construction reste pareille et se compose des mêmes éléments. La différence est que cette fois le sujet n'est plus au nominatif, mais au *génitif*, avec une rection transitive de l'objet à l'accusatif : *nora bereal ē*, « il a porté » (avec *nora* « de lui »); *ēr nora hraman areal*, « il avait reçu le décret »; *zayn nšan arareal ēr nora*, « il avait accompli ce miracle » (*nora* gén.; *z-ayn nšan* acc.); *zinčʿ gorc gorceal ē kʿo*, « qu'as-tu fait ? », litt. « quelle action (acc.) as-tu (*kʿo* gén.) agie ? » *orocʿ teseal ēr zna*, « ceux qui l'avaient vu » (litt. *oroc*, « de ceux », gén.); *zpayn im ačʿawkʿ teseal ē*, « j'ai vu le payn de mes yeux » (*im*, « de moi », gén.).

L'étrangeté de cette construction du parfait transitif contraste avec le schème si régulier de l'intransitif. Tout est pareil, sauf que le sujet, dont la fonction « active » devrait être soulignée dans une forme transitive, s'énonce au génitif. Il y a ici non seulement une discordance inexplicable avec le parfait intransitif, mais un tour insolite dont aucune autre langue indo-européenne ne semble avoir l'équivalent. De fait, après de longs débats, ce parfait demeure énigmatique.

On n'insistera plus aujourd'hui sur l'hypothèse d'une action des langues caucasiennes sur l'arménien, que A. Meillet avait tentée, faute de rien trouver à y comparer dans le reste de l'indo-européen [1]. Un spécialiste qualifié, G. Deeters, a montré par un examen attentif que les faits caucasiens [2] (il s'agit de la « construction passive du verbe transitif » accréditée par Schuchardt), plus précisément kartvèles, n'ont rien de commun avec la construction arménienne et ne peuvent contribuer à l'élucider [3]. « Cette construction, dit-il, serait aussi insolite dans une langue caucasienne que dans une langue indo-européenne [4]. » Mais en même temps Meillet proposait une explication qui rendrait compte de l'emploi du génitif sujet par une interprétation nouvelle de la forme en *-eal*. Cette forme ne serait pas le participe, comme dans le parfait intransitif, mais un ancien nom d'action en

---

1. Meillet, *M.S.L.*, XI, p. 385, et *Esquisse*, p. 68.
2. Le seul exposé d'ensemble reste, à notre connaissance, celui de Dirr, *Einführung*, p. 63 sqq.
3. G. Deeters, *Armenisch und Südkaukasisch*, 1927, p. 77 sqq.
4. *Op. cit.*, p. 113.

*-*lo*-, de sorte que *nora bereal ē*, « il a porté », signifierait littéralement : « il y a *(ē)* porter *(bereal)* de lui *(nora)* [1] ». La difficulté s'éliminerait ainsi et l'anomalie du génitif sujet se résoudrait en un génitif prédicat.

A cette vue, proposée en 1903 et que Meillet a maintenue jusqu'au bout, se sont ralliés tous ceux qui ont eu à traiter du problème et jusqu'aux plus récents exégètes du verbe arménien [2]. Néanmoins, tout en s'y rangeant, certains ont discerné au moins une des objections qui surgissent. Pourquoi la même tournure n'a-t-elle pas été employée au parfait intransitif ? Si l'on a dit « il y a porter de moi » pour « j'ai porté », on aurait pu dire aussi bien « il y a venir de moi » pour « je suis venu ». Or l'arménien dit littéralement « je suis venu ». Une autre difficulté, connexe à celle-là, apparaît dans le sort fait à la forme en -*eal*. Il faudrait admettre que -*eal* est participe dans le parfait intransitif, mais nom d'action dans le parfait transitif et là seulement, sans qu'on discerne non plus de raison à cette répartition. Cela rejette le problème dans la préhistoire des formes en -*l* et notamment de l'infinitif, dont la relation avec ce nom d'action en -*eal* devient très obscure. Enfin le sens du parfait n'est pas non plus expliqué par là : « il y a porter de moi » devrait signifier « je porte » ou « je suis en train de porter » bien plutôt que « j'ai porté ». Le détour syntaxique que cette explication impose laisse la construction arménienne aussi isolée et étrange qu'elle était. Nous ne voyons pas d'issue à ces difficultés.

Une théorie acceptable doit résoudre le problème en maintenant chacun des éléments de la construction dans la fonction normale que la syntaxe arménienne lui attribue. Les termes essentiels sont le génitif du nom ou du pronom de l'acteur, et la forme nominale en -*eal*. Celle-ci est en arménien une forme de participe, rien d'autre, participe intransitif *(ekeal* « venu ») ou passif *(bereal* « porté »). Nous ne pouvons dévier de cette constatation. Le génitif du sujet-acteur sera aussi à prendre comme un génitif, dans l'une des fonctions que ce cas remplit normalement. Ici est le centre du problème.

Il faut se rappeler que la flexion nominale arménienne a une seule forme pour le génitif et le datif; ces deux cas ne sont distingués qu'au singulier de la flexion pronominale.

---

1. Meillet, *Esquisse*[1], p. 68; *Esquisse*[2], p. 128.
2. Brugmann, *Grundr.*[2], II, p. 502; Pedersen, *K.Z.*, XL, p. 151 sqq., et *Tocharisch*, 1941, p. 46; Schuchardt, *W.Z.K.M.*, XIX, p. 208 sq.; Deeters, *Arm. und Südkaukas.*, 1927, p. 79; Mariès, *Rev. Ét. Arm.*, X (1930), p. 176; Lyonnet, *Le parfait en arménien classique*, 1933, p. 68.

Or l'arménien emploie le génitif avec « être » comme *prédicat de possession*. Il y en a dans les textes classiques un grand nombre d'exemples dont voici quelques-uns :

Lc III, 11 : *oyr ic'en erku handerjk'*, « celui qui a deux vêtements, ὁ ἔχων δύο χιτῶνας », litt. « (celui) de qui *(oyr)* sont deux vêtements »; Mt. XXII, 28 : *oyr yewt'anc'n elic'i na kin*, « qui des sept aura la femme ? τίνος τῶν ἑπτὰ ἔσται γυνή; », litt. « duquel *(oyr)* des sept sera la femme ? »; Lc VI, 32; *zinc' šnorh ē jer*, « quelle gratitude en avez-vous ? ποία ὑμῖν χάρις ἐστίν; », litt. « quelle gratitude est de vous *(jer)* ? »; Lc VII, 41 : *erku partapank' ēin urumn p'oxatui*, « un créancier avait deux débiteurs, δύο χρεοφειλέται ἦσαν δανιστῇ τινι », litt. « deux débiteurs étaient d'un certain *(urumn*, gén. de *omn* indéf.) créancier »; Mt XXI, 28 : *arn mioj ēin erku ordik'*, « un homme avait deux fils, ἄνθρωπος εἶχε δύο τέκνα », litt. « d'un homme *(arn)* étaient deux fils »; Mc XII, 6 : *apa ordi mi ēr iwr sireli*, « il avait encore un fils cher, ἔτι ἕνα εἶχεν υἱὸν ἀγαπητόν », litt. « encore un fils était de soi *(iwr)* cher »; Lc XVI, 28 : *en im and elbark' hing*, « car j'ai cinq frères, ἔχω γαρ πέντε ἀδελφούς », litt. « car de moi *(im)* sont cinq frères »; J. VIII, 41 : *mi ē hayr mer astuac*, « nous avons un seul père, Dieu, ἕνα πατέρα ἔχομεν τὸν Θεόν », litt. « un père est de nous *(mer)* ». Il est inutile de citer plus de textes pour confirmer la fonction possessive de ce génitif prédicat [1].

Revenons maintenant au parfait transitif, et, laissant au participe en *-eal* le sens passif qu'il doit avoir, prenons le génitif sujet dans l'emploi possessif qui vient d'être illustré. Le tour *nora ē gorceal* se traduira « eius est factum », ce qui est simplement l'équivalent arménien usuel d'une expression possessive [2]; on dit de la même manière *nora ē handerj*, « eius est vestimentum », la construction du nom ou du participe restant pareille. En superposant les deux tours, on fait apparaître une structure identique d'où résulte le sens propre du parfait transitif :

nora ē handerj, « eius est vestimentum » = « habet vestimentum »;

nora ē gorceal, « eius est factum » = « habet factum ».

1. On trouvera d'autres exemples chez Meillet, *M.S.L.*, XII, p. 411, et dans l'étude de G. Cuendet sur la traduction de gr. ἔχειν en arménien classique, *Rev. Et. Indo-europ.*, I (1938), p. 390 sq.
2. [Ces pages étaient imprimées quand je me suis aperçu que M. J. Lohmann, *K.Z.*, LXIII (1936), p. 51 sq., était arrivé à la même interprétation de parfait arménien par une voie différente, en partant des faits géorgiens.]

Le parfait transitif n'est donc ni imité d'un type étranger ni de forme anomale. C'est une expression *possessive* bâtie en arménien même sur un modèle idiomatique pour rendre ce qui était apparemment le sens propre du parfait transitif. Non seulement la forme perd son étrangeté, mais elle acquiert désormais un intérêt particulier, tant pour la définition du parfait en général que pour l'histoire du verbe arménien.

L'originalité syntaxique de ce parfait est qu'il a dès le début de la tradition une rection transitive dont la marque est la particule *z-*; par exemple *oroc' teseal ēr z-na*, « ceux qui l'avaient vu, οἱ θεωροῦντες αὐτόν » (J. IX, 8). En d'autres termes, *z-gorc gorceal ē nora*, « il a accompli l'œuvre », signifie non « eius facta est opera », mais « eius factum est operam ». Puisque « eius factum est » est l'équivalent de « habet factum », il n'y a rien d'étonnant que « eius factum est » adopte la rection transitive de l'ancien *fecit* qu'il remplace en arménien, et qu'il comporte un objet déterminé. C'est la preuve que le parfait transitif, en dépit de sa forme périphrastique, fonctionnait comme forme simple, et qu'il était bien établi. Il est vraisemblable, bien que ce soit impossible à démontrer, que le type « eius factum est operam » a été précédé par un tour tel que « eius facta est opera ». En tout cas à date historique le parfait transitif a le comportement syntaxique d'une forme simple transitive à l'égard de son objet.

Nous avons examiné en deux langues différentes l'expression « passive » du parfait transitif. Dans les deux cas la prétendue construction « passive » se résout en une expression possessive, qui apparaît comme la marque même du parfait transitif. Chacun des deux développements a sa raison d'être dans sa propre histoire. Il n'y a ni relation entre eux ni influence de l'un sur l'autre. L'accord de l'iranien et de l'arménien est d'autant plus remarquable qu'ils ont atteint le même résultat par des voies et à des dates différentes.

La conséquence immédiate de cette analyse est que, au lieu d'une singularité incompréhensible, comme en arménien, ou d'une transposition syntaxique gratuite, comme en vieux-perse, nous retrouvons dans les deux langues un tour bien connu; le parfait transitif s'énonce à l'aide d' « avoir » ou d'un substitut de « avoir ». Le vieux-perse et l'arménien se rangent ainsi dans l'ensemble des langues qui ont recouru à l'auxiliaire « avoir » pour créer ou recréer un parfait, depuis le hittite jusqu'aux langues occidentales modernes [1].

1. Un tableau de ce développement a été tracé par J. Vendryes,

Dans la perspective de l'iranien, des faits connus depuis longtemps prennent une valeur différente. C'était une curiosité du sogdien, retrouvée ensuite en chorasmien [1], que l'expression du parfait avec *dār-*, « avoir ». On ne s'expliquait pas que deux dialectes, assez voisins entre eux, du moyen-iranien oriental, fussent parvenus à la même expression du parfait avec « avoir » que les langues occidentales ont acquise. Le point de départ de l'innovation nous échappait. Nous voyons maintenant que le développement en question n'est qu'une des manifestations d'un procès plus vaste et plus ancien, qui englobe aussi l'iranien occidental sous la forme du vieux-perse. C'est en vieux-perse que l'évolution du parfait vers une expression possessive et périphrastique a commencé. Il est probable que le sogdien ancien ou quelque autre dialecte ancien de l'iranien oriental avait amorcé la même évolution, dont nous avons une phase plus récente en sogdien et en chorasmien historiques (qui sont des dialectes de l'époque moyenne). Le vieux-perse dit « mihi factum est »; le sogdien dit « habeo factum ». C'est là toute la différence. Les deux tours signifient la même chose, tout comme il n'y a qu'une différence de date entre lat. *mihi cognitum est* et *habeo cognitum*. Il y aura lieu de renouveler la description du moyen-iranien occidental sous le rapport de la syntaxe du parfait [2], en montrant comment il s'est de plus en plus clairement transitivisé, par la détermination de l'objet puis par la réfection des désinences personnelles.

Ce qui s'est passé en arménien illustre la convergence de l'évolution sur le domaine indo-européen entier, même dans celle des langues qui semblait avoir le plus fortement dévié de la norme ancienne. Le tour où l'on voyait une anomalie majeure de la syntaxe arménienne devient un de ceux qui, au contraire, révèlent en arménien la persistance de l'héritage indo-européen. Car si l'arménien et le vieux-perse doivent maintenant compter au nombre des langues qui ont converti le parfait ancien en expression de l'action « possédée » par l'acteur, et si ce développement apparaît en définitive

---

Mélanges J. van Ginneken, 1937, p. 85-92 (article réimprimé dans son *Choix d'études linguistiques et celtiques*, 1952, p. 102-109).

1. La formation du parfait en chorasmien, parallèle à celle du sogdien, a été indiquée par W. Henning, *Z.D.M.G.*, 1936, p. *33*. Cf. maintenant aussi A. A. Freiman, *Xorezmiiskii Yazyk*, 1951, pp. 41 et 112. En khotanais, c'est l'auxiliaire *yan-*, « faire », qui constitue le parfait transitif. Cf. Konow, *Primer of Khotanese Saka*, 1949, p. 50.

2. On trouvera les faits essentiels, pour le moyen-perse, chez W. Henning, *Z.I.I.*, IX (1933), p. 242 sq.; pour le moyen-parthe chez A. Ghilain, *Essai sur la langue parthe*, 1939, p. 119 sq.

comme un des traits essentiels du système verbal renouvelé, c'est qu'il y avait connexion étroite et relation nécessaire de succession entre la forme simple du parfait indo-européen et la forme possessive et descriptive qui l'a remplacée en tant de langues.

L'essentiel est de bien voir l'importance de cette expression possessive au parfait et la variété des formes où elle peut se manifester — ou se dissimuler. Que cette construction possessive ait été si longtemps interprétée comme « passive », est la preuve des difficultés qu'on éprouve souvent à juger d'une langue pour elle-même sans la transposer dans les cadres d'une structure familière. La combinaison d'une forme de « être » avec le participe passé et la forme du sujet à un cas indirect caractérisent l'expression passive dans les langues de la plupart des linguistes; le parfait, parce qu'il s'énonce à l'aide des mêmes éléments, a été immédiatement considéré comme passif. Ce n'est pas seulement dans l'analyse phonématique que le linguiste doit savoir se déprendre des schèmes qui lui sont imposés par ses propres habitudes linguistiques.

CHAPITRE XVI

« *Être* » et « *avoir* »
dans leurs fonctions linguistiques [1]

L'étude des phrases à verbe « être » est obscurcie par la difficulté, voire l'impossibilité de poser une définition satisfaisante de la nature et des fonctions du verbe « être ». D'abord « être » est-il un verbe ? S'il en est un, pourquoi manque-t-il si souvent ? Et s'il n'en est pas un, d'où vient qu'il en assume le statut et les formes, tout en restant ce qu'on appelle un « verbe-substantif » ? Le fait qu'il existe une « phrase nominale », caractérisée par l'absence de verbe, et qu'elle soit un phénomène universel, semble contradictoire avec le fait, très général aussi, qu'elle ait pour équivalent une phrase à verbe « être ». Les données paraissent éluder l'analyse, et tout le problème est encore si pauvrement élaboré qu'on ne trouve rien sur quoi s'appuyer. La cause en est probablement qu'on raisonne, implicitement au moins, comme si l'apparition d'un verbe « être » faisait suite, logiquement et chronologiquement, à un état linguistique dépourvu d'un tel verbe. Mais ce raisonnement linéaire se heurte de toutes parts aux démentis de la réalité linguistique, sans satisfaire pour autant à aucune exigence théorique.

À la base de l'analyse, tant historique que descriptive, il faut poser deux termes distincts que l'on confond quand on parle de « être » : l'un est la « copule », marque grammaticale d'identité; l'autre, un verbe de plein exercice. *Les deux ont coexisté* et peuvent toujours coexister, étant complètement différents. Mais en maintes langues ils ont fusionné. Le problème de « être » se ramène donc à un procès non de succession chronologique, mais de coexistence dialectique entre deux termes, deux fonctions, deux constructions.

L'assertion d'identité entre deux termes a pour expression

1. *Bulletin de la Société de Linguistique*, LV (1960).

la phrase nominale. Nous avons tenté antérieurement [1] de caractériser les traits généraux de ce type d'énoncé, et n'avons rien d'essentiel à y ajouter, sinon pour mieux opposer la phrase nominale à une phrase comportant le verbe « être », et pour insister sur ce qui les distingue.

Quand on parle d'un verbe « être », il faut préciser s'il s'agit de la notion grammaticale ou de la notion lexicale. C'est pour n'avoir pas fait cette distinction qu'on a rendu le problème insoluble et qu'on n'a même pas réussi à le poser clairement. Il y a en effet une notion lexicale dont l'expression verbale est aussi authentique, aussi ancienne que n'importe quelle autre, et qui peut avoir son plein exercice sans jamais empiéter sur la fonction de la « copule ». Il faut seulement lui rendre sa réalité et son autonomie. En indo-européen, ce lexème est représenté par *es-, qu'il vaudra mieux éviter de traduire par « être », pour ne pas perpétuer la confusion dont nous essayons de sortir. Le sens en est « avoir existence, se trouver en réalité », et cette « existence », cette « réalité » se définissent comme ce qui est authentique, consistant, vrai. Cette notion se particularise d'une manière révélatrice dans les formes nominales dérivées : lat. *sons*, « coupable », terme juridique qui s'applique à « l'étant », à celui « qui est réellement » (l'auteur du délit); skr. *sant-*, av. *hant-*, « existant, actuel, bon, vrai », superl. *sattama-*, av. *hastəma-*, « le meilleur »; *satya-*, av. *haiθya-*, « vrai »; *sattva-*, « existence; entité; fermeté »; v. isl. *sannr*, « vrai »; gr. τὰ ὄντα, « vérité; possession ». Dans l'histoire particulière des diverses langues indo-européennes, *es- a été parfois remplacé, mais le lexème nouveau garde le même sens. C'est le cas du « tokharien » qui dit *nes-*, de l'irlandais qui dit *ta- (atta-)*. Notons en passant que irl. *ta-* avec le datif pronominal, litt. « être à », fournit l'expression de « avoir » : *ni-t-ta*, « tu n'as pas ». Une des fonctions sémantiques de *es-, ou de ses substituts, a été en effet de permettre la construction « être à », pour « avoir ».

Complètement différente est la situation de la « copule », dans un énoncé posant l'identité entre deux termes nominaux. Ici l'expression la plus générale ne comporte aucun verbe. C'est la « phrase nominale », telle qu'elle est représentée aujourd'hui, par exemple, en russe ou en hongrois, où un morphème-zéro, la pause, assure la jonction entre les deux termes et en asserte l'identité — quelle que soit, au point de vue logique, la modalité de cette identité : équation formelle (« Rome est la capitale de l'Italie »), inclusion de classe

---

1. *Ibid.*, XLVI (1950), p. 19 sq.; et ci-dessus, p. 151 sq.

(« le chien est un mammifère »), participation à un ensemble (« Pierre est Français »), etc.

Ce qu'il importe de bien voir est qu'il n'y a aucun rapport de nature ni de nécessité entre une notion verbale « exister, être là réellement » et la fonction de « copule ». On n'a pas à se demander comment il se fait que le verbe « être » puisse manquer ou être omis. C'est raisonner à l'envers. L'interrogation véritable sera au contraire : comment un verbe « être » existe-t-il, donnant expression verbale et consistance lexicale à une relation logique dans un énoncé assertif.

En réalité nos langues familières nous font illusion sous ce rapport. La création d'un « être » servant à prédiquer l'identité de deux termes n'était pas inscrite dans une fatalité linguistique. En nombre de langues, à diverses époques de l'histoire, la fonction jonctive, assurée généralement par une pause entre les termes, comme en russe, a tendu à se réaliser dans un signe positif, dans un morphème. Mais il n'y a pas eu de solution unique et nécessaire. Plusieurs procédés ont été employés; la création ou l'adaptation d'une forme verbale n'est que l'un de ces procédés. Nous allons considérer brièvement les principaux.

Le sémitique ancien n'a pas, comme on sait, de verbe « être ». Il suffit de juxtaposer les termes nominaux de l'énoncé pour obtenir une phrase nominale, avec un trait supplémentaire, probable, mais dépourvu d'expression graphique, qui est la pause entre les termes. L'exemple du hongrois, du russe, etc., donne à cette pause la valeur d'un élément de l'énoncé; c'est même le signe de la prédication. Il est vraisemblable que partout où la structure de la langue permet de constituer un énoncé prédicatif en juxtaposant deux formes nominales dans un ordre libre, on doit admettre qu'une pause les sépare. Sous cette condition, les formes nominales assurent la prédication. Ainsi en araméen : *malkūṭeh malkūt ʿālam*, « sa royauté (est) une royauté éternelle »; *ʾarḥāṭeh dīn*, « ses chemins (sont) la justice »; *hū ṣalmā rešeh di-ḏhāḇ ṭāḇ*, « cette statue, sa tête (est) d'or pur ». Mais on peut donner à la fonction de prédication un signe exprès : c'est le pronom dit de 3e sg. qui sert de « copule »; il est alors inséré entre le sujet et le prédicat : *ʾelāhḵōn hū ʾelāh ʾelāhīn*, « votre dieu, lui (= est) le dieu des dieux ». Il en est ainsi même quand le sujet est à la 1re ou à la 2e personne : *ʾanaḥnā himmō ʾaḇdōhī dī-ʾelāh-šmayyā wʾarʿā*, « nous sommes les serviteurs du dieu du ciel et de la terre » (Esra V, 11), litt. « nous eux ses serviteurs du dieu... ». Dans cet exemple on voit en outre un accord de nombre entre le pronom-copule et le sujet. Au

singulier on dirait littéralement : « Je lui son serviteur »
(= je suis son serviteur); de là au pluriel « nous eux ses
serviteurs » (= nous sommes ses serviteurs) avec *himmō*
pron. masc. plur.

C'est le même schème qu'on trouve en arabe [1] : une phrase
nominale, où le sujet en général déterminé précède le prédicat en général indéterminé : *Zaidun ʿālimun*, « Zaïd est
savant ». On peut ajouter une détermination du sujet sans
changer la forme syntaxique : *'abuhu musinun*, « son père est
âgé », mais aussi bien *Zaidun 'abuhu musinun*, « Zaïd, son
père est âgé » (= le père de Z. est âgé). Or quand le sujet
et le prédicat sont l'un et l'autre déterminés, on peut insérer
le pronom *huwa*, « lui », entre les deux : *allahu huwa 'lhayyu*,
« Dieu lui (= est) le vivant ».

Dans les langues turques, la construction de l'énoncé
prédicatif est essentiellement celle de la phrase nominale :
un syntagme formé par exemple d'un nom et d'un adjectif,
ou d'un pronom et d'un adjectif suffit à constituer cet énoncé.
Mais la prédication est souvent dotée d'un signe distinct,
qui n'est autre qu'un pronom, personnel ou démonstratif,
ajouté à un terme ou à un syntagme nominal. Le type en est,
dans les dialectes orientaux : *män yaš män*, « je suis jeune »,
sän yaš sän, « tu es jeune » (litt. « moi jeune moi, toi jeune
toi »). Cette construction apparaît dès le vieux-turc et persiste
largement dans les dialectes conservateurs; on peut dire
que l'expression « normale » du rapport prédicatif à la 3ᵉ sg.
consiste dans l'emploi du pronom *ol*, « il, lui », postposé à un
terme nominal : v. turc *ädgü ol*, « il est bon » (bon lui); *mäniŋ
ol*, « il est mien » (de-moi lui); *körümči ol*, « il est devin »
(voyant lui); moyen-turc oriental *bu quβra ...niŋ ol*, « ce
tombeau est celui de X. »; turc khwarezmien *bu ʿālam kitab
ol*, « ce monde est un livre »; altaï *ol bay ol*, « il est riche »
(lui riche lui); baškir *Xäsän yadïwsï ul*, « Hasan est écrivain »; etc. C'est assez tard et localement qu'un verbe « être »
s'est créé; l'osmanli a spécialisé en copule la 3ᵉ sg. *dir (dur)*,
de *durmaq*, « stare [2] », sans abolir d'ailleurs l'usage du pronom-
copule ou de la phrase nominale.

Cette valorisation syntaxique du pronom en fonction de
copule est un phénomène dont il faut souligner la portée
générale. Nous voyons ici que deux types linguistiques

1. Cf. Brockelmann, *Arab. Gramm.* ¹¹, § 100-102.
2. Voir des exemples plus abondants chez J. Deny, *Grammaire
de la langue turque*, § 549 sq., 1175; et dans l'ouvrage collectif
Philologiae Turcicae Fundamenta, I, 1959, p. 104, 111, 125, 207 et al.

entièrement différents peuvent se rencontrer dans la création d'une même structure syntaxique, par une convergence dont le pronom est l'instrument. Cette situation, identique en sémitique et en turc, donne l'idée que la même solution peut s'offrir ailleurs encore, chaque fois que la phrase nominale à deux membres doit par quelque moyen formel, autre que prosodique, se réaliser comme un énoncé assertif, et comprendre un terme nouveau servant de signe d'assertion. Le pronom est ce signe. Nous pouvons maintenant y apporter la confirmation d'un troisième type linguistique qui a effectué par le même procédé une forme indépendante de phrase nominale. Cette création a eu lieu en indo-européen même, plus précisément dans une partie des langues iraniennes.

D'abord en sogdien. Outre les verbes « être » *('sty, βwt, 'skwty)*, le pronom *'γw*, « il, lui », qui peut même servir d'article, remplit la fonction d'une copule en fin de phrase : *tk'wšδ ZYmy... ZKH "z'wn δγwth 'γw kt'r ZY z'tk*, « examinez si l'enfant est une fille ou un fils » (VJ. 24 sq.); *γwyz'kw nyγ 'γw*, « (la loi) est extrêmement profonde » (Dhu. 77, cf. 222); *mwrtk 'tn 'γw*, « il est mort » (R. I, frgm. II a, 14); *KZNH γrβ'nt 'YKZY 'pw "stnyh 'γw*, « afin qu'ils comprennent comment est l'impermanence » (Vim. 119); on notera l'emploi alternant de *βwt* et de *'γw* dans le texte suivant : *'YK' w'tδ'r pw "y'm γw ms pwt'n'k ČWRH pw "y'm βwt 'YK' w'tδ'r pw kyr'n 'γw ms pwt'n'k kwtr 'pw kyr'n βwt*, « comme l'être est (γw) infini, le corps du Bouddha est (βwt) aussi infini; comme l'être est *('γw)* illimité, le gotra du Bouddha est *(βwt)* aussi illimité » (Dhu. 57 sq.) : la situation typique de l' « être » est énoncée par le pronom, la situation contingente par *βwt*. On trouverait sans peine dans les textes bouddhiques autant d'exemples qu'on en voudrait de *'γw* ainsi construit [1]. Ce trait a persisté en yagnābī, où le pronom *ax* est à la fois démonstratif et copule [2] : d'une part comme pronom, *ax odám avvow* « cet homme vint »; de l'autre, sous la forme de l'affixe *-x*, en copule : *inčem ku-x*, « où est ma femme ? »; *xūrāki māx kam-x*, « notre provision est petite ».

Du sogdien au yagnābī l'emploi a été historiquement continu. Mais cette fonction du démonstratif peut être reconnue aussi dans deux autres dialectes iraniens, le pašto

1. Nous avions autrefois signalé cet emploi du pronom en sogdien et en yagnābī (*Grammaire sogdienne*, II, p. 67-68), mais sans pouvoir l'expliquer.
2. Exemples chez Andreev-Peščereva, *Jagnobskie Teksty*, p. 227 b, 354 a; cf. aussi *Grundr. der iran. Philologie*, II, p. 342 (§ 94, 3). Sous l'influence du persan, yagn. *-x* est parfois renforcé par *ast*.

et l'ossète. En pašto, au présent de « être », les deux premières personnes *yam*, *yē*, contrastent avec la 3ᵉ, *dai*, fém.
da, plur. *dī*, dont les formes ne peuvent avoir aucun rapport
avec l'ancien verbe *ah-*. Il s'agit en fait du pronom *dai*
(iranien ancien *ta-*), fléchi comme adjectif, et qui a été
introduit dans le paradigme du présent de « être » à la faveur
d'une flexion périphrastique comme celle du présent passif
de « faire » : 1º *kaṛai yam*, « j'ai été fait »; 2º *kaṛai yē*, « tu
as été fait », mais 3º *kaṛai dai*, « il a été fait » (litt. « fait lui »),
fém. *kaṛē da*, litt. « faite elle », plur. *kaṛī ī*, litt. « faits eux ».
Enfin il a été montré ailleurs que la forme ossète *ū*, 3ᵉ sg.
du présent de « être », représente le pronom *ū*, employé
de même [1]. Voilà donc trois langues iraniennes qui sont
arrivées, par une évolution spontanée, indépendamment
l'une de l'autre, à la même structure syntaxique, d'apparence
ti peu indo-européenne, qui s'est fixée par ailleurs en sémi-
sique et en turc.

Une autre solution a consisté dans l'emploi d'une forme
verbale, mais différente de celle qui énonce l'existence.
Il y en a des exemples clairs, comme en latin tardif où *esse*
assume le rôle de copule, alors que la notion d'existence
passe à *existere*, *extare* [2]; comme en irlandais où, à la 3ᵉ sg.,
is s'oppose à *tá* (avec préverbe *atta*). Il y a donc en irlandais
deux paradigmes complets et distincts. Pour la forme équa-
tive au présent : 1. *am*, 2. *at*, 3. *is*, plur. 1. *d-em*, 2. *adib*,
3. *it*. Pour le verbe d'existence : 1. *tau*, *tó*, 2. *tái*, 3. *tá*, plur.
1. *táam*, 2. *taaid*, *taid*, 3. *taat*. Il importe peu que, en vertu
de l'étymologie, irl. *is* continue **esti*. Dans le système irlandais actuel [3], l'opposition de *is* et *ta* maintient la distinction
des deux notions. De même en kučéen [4]. D'une part un
verbe d'existence *nes-*, p. ex. : *nesäm ytārye tne saṃsārmeṃ ...
läklentameṃ tsälpatsiś*, « il y a *(nesäm)* un chemin *(ytārye)*
ici pour être délivré *(tsälpātsiś)* du saṃsāra et des souf-
frances »; de l'autre *ste* (3ᵉ sg.), plur. *stare*, susceptible de
recevoir des pronoms suffixés, pour la relation d'identité :
āyor saimä ste, « le don *(āyor)* est un refuge *(saimä)* »;
ceym ṛṣāki ñissa śpālmeṃ stare, « ces ṛṣis sont *(stare)* meil-
leurs *(śpālmeṃ)* que moi *(ñissa)* ». Il est à peine besoin
de rappeler les deux verbes *ser* et *estar* de l'espagnol. On

---

1. Cf. nos *Études sur la langue ossète*, 1959, p. 74-75, où la présente démonstration est annoncée.
2. Pour le détail, cf. Ernout, *B.S.L.*, L (1954), p. 25 sq.
3. M. L. Sjœstedt, *Description d'un parler du Kerry*, p. 112 sq.
4. Krause, *Westtocharische Grammatik*, I, 1952, p. 61, § 64.

voit que ces langues manifestent, au prix d'un renouvellement lexical, la persistance de cette distinction. Il ne faudrait pas croire que cette distinction, et le problème linguistique auquel elle répond, soient propres à l'indo-européen. On les rencontre en des domaines très différents. M. F. Martini, étendant aux langues indochinoises nos observations sur la phrase nominale, a su dégager en siamois et en cambodgien la même répartition [1]. Il l'a retrouvée en siamois, entre *khu* qui sert à identifier et *pĕn*, « exister, être vivant »; en cambodgien, entre *gĭ* copule et *jā* « exister, (être) bon, vrai ». Concordance d'autant plus remarquable qu'ici seul le comportement syntaxique des formes permet de les définir comme verbales [2].

Enfin une dernière solution s'est imposée dans la majorité des langues indo-européennes. C'est la généralisation de **es-* dans la fonction de copule aussi bien que comme verbe d'existence. La distinction est désormais abolie. L'état est alors celui du français actuel où l'on peut dire aussi bien « cela *est* » que « cela est bon », sans que *être* et *exister* se délimitent mutuellement. Il n'y a plus rien, dans cette situation, qui corresponde à l'opposition lexicale de esp. *ser/estar*, ni à celle que le russe exprime d'une part au moyen de *-O-jestĭ/*, de l'autre par la variation casuelle du prédicat, nominatif/instrumental. En revanche la réduction de ces deux catégories à l'unité simplifie le jeu des flexions temporelles en instaurant un ensemble de paradigmes plus réguliers. On aboutit ainsi à donner un support lexical à ce qui n'était qu'une relation grammaticale, et « être » devient un lexème, susceptible aussi bien d'énoncer l'existence que d'asserter l'identité.

Que *avoir* soit un auxiliaire au même titre que *être*, c'est là quelque chose d'étrange. Tout semble séparer les deux verbes, et rien ne laisse voir pourquoi ils doivent fonctionner parallèlement. Était-il nécessaire de créer en diverses langues un second auxiliaire, alors que, par exemple, le russe ou le persan en ont un seul ? En outre, ce second auxiliaire, *avoir*, à la différence de l'autre, a un véritable sens, que les

1. *B.S.L.*, LII 1956), p. 289-306.
2. Il y aura peut-être lieu de revoir au point de vue de la distinction indiquée ici les données complexes relatives à « être » en indo-aryen, qui ont été étudiées par R. L. Turner, *B.S.O.S.*, VIII (1936), p. 795 sq., et H. Hendriksen, *B.S.O.A.S.*, XX (1957), p. 331 sq.

lexicographes se chargent de définir; il a, hors de sa fonction
d'auxiliaire, une construction libre qui est celle d'un verbe
actif pareil à tous les autres, avec une rection transitive
d'objet. En vérité, plus on l'examine, plus sa situation
d'auxiliaire apparaît difficile à justifier. Essayons donc de
la caractériser formellement, dans quelques langues données.
Il faut bien saisir ce verbe *avoir* quelque part pour l'analyser,
même si, comme il apparaîtra, on doit finalement dénier
toute nécessité à une notion qui n'a ni en logique ni en
grammaire de titre à être postulée.

Considérons les choses en français, par rapport à *être*.
On observe que *avoir* a certaines propriétés en commun
avec *être* et d'autres qui lui sont propres. Nous résumerons
ainsi leurs relations :

1. *Être* et *avoir* ont l'un et l'autre le statut formel d'auxiliaires temporels.

2. Ni *être* ni *avoir* ne sont susceptibles d'une forme
passive.

3. *Être* et *avoir* sont admis l'un et l'autre comme auxiliaires temporels des mêmes verbes, selon que ces verbes
sont ou non réfléchis, c'est-à-dire selon que le sujet et l'objet
désignent ou non la même personne : *être* quand sujet et
objet coïncident (« il s'*est* blessé) », *avoir* quand ils ne coïncident pas (« il m'*a* blessé »).

4. Autrement, les auxiliaires *être* et *avoir* sont en répartition complémentaire; tous les verbes ont nécessairement
l'un ou l'autre (« il *est* arrivé : il *a* mangé »), y compris *être*
et *avoir* eux-mêmes, qui à l'état libre prennent *avoir* (« il *a*
été; il *a* eu »).

Cette symétrie d'emploi et cette relation complémentaire
entre les deux auxiliaires, qui ont en outre le même effectif
de formes et les mêmes constructions, contrastent fortement avec la nature lexicale des deux verbes et avec leur
comportement syntaxique à l'état libre. Ici une différence
essentielle les sépare : hors de la fonction d'auxiliaire, la
construction de *être* est prédicative; celle d'*avoir*, transitive.
Cela semble rendre inconciliable le statut respectif des deux
verbes. On ne voit pas, en particulier, comment un verbe transitif peut devenir auxiliaire.

C'est là cependant une illusion. *Avoir* a la construction
d'un verbe transitif; il n'en est pas un pour autant. C'est
un pseudo-transitif. Entre le sujet et le régime de *avoir*,
il ne peut exister un rapport de transitivité, tel que la notion
soit supposée passer sur l'objet et le modifier. Un verbe
avoir n'énonce aucun procès. De fait *avoir* comme lexème

est, dans le monde, une rareté; la plupart des langues ne le connaissent pas. Au sein même des langues indo-européennes, c'est une acquisition tardive [1], qui mit longtemps à s'imposer et qui reste partielle. L'expression la plus courante du rapport indiqué en nos langues par *avoir* s'énonce à l'inverse, par « *être-à* », constituant en sujet ce qui est l'objet grammatical d'un verbe *avoir*. Par exemple, *kāna l-*, « être à », représente en arabe la seule équivalence possible de « avoir ». Telle est la situation dans la majorité des langues.

Nous nous contenterons d'en donner quelques illustrations prises aux domaines linguistiques les plus différents. Les langues altaïques n'ont pas de verbe « avoir »; on construit en turc avec un pronom suffixé un prédicat d'existence, *var*, ou d'inexistence, *yoq* [2] : ainsi *bir ev-im var*, « une *(bir)* maison-mienne *(ev-im)* est; j'ai une maison »; en mongol (classique), le datif-locatif du pronom ou du nom du possesseur est construit avec « être » : *nadur morin buy*, « à moi *(nadur)* un cheval *(morin)* est *(buy)*, j'ai un cheval » [3]. Sans qu'il y ait aucune action de part ou d'autre, le kurde dit de même : *min hespek heye*, « à moi *(min)* un cheval *(hespek)* est *(heye)* », alors que le persan, très proche génétiquement et typologiquement, emploie *dāštan*, « avoir ». En géorgien classique [4] même construction « être-à », qui se trouve coïncider avec celle des modèles grecs dans les traductions : *romelta ara akuns saunžē*, répondant littéralement à gr. « οἷς οὐκ ἔστιν ταμιεῖον, ils n'ont pas de cellier » (Lc XII, 24). Le nom ou pronom, ici le relatif au datif *romelta*, « auxquels », peut être accompagné, au génitif ou au datif, de *tana*, « avec » : *ara ars čuen tana uprojs xut xueza puri*, « nous n'avons pas plus de cinq pains », litt. « n'est pas nous-avec *(čuen tana)* plus que cinq pains, οὐκ εἰσὶν ἡμῖν πλεῖον ἢ πέντε ἄρτοι ». — Sur le domaine africain on pourra citer, en ewe (Togo) [5], l'expression de « avoir » par « être dans la main » avec le verbe *le*, « être, exister », *asi*, « dans la main » : *ga le asi-nye*, « argent *(ga)* est dans ma *(-nye)* main, j'ai de l'argent ». En vai (Liberia) [6], où la possession doit être spécifiée comme aliénable ou inaliénable, il y a deux expressions : d'une part *nkuǹ ?be*, « ma *(ǹ)* tête *(kuǹ)*

1. Meillet, Le développement du verbe avoir, *Antidôron J. Wackernagel*, 1924, p. 9-13.
2. Deny, *Grammaire*, § 1198.
3. Poppe, *Grammar of written Mongolian*, 1954, p. 147, § 509.
4. Les diverses expressions sont étudiées par G. Deeters, *Festschrift A. Debrunner*, 1954, p. 109 sq.
5. D. Westermann, *Wörterbuch der Ewe-Sprache*, I, p. 321.
6. A. Klingenheben, *Nachr. Götting. Gesellsch.*, 1933, p. 390.

existe *(ʔbɛ)*, j'ai une tête », de l'autre *ken ʔbɛ m 'bolɔ*, « ma-son *(ken)* existe dans ma main *(m 'bolo)*, j'ai une maison ». De même en kanuri « j'ai » se dit *nânyîn mbéji*, litt. « moi-avec *(nânyîn)* il y a *(mbéji)* » [1].

Nous n'accumulerons pas ces preuves de fait, qui tour-neraient vite au catalogue, tant il est facile à chacun de véri-fier, en quelque domaine linguistique que ce soit, la pré-dominance du type « mihi est » sur le type « habeo ». Et pour peu qu'on soit renseigné sur l'histoire de la langue considérée, on observe souvent que l'évolution se fait de « mihi est » à « habeo », non à l'inverse, ce qui signifie que là même où « habeo » existe, il peut sortir d'un « mihi est » antérieur. S'il y a une expression « normale » de ce rapport, c'est « *mihi est aliquid* »; tandis que « *habeo aliquid* » n'en est qu'une variante secondaire et d'extension limitée, si importante que soit en elle-même l'acquisition de *avoir* comme verbe autonome.

Il convient seulement de prévenir ici un malentendu auquel prêterait facilement l'expression « *mihi est* » si on la prenait telle quelle, sans en spécifier la valeur dans chaque système linguistique. Le « être-à » dont nous parlons n'est nullement identique à la locution française *être-à* dans « ce livre *est à* moi ». Il faut observer soigneusement cette dis-tinction. On ne peut attribuer à fr. « *est à moi* » la même fonc-tion qu'à lat. « *est mihi* » : en latin *est mihi* indique le même rapport que *habeō*, qui n'en est qu'une transformation : *est mihi liber* a été remplacé par *habeō librum*. Mais en français on énonce deux rapports différents : possession dans *avoir* (« j'ai un livre »); appartenance dans *être à* (« ce livre est à moi »). La différence des rapports ressort de celle des cons-tructions : *être à* demande toujours un sujet déterminé; « un livre est à moi » serait impossible : il faut « ce livre... ». Inversement *avoir* demande toujours un objet indéterminé : « j'ai ce livre » n'aurait au mieux qu'une faible chance d'emploi; il faut « j'ai un livre ». C'est pourquoi lat. *est mihi* répond à fr. *j'ai*, et non à *est à moi*.

Pour la même raison de méthode on ne doit pas confondre deux constructions qui se trouvent simultanément en indo-europeen ancien : « être » avec le datif, et « être » avec le génitif [2]. Ce sont deux prédications distinctes. Avec le génitif, nous avons un *prédicat d'appartenance* servant à

---

1. J. Lukas, *A Study of the Kanuri Language*, p. 28-9, § 72.
2. Cette distinction n'apparaît pas dans l'article de Meillet cité ci-dessus. Elle a été indiquée pour le hittite dans *Archiv Orientální*, XVII (1949), p. 44 sq.

définir l'objet : av. *kahyā ahī?* « à qui appartiens-tu ? »; véd. *áhar devā́nām āsīd rātrir ásurānām*, « le jour appartenait aux dieux, la nuit aux Asuras »; hitt. *kuella* GUD-*uš* UDU-*uš*, « à qui qu'appartiennent bœufs (et) moutons »; gr. hom. τοῦ (sc. Διὸς) γὰρ κράτος ἐστὶ μέγιστον, « à lui appartient la force suprême »; lat. *Galliam potius esse Ariovisti quam populi romani*, « (il ne pouvait croire) que la Gaule appartînt à Arioviste plutôt qu'au peuple romain » (César, *B.G.*, I, 45, 1); v. sl. *kotorago otŭ sedmi bǫdetŭ žena*, « auquel des sept appartiendra la femme ? τίνος τῶν ἑπτὰ ἔσται γυνή; » (Mt. XXII, 28). Mais « être » avec le datif définit un *prédicat de possession :* ainsi hitt. *tuqqa* UL *kuitki ešzi*, « à toi rien n'est = tu n'as rien »; gr. ἔστι τοι χρυσός, « tu as de l'or », etc.

C'est donc du rapport de possession que nous traitons et de son expression par « être-à ». Or *avoir* n'est rien autre qu'un *être-à* inversé : *mihi est pecunia* se retourne en *habeo pecuniam*. Dans le rapport de possession indiqué par *mihi est*, c'est la chose possédée qui est posée comme sujet; le possesseur n'est signalé que par ce cas marginal, le datif, qui le désigne comme celui en qui l'« être-à » se réalise. Quand la construction devient *habeo pecuniam*, ce rapport ne peut devenir « transitif »; le « ego » posé maintenant comme sujet n'est pas pour autant l'agent d'un procès : il est le siège d'un état, dans une construction syntaxique qui imite seulement l'énoncé d'un procès.

Tout s'éclaire en effet quand on reconnaît *avoir* pour ce qu'il est, un *verbe d'état*. Nous en trouverons confirmation dans les structures linguistiques les plus différentes. Le verbe « avoir » du gotique, *aih*, est un perfecto-présent. Il fait partie d'une classe qui contient uniquement des verbes d'état subjectif, d'attitude, de disposition, mais non d'action [1] : *wait*, « savoir »; *mag*, « pouvoir »; *skal*, « devoir »; *man*, « croire »; *og*, « craindre », etc. Ainsi *aih*, « avoir », se caractérise comme verbe d'état de par sa forme même. Il a un correspondant en indo-iranien dans véd. *īśe*, av. *ise*, « avoir, posséder »; or le verbe ici aussi n'existe qu'à l'état de parfait moyen [2], dénotant l'état : *īśe* est un parfait redoublé *$*\partial_1 i$-$\partial_1 is$-*

1. Cf. *Archivum Linguisticum*, I (1949), p. 19 sq.; *Die Sprache*, VI (1960), p. 169.

2. Le lemme *aēs*- de Bartholomae, *Air. Wb.* s. v. est illusoire. Un thème *aēs*- pourrait à la rigueur être postulé pour le substantif *aēšā -*. Mais comme formes verbales, il n'existe que le parfait *ise* (à lire *īśe*) et le participe *isāna-* (à lire *īśāna-*), identiques à véd. *īśe*, *īśānā-*. On ne peut accorder aucun crédit aux formes *ište*, *išta*, mal attestées ou corrections d'éditeurs.

ai, qui a servi de base à un présent [1]. De fait tous les perfecto-présents du gotique pourraient se traduire par une périphrase au moyen de « avoir », indiquant l'état du sujet : *wait*, « j'ai connaissance », *mag*, « j'ai pouvoir », *og*, « j'ai crainte », *parf*, « j'ai besoin », *man*, « j'ai idée », etc. C'est que « avoir » lui-même ne dénote qu'un état. Cela est vérifié par un parallèle à l'autre bout du monde, dans une langue amérindienne. En Tunica (Louisiane), il y a une classe de verbes dits statiques [2] : ils ont cette particularité de ne pouvoir se fléchir sans préfixes pronominaux et d'exiger les préfixes de la possession « inaliénable ». Or, considérés dans leur distribution sémantique, les verbes statiques se rapportent tous à des notions d'état : état émotionnel (« avoir honte, être en colère, être excité, heureux », etc.), état physique (« avoir faim, froid, être ivre, las, vieux », etc.); état mental (« savoir, oublier ») et aussi, si l'on peut dire, état de possession : « avoir » en plusieurs expressions. Cette classification de « avoir » parmi les verbes d'état répond à la nature de la notion. On voit pourquoi *avoir* se prête en maintes langues à former des périphrases pour des dispositions subjectives : « avoir faim, avoir froid, avoir envie... », puis « avoir la fièvre », plus vaguement, cependant avec référence claire au sujet affecté : « avoir un fils malade ». Dans aucun de ses emplois *avoir* ne se réfère à un objet, mais seulement au sujet.

Dès lors que *avoir* doit être défini comme verbe d'état, dans quelle relation se trouve-t-il avec *être* qui est lui aussi un verbe d'état, qui est même par excellence *le* verbe d'état ? Si dans leur emploi comme auxiliaires verbaux, *être* et *avoir* sont en distribution complémentaire, on peut supposer qu'ils le sont aussi dans leur situation lexicale. Ils indiquent bien l'un et l'autre l'état, mais non le même état. *Être* est l'état de l'étant, de celui qui est quelque chose; *avoir* est l'état de l'ayant, de celui à qui quelque chose est. La différence apparaît ainsi. Entre les deux termes qu'il joint, *être* établit un rapport intrinsèque d'identité : c'est l'état consubstantiel. Au contraire, les deux termes joints par *avoir* demeurent distincts; entre ceux-ci le rapport est extrinsèque et se définit comme pertinentiel; c'est le rapport du possédé au possesseur. Seul le possesseur est dénoté

1. M. Leumann, *Morphologische Neuerungen im altindischen Verbalsystem* (Meddel. Nederl. Akad. N. R. XV, 3), 1952, p. 13 (85), souligne justement le parallélisme du gotique et de l'indo-iranien, qui procèdent d'une forme de parfait.
2. M. Haas, *Tunica*, § 4.71, p. 59 sq.

par *avoir*, à l'aide de ce qui, grammaticalement, se constitue en (pseudo-) régime.

De là vient que *avoir*, qui n'est qu'un « *être-à* » retourné, ne se laisse pas lui-même tourner en passif. En français, *avoir* n'a pas de passif. Même son équivalent lexical, *posséder*, n'en comporte pas. On ne saurait dire : « ce domaine a été possédé par X.; il est maintenant possédé par l'État »; ce qui rend un tel passif irrecevable est le fait que *posséder* affecte non l'objet, mais le sujet. C'est seulement dans un sens dévié, qui fait de *posséder* l'équivalent de « dominer, subjuguer, assujettir », qu'on pourra dire : « il est possédé du démon, il est possédé par la jalousie » et qu'on parlera d'« un possédé ».

Cette situation particulière du verbe *avoir*, dont la construction active masque un « être-à » renversé, fera mieux entendre la diathèse de lat. *habēre*, gr. ἔχειν. On donne généralement *habēre* et ἔχειν comme les illustrations de ce principe que le verbe indo-européen n'est ni intransitif ni transitif par nature et qu'il peut admettre les deux valeurs. En réalité, nous devons poser *habēre* et ἔχειν comme étant d'abord des verbes d'état, en vertu de leurs emplois mêmes. Les expressions *sic habet* ou *bene habet* sont connues. Tout aussi clairs sont les plus anciens dérivés de *habēre*, comme *habitus*, « manière d'être, comportement, tenue », *habilis*, « qui se comporte (bien), qui se prête à l'usage » *(habilis ensis; calcei habiles ad pedem)*, et le présent *habitare*, « se tenir habituellement, résider » remplaçant en ce sens même *habere :* cf. *quis istic habet?* « qui habite là? » chez Plaute. Même devenu transitif, *habēre* garde sa valeur d'état; il faut prêter attention aux locutions où *habere* indique « avoir sur soi », décrivant l'état du sujet : *habere uestem; habere iaculum, coronam*, etc., puis *habere uulnus;* ou « avoir en soi » : *habere dolorem; habere in animo; habes nostra consilia*, « tu connais nos projets ». Tout cela préforme la notion de possession : *habere fundum*, c'est à la fois « résider (sur la terre) » et l'« occuper » (légalement). — Pour ἔχειν il n'y a pas seulement à rappeler les emplois dits intransitifs εὖ, κακῶς ἔχειν, « se trouver bien, mal », mais dès les plus anciens textes, des formules comme hom. ἑκὰς ἔχειν, « se tenir à l'écart »; ἔξω δ᾽ ὡς ὅτε τις στερεὴ λίθος, « je tiendrai ferme comme un roc », les locutions avec ἔχειν pour l'état physique ou mental : ποθὴν, ἄλγεα, πόνον, πένθος ἔχειν, ou τέλος ἔχειν, « s'achever », ἡσυχίαν ἔχειν, « se tenir tranquille », ἵππων δμῆσιν ἔχειν, « s'entendre à dompter les chevaux ». Le sujet de ἔχειν peut aussi bien désigner une chose :

βάρος ἔχειν, « comporter, avoir un poids », comme *pondus habere*.

On arrive ainsi à définir la situation respective de *être* et de *avoir* d'après la nature du rapport institué entre les termes nominaux de la construction : *être* présume une relation intrinsèque, *avoir* une relation extrinsèque. Ce qu'ils ont de pareil et ce qui les distingue apparaît dans la symétrie de leur fonction d'auxiliaire et dans la non-symétrie de leur fonction de verbe libre. La construction transitive de *avoir* le sépare de *être*. Mais cette construction est toute formelle, elle ne classe pas *avoir* dans les verbes transitifs. Si les éléments syntaxiques dans *Pierre a une maison* ont formellement le même arrangement que dans *Pierre bâtit une maison*, le second énoncé peut se retourner en passif; le premier, non. C'est la preuve que *avoir* n'a pas de rection transitive.

En revanche dans celles des langues qui possèdent à la fois *avoir* et *être* comme auxiliaires, leur homologie d'emploi est un fait de grande portée. Il faut seulement y insister encore : il n'y a pas de nécessité à l'existence de deux auxiliaires, les langues peuvent n'en admettre qu'un. Là même où les deux s'emploient, ils peuvent avoir une répartition très inégale, comme en français où *être* s'attache à une douzaine de verbes seulement, *avoir* à tous les autres. Considérant donc les langues dont le verbe s'organise à l'aide d'un auxiliaire qui est *avoir* ou *être* selon le cas, nous avons à observer la convergence de *avoir* et de *être* dans la formation du parfait : « il *est* venu : il *a* vu ».

Que le parfait soit dans ces langues lié à l'emploi des auxiliaires *être* et *avoir*, qu'il n'ait pas d'autre expression possible que *être* ou *avoir* avec le participe passé du verbe, et que cette forme périphrastique constitue une conjugaison complète, c'est là un ensemble de traits qui éclairent la nature profonde du parfait. C'est une forme où la notion d'état, associée à celle de possession, est mise au compte de l'auteur de l'action; le parfait présente l'auteur comme possesseur de l'accomplissement.

Le parfait est bien, notamment dans les langues indo-européennes, une forme d'état énonçant possession. On peut le montrer par l'analyse interne des formes périphrastiques. Nous tenons que la succession : parfait compact *(scripsī)* > parfait périphrastique *(habeō scriptum)* fait émerger, dans la relation entre les éléments de la forme, le sens inhérent au parfait indo-européen.

On en trouve une illustration frappante dans la structure du parfait arménien. Nous avons analysé précédemment [1] ce parfait si singulier dans les termes propres de la syntaxe arménienne, selon les conditions qui seules permettent de l'expliquer. Il a deux variétés qui, chose curieuse et d'abord déroutante, se distinguent par la forme casuelle du « sujet », tout le reste comportant les mêmes éléments. Le parfait intransitif consiste en : sujet au nominatif + participe passif en -*eal* + forme fléchie de « être »; le parfait transitif, en : sujet au génitif + participe passif en -*eal* + forme de « être » à la 3ᵉ sg. Ainsi *sa ekeal ē*, « il-est venu », mais *nora* (gén. sg.) *teseal ē*, « il a vu ». En fait, à travers cette variation syntaxique, nous avons pu retrouver l'opposition qui se manifeste dans le développement général des langues indo-européennes entre la construction du parfait intransitif avec *être* et la construction du parfait transitif avec *avoir*. L'originalité de l'arménien est d'exprimer la relation « avoir » par un tour syntaxique qui transpose le sujet en « possesseur »; c'est le syntagme « *être* + génitif prédicat », équivalent arménien du verbe « avoir ». On dit en arménien *nora tun ē*, litt. « eius *(nora)* aedes *(tun)* est *(ē)* » pour signifier « habet aedem, il a une maison »; on dit de même au parfait transitif, avec le participe remplaçant le substantif, *nora teseal ē*, litt. « eius visum est », pour signifier « habet visum, il a vu ». Le principe de l'explication étant donné, on n'a pas de peine à comprendre que cette construction ait servi d'expression au parfait *transitif*, qui apparaît ainsi comme « possessif », à la lettre, et qui devient homologue au parfait de signe « avoir », des autres langues. Seulement, au lieu de se manifester par l'emploi de deux auxiliaires distincts *(être* et *avoir)*, la différence du parfait intransitif et du parfait transitif a été, en arménien, transposée dans la relation de la périphrase verbale au sujet.

Nous voyons ici sur un bel exemple comment les mêmes relations peuvent emprunter selon les langues des expressions formelles très différentes. La raison de la construction du parfait transitif arménien se trouve dans le fait que, pour « avoir », l'arménien dit « être-à » (littéralement « être-de »). Signalons en passant le remarquable parallélisme du développement du parfait en vieil-égyptien. Selon l'interprétation présentée par W. Westendorf [2], le parfait transitif égyptien est d'expression possessive : *mr n-j śn*, « j'ai aimé

1. *B.S.L.*, LIV (1959), p. 57 sq.; ci-dessus, p. 181 sq.
2. *Mitteil. des Inst. für Orientforschung*, I (1953), p. 227 sq.

le frère », vaut littéralement : « aimé *(mr)* à-moi *(n-j)* [est]
le frère *(śn)* ». Or la même construction avec le datif *n*-
indique la possession : *nb n-j,* « or (est) à moi *(n-j)* = j'ai
de l'or ». Les types linguistiques peuvent différer du tout
au tout; certaines relations fondamentales se réalisent néanmoins pour les mêmes procédés formels, apparemment
en vertu de nécessités de structure.

Cette explication du parfait transitif arménien choisi
comme spécimen de la construction « mihi est factum » pour
« habeo factum » entraîne une conséquence qui va être de
grande portée pour l'ensemble des formes verbales composées
avec « être ». Elle se résume en ceci : la forme de parfait
actif transitif en arménien ne se distingue de celle du parfait
passif que si l'objet est spécifié comme tel par la particule *z-*.
Autrement, les deux formes coïncident.

On peut le montrer sur plusieurs exemples. Soit Mc XV,
46 : *ed i gerezmani zor ēr p'oreal i vimē,* « il le mit dans le
tombeau qu'*on avait creusé* dans la pierre ». Telle s'impose la
traduction d'après le texte des mss; c'est un parfait transitif,
dénoncé par le régime *z-or,* sans sujet explicite. Mais Oskan
donne *or* au lieu de *zor* [1]. Si la particule *z-* est omise, *or ēr
p'oreal* doit se traduire nécessairement au passif : « qui était
creusé », d'accord avec le grec ὁ ἦν λελατομημένον ἐκ πέτρας.
— Mc XVI, 4 : *hayec'eal tesin zi t'awalec'uc'eal ēr zvēmn,*
« ayant regardé, elles virent qu'*on avait roulé* la pierre »;
mais si, avec Oskan, on supprime *z-,* il faut traduire « que la
pierre avait été roulée, ὅτι ἀνακεκύλισται ὁ λίθος ». —
Prenons encore Luc II, 5 : *Maremaw handerj zor xawseal ēr
nma,* « avec Marie qu'*on lui avait fiancée* »; en supprimant *z-*
(Oskan), on entendra : « qui lui avait été fiancée, σὺν Μαριὰμ
τῇ ἐμνηστευμένῃ αὐτῷ ».

La notion d' « état » est si prégnante dans le tour périphrastique « participe + *être* » que si le sujet fait défaut,
comme dans un parfait transitif non personnel, seule la
marque de l'objet *(z-)* permet de dire si la forme dénote
l'état de l'auteur de l'action ou l'état de la chose affectée.
On voit combien faible et étroite devient la marge de distinction entre les deux diathèses [2].

Il y a plus. On peut trouver des exemples où rien, hormis
le contexte, ne laisse décider si le parfait est actif ou passif.
Prenons Luc XIX, 15 : ... *(ew koč'eal zcaṙaysn) oroc' tueal ēr
zarcat'n.* A prendre la construction dans ses termes stricts,

1. Cf. Lyonnet, *Le Parfait en arménien classique,* p. 100.
2. Lyonnet, *op. cit.,* p. 95, observe bien : « ... en certains cas il est
malaisé de décider si le parfait marque l'état de l'objet ou du sujet. »

oroc͑ tueal ēr zarcat͑n devrait se traduire « ceux qui avaient donné l'argent ». Les parallèles ne manquent pas : *oroc͑ tueal ēr* est exactement comparable, par exemple, à *oroc͑ teseal ēr*, « ceux qui avaient vu, οἱ ἰδόντες » (Mc V, 16). Néanmoins, en dépit de ce parallélisme formel, nous sommes assurés que le texte de Luc XIX, 15 (parabole des talents) : *oroc͑ tueal ēr zarcat͑n*, doit être entendu, non « ceux qui avaient donné l'argent », mais « (il convoqua les serviteurs) à qui il avait donné l'argent (τοὺς δούλους) οἷς δεδώκει τὸ ἀργύριον ». Le contexte nous montre que *oroc͑* est ici non le sujet, mais l'objet indirect de *tueal ēr*. C'est dire donc qu'en raisonnant d'après la seule construction, on obtiendrait l'inverse du sens, car en soi *oroc͑ tueal* (ou *aṙeal*) *ēr zarcat͑n* signifierait bien « ceux qui avaient donné (ou : pris) l'argent ». La même ambiguïté peut résulter d'un emploi où le sujet ne serait pas mentionné : *yaynžam... hraman aṙeal i t͑agaworēn* s'entendrait à la lettre : « à ce moment l'ordre fut reçu par le roi », puisque le complément du verbe passif s'énonce bien par *i* et l'ablatif. En fait la phrase signifie « il reçut l'ordre du roi » (sujet non indiqué ; copule omise). De pareilles ambiguïtés, même si le contexte prévient l'erreur sur le sens, montrent que le parfait transitif, dépourvu de caractéristiques univoques, se distinguait mal du parfait passif, avec lequel il avait au moins deux éléments sur trois en commun (participe en *-eal* et verbe « être »). Si le sujet est implicite, la distinction ne peut se réaliser que hors de la forme même. Prenons cette portion de texte : *zi č͑ew ews ēr arkeal ... i bant* on traduira : « car il n'avait pas encore été jeté en prison », ce qui coïncide exactement avec le grec : οὔπω γὰρ ἦν βεβλημένος εἰς τὴν φυλακήν (J. III, 24). Rétablissons maintenant la citation ; nous avons omis le régime *zyovhannēs* ; la phrase est en réalité : *zi č͑ew ews ēr arkeal zyovhannēs i bant*, ce qui doit alors se traduire : « on n'avait pas encore jeté Jean en prison », construction active en arménien, en face de la construction passive du grec : il eût suffi que l'arménien portât *yovhannēs* sans *z-*, et c'était un parfait passif, comme en grec.

Nous ne suivrons pas plus loin les conséquences de cette situation en arménien. Elle a été certainement une des raisons qui ont entraîné la réfection du système des voix dans la langue moderne, où le passif a désormais une marque distinctive, le morphème *-v-* inséré entre le thème et la désinence. Mais ce que l'arménien nous donne à constater, d'autres langues pourraient aussi nous le montrer. On n'a pas encore prêté attention à cette configuration du parfait analytique dont la syntaxe ne laisse pas décider à première vue si la forme nominale « régie » par le parfait désigne l'auteur ou le récepteur du procès. En grec, ὥς μοι πρότερον δεδήλωται (Hdt. VI, 123) signifie « comme je l'ai montré antérieurement », non « comme il m'a été montré »; ὥσπερ καὶ πρότερόν μοι εἴρηται (Thuc. XI, 94) « comme je l'ai dit », non « comme il m'a été dit »[1], et pourtant une traduction littérale en latin : *sicut mihi iam prius dictum est* pourrait faire hésiter sur le sens. Le latin n'ignore pas non plus l'ambiguïté occasionnelle dans l'expression de l'agent. Citons seulement, parce que, au sentiment même des Latins, c'était là une « formule antique », les termes qui consacraient une vente régulière, selon Varron : « Antiqua fere formula utuntur, cum emptor dixit : *Tanti sunt mi emptae* (sc. *oves*)? Et ille respondit : *sunt* » (RR. II, 2, 5). L'acheteur veut faire reconnaître au vendeur que l'opération se conclue : « *Les ai-je achetées* pour tant? » La tournure *sunt mihi emptae* vise à supprimer une autre ambiguïté, celle d'un parfait qui serait *sunt a me emptae* et qui signifierait aussi bien « je les ai achetées » que « elles m'ont été achetées » (*ab aliquo emere*, « acheter à quelqu'un »). On est sur une étroite marge entre les deux possibilités.

Pour compléter le tableau de ces ambiguïtés, nées de la forme analytique du parfait transitif avec « être », notons celle qui, parallèlement, s'introduisait au passif, à mesure que la forme compacte du parfait passif ancien était concurrencée par la forme descriptive « participe passif + être ». On rencontre les deux formes ensemble dans une curieuse opposition, par exemple J. XX, 30-31 : Πολλὰ μὲν οὖν καὶ ἄλλα σημεῖα ἐποίησεν ὁ Ἰησοῦς … ἃ οὐκ ἔστιν γεγραμμένα ἐν τῷ βιβλίῳ τούτῳ · ταῦτα δὲ γέγραπται ἵνα πιστεύητε … « Jésus a accompli bien d'autres miracles qui *ne se trouvent pas écrits* dans ce livre; ceux-là *ont été écrits* pour que vous croyiez ». Pour rendre cette différence en latin, on n'a eu d'autre ressource que l'interversion des membres : « quae non *sunt scripta*..., haec *scripta sunt* ». Ce chapitre manque à la Bible gotique, mais nous avons ailleurs le même procédé : *swaswe* ist gameliþ « καθώς ἐστιν γεγραμμένον » (J. XII, 14), opp. *bi þanei* gameliþ ist « περὶ οὗ γέγραπται » (Mt. XI, 10). L'arménien a choisi autrement : il rend οὐκ ἔστιν γεγραμμένον

1. Cf. Schwyzer-Debrunner, *Griech. Gramm.*, II, p. 150, pour d'autres exemples. — Schwyzer, « Zum persönlichen Agens beim Passiv », *Abh. Berl. Akad.*, 1942, 10, p. 15-16, est assez flottant; il ne distingue pas le datif avec adjectif verbal du datif avec formes passives du verbe.

par *oč̕ ē greal*, mais γέγραπται par l'aoriste *grec̕aw* [1]. C'est que de plus en plus la forme descriptive participe passif + « être » tend à devenir l'équivalent d'un *présent* passif. On le voit déjà en latin où *aspectus est* se substitue à *aspicitur*. De toutes parts le remplacement de la forme compacte à morphèmes conjoints par une forme analytique à morphèmes disjoints, à l'actif comme au passif, amène des conflits entre la forme de parfait actif ou passif et l'énonciation de l'état présent à l'aide de « être » + adjectif verbal. On aperçoit dans cet enchevêtrement la condition qui a préparé, entre autres, une nouvelle expression du parfait transitif. Le pas décisif a été franchi quand *est mihi* a été remplacé par *habeō*, non seulement comme terme lexical, mais comme élément de la forme de parfait, de sorte que le *tanti sunt mihi emptae* du latin archaïque, cité plus haut, s'énonçait désormais *tanti habeo emptas*, « je les *ai* achetées pour tant ». La généralisation d'un verbe *habēre* et la possibilité désormais établie d'exprimer par *habeō aliquid* la relation *aliquid est mihi* ont permis d'instaurer un parfait transitif univoque *habeo factum* et de rétablir une distinction claire des voix au parfait. A partir de là, l'ancien perfectum *fēci*, libéré de l'expression du parfait, a pu se maintenir comme aoriste. C'est de la même manière qu'à l'extrémité orientale de l'aire indo-européenne, en sogdien, il s'accomplit une scission entre le prétérit devenu aoriste, et le nouveau parfait constitué par *dār-*, « avoir » + participe passé.

Dans le prolongement de ces observations se présente un problème particulier : c'est l'apparition de la forme du parfait avec *avoir* en germanique. Ce parfait s'est-il développé spontanément ? ou est-il né sous l'influence du parfait latin avec *habere* ? Meillet y voyait une imitation des modèles latins [2]. La plupart des germanistes laissent la question en suspens, ne trouvant apparemment aucun argument décisif dans un sens ni dans l'autre [3]. A vrai dire, le problème n'a été envisagé que dans la perspective traditionnelle de la grammaire « historique », où seules les données empiriques sont censées probantes. Mais comment espérer de données matérielles la solution d'un problème pareil ? Les faits nous apprennent seulement que ce parfait n'existe pas en gotique, et qu'il est

---

1. Cf. Lyonnet, *op. cit.*, p. 55-6.
2. Meillet, *Caractères généraux des langues germaniques* [5], p. 130.
3. Cf. en dernier Sörensen, in *Travaux du Cercle lingu. de Copenhague*, XI (1957), p. 145.

présent dans les autres branches du germanique. Mais ce qui importe est de voir comment ces données s'organisent dans le système germanique. La considération du système paraît suggérer une solution.

Un point nous paraît essentiel en gotique : c'est la construction participe + « être » pour rendre le parfait ou le prétérit passif du modèle : *qiþan ist*, « ἐρρήθη »; *gameliþ ist*, « γέγραπται »; *gasulid was*, « τεθεμελίωτο » (Lc VI, 48); *intrusgans warst*, « ἐνεκεντρίσθης, tu as été greffé » (Rom. XI, 24), etc. [1]. Le même tour est de règle en v. islandais où le participe passif joint à *vera* est l'expression ordinaire du passif [2]. A. Heusler souligne avec raison que *var hann vegenn* ne signifie pas seulement « er war erschlagen (war tot) » et « er war erschlagen worden », mais aussi « er wurde erschlagen ». Or l'islandais possède un parfait transitif avec « avoir » : *ek hefe fundet*, « j'ai trouvé », *ek hefe veret*, « j'ai été », complémentaire d'un parfait intransitif avec « être ». Au parfait transitif, dans l'ancienne langue et en poésie, le participe s'accorde avec le nom objet : *hefe ik þik nu mintan*, « ich habe dich nun erinnert »; en prose ce participe tend vers la forme fixe de l'accusatif sg. neutre : *hefe ik þik nu mint*.

Les autres langues germaniques possèdent, comme le nordique, le passif avec « être » et le parfait transitif avec « avoir », deux traits qu'il faut reconnaître comme liés. En vieux-haut-allemand littéraire, le parfait est bien implanté : *tu habest tih selbo vertriben*, « tu t'es chassé toi-même, ipse te potius expulisti » (Notker). Sur le domaine francique comme dans les anciens textes bavarois et alamans, ainsi que J. Barat l'a montré [3], l'auxiliaire du parfait est *habēn* au singulier, *eigun* au pluriel : *ih habēn iz funtan : thaz eigun wir funtan*. En v. anglais, où le passif se constitue avec *beon, wesan, weorðan*, on voit dès les premiers textes fonctionner le parfait transitif avec « avoir » : *ic þē sōðlīce andette þæt ic cūðlīce geleornad hæbbe*, « je te confesse en vérité ce que j'ai appris d'une manière sûre » (Alfred), traduisant « Ego autem tibi uerissime, quod certum didici, profiteor » [4]. On constate donc, en nordique et en westique, cette liaison, qui est essentielle, entre la construction du passif par « être » + participe et celle du parfait transitif par « avoir » + participe. Les

---

1. L'ordre inverse, « être » précédant l'adjectif, indique un syntagme prédicatif, non un parfait : *þatei was gadraban*, comme en grec « ὅ ἦν λελατομημένον » (Mc XV, 46).
2. A. Heusler, *Altisländ. Elementarb*, ⁴. § 434.
3. *M.S.L.*, XVIII, p. 140 sq.
4. Mossé, *Manuel de l'anglais du Moyen Age*, I, p. 150 et 236.

deux formes se tiennent : la première prépare généralement la seconde, sur la voie qu'ont suivie les autres langues indo-européennes dans la constitution du nouveau parfait transitif. Or le gotique possède déjà la construction du passif avec « être » + participe. Ce n'est donc pas extrapoler trop hardiment que de considérer au moins comme vraisemblable que le gotique, au cours de son histoire ultérieure qui s'est poursuivie pendant plus d'un millénaire après nos textes, a dû produire aussi un parfait transitif avec *haban* ou *aigan*. En tout cas les conditions structurales pour cette innovation étaient réunies en germanique. L'ensemble des traits concordants en nordique et en westique nous paraît mettre hors de doute que l'acquisition d'un parfait transitif avec « avoir » est en germanique un développement autonome et qui ne doit rien à l'influence latine. A l'inverse, pour que l'action du latin pût déterminer une transformation aussi profonde du verbe germanique, il eût fallu des conditions historiques et sociales qui n'ont jamais été remplies; notamment une longue période de bilinguisme germano-latin. Pour prendre un exemple clair, si l'on peut attribuer à l'action du turc la naissance des formes de « perceptif » et d' « imperceptif » en slave macédonien, c'est principalement à cause du bilinguisme slavo-turc que les circonstances ont imposé en Macédoine pendant cinq siècles [1]. Mais l'influence du latin sur le germanique a été seulement d'ordre littéraire. Le germanique n'avait pas besoin d'un modèle étranger pour réaliser une forme de parfait que sa propre structure devait produire. Si donc le parfait passif analytique est déjà installé en gotique, une nécessité interne appelait la création d'un parfait transitif symétrique, instaurant dans la conjugaison le jeu complémentaire des auxiliaires « être » et « avoir ».

1. Cf. Zbigniew Golab, in *Folia Orientalia* (Cracovie), I (1959), p. 34 sq.

CHAPITRE XVII

La phrase relative,
problème de syntaxe générale[1]

L'essai est ici tenté d'une méthode de comparaison portant sur un certain modèle de phrase étudié dans des langues de familles différentes. Le problème est celui de la phrase relative, c'est-à-dire en général d'une phrase subordonnée rattachée par un moyen tel qu'un pronom à un terme dit antécédent. Il ne s'agit pas de comparer entre elles les expressions formelles de pareilles phrases à travers des langues variées, ce qui serait dénué de sens : la différence entre les types linguistiques se manifeste justement dans l'agencement différent des parties de la phrase, et dans le rapport chaque fois différent entre la fonction syntaxique et les éléments formels qui l'expriment. Une telle comparaison échouerait, ne pouvant se fonder sur des unités comparables entre les langues rapprochées.

La méthode est tout autre. Dans diverses langues considérées séparément, chacune pour elle-même et dans son fonctionnement propre, l'analyse de la phrase relative montre une structure formelle agencée par une certaine fonction, qui n'est pas toujours visible. Le problème est de déceler cette fonction. On peut y parvenir en observant que souvent la phrase relative a, dans le système linguistique considéré, les mêmes marques formelles qu'un autre syntagme, de dénomination toute différente, dont on ne penserait pas qu'il puisse lui être apparenté. Guidée par cette analogie formelle, l'interprétation de la phrase relative devient possible en termes de fonction. C'est un rapport *interne* que nous nous proposons de mettre d'abord en lumière. Mais si l'on parvient à montrer de surcroît que ce même

1. *Bulletin de la Société de Linguistique*, LIII (1957-58), fasc. 1.

rapport existe identique à l'intérieur de langues de types différents, la possibilité sera établie d'un modèle de comparaison syntaxique entre langues hétérogènes.

Celles dont on a tiré parti pour la présente étude ne représentent en aucune manière un ensemble unitaire et ne sont certainement pas la totalité des langues qui pourraient être utilisées. Il y en a probablement dont le témoignage eût été plus concluant encore. Nous avons simplement voulu donner quelques spécimens de langues, choisies à dessein dans des types très contrastés, où les traits qui nous intéressaient ressortaient d'eux-mêmes, sans longs commentaires. Nous n'examinons qu'en dernier les faits indo-européens, pour nous libérer d'une analyse traditionnelle et pour fonder la définition sur des critères d'une plus grande objectivité.

En EWE [1] (Togo), la phrase relative se présente comme une phrase libre et complète, encadrée par *si... la*. Il faut définir, dans les termes de la langue, la fonction que remplissent par ailleurs ces deux morphèmes, *si*, qui introduit la phrase, et *la* qui la conclut.

Le rôle de *si* est clair ; c'est un démonstratif, qui au singulier est *si*, au pluriel *si-wó* (où *wo* est le pronom 3e pl.). La forme devenue usuelle *sia* est composée de *si* avec l'article postposé *-a*, d'où sg. *si-a*, pl. *si-à-wó*. Ainsi avec *ati*, « arbre » : *ati si-a*, « cet arbre », pl. *ati si-à-wó*, « ces arbres » ; *ati-nye sia*, « arbre-mien ce », pl. *ati-nye siàwó*.

La particule postposée *-a* qui sert d'article défini comporte une variante *-la*. Les deux formes *-a* et *-la* peuvent s'employer indifféremment au singulier, mais *-a* seul est admis au pluriel : *ati*, « arbre », pl. *ati-wó* ; *ati-a* ou *ati-la*, « l'arbre », pl. *ati-à-wó*. La fonction de *-a (-la)* est de renvoyer à un terme déjà mentionné dans le discours, et il peut se postposer à un syntagme entier composé du nom à déterminer et de ses dépendances : *ati nyui la*, « le bel arbre », *ati nyui sia*, « ce bel arbre » ; *akplɔ didi la* (lance-longue-la), « la longue lance », etc.

En second lieu il faut observer que *la* postposé à un syntagme verbal prend fonction substantivante et confère à l'expression le rôle d'une qualification ou d'un nom d'agent [2] : de *lɔ̃*, « aimer », et *ame*, « homme », suivi de *la*, on tire un nom d'agent *ame-lɔ̃-lá* (homme-aimer-le), « qui aime les

---

1. Les données sur l'ewe sont empruntées à D. Westermann, *Grammatik der Ewe-sprache*, 1907, § 91-92 et 176.
2. Westermann, *op. cit.*, § 149.

hommes »; *lɔ̃-nye-lá* (aimer-moi-le), « celui qui m'aime »; *lɔ̃-wo-lá* (aimer-toi-le), « celui qui t'aime »; *do-wò-lá* (travail-faire-le), « ouvrier ». Soit la locution *wu asi akɔ* (frapper-main-poitrine), « s'engager »; sur cette locution augmentée de *na*, « donner », utilisé comme morphème de datif, et *ame*, « homme », on constitue avec *la* le nom d'agent complexe : *asi-wu-akɔ-na-ame-la* (main-frapper-poitrine dat. homme-le) = « celui qui s'engage pour un autre ».

Or la phrase relative en ewe est caractérisée par le « pronom relatif » *si*, pl. *siwó*, préfixé, et par *la* postposé, quand la phrase relative précède la principale. Il est clair — et Westermann le dit expressément [1] — que ce « pronom relatif » n'est autre que le démonstratif *si* et qu'il se trouve en réalité non antéposé à la phrase relative, mais postposé au substantif antécédent, comme dans les exemples cités. C'est ainsi que doit nécessairement s'analyser la construction de phrases telles que celles-ci :

lãkle si miekpɔ etsɔ la (léopard-ce-nous vîmes-hier-le), « le léopard que nous vîmes hier »;

lãkle siwo miekpɔ etsɔ la (léopard-ces nous vîmes-hier-le), « les léopards que nous vîmes hier »;

lã si uèkpɔ la, menye kese wónye o (animal-ce-tu vis-le, ce n'est pas *(menye)* singe-il est non), « l'animal que tu as vu n'est pas un singe ».

devi siwo mede suku o la (enfants-ces-n'allaient-école-non-le), « les enfants qui n'allaient pas à l'école ».

S'il n'y a pas d'antécédent substantif, c'est *si* qui est substantivé par préfixation du pronom *e ;* ainsi *esi mekpɔ la* (lui-ce (= celui)-je vis-le), « celui que je vis ».

On voit que dans l'organisation formelle de la syntaxe ewe, la « phrase relative » est obtenue par la conversion d'une phrase verbale en expression nominale au moyen de déterminants pronominaux. Ce syntagme ainsi obtenu est alors apposé à un substantif ou à un pronom, à la manière d'un adjectif déterminé.

En TUNICA (Louisiane) [2], les noms constituent une classe formellement distincte des autres, telles que pronoms,

---

1. *Op. cit.*, § 93 : « Das Relativpronomen *si* ist dasselbe wie das Demonstrativ *si*, und man könnte *si* deshalb ebenso gut ein Demonstrativpronomen des vorangehenden Substantiv nennen. »

2. Notre analyse est fondée sur la description de Mary R. Haas, *Tunica*, 1941, (H.A.I.L., IV). Nous combinons les § 4.843 et 7.45.

verbes, etc. Un nom, en soi indéterminé, devient déterminé par la préfixation ou de l'article *tá-*, *t-*, ou d'un pronom indiquant possession; il y a deux séries de ces pronoms préfixés, pour la possession aliénable et inaliénable respectivement. L'article et le pronom sont mutuellement exclusifs.

Le fait notable est que seuls les noms ainsi déterminés sont susceptibles d'une flexion, qui comprend trois cas : le cas « définitif » (à peu près nominatif-accusatif), le cas non-définitif (dépourvu de marques de flexion, de genre et de nombre), et le cas locatif. Le cas « définitif » requiert l'emploi des suffixes de genre et de nombre; c'est le seul cas où le genre et le nombre du nom sont formellement signalés. Ainsi, avec le préfixe articulaire *ta-* : *táčɔhaku*, « le chef », de *ta* + *čśha*, « chef », + *ku* masc. sg.; — *tánakaseman*, « les guerriers », de *ta-* + *náka*, « guerrier », + *sema* masc. pl.; — *tálahč*, « du roseau », de *t(a)* + *ala*, « roseau », + *hč* fém. sg. — Avec préfixe possessif de parenté : *ʔesíku*, « mon père », de *ʔi-* préf. I. sg. inalién. + *ési*, « père », + *ku* masc. sg.; — *ʔɔhɔyahč*, « sa sœur », de *ʔu-* préf. 3e sg. inalién. + *áhaya*, « sœur », + *hč(i)* fém. sg. — Avec préfixe de possession aliénable : *ʔihk ʔoniseman*, « mes gens », de *ʔihk-* préf. I. sg. + *ʔoni*, « personne », + *sema* masc. pl.; — *ʔuhk ʔoniséman*, « ses gens », avec *ʔuhk-* préf. 3e sg. masc.; — *tísastniman*, « ses chiens (à elle) », de *ti(hk)-* préf. 3e sg. fém. + *sa*, « chien », + *sínima* fém. plur.

Or nous observons que les mêmes suffixes de genre et de nombre peuvent être ajoutés à une forme verbale fléchie pour la convertir en « phrase relative ». Cette suffixation peut apparaître à la fois dans le nom antécédent et dans la forme verbale, ou dans la forme verbale seule.

Pour le premier cas, un exemple sera : *tóniséman táherit ʔɛ kičun ʔuk ʔeraséman*, « les gens qui étaient assis dans le bateau »[1], à analyser : *tóniséman*, « les gens », de *t(a)-* article + *ʔóni*, « personne », + *-séma* masc. pl.; — *táherit ʔɛ*, « le bateau », de *ta-* article + *herit ʔɛ*, « grand bateau »; — *kíčun*, « à l'intérieur », postposition; — *ʔuk éras eman*, de *ʔuk ʔera*, « ils étaient assis » 3e pl. + *sema* suff. nom. de masc. pl. Pour le second cas, citons : *toni hípʔɔntaséman*, « les gens qui avaient dansé », où cette fois *toni*, « les gens » (de *t(a)* + *ʔoni* comme plus haut) ne porte pas de suffixe de genre et de nombre; ce suffixe est ajouté à la forme verbale *hípʔɔntaséman* de *hípʔɔnta*, « ils avaient dansé », + *-sema* masc. pl. La déter-

I. Mary R. Haas, *Tunica Texts*, 1950, Univ. of California Publications in Linguistics, vol. VI, nᵒ 1, p. 62 d.

mination de genre et de nombre suffixée à la forme verbale transforme celle-ci en prédicat verbal caractéristique d'une « phrase relative ».

En somme le transfert du suffixe caractérisant la forme nominale définie à une forme verbale convertit cette dernière en une forme verbale définie, c'est-à-dire en une « phrase relative », dans la terminologie usuelle.

Passant à un autre type linguistique amérindien, représenté en fait par un large groupe de langues, l'ATHAPASKE, nous considérons pour l'expression du « relatif » d'abord le navaho, puis le chipewyan.

Le navaho [1] emploie des particules enclitiques à fonction « relativante » avec des noms et avec des verbes pareillement : ce sont surtout les particules -*í* et -*i·* (voyelle longue à ton bas); la première indique une condition ou activité momentanée, la seconde, une condition ou activité durable. Ainsi de *ʔacid*, « il martèle », on tire *ʔacid-í*, « celui qui est en train de marteler », et *ʔacid-i·*, « celui qui martèle par métier, le forgeron »; de *na.lniš*, « il travaille », *na·lniší*, « celui qui travaille ». On peut de cette manière former des adjectifs sur des formes verbales : *neskʔah*, « it is fat » : *neskʔahí·*, « a fat one »; *xasti·n cʔosí*, « homme qui est mince »; *ʔasʒą́· yáží*, « femme qui est petite ». On convertit ainsi en expressions relatives des phrases verbales : *bina· ʔádin*, « ses yeux (*bi*- possessif + *na·ʔ* « œil ») manquent » = « il est aveugle », devient *bina· ʔádin-i*, « dont les yeux manquent, un aveugle ». De même *diné ʔi·γehi·*, « l'homme qui se marie », de *ʔi·* préfixe + γ*eh*, « se marier », + -*i·* enclitique relativisant.

On retrouve en chipewyan [2] (Alberta, Canada) une particule relativisante -*i*. D'une part elle forme des noms relatifs : *ya-l-tei*, « il parle » : *yaltey-i*, « prêcheur, prêtre »; *dɛ-l-dδér*, « cela *crécelle » : *dɛldδér-i*, « crécelle »; de l'autre, des phrases relatives : *tʔqhi̧ sas-xél θεti̧-i* (celui ours-avec il dort-qui), « celui qui dormait avec l'ours »; *tʔahú sas-xél néδti̧-i* (quand ours-avec il a couché-qui depuis), « depuis qu'il avait couché avec l'ours ».

Le même mécanisme syntaxique se retrouve en SUMÉRIEN [3], où l'addition du suffixe -*a* à une forme nominale sert

---

1. Nous nous servons de Bérard Haile, *Learning Navaho*, I-IV, St Michaels, Arizona, 1941-1948. Les exemples sont pris notamment I, pp. 50, 92, 128, 164; III, p. 37; IV, p. 167.
2. Cité d'après F. K. Li, ap. Hoijer ed., *Linguistic Structures of Native America*, 1946, § 12 d, p. 401 et § 45 1, pp. 419-420.
3. Nombreux exemples chez R. Jestin, *Le verbe sumérien* : Déterminants verbaux et infixes, p. 162 sqq.

à la déterminer, et où le même suffixe -*a* postposé à une phrase libre la transforme en phrase relative : *lú é mu-dù-a-še,* « pour l'homme qui a bâti un temple » (*lú,* « homme », *e,* « temple », *mu-dù-a-še* = préfixe *mu* + *dù,* « bâtir », + suff. *a* + *še,* « pour »); littéralement : « homme il a bâti un temple le-pour ». Ainsi encore *Gudea PATESI-Lagaš*[ki] *lú E-ninnu-*[d]*Ningir-suka indùa,* « Gudea, PATESI de Lagaš, homme (= celui) qui a bâti l'Eninnu du dieu Ningirsu ». La forme verbale relative *indùa* s'analyse en *in*-préfixe + *dù,* « bâtir », + *a* suffixe relatif. Mais ce -*a* reparaît dans *Ningirsu-(k)a,* « le de Ningirsu », où il sert à déterminer un nom. La détermination du syntagme de dépendance et celle de la phrase relative ont donc le même indice formel -*a* [1].

Dans la syntaxe de l'ARABE [2], la phrase relative est décrite comme une « qualification », au même titre que l'adjectif ou que le groupe formé par une préposition et son régime. Un parallélisme qu'il faut souligner apparaît notamment entre le traitement syntaxique de l'adjectif et celui de la phrase relative. L'adjectif peut être ou indéterminé : *ʔimāmun ʔādilun,* « un imam juste », ou déterminé : *al ʔimāmu 'l ʔādilu,* « l'imam juste » (l'adjectif est déterminé quand le nom l'est).

De même, la phrase relative peut se présenter comme indéterminée ou comme déterminée. Quand le nom subordonnant est indéterminé, la relative est de détermination zéro : *ḍarabtu rajulan ǧā ʔa,* litt. « j'ai frappé un homme il est venu » = « un homme qui est venu »; *kamaθali 'l himāri yahmilu asfāran,* « comme l'âne (un âne) il porte des livres = qui porte... »; *kāna lahu 'bnun summiya muhammadan,* « il avait un fils il fut appelé Mohammad = qui fut appelé... ». Mais quand le nom subordonnant est déterminé, la relative comporte un pronom, qui aura la forme *alladi* dans la phrase suivante, variante déterminée de celle qui a été citée : *ḍarabtu 'rrajula 'lladī ǧā ʔa,* « j'ai frappé l'homme qui est venu ». Ce « relatif » *alladī* est proprement un démonstratif, donc par fonction un déterminatif. Il se fléchit et s'accorde : *al-bintu allatī kāna ʔabuhā wazīran,* « la fille dont le père était vizir » (litt. « qui son père était vizir »). La détermination de phrase relative a pour signe distinctif un démonstratif pronominal qui remplit la même fonction que l'article préfixé pour la

1. Une interprétation semblable est donnée maintenant par V. Christian, *Beiträge zur sumerischen Grammatik,* 1957, Sitzber. österreich. Akad.-Phil. hist. Kl. Bd. 231, 2, p. 116.
2. Socin-Brockelmann, *Arabische Gramm tik,* 11e éd. 1941, § 125, 150-1.

détermination d'adjectif. Entre les deux types de détermination il y a une symétrie qui ressort de la comparaison suivante : 1⁰ adjectif indéterminé (signe zéro) : *ʔimāmun ʔādilun ;* « phrase relative » indéterminée (signe zéro) : *(ḍarabtu) raǰulan ǰā ʔa ;* — 2⁰ adjectif déterminé : *al ʔimāmu 'l ʔādilu ;* « phrase relative » déterminée : *(ḍarabtu) 'rrajula 'lladī ǰā ʔa.* La seule différence réside dans la forme du « pronom relatif », *allaḍī,* fém. *allatī,* etc., qui est un renforcement du préfixe déterminatif ou article *(al)* par un deictique *-la-* suivi d'un morphème indiquant le genre, le nombre : *-dī* masc. sg., *-tī* fém. sg.; *-dāni* masc. du.; *-tāni* fém. du., etc.

Au total, la « phrase relative » en arabe a le même statut syntaxique que l'adjectif qualificatif, et elle est susceptible, comme l'adjectif, d'une forme indéterminée et d'une forme déterminée.

On peut maintenant se tourner vers l'indo-européen. Ici la première exigence d'un examen fructueux, la plus difficile peut-être à remplir, sera d'abandonner le cadre traditionnel où ces faits sont immuablement rangés. La syntaxe comparée n'a pas su encore s'affranchir ici d'une optique qu'on ne peut même plus appeler gréco-latine, puisque — on espère le montrer plus loin — elle ne s'applique ni au grec ni au latin.

Selon l'enseignement classique, la phrase relative, qui est la seule subordonnée dont l'existence puisse être reportée à la période prédialectale, se construisait en indo-européen sur le modèle qui nous est connu par le sanskrit, le grec ou le latin, ou aussi bien par une langue occidentale moderne : elle consistait en un pronom apposé à l'antécédent nominal et régissant une phrase verbale. Le type est : skr. *ayám... yo jajấna rodasī,* « celui-là, qui a engendré ciel et terre » (RV. I, 160, 4); gr. ἄνδρα... ὃς μάλα πολλὰ πλάγχθη « l'homme qui tant erra » (α 1); lat. *Numitori, qui stirpis maximus erat* (Liv. I, 3, 10). On ne contestera pas, certes, que ce type soit très largement employé et qu'il soit même devenu, à partir d'une certaine période historique, le modèle de la phrase relative. Mais la question est de savoir si cet état peut être reporté tel quel à l'indo-européen, auquel cas la comparaison des langues entre elles ne nous enseignerait rien, l'état indo-européen n'étant que la projection rétrospective d'une situation historique dont la genèse et la fonction nous échapperaient alors entièrement. Or le simple inventaire des données connues par les plus anciennes langues montre déjà que les emplois du « pronom relatif » ne coïncident pas avec les cadres de la « phrase relative », qu'ils les débordent largement et qu'ils ne peuvent se réduire au modèle qui nous est aujourd'hui familier C'est une invitation à réviser notre définition.

Il faut donc passer en revue ceux de ces emplois qui paraissent échapper à la notion de « phrase relative »[1]. Pour des raisons de commodité, nous grouperons les témoignages à citer selon le thème du pronom relatif. On sait que les langues indo-européennes se répartissent en un groupe où le thème pronominal est **yo-*, notamment l'indo-iranien, le grec et le slave (on y inclura les variantes comme v. perse *hya-* ainsi que **to-* employé concurremment à **yo-* en grec homérique) et un groupe qui utilise le thème **kwo-/*kwi-*, notamment le hittite et le latin.

La description des phrases relatives commandées par le pronom **yo-* en indo-iranien et en grec homérique n'a jamais pu s'accommoder de certains emplois où ce pronom est lié à des formes nominales sans verbe. Il s'agit de syntagmes où **yo-* joue le rôle d'un déterminant entre un nom et un adjectif ou même simplement avec un nom, auquel il est préposé ou postposé. Ces faits sont connus depuis longtemps. Toutes les études sur la syntaxe de l'indien et de l'iranien ancien les mentionnent, mais comme des singularités qu'on ne sait trop comment expliquer, ou — simple pis-aller — comme des phrases sans verbe, des phrases « nominales ».

Nous pensons qu'au contraire l'emploi du pronom relatif dans ces syntagmes non verbaux est au moins aussi ancien que dans la phrase relative usuelle et — ce qui est ici plus important — que la fonction du pronom **yo-* se définit à la fois par la construction non verbale et par la construction verbale.

La première est celle sur laquelle on insiste le moins. C'est pourquoi il paraît utile d'en rappeler quelques exemples, en simple illustration. Nous prenons d'abord les faits védiques[2]. En tant qu'il relie à un nom ou à un pronom une

---

1. Il est à peine besoin de dire que nous ne décrivons pas ici les variétés indo-européennes de la phrase relative, mais seulement la structure du type indo-européen. Nous nous sommes à dessein borné à l'essentiel. L'accumulation des exemples, qui se trouvent dans tous les manuels, eût facilement, et inutilement, gonflé cette étude.

2. Voir Delbrück, *Vergl. Syntax*, III, p. 304 sq.; Wackernagel-Debrunner, *Altind. Gramm.*, III, p. 554-7 (avec bibliographie);

détermination nominale qui, autrement, devrait y être accordée, mais qui, avec *ya-*, demeure au nominatif, le pronom joue le rôle d'un véritable *article défini*. C'est ainsi qu'on est constamment amené à le traduire : *vísve marúto yé sahásaḥ*, « tous les Maruts, *les* puissants » (RV. VII, 34, 24); *amí ca yé maghávāno vayám ca... níṣ ṭatanyuḥ*, « ceux-ci, *les* généreux, et nous, voulons percer » (I, 141, 13). L'indépendance casuelle du syntagme à *ya-* apparaît par exemple dans : *kakṣívantam yá auśijáḥ*, « Kakṣivant (acc.), *le* descendant d'Uśij » (I, 18, 11); *agním... dátā yō vánitā magham*, « Agni (acc.), le donneur, le conquéreur de présents » (II, 13, 3); *índram... hántā yó vṛtrám*, « Indra (acc.), *l'*abatteur de Vṛtra » (IV, 18, 7); *sómam... bhúvanasya yás pátiḥ*, « Soma (acc.), *le* maître du monde » (V, 51, 12); dans des déterminations à plusieurs membres parallèles : *tvám vísveṣām varuṇásí rájā, yé ca devá asura yé ca mártāḥ*, « tu es, Varuna, roi de tous, les dieux, ô Asura, ou les mortels » (II, 27, 10); *paśún.. vāyavyán āraṇyán grāmyás ca yé*, « les animaux volatiles, les sauvages et les domestiques » (X, 90, 8); *ví jānīhy áryān yé ca dasyávaḥ*, « distingue Aryens et les Dasyus! » (I, 51, 8); *antár jātéṣv utá yé jánitvāḥ*, « parmi ceux qui sont nés et les à-naître » (IV, 18, 4), etc.

Cet emploi de *ya-* en syntagme nominal, qui compte des dizaines d'exemples dans le seul Rigveda [1], a son pendant en avestique, où il est plus développé encore. Le pronom *ya-*, dans l'Avesta, a le sens d'un article défini avec une grande variété de déterminants nominaux [2] : *azəm yō ahurō mazdá̇*, « moi, A. M. » (Y., 19, 6); *tąm daēnąm yā hātąm vahištā*, « cette religion, la meilleure pour les existants » (Y., 44, 10); *vīspe mainyava daēva yaēča varənya drvantō*, « tous les daivas spirituels et les drugvants varniens » (Yt., X, 97); *fravašibyō yā̊ mainyavanam yazatanąm*, « aux Fravartis, celles des dieux spirituels » (Y., 23, 2); de là de véritables désignations individualisées telles que : *miθrō yō vouru. gaoyaoitiš*, « Mithra, aux vastes pâtures »; *aeša druxš yā nasuš*, « la Druj Nasu »; *aēšō spā yō urupiš*, « le chien (dit)

---

depuis, un aperçu des emplois chez L. Renou, *Gramm. de la langue védique*, § 446 sq., qui souligne avec raison (§ 448) le caractère archaïque de l'emploi de *ya-* comme article.

1. W. Porzig, *I.F.*, 41, p. 216 sq., en cite 51 exemples pour les *mandala* II-VII du *R. V.*

2. Les exemples sont chez Bartholomae, *Wb*, col. 1221 sq.; Cf. Reichelt, *Aw. Elementarb.*, § 749 sq. — La description des faits avestiques a été l'objet d'une communication présentée par M. Hansjakob Seiler sous le titre: *Das Relativpronomen im jüngeren Awesta*, au XXIVe Congrès international des Orientalistes (Munich, 29 août 1957).

urupi » (Vd., 5, 33). Dans tous les emplois anciens de ce type, l'autonomie casuelle de *ya-* au nominatif est de règle. C'est par normalisation secondaire qu'on étend l'accord au pronom et à la détermination qu'il introduit : *daēum yim apaoš<i>ə</i>m,* « le daiva Ap. » (Yt, 8, 28); *imąm daēnąm yąm āhuirim,* « cette foi, l'ahurienne » (Yt, 14, 52). De même en vieux-perse, c'est par référence à l'usage ancien qu'il faut apprécier l'anomalie apparente de *dārayava(h)um hya manā pitā,* « Darius (acc.), mon père », en face du tour plus usuel *gaumā-tam tyam magum,* « Gaumāta le mage », où tous les termes sont accordés.

C'est bien là la même situation qu'on observe en grec homé-rique. Le fait à souligner ici encore est la construction — exploitée au point de fournir des tours formulaires — du pronom ὅς, ὅστις, ὅστε avec des déterminations nominales, dans des syntagmes non verbaux où il a valeur d'article, et l'indépendance du syntagme à l'égard de l'antécédent dans la relation casuelle. Le type est bien établi : Πηλείδην..., ὃς μέγ' ἄριστος (Π 271); Τεῦκρος, ὃς ἄριστος Ἀχαιῶν (Ν 313); Κρόνου παῖς, ὅς τοι ἀκοίτης (Ο 91); τὰ ἔλδεται, ὅς κ' ἐπι-δευής, « le nécessiteux » (Ε 481); ἄλλοι, ὅς τις Ἀχαιῶν (Ψ 285); ἔγημεν Ἀχαιῶν ὅς τις ἄριστος (λ 179); Ζῆνα, ὃς τίς τε θεῶν ἄριστος (Ψ 43); οἶνον... ἄφυσσον ἡδύν, ὅτις μετὰ τὸν λαρώτατος ὃν σὺ φυλάσσεις, « un vin doux, le plus délicieux après celui que tu conserves » (β 349-50), etc. Ce ne sont pas des « phrases nominales », mais des syntagmes où le pronom, introduisant une détermination nominale, a fonction d'article. Quand on part de cette constatation, on s'aperçoit qu'il n'y a pas de différence de nature entre ὅς lié à une forme nominale et ὅς lié à une forme verbale. Le pronom ne change pas de qualité quand il introduit un verbe : ὅς κ' ἐπιδευής et ὅς κε θάνῃσιν (Τ 228) sont exactement parallèles. Si l'on juge naturel que, dans la séquence χρὴ τὸν μὲν καταθαπτέμεν, ὅς κε θάνῃσιν, le « relatif » ὅς soit au nominatif, il faut admettre comme également régulier que dans ὅς κ' ἐπιδευής, le pronom reste au nominatif quel que soit le cas de l'antécédent. Dans la « phrase relative », ὅς a une fonction « articulaire » tout comme dans le syntagme nominal ὃς μέγ' ἄριστος. En védique, dans *(agnim) yó vásuḥ,* « Agni (acc.) le bon » (V, 6, 1), comme dans *yó no dvéṣṭi,* « (celui) qui nous hait » (III, 53, 21), le pronom a même fonction, ainsi que la symétrie de la construction le montre. En avestique, l'incorporation du pronom-article a lieu aussi bien dans un syntagme nominal déterminatif tel que *yō yimō xšaētō,* litt. « le Yama brillant » (Yt, 5, 25) que dans une forme relative verbale comme *yā dā ašiš*, « les récompenses que tu donneras » (Y., 43, 4). Dans un cas comme dans l'autre, c'est une détermination, qui est effectuée par *ya-* relié soit à une forme nominale, soit à une forme verbale.

Que cette double fonction appartienne dès l'indo-européen au pronom **yo-* ne saurait plus être contesté. L'accord manifeste entre l'indo-iranien et le grec trouve confirmation en slave et en baltique. Une catégorie aussi importante que la forme déterminée de l'adjectif en slave et en baltique anciens n'est pas autre chose que l'adjonction du pronom **yo-* à l'adjectif pour déterminer le substantif ; ce pronom est fixé comme postposition, ce qui n'est même pas une innovation dans l'ordre des mots, puisque *ya-* se postpose souvent en védique : *sā rātrī páritakmyā yā*, « cette nuit, la décroissante » (RV. V, 30, 14). Nous avons donc dans l'état ancien du slave et du baltique les deux fonctions du pronom **yo-* : la fonction déterminante (nominale) dans l'adjectif déterminé, et la fonction relative (verbale) dans la forme, élargie avec la particule *že*, du relatif v. sl. *i-že*. Les deux fonctions sont déjà dissociées à date historique, et le pronom *iže* sera bientôt remplacé par le thème de l'interrogatif-indéfini, mais le témoignage du slave et du baltique sur la syntaxe originaire du pronom **yo-* n'en reste pas moins clair [1].

Avec le hittite, la forme différente du pronom, qui est *kuiš*, n'amène aucun changement dans notre perspective. La syntaxe de *kuiš* [2], dont les textes hittites offrent d'abondants exemples, est pour nous d'un prix particulier. Nous avons l'emploi usuel du pronom dans des phrases relatives, généralement antéposées à la principale, telles que : *kuišmat iyezi apenišuwan uttar naš* ᵁᴿᵁ*Hattuši UL huiššuzi akipa*, « celui qui la fait, cette chose, celui-là ne reste pas en vie à Hattuša, mais meurt » ; IRᴹᴱˢ *-IA-waza kuēš dāš... nuwarašmu arha uppi*, litt. « quels miens serviteurs tu as pris, renvoie-les moi ! » Cette construction est fréquente. Mais également nombreux sont les exemples [3] où le pronom est lié et accordé à une forme nominale sans verbe. Certains pourraient passer pour des phrases nominales, sans grande vraisem-

---

1. La construction de l'adjectif déterminé est présentée comme une concordance entre l'iranien, le slave et le baltique chez Meillet-Vaillant, *Slave commun*, p. 446. Il s'agit en réalité d'un fait indo-européen commun, comme toute notre démonstration tend à l'établir.

2. Voir E. A. Hahn, *Language*, XXI (1946), p. 68 sq. ; XXV (1949), p. 346 sq. ; Friedrich, *Heth. Elementarb.*, § 336.

3. Plusieurs de ceux qui suivent sont pris aux textes publiés par E. von Schuler, *Hethitische Dienstanweisungen*, Graz, 1957, p. 14, 17, 41 (§ 8-9).

blance d'ailleurs : *kuit handan apat išša*, « quod iustum, hoc fac ». Dans la plupart des cas le pronom joue indubitablement le rôle qu'il faut maintenant lui reconnaître, celui d'un instrument de détermination nominale, d'un quasi-article : *šallayaš-kan* DINGIRᴹᴱˢ-*aš kuiš šalliš*, « (parmi) les grands dieux *le* grand »; *memiyaš kuiš iyawaš*, « la chose à faire »; *kuiš dān pedaš* DUMU *nu* LUGAL-*uš apāš kišaru*, « *le* fils de second rang, que celui-là devienne roi »; *nuza namma* GUDᴴᴵ·ᴬ UDU ᴴᴵ·ᴬ DUMU. LU. ULUᴹᴱˢ *UL armahhanzi armauwanteš-a kuieš nuza apiya UL haššiyanzi*, « bêtes et humains ne conçoivent plus; *les* gravides n'accouchent plus [1] »; *hantezzies(ma) kuiēš MADGALATI nu ŠA* ᴸᵁKUR *kuiēš* KASKALᴴᴵ·ᴬ, « *les* avant-postes et *les* chemins de l'ennemi »; *nāšmaza kuiēš* ENᴹᴱˢ DUMUᴹᴱˢ LUGAL-*ya*, « ceux-là, *les* seigneurs et princes »; *šummaš(ma) kuiēš* ᴸᵁ·ᴹᴱˢSAG, « vous, *les* dignitaires ». Il serait artificiel et illégitime de restaurer chaque fois une copule; les déterminations sont souvent d'un type qui exclut le verbe « être ». Il faut admettre, sans forcer la construction dans un cadre verbal qu'elle n'accepte pas, que *kuiš* se comporte à la manière de *ya-* indo-iranien, et qu'il articule des syntagmes nominaux tout pareils à ceux qu'on a vus en indo-iranien. L'accord fonctionnel est ici d'autant plus frappant que le hittite opère avec un thème pronominal distinct.

Nous en venons maintenant au latin, qui prend dans ce contexte une position particulière. En tant qu'il emploie *qui* comme instrument de la relation syntaxique, le latin se groupe avec le hittite. Ce groupement même fait alors ressortir d'autant plus vivement ce qui semble être un contraste entre ces deux langues. On vient de voir que le hittite s'accorde avec l'état ancien de l'indo-européen dans la double construction syntaxique du pronom. Peut-on retrouver cette double construction dans la syntaxe de lat. *qui* ? La question heurtera le sentiment d'un latiniste. Le pronom relatif *qui* gouvernant une phrase verbale est en latin chose si banale qu'on le prend pour le modèle de toute phrase relative. Par contre, *qui* coordonné à une forme nominale semblera une anomalie telle qu'on ne l'imagine pas compatible avec le statut du relatif en latin; aucune description du latin n'en donne aucun exemple. Néanmoins on doit poser la question : le latin a-t-il connu, lui aussi, le pronom comme déterminant nominal ? L'induction structurale nous engage à envisager théoriquement cette possibilité, et à chercher si elle se

---

1. Citation du mythe de Telipinu (Laroche, *R.H.A.*, 1955, p. 19)

vérifie. Nous ne pouvons tenir pour une réponse le silence des grammaires, puisque la question soulevée ici n'a pas encore été posée.

Après des lectures et des dépouillements dont le principe même paraissait hasardeux, nous avons pu trouver dans des textes du latin ancien les confirmations désirées. Comme ces faits, à notre connaissance, ne sont signalés nulle part, il faut les donner avec quelque détail.

Festus 394, 25 nous a conservé la formule par laquelle on désignait la totalité des sénateurs, comprenant, en sus des *patres*, ceux qui devaient, comme *conscripti*, en compléter le nombre : *qui patres qui conscripti* (cf. en outre Festus s. v. : *allecti* 6, 22; *conscripti* 36, 16). Nous avons dans *qui patres qui conscripti* le même type de syntagme qu'on connaît avec *ya-* en védique pour spécifier les termes d'une énumération, par exemple *yā guṅgū́r yā́ sinīvālī́ yā́ rākā́ yā́ sárasvatī* (II, 32, 8). Une autre formule, ancienne aussi, est rapportée chez Varron (*Lingu. Lat.*, V, 58) qui l'a trouvée dans les Livres Auguraux : « hi (sc. *dei*) quos Augurum Libri scriptos habent sic « divi qui potes » pro illo quod Samothraces θεοὶ δυνατοί ». L'archaïsme de la forme *potes* va de pair avec l'archaïsme syntaxique de *qui* déterminant nominal, dans une locution *divi qui potes* héritée du rituel des Cabires (cf. Varr., *ibid.* : « hi Samothraces dii, *qui* Castor et Pollux ») et qu'il ne faut absolument pas corriger en « *divi potes* », comme le font des éditeurs modernes [1]. Nous trouvons un troisième exemple, dans un texte littéraire cette fois, chez Plaute : *salvete, Athenae, quae nutrices Graeciae* « salut, Athènes, nourrice de la Grèce! » (*Stichus*, 649). Qu'il y ait ici imitation d'anciennes formules, ce qui est possible, ou emploi occasionnel, la construction est certainement authentique; *qui* rattache étroitement la qualification au nom invoqué, de sorte que *Athenae, quae nutrices Graeciae* fait pendant à gāth. θwā... *yə̄m ašā vahištā hazaošəm... yāsā*, « je t'implore, toi, l'allié [2] d'Aša Vahištā » (Y. 28, 8). Enfin nous trouvons, plusieurs fois chez Plaute encore, *qui* avec un participe pluriel neutre en valeur de quasi-article : *ut quae mandata... tradam*, « pour transmettre les commissions » (*Merc.*, 385); *tu qui quae facta infitiare*, « toi qui prétends nier les faits » (*Amph.*, 779); *omnes scient quae facta*, « tous vont connaître les faits »

---

1. C'est malheureusement le cas de l'édition Kent (Loeb Classical Library), I, p. 54, qui suit Laetus en corrigeant « divi potes ». De pareilles « corrections » éliminent de nos textes des traits authentiques, qui ne peuvent s'expliquer par des erreurs de la tradition.
2. Litt. « de mêmes goûts que A. V. ».

(*Ibid.*, 474); *optas* quae facta, « ton souhait est chose faite »
(*Ibid.*, 575). Nous relevons jusque chez Virgile la construction
nominale de *qui* voisinant avec la construction verbale : ainsi
dans ce passage de l'*Énéide* (VI, 661 sq.) où elles se suivent :
*quique sacerdotes casti..., quique pii vates..., aut qui vitam
excoluere..., quique fecere...* [1]. Ces citations, qui ne prétendent
pas être complètes, inciteront peut-être quelque latiniste à
pousser plus loin l'enquête. Elles suffisent à montrer, jusqu'au
seuil de l'époque classique, la survivance d'une propriété
syntaxique certainement héritée, reproduisant en latin la
double capacité d'emploi que hitt. *kuiš* possède de son côté
et que les langues à relatif **yo-* connaissent aussi bien.

Il ne peut plus être question, une fois considérées dans leur
ensemble ces concordances entre les formes anciennes de
l'indo-européen, de voir un développement secondaire dans
l'emploi du pronom comme déterminant du nom ou d'adjectif. Bien plutôt c'est là, à l'origine même, sa fonction propre,
dont l'emploi comme « pronom relatif » n'est qu'une extension
à la phrase verbale. Dans les deux cas le rôle du pronom est
le même, celui d'un déterminant, qu'il soit déterminant d'un
terme nominal ou d'une phrase complète.

Ce type de relation s'est obscurci à nos yeux, du fait que
dans la plupart des langues indo-européennes la détermination nominale a reçu d'autres moyens d'expression que la
phrase relative; le pronom relatif est devenu ainsi un outil
exclusivement syntaxique, ce qu'il est déjà en latin classique,
par un processus qui l'a dissocié de la fonction de détermination nominale, confiée en général à un « article ». La
situation indo-européenne a donc subi à cet égard une
transformation complète. Un trait essentiel de la structure
syntaxique commune n'est plus que survivance en certaines
langues.

Cependant là même où, par suite des conditions historiques, nous ne connaissons la syntaxe qu'à l'état « moderne »,
il s'est produit partiellement un retour à la structure ancienne,
quoique par des voies nouvelles. Le vieil-irlandais ne possède
pas de forme spéciale pour le pronom relatif; en général la
fonction relative [2] est assurée soit par la nasalisation ou des
variations morphologiques (désinences particulières), soit
par le préverbe *no* ou par des infixations pronominales, etc.

1. Voir quelques autres citations chez Havers, *I. F.*, 43 (1926),
p. 239 sq., qui les définit inexactement comme « emphatische
Relativsätze ».
2. Cf. Vendryes, *Gramm. du vieil-irlandais*, p. 331 sq., et Thurneysen, *Grammar of Old Irish*, § 492 sq.

Il y a cependant un cas, à savoir après préposition, où une forme de pronom relatif apparaît; or ce relatif n'est autre qu'une forme de l'article justement, *-(s)an-*, sans variation de genre ni de nombre : *ind-altóir for-an-idparar*, « l'autel sur lequel on sacrifie »; *intí di-an-airchessi dia*, « is cui parcit deus ». La nécessité de donner un complément à la préposition a fait, dans cette condition syntaxique particulière, qu'on a eu recours à l'article pour tenir lieu d'une particule relative [1]. On penserait naturellement aussi à la double fonction, articulaire et relative, de la série pronominale *der die das*, etc., en allemand; cependant, malgré l'apparence, l'analogie est moins immédiate, puisque les deux fonctions procèdent en fait du rôle de ce pronom comme démonstratif.

La syntaxe de la phrase relative en indo-européen commun apparaît donc comme dotée de la même structure que dans les langues d'autres familles analysées ici en premier. Ce qu'il y a de comparable dans des systèmes linguistiques complètement différents entre eux, ce sont des fonctions, ainsi que les relations entre ces fonctions, indiquées par des marques formelles. On a pu montrer, même d'une manière encore schématique, que la phrase relative, de quelque manière qu'elle soit rattachée à l'antécédent (par un pronom, une particule, etc.), se comporte comme un « adjectif syntaxique » déterminé, de même que le pronom relatif joue le rôle d'un « article syntaxique » déterminatif. En somme les unités complexes de la phrase peuvent, en vertu de leur fonction, se distribuer dans les mêmes classes de formes où sont rangées les unités simples, ou mots, en vertu de leurs caractères morphologiques.

---

1. Le témoignage du celtique serait bien précieux si l'on pouvait confirmer l'hypothèse de Thurneysen, *Grammar*, § 50 sq., sur gaul. 3e pl. rel. *dugiiuntiio* qui contiendrait en finale le pronom **yo-* postposé. Cette postposition a été rapprochée de celle du pronom *kuiš* en hittite par M. Dillon, *Trans. Phil. Soc.*, 1947, p. 24. Mais J. Pokorny, *Die Sprache*, I (1949), p. 242, l'apprécie autrement.

V

L'homme dans la langue

CHAPITRE XVIII

Structure des relations de personne
dans le verbe [1]

Le verbe est, avec le pronom, la seule espèce de mots qui soit soumise à la catégorie de la personne. Mais le pronom a tant d'autres caractères qui lui appartiennent en propre et porte des relations si différentes qu'il demanderait une étude indépendante. Tout en utilisant à l'occasion les pronoms, c'est la personne verbale seule que nous considérerons.

Dans toutes les langues qui possèdent un verbe, on classe les formes de la conjugaison d'après leur référence à la personne, l'énumération des personnes constituant proprement la conjugaison; et on en distingue trois, au singulier, au pluriel, éventuellement au duel. Cette classification est notoirement héritée de la grammaire grecque, où les formes verbales fléchies constituent des πρόσωπα, des *personae*, des « figurations » sous lesquelles se réalise la notion verbale. La série des πρόσωπα ou *personae* fournit en quelque manière un parallèle à celle des πτώσεις ou *casus* de la flexion nominale. Dans la nomenclature grammaticale de l'Inde, la notion s'exprime aussi par les trois *puruṣa* ou « personnes », dénommés respectivement *prathamapuruṣa*, « première personne » (= notre 3e pers.), *madhyamapuruṣa*, « personne intermédiaire » (= notre 2e pers.), et *uttamapuruṣa*, « dernière personne » (= notre 1re pers.); elles réalisent la même séquence, mais dans l'ordre inverse; la différence est fixée par la tradition, les grammairiens grecs citant les verbes à la 1re personne, ceux de l'Inde à la 3e.

Telle qu'elle a été élaborée par les Grecs pour la description de leur langue, cette classification est aujourd'hui encore admise non seulement comme vérifiée par toutes les langues dotées d'un verbe, mais comme naturelle et inscrite dans

1. *Bulletin de la Société de Linguistique*, XLIII (1946), fasc. 1, nº 126.

l'ordre des choses. Elle résume dans les trois relations qu'elle institue l'ensemble des positions qui déterminent une forme verbale pourvue d'un indice personnel, et elle vaut pour le verbe de n'importe quelle langue. Il y a donc toujours trois personnes et il n'y en a que trois. Cependant le caractère sommaire et non-linguistique d'une catégorie ainsi posée doit être dénoncé. A ranger dans un ordre constant et sur un plan uniforme des « personnes » définies par leur succession et rapportées à ces *êtres* que sont « je » et « tu » et « il », on ne fait que transposer en une théorie pseudo-linguistique des différences de nature *lexicale*. Ces dénominations ne nous renseignent ni sur la nécessité de la catégorie, ni sur le contenu qu'elle implique ni sur les relations qui assemblent les différentes personnes. Il faut donc rechercher comment chaque personne s'oppose à l'ensemble des autres et sur quel principe est fondée leur opposition, puisque nous ne pouvons les atteindre que par ce qui les différencie.

Une question préjudicielle se pose : peut-il exister un verbe sans distinction de personne ? Cela revient à se demander si la catégorie de la personne est vraiment nécessaire et congéniale au verbe ou si elle en constitue seulement une modalité possible, réalisée le plus souvent, mais non indispensable, comme le sont après tout bien des catégories verbales. En fait on peut relever, bien que les exemples soient très rares, des langues où l'expression de la personne est susceptible de manquer au verbe. Ainsi, dans le verbe coréen, selon Ramstedt, « the grammatical "persons"... have no grammatical distinction in a language where all forms of the verb are indifferent to person and number » (G. J. Ramstedt, *A Korean Grammar*, p. 61). Il est certain que les principales distinctions verbales du coréen sont d'ordre « social »; les formes sont diversifiées à l'extrême selon le rang du sujet et de l'interlocuteur, et varient suivant qu'on parle à un supérieur, à un égal ou à un inférieur. Le parlant s'efface et prodigue les expressions impersonnelles; pour ne pas souligner indiscrètement le rapport des positions, il se contente souvent de formes indifférenciées quant à la personne, que seul le sens affiné des convenances permet d'entendre correctement. Cependant il ne faudrait pas, comme le fait Ramstedt, ériger l'habitude en règle absolue; d'abord parce que le coréen possède une série complète de pronoms personnels qui peuvent entrer en jeu, et cela est essentiel; en outre parce que, même dans les phrases qu'il cite, l'ambiguïté n'est pas telle qu'on pourrait le croire [1]. Ainsi *pogətta*, « I shall see; you will see; he will see; one can see; one is to see » (Ramstedt, p. 71), signifie généralement « je verrai »; et « tu verras » se dit *porida*. La phrase : *i bənyn yo so hagəni-wa tasi-nən haži ani hagetta* (non : *hagesso*), « this time I forgive you, but I shall not forgive you again » (*Ibid.*, p. 97), signifie plutôt, en remplaçant *hagetta* par *handa :* « (Je constate qu')il te pardonne cette fois, mais il ne te pardonnera pas de nouveau », car le thème nominal et abstrait *hagi* ne convient guère à la 1re personne. On doit effectivement comprendre *i san- son yl məkkəni-wa irhəm yn mollasso*, « although I eat this fish, I don't know its name » (*Ibid.*, p. 96), mais en substituant *mollatti* à *mollasso* la phrase serait à la 2e sg. : « quoique *tu* manges ce poisson, *tu* ne sais pas son nom ». De même la phrase *ilbon e sardaga pyoŋ yl edesso*, « I lived in Japan and I got this sickness » (*Ibid.*, p. 98), signifiera « *tu* as attrapé cette maladie... » en remplaçant *edesso* par *odokəsso*. Toutes ces restrictions d'usage et au besoin l'emploi des pronoms contribuent à introduire des variations de personne dans un verbe en principe indifférencié. Dans les langues paléo-sibériennes, d'après R. Jakobson (*American Anthropologist*, XLIV [1942], p. 617), les formes verbales du gilyak ne distinguent en général ni personne ni nombre, mais les modes « neutres » opposent la première à la non-première personne du singulier; d'autres langues du même groupe ne distinguent aussi que deux personnes : tantôt, comme en yukaghir, la première et la seconde fusionnent, tantôt, comme en ket, la première et la troisième. Mais toutes ces langues possèdent des pronoms personnels. Au total, il ne semble pas qu'on connaisse une langue dotée d'un verbe où les distinctions de personne ne se marquent pas d'une manière ou d'une autre dans les formes verbales. On peut donc conclure que la catégorie de la personne appartient bien aux notions fondamentales et nécessaires du verbe. C'est là une constatation qui nous suffit, mais il va de soi que l'originalité de chaque système verbal sous ce rapport devra être étudiée en propre.

Une théorie linguistique de la personne verbale ne peut se constituer que sur la base des oppositions qui différencient les personnes; et elle se résumera tout entière dans la structure

---

1. Je m'en suis assuré en interrogeant M. Li-Long-Tseu, Coréen cultivé et lui-même linguiste, à qui je dois les rectifications qui suivent. Dans la transcription du coréen, je reproduis sa prononciation.

de ces oppositions. Pour la déceler, on pourra partir des définitions que les grammariens arabes emploient. Pour eux, la première personne est *al-mutakallimu*, « celui qui parle »; la deuxième *al-muḫāṭabu*, « celui à qui on s'adresse »; mais la troisième est *al-yāʾibu*, « celui qui est absent ». Dans ces dénominations se trouve impliquée une notion juste des rapports entre les personnes; juste surtout en ce qu'elle révèle la disparité entre la 3e personne et les deux premières. Contrairement à ce que notre terminologie ferait croire, elles ne sont pas homogènes. C'est ce qu'il faut d'abord mettre en lumière.

Dans les deux premières personnes, il y a à la fois une personne impliquée et un discours sur cette personne. « Je » désigne celui qui parle et implique en même temps un énoncé sur le compte de « je » : disant « je », je ne puis ne pas parler de moi. A la 2e personne, « tu » est nécessairement désigné par « je » et ne peut être pensé hors d'une situation posée à partir de « je »; et, en même temps, « je » énonce quelque chose comme prédicat de « tu ». Mais de la 3e personne, un prédicat est bien énoncé, seulement hors du « je-tu »; cette forme est ainsi exceptée de la relation par laquelle « je » et « tu » se spécifient. Dès lors, la légitimité de cette forme comme « personne » se trouve mise en question.

Nous sommes ici au centre du problème. La forme dite de 3e personne comporte bien une indication d'énoncé sur quelqu'un ou quelque chose, mais non rapporté à une « personne » spécifique. L'élément variable et proprement « personnel » de ces dénominations fait ici défaut. C'est bien l' « absent » des grammairiens arabes. Il ne présente que l'invariant inhérent à toute forme d'une conjugaison. La conséquence doit être formulée nettement : la « 3e personne » n'est pas une « personne »; c'est même la forme verbale qui a pour fonction d'exprimer la *non-personne*. A cette définition répondent : l'absence de tout pronom de la 3e personne, fait fondamental, qu'il suffit de rappeler, et la situation très particulière de la 3e personne dans le verbe de la plupart des langues, dont nous donnerons quelques exemples.

En sémitique, la 3e sg. du parfait n'a pas de désinence. En turc, d'une manière générale, la 3e sg. a la marque zéro, en face de la 1re sg. *-m* et de la 2e sg. *-n ;* ainsi au présent duratif de « aimer » : 1. *sev-iyor-um*, 2. *sev-iyor-sun*, 3. *sev-iyor ;* ou au prétérit déterminé : 1. *sev-di-m*, 2. *sev-di-n*, 3. *sev-di*. En finno-ougrien, la 3e sg. représente le thème nu : ostiak 1. *eutlem*, 2. *eutlen*, 3. *eutl ;* dans la conjugaison subjective de « écrire » en hongrois : 1. *ír-ok*, 2. *ír-sz*, 3. *ír*. En

géorgien, dans la conjugaison subjective (la seule où inter-
vienne exclusivement la considération de la personne comme
sujet), les deux premières personnes, outre leurs désinences,
sont caractérisées par des préfixes : 1. *v-* ; 2. *h-*, mais la 3ᵉ sg.
n'a que la désinence. En caucasien du Nord-Ouest (abxaz
et tcherkesse notamment) les indices personnels sont pour
les deux premières personnes de forme constante et régulière,
mais, pour la 3ᵉ, il y a un grand nombre d'indices et maintes
difficultés. Le dravidien emploie pour la 3ᵉ sg. — à la différence des deux premières — une forme nominale de nom
d'agent. En eskimo, W. Thalbitzer marque bien le caractère
non-personnel de la 3ᵉ sg. : « Of a neutral character, lacking
any mark of personality, is the ending of the third person
singular *-oq...* which quite agrees with the common absolute
ending of the noun... These endings for the third person
indicative must be regarded as impersonal forms : *kapiwoq*
« there is a stab, one is stabbed »... (*Hdb. of Amer. Ind. langu.*,
I, p. 1032, 1057.) Dans toutes celles des langues amérindiennes où le verbe fonctionne par désinences ou par préfixes
personnels, cette marque fait généralement défaut à la
3ᵉ personne. En burušaski, la 3ᵉ sg. de tous les verbes est
assujettie aux indices des classes nominales, alors que les
deux premières y échappent (Lorimer, *The Burushaski
Language*, I, p. 240, § 269)... On trouverait sans peine quantité
de faits semblables dans d'autres familles de langues. Ceux
qui viennent d'être cités suffisent à mettre en évidence que
les deux premières personnes ne sont pas sur le même plan
que la troisième, que celle-ci est toujours traitée différemment
et non comme une véritable « personne » verbale et que la
classification uniforme en trois personnes parallèles ne
convient pas au verbe de ces langues.

En indo-européen, la 3ᵉ sg. anomale du lituanien témoigne
dans le même sens. Dans la flexion archaïque du parfait,
si l'on analyse en leurs éléments les désinences 1. *-a*, 2. *-tha*,
3. *-e*, on obtient : 1. *-ə₂e*, 2. *-tə₂e*, opposés à 3. *-e* qui fonctionne comme désinence zéro. A envisager sur le plan synchronique, hors de toute référence à la phrase nominale, le futur
périphrastique sanskrit 1. *kartā́smi*, 2. *kartā́si*, 3. *kartā́*, on
observe le même désaccord entre la 3ᵉ personne et les deux
premières. Il n'est pas fortuit non plus que la flexion de
« être » en grec moderne oppose aux deux premières εἶμαι
et εἶσαι une 3ᵉ personne εἶναι commune au singulier et au
pluriel et qui est d'une structure distincte. Inversement la
différence peut se manifester par une forme de 3ᵉ sg. qui est
seule marquée : ainsi anglais *(he) loves* en face de *(I, you,*

we, they) love. Il faut réfléchir à tous ces faits concordants pour discerner la singularité de la flexion « normale » en indo-européen, celle par exemple du présent athématique *es-mi, es-si, es-ti* à trois personnes symétriques : loin de représenter un type constant et nécessaire, elle est, au sein des langues, une anomalie. La 3ᵉ personne a été conformée aux deux premières pour des raisons de symétrie et parce que toute forme verbale indo-européenne tend à mettre en relief l'indice de sujet, le seul qu'elle puisse manifester. Nous avons ici une régularité de caractère extrême et exceptionnel.

Il s'ensuit que, très généralement, la personne n'est propre qu'aux positions « je » et « tu ». La 3ᵉ personne est, en vertu de sa structure même, la forme non-personnelle de la flexion verbale.

De fait, elle sert toujours quand la personne n'est pas désignée et notamment dans l'expression dite impersonnelle. Nous retrouvons ici la question des impersonnels, vieux problème et débat stérile tant que l'on persiste à confondre « personne » et « sujet ». Dans ὕει, *tonat, it rains*, c'est bien comme non-personnel qu'est relaté le procès, en tant que pur *phénomène*, dont la production n'est pas rapportée à un agent; et les locutions Ζεὺς ὕει, sont, à n'en pas douter, récentes et en quelque sorte rationalisées à rebours. L'authenticité de ὕει tient à ce qu'il énonce positivement le procès comme se déroulant en dehors du « je-tu » qui seuls indiquent des personnes.

En effet une caractéristique des personnes « je » et « tu » est leur *unicité* spécifique : le « je » qui énonce, le « tu » auquel « je » s'adresse sont chaque fois uniques. Mais « il » peut être une infinité de sujets — ou aucun. C'est pourquoi le « je est un autre » de Rimbaud fournit l'expression typique de ce qui est proprement l' « aliénation » mentale, où le moi est dépossédé de son identité constitutive.

Une seconde caractéristique est que « je » et « tu » sont inversibles : celui que « je » définis par « tu » se pense et peut s'inverser en « je », et « je » (moi) devient un « tu ». Aucune relation pareille n'est possible entre l'une de ces deux personnes et « il », puisque « il » en soi ne désigne spécifiquement rien ni personne.

Enfin on doit prendre pleinement conscience de cette particularité que la « troisième personne » est la seule par laquelle une *chose* est prédiquée verbalement.

Il ne faut donc pas se représenter la « 3ᵉ personne » comme une personne apte à se dépersonnaliser. Il n'y a pas aphérèse de la personne, mais exactement la non-personne, possédant comme marque l'absence de ce qui qualifie spécifiquement le « je » et le « tu ». Parce qu'elle n'implique aucune personne, elle peut prendre n'importe quel sujet ou n'en comporter aucun, et ce sujet, exprimé ou non, n'est jamais posé comme « personne ». Ce sujet ne fait qu'ajouter *en apposition* une précision jugée nécessaire pour l'intelligence du contenu, non pour la détermination de la forme. Ainsi *volat avis* ne signifie pas « l'oiseau vole », mais « il vole, (scil.) l'oiseau ». La forme *volat* se suffit à elle-même et, quoique non personnelle, inclut la notion grammaticale de sujet. De même procèdent le nahua ou le chinook qui incorporent toujours le pronom sujet (et aussi éventuellement le pronom régime) dans la forme verbale, les substantifs sujet et régime étant traités comme des appositions; chinook *tgigénxaute ikanắte tɛmɛwắlɛma*, « les esprits surveillent l'âme », litt. « ils la surveillent (*tgi*, « they it »), l'âme *(ikanắte)*, les esprits (*t-mewắlɛma*) » (cf. Boas, *Hdb. of Amer. Ind. Langu.*, I, p. 647). Tout ce qui est hors de la personne stricte, c'est-à-dire hors du « je-tu », reçoit comme prédicat une forme verbale de la « 3e personne » et n'en peut recevoir aucune autre.

Cette position toute particulière de la 3e personne explique quelques-uns de ses emplois particuliers dans le domaine de la « parole ». On peut l'affecter à deux expressions de valeur opposée. *Il* (ou *elle*) peut servir de forme d'allocution vis-à-vis de quelqu'un qui est présent quand on veut le soustraire à la sphère personnelle du « tu » (« vous »). D'une part, en manière de révérence : c'est la forme de politesse (employée en italien, en allemand ou dans les formes de « majesté ») qui élève l'interlocuteur au-dessus de la condition de personne et de la relation d'homme à homme. D'autre part, en témoignage de mépris, pour ravaler celui qui ne mérite même pas qu'on s'adresse « personnellement » à lui. De sa fonction de forme non-personnelle, la « 3e personne » tire cette aptitude à devenir aussi bien une forme de respect qui fait d'un être bien plus qu'une personne, qu'une forme d'outrage qui peut le néantiser en tant que personne.

On voit maintenant en quoi consiste l'opposition entre les deux premières personnes du verbe et la troisième. Elles s'opposent comme les membres d'une corrélation, qui est la *corrélation de personnalité :* « je-tu » possède la marque de personne; « il » en est privé. La « 3e personne » a pour caractéristique et pour fonction constantes de représenter, sous le rapport de la forme même, un invariant non-personnel, et rien que cela.

Mais si « je » et « tu » sont l'un et l'autre caractérisés par la marque de personne, on sent bien qu'à leur tour ils s'opposent l'un à l'autre, à l'intérieur de la catégorie qu'ils constituent, par un trait dont il faut définir la nature linguistique.

La définition de la 2ᵉ personne comme étant la personne à laquelle la première s'adresse convient sans doute à son emploi le plus ordinaire. Mais ordinaire ne veut pas dire unique et constant. On peut utiliser la 2ᵉ personne hors de l'allocution et la faire entrer dans une variété d'« impersonnel ». Par exemple, « vous » fonctionne en français comme anaphorique de « on » (ex. « *on* ne peut se promener sans que quelqu'un *vous* aborde »). En mainte langue, *tu (vous)* sert de substitut à *on :* lat. memoria minuitur nisi eam *exerceas ; crederes*, « on croirait »; gr. εἴποις ἄν, « on dirait »; gr. mod. λές, « on dit », πᾶς, « on va »; en russe, dans des locutions formulaires ou proverbiales : *govoriš s nim — on ne slušaet*, « on lui parle, il n'écoute pas »; *pódumaeš, čto on bolen*, « on croirait qu'il est malade » (Mazon, *Gramm. russe*, § 157). Il faut et il suffit qu'on se représente une *personne* autre que « je » pour qu'on lui affecte l'indice « tu ». Ainsi toute *personne* qu'on se représente est de la forme « tu », tout particulièrement — mais non nécessairement — la personne interpellée. Le « tu » (« vous ») peut donc se définir : « la personne non-*je* ».

Il y a donc lieu de constater une opposition de « personne-*je* » à « personne non-*je* ». Sur quelle base s'établit-elle ? Au couple *je/tu* appartient en propre une corrélation spéciale, que nous appellerons, faute de mieux, *corrélation de subjectivité*. Ce qui différencie « je » de « tu », c'est d'abord le fait d'être, dans le cas de « je », *intérieur* à l'énoncé et extérieur à « tu », mais extérieur d'une manière qui ne supprime pas la réalité humaine du dialogue; car la 2ᵉ personne des emplois cités en russe, etc., est une forme qui présume ou suscite une « personne » fictive et par là institue un rapport vécu entre « je » et cette quasi-personne; en outre, « je » est toujours *transcendant* par rapport à « tu ». Quand je sors de « moi » pour établir une relation vivante avec un être, je rencontre ou je pose nécessairement un « tu », qui est, hors de moi, la seule « personne » imaginable. Ces qualités d'intériorité et de transcendance appartiennent en propre au « je » et s'inversent en « tu ». On pourra donc définir le « tu » comme la *personne non-subjective*, en face de la *personne subjective* que « je » représente; et ces deux « personnes » s'opposeront ensemble à la forme de « non-personne » (= « il »).

Il semblerait que toutes les relations posées entre les trois formes du singulier dussent demeurer pareilles si on les transpose au pluriel (les formes de duel ne posent de question que comme duel, non comme personnes). Et cependant on sait bien que, dans les pronoms personnels, le passage du singulier au pluriel n'implique pas une simple pluralisation. De plus, il se crée en nombre de langues une différenciation de la forme verbale de 1re plur. sous deux aspects distincts (inclusif et exclusif) qui dénonce une complexité particulière.

Comme au singulier, le problème central est ici celui de la première personne. Le simple fait que des mots différents sont très généralement employés pour « je » et « nous » (et aussi pour « toi » et « vous ») suffit à excepter les pronoms des procédés ordinaires de pluralisation. Il y a bien quelques exceptions, mais très rares et partielles : par exemple en eskimo, du sg. *uwaŋa*, « je », au plur. *uwaŋut*, « nous », le thème est pareil et il entre dans une formation de pluriel nominal. Mais *illi*, « toi », et *iliʷsse*, « vous », contrastent déjà autrement. De toute manière, l'identité des formes pronominales au singulier et au pluriel demeure l'exception. Dans la grande majorité des langues, le pluriel pronominal ne coïncide pas avec le pluriel nominal, du moins tel qu'on le représente ordinairement. Il est clair en effet que l'unicité et la subjectivité inhérentes à « je » contredisent la possibilité d'une pluralisation. S'il ne peut y avoir plusieurs « je » conçus par le « je » même qui parle, c'est que « nous » est, non pas une multiplication d'objets identiques, mais une *jonction* entre « je » et le « non-je », quel que soit le contenu de ce « non-je ». Cette jonction forme une totalité nouvelle et d'un type tout particulier, où les composantes ne s'équivalent pas : dans « nous », c'est toujours « je » qui prédomine puisqu'il n'y a de « nous » qu'à partir de « je », et ce « je » s'assujettit l'élément « non-je » de par sa qualité transcendante. La présence du « je » est constitutive du « nous ».

Le « non-je » implicite et nécessaire dans « nous » est notoirement susceptible de recevoir, en des langues très diverses, deux contenus précis et distincts. « Nous » se dit d'une manière pour « moi + vous », et d'une autre pour « moi + eux ». Ce sont les formes inclusive et exclusive, qui différencient le pluriel pronominal et verbal de la 1re personne dans une grande partie des langues amérindiennes, australiennes, en papou, en malayo-polynésien, en dravidien, en tibétain, en mandchou et tunguz, en nama, etc.

Cette dénomination par « inclusif » et « exclusif » ne saurait passer pour satisfaisante; elle repose en fait sur l'inclusion ou l'exclusion du « vous », mais par rapport à « eux », les désignations pourraient être exactement inverses. Il sera néanmoins difficile de trouver des termes mieux appropriés. Plus importante nous paraît l'analyse de cette catégorie « inclusif-exclusif » au point de vue des relations de personne.

Ici le fait essentiel à reconnaître est que la distinction des formes inclusive et exclusive se modèle en réalité sur la relation que nous avons posée entre la 1re et la 2e sg., et entre la 1re et la 3e sg. respectivement. Ces deux pluralisations de la 1re sg. servent à conjoindre dans chaque cas les termes opposés des deux corrélations qui ont été dégagées. Le pluriel exclusif (« moi + eux ») consiste en une jonction des deux formes qui s'opposent comme personnelle et non-personnelle en vertu de la « corrélation de personne ». Par exemple, en siuslaw (Oregon), la forme exclusive au duel *(-aᵘxûn, -axûà)* et au pluriel *(-nxan)* consiste en celle de 3e duel *(-aᵘx)* et pluriel *(-nx)* augmentée de la finale de 1re sg. *(-n)* (cf. Frachtenberg, *Hdb. of Amer. Ind. Lang.*, II, p. 468). Au contraire la forme inclusive (« moi + vous ») effectue la jonction des personnes entre lesquelles existe la « corrélation de subjectivité ». Il est intéressant d'observer que, en algonkin (fox), le pronom indépendant « nous » inclusif, *ke-gunāna*, a l'indice *ke-* de la 2e pers. *ke-gwa* « toi », et *ke-guwāwa*, « vous », alors que « nous » exclusif, *ne-gunāna*, a celui, *ne-*, de la 1re pers. *ne-gwa*, « moi » (*Hdb.*, I p. 817) : c'est une « personne » qui prédomine dans chacune des deux formes, « moi » dans l'exclusif (comportant jonction avec la non-personne), « toi » dans l'inclusif (comportant jonction de la personne non-subjective avec « moi » implicite). Ce n'est là qu'une des réalisations, très diverses, de cette pluralité. D'autres sont possibles. Mais on voit ici la différenciation s'opérer sur le principe même de la personne : dans « nous » inclusif qui s'oppose à « lui, eux », c'est « toi » qui ressort, tandis que, dans « nous » exclusif qui s'oppose à « toi, vous », c'est « moi » qui est souligné. Les deux corrélations qui organisent le système des personnes au singulier se manifestent ainsi dans la double expression de « nous ».

Mais le « nous » indifférencié des autres langues, indo-européennes par exemple, doit être envisagé dans une perspective différente. En quoi consiste ici la pluralisation de la personne verbale ? Ce « nous » est autre chose qu'une jonction d'éléments définissables; la prédominance de « je » y est très forte, au point que, dans certaines conditions, ce

pluriel peut tenir lieu du singulier. La raison en est que
« nous » n'est pas un « je » quantifié ou multiplié, c'est un
« je » dilaté au-delà de la personne stricte, à la fois accru et
de contours vagues. De là viennent en dehors du pluriel
ordinaire deux emplois opposés, non contradictoires. D'une
part, le « je » s'amplifie par « nous » en une personne plus
massive, plus solennelle et moins définie; c'est le « nous »
de majesté. D'autre part, l'emploi de « nous » estompe l'affirmation trop tranchée de « je » dans une expression plus large
et diffuse : c'est le « nous » d'auteur ou d'orateur. On peut
penser aussi à expliquer par là les contaminations ou enche-
vêtrements fréquents du singulier et du pluriel, ou du pluriel
et de l'impersonnel dans le langage populaire ou paysan :
« nous, on va » (toscan pop., « noi si canta »), ou « je sommes »
en français du Nord faisant pendant au « nous suis » du
franco-provençal : expressions où se mêlent le besoin de
donner à « nous » une compréhension indéfinie et l'affirmation volontairement vague d'un « je » prudemment généralisé.

D'une manière générale, la personne verbale au pluriel
exprime une personne amplifiée et diffuse. Le « nous »
annexe au « je » une globalité indistincte d'autres personnes.
Dans le passage du « tu » à « vous », qu'il s'agisse du « vous »
collectif ou du « vous » de politesse, on reconnaît une généralisation de « tu », soit métaphorique, soit réelle, et par
rapport à laquelle, dans des langues de culture surtout
occidentales, le « tu » prend souvent valeur d'allocution
strictement personnelle, donc familière. Quant à la non-
personne (3e personne), la pluralisation verbale, quand elle
n'est pas le prédicat grammaticalement régulier d'un sujet
pluriel, accomplit la même fonction que dans les formes
« personnelles » : elle exprime la généralité indécise du *on*
(type *dicunt*, *they say*). C'est la non-personne même qui,
étendue et illimitée par son expression, exprime l'ensemble
indéfini des êtres non-personnels. Dans le verbe comme
dans le pronom personnel, le pluriel est facteur d'illimita-
tion, non de multiplication.

Ainsi, les expressions de la personne verbale sont dans
leur ensemble organisées par deux corrélations constantes :

1 *Corrélation de personnalité* opposant les personnes *je/tu*
à la non-personne *il*;

2 *corrélation de subjectivité*, intérieure à la précédente
et opposant *je* à *tu*.

La distinction ordinaire de singulier et de pluriel doit

être sinon remplacée, au moins interprétée, dans l'ordre de la personne, par une distinction entre *personne stricte* (= « singulier ») et *personne amplifiée* (= « pluriel »). Seule la « troisième personne », étant non-personne, admet un véritable pluriel.

CHAPITRE XIX

Les relations de temps dans le verbe français

L'ensemble des formes personnelles du verbe français est traditionnellement réparti entre un certain nombre de paradigmes temporels dénommés « présent », « imparfait », « passé défini », etc., et ceux-ci à leur tour se distribuent selon les trois grandes catégories du temps, présent, passé, futur. Ces divisions, incontestables dans leur principe, restent cependant loin des réalités d'emploi et ne suffisent pas à les organiser. Nous ne trouvons pas dans la seule notion de temps le critère qui décidera de la position ou même de la possibilité d'une forme donnée au sein du système verbal. Comment savoir, par exemple, si *il allait sortir* appartient ou non au paradigme de *sortir*? En vertu de quelle classification temporelle devra-t-on l'accepter ou le rejeter?

Si l'on essaie de ramener aux divisions temporelles les oppositions qui apparaissent dans la structure matérielle des formes verbales, on rencontre une grave difficulté. Considérons par exemple l'opposition des formes simples et des formes composées dans le verbe. S'il y a lieu d'opposer *il courait* et *il avait couru*, ce n'est pas en tout cas sur le même axe de temps où *il courait* s'oppose à *il court*. Et cependant *il a couru* est bien en quelque manière une forme temporelle, puisqu'il peut équivaloir à *il courut*. Mais *il a couru* sert en même temps de partenaire à *il court*. Les rapports des formes composées avec le temps restent ainsi ambigus. On peut certes transférer la distinction des formes simples et composées au compte de l' « aspect », mais on n'y gagnera rien de clair, car l'aspect ne fournit pas non plus un principe univoque de corrélation d'un type de formes à l'autre, et ce fait demeure que, malgré tout, certaines des formes composées sont bien à considérer comme temporelles, certaines seulement.

Il s'agit donc de chercher dans une vue synchronique du système verbal en français moderne, les relations qui organisent les diverses formes temporelles. C'est à la faveur de ce qui semble une faille dans ce système que nous discernerons mieux la nature réelle des articulations. Il y a un point où le système se fait indûment redondant : c'est l'expression temporelle du « passé », qui dispose de deux formes, *il fit* et *il a fait.* Dans l'interprétation traditionnelle, ce seraient deux variantes de la même forme, entre lesquelles on choisit selon qu'on écrit *(il fit)* ou qu'on parle *(il a fait).* Nous aurions ici l'indice d'une phase de transition où la forme ancienne *(il fit)* se maintient dans la langue écrite, plus conservatrice, alors que la langue parlée indique par avance la forme de substitut *(il a fait),* concurrente installée, destinée à s'imposer seule. Mais avant de réduire le phénomène aux termes d'un procès de succession, il conviendrait de se demander pourquoi langue parlée et langue écrite divorceraient sur ce point de la temporalité et non sur un autre, comment il se fait que la même différence ne s'étend pas à d'autres formes parallèles (par exemple *il fera* et *il aura fait* restent absolument distincts, etc.), et tout d'abord si l'observation exacte confirme la distribution schématique par où l'on a l'habitude de les opposer. D'un problème à l'autre, c'est la structure entière du verbe qui se trouve soumise à un nouvel examen. Il nous a paru que la description des relations de temps constituait la tâche la plus nécessaire.

Les paradigmes des grammaires donnent à croire que toutes les formes verbales tirées d'un même thème appartiennent à la même conjugaison, en vertu de la seule morphologie. Mais on se propose de montrer ici que l'organisation des temps relève de principes moins évidents et plus complexes. Les temps d'un verbe français ne s'emploient pas comme les membres d'un système unique, ils se distribuent en *deux systèmes* distincts et complémentaires. Chacun d'eux ne comprend qu'une partie des temps du verbe; tous les deux sont en usage concurrent et demeurent disponibles pour chaque locuteur. Ces deux systèmes manifestent deux plans d'énonciation différents, que nous distinguerons comme celui de l'*histoire* et celui du *discours.*

L'énonciation *historique,* aujourd'hui réservée à la langue

écrite, caractérise le récit des événements passés. Ces trois
termes, « récit », « événement », « passé », sont également à
souligner. Il s'agit de la présentation des faits survenus à
un certain moment du temps, sans aucune intervention
du locuteur dans le récit. Pour qu'ils puissent être enregistrés comme s'étant produits, ces faits doivent appartenir
au passé. Sans doute vaudrait-il mieux dire : dès lors qu'ils
sont enregistrés et énoncés dans une expression temporelle historique, ils se trouvent caractérisés comme passés.
L'intention historique constitue bien une des grandes fonctions de la langue : elle y imprime sa temporalité spécifique,
dont nous devons maintenant signaler les marques formelles.

Le plan historique de l'énonciation se reconnaît à ce qu'il
impose une délimitation particulière aux deux catégories
verbales du temps et de la personne prises ensemble. Nous
définirons le récit historique comme le mode d'énonciation
qui exclut toute forme linguistique « autobiographique ».
L'historien ne dira jamais *je* ni *tu*, ni *ici*, ni *maintenant*,
parce qu'il n'empruntera jamais l'appareil formel du discours,
qui consiste d'abord dans la relation de personne *je : tu*.
On ne constatera donc dans le récit historique strictement poursuivi que des formes de « 3ᵉ personne » [1].

Sera pareillement défini le champ de l'expression temporelle. L'énonciation historique comporte trois temps :
l'aoriste (= passé simple ou passé défini) [2], l'imparfait
(y compris la forme en *-rait* dite conditionnel), le plus-
que-parfait. Accessoirement, d'une manière limitée, un
temps périphrastique substitut de futur, que nous appellerons le *prospectif*. Le présent est exclu, à l'exception — très
rare — d'un présent intemporel tel que le « présent de définition » [3].

Pour mieux éclairer l'ossature « historique » du verbe,
nous reproduisons ci-dessous trois spécimens de récit,
pris au hasard; les deux premiers sont du même historien,

1. Nous nous référons ici aux distinctions qui ont été énoncées
dans un article de ce *Bulletin*, XLIII, p. 1 sq.; ci-dessus, p. 225.
2. On ne trouvera pas, espérons-le, d'inconvénient à ce que nous
appelions « aoriste » le temps qui est le « passé simple » ou le « passé
défini » de nos grammaires. Le terme « aoriste » n'a pas ailleurs de
connotations assez différentes et assez précises pour créer ici une
confusion, et il est préférable à celui de « prétérit » qui risquerait
d'être confondu avec « imparfait ».
3. Nous laissons entièrement de côté les formes modales du
verbe ainsi que les formes nominales (infinitif, participes). Tout ce
qui est dit ici au sujet des relations temporelles vaut pour ces formes
également.

mais de genres différents, l'autre est emprunté à la littérature d'imagination [1]. Nous avons souligné les formes verbales personnelles, qui toutes relèvent des temps énumérés
ci-dessus.

Pour devenir les maîtres du marché méditerranéen, les Grecs
déployèrent une audace et une persévérance incomparables. Depuis
la disparition des marines minoenne et mycénienne, l'Égée *était*
infestée par des bandes de pirates : il n'y *eut* longtemps que des
Sidoniens pour oser s'y aventurer. Les Grecs *finirent* pourtant
par se débarrasser de cette plaie : ils *donnèrent* la chasse aux écumeurs
de rivages, qui *durent* transférer le principal théâtre de leurs exploits
dans l'Adriatique. Quant aux Phéniciens qui *avaient fait* profiter
les Grecs de leur expérience et leur *avaient appris* l'utilité commer-
ciale de l'écriture, ils *furent* évincés des côtes de l'Ionie et chassés
des pêcheries de pourpre égéennes; ils *trouvèrent* des concurrents à
Cypre et jusque dans leurs propres villes. Ils *portèrent* alors leurs
regards vers l'Ouest; mais là encore les Grecs, bientôt installés en
Sicile, *séparèrent* de la métropole orientale les colonies phéniciennes
d'Espagne et d'Afrique. Entre l'Aryen et le Sémite, la lutte commer-
ciale ne *devait* cesser [2] dans les mers du Couchant qu'à la chute de
Carthage.

(G. GLOTZ, *Histoire grecque*, 1925, p. 225.)

Quand Solon *eut accompli* sa mission, il *fit* jurer aux neufs archon-
tes et à tous les citoyens de se conformer à ses lois, serment qui
fut désormais prêté tous les ans par les Athéniens promus à la
majorité civique. Pour prévenir les luttes intestines et les révolu-
tions, il *avait prescrit* à tous les membres de la cité, comme une
obligation correspondant à leurs droits, de se ranger en cas de
troubles dans l'un des partis opposés, sous peine d'atimie entraînant
l'exclusion de la communauté : il *comptait* qu'en sortant de la neu-
tralité les hommes exempts de passion *formeraient* une majorité
suffisante pour arrêter les perturbateurs de la paix publique. Les
craintes *étaient* justes; les précautions *furent* vaines. Solon *n'avait*
satisfait ni les riches ni la masse pauvre et *disait* tristement : « Quand
on fait de grandes choses, il est difficile de plaire à tous [3]. » Il *était*
encore archonte qu'il *était* assailli par les invectives des mécontents;
quand il *fut sorti* de charge, ce *fut* un déchaînement de reproches et
d'accusations. Solon *se défendit*, comme toujours, par des vers
c'est alors qu'il *invoqua* le témoignage de la Terre Mère. On l'*acca-
blait* d'insultes et de moqueries parce que « le cœur lui *avait manqué* »
pour se faire tyran, parce qu'il *n'avait pas voulu*, « pour être le maître
d'Athènes, ne fût-ce qu'un jour, que de sa peau écorchée on fît
une outre et que sa race fût abolie [4] ». Entouré d'ennemis, mais résolu
à ne rien changer de ce qu'*il avait fait*, croyant peut-être aussi que

1. Bien entendu l'énonciation historique des événements est
indépendante de leur vérité « objective ». Seul compte le dessein
« historique » de l'écrivain.
2. Exemple de « prospectif » (p. 239).
3. Intrusion du discours dans le récit, avec changement corrélatif
des temps.
4. Sur le discours indirect, cf. ci-après p. 242.

son absence *calmerait* les esprits, il *décida* de quitter Athènes. I *voyagea*, il *parut* à Cypre, il *alla* en Égypte se retremper aux sources de la sagesse. Quand il *revint*, la lutte des partis *était* plus vive que jamais. Il se *retira* de la vie publique et *s'enferma* dans un repos inquiet : il « *vieillissait* en apprenant toujours et beaucoup », sans cesser de tendre l'oreille aux bruits du dehors et de prodiguer les avertissements d'un patriotisme alarmé. Mais Solon n'*était* qu'un homme; il ne lui *appartenait* pas d'arrêter le cours des événements. Il *vécut* assez pour assister à la ruine de la constitution qu'il *croyait* avoir affermie et voir s'étendre sur sa chère cité l'ombre pesante de la tyrannie.

(*Ibid.*, p. 441-2.)

Après un tour de galerie, le jeune homme *regarda* tour à tour le ciel et sa montre, *fit* un geste d'impatience, *entra* dans un bureau de tabac, y *alluma* un cigare, se *posa* devant une glace, et *jeta* un regard sur son costume, un peu plus riche que ne le permettent[1] en France les lois du goût. Il *rajusta* son col et son gilet de velours noir sur lequel *se croisait* plusieurs fois une de ces grosses chaînes d'or fabriquées à Gênes; puis, après avoir jeté par un seul mouvement sur son épaule gauche son manteau doublé de velours en le drapant avec élégance, il *reprit* sa promenade sans se laisser distraire par les œillades bourgeoises qu'il *recevait*. Quand les boutiques *commencèrent* à s'illuminer et que la nuit lui *parut* assez noire, il se *dirigea* vers la place du Palais-Royal en homme qui *craignait* d'être reconnu, car il *côtoya* la place jusqu'à la fontaine, pour gagner à l'abri des fiacres l'entrée de la rue Froidmanteau...

(BALZAC, Études philosophiques : *Gambara*.)

On voit que, dans ce mode d'énonciation, l'effectif et la nature des temps demeurent les mêmes. Il n'y a aucune raison pour qu'ils changent aussi longtemps que le récit historique se poursuit, et il n'y a d'ailleurs aucune raison pour que celui-ci s'arrête, puisqu'on peut imaginer tout le passé du monde comme un récit continu et qui serait entièrement construit sur cette triple relation temporelle : aoriste, imparfait, plus-que-parfait. Il faut et il suffit que l'auteur reste fidèle à son propos d'historien et qu'il proscrive tout ce qui est étranger au récit des événements (discours, réflexions, comparaisons). A vrai dire, il n'y a même plus alors de narrateur. Les événements sont posés comme ils se sont produits à mesure qu'ils apparaissent à l'horizon de l'histoire. Personne ne parle ici; les événements semblent se raconter eux-mêmes. Le temps fondamental est l'aoriste, qui est le temps de l'événement hors de la personne d'un narrateur.

Nous avons, par contraste, situé d'avance le plan du *discours*. Il faut entendre discours dans sa plus large exten-

1. Réflexion de l'auteur qui échappe au plan du récit.

sion : toute énonciation supposant un locuteur et un auditeur, et chez le premier l'intention d'influencer l'autre en quelque manière. C'est d'abord la diversité des discours oraux de toute nature et de tout niveau, de la conversation triviale à la harangue la plus ornée. Mais c'est aussi la masse des écrits qui reproduisent des discours oraux ou qui en empruntent le tour et les fins : correspondances, mémoires, théâtre, ouvrages didactiques, bref tous les genres où quelqu'un s'adresse à quelqu'un, s'énonce comme locuteur et organise ce qu'il dit dans la catégorie de la personne. La distinction que nous faisons entre récit historique et discours ne coïncide donc nullement avec celle entre langue écrite et langue parlée. L'énonciation historique est réservée aujourd'hui à la langue écrite. Mais le discours est écrit autant que parlé. Dans la pratique on passe de l'un à l'autre instantanément. Chaque fois qu'au sein d'un récit historique apparaît un discours, quand l'historien par exemple reproduit les paroles d'un personnage ou qu'il intervient lui-même pour juger les événements rapportés [1], on passe à un autre système temporel, celui du discours. Le propre du langage est de permettre ces transferts instantanés.

Indiquons par parenthèse que l'énonciation historique et celle de discours peuvent à l'occasion se conjoindre en un troisième type d'énonciation, où le discours est rapporté en termes d'événement et transposé sur le plan historique; c'est ce qui est communément appelé « discours indirect ». Les règles de cette transposition impliquent des problèmes qui ne seront pas examinés ici.

Par le choix des temps du verbe, le discours se distingue nettement du récit historique [2]. Le discours emploie librement toutes les formes personnelles du verbe, aussi bien *je/tu* que *il*. Explicite ou non, la relation de personne est présente partout. De ce fait, la « 3e personne » n'a pas la même valeur que dans le récit historique. Dans celui-ci, le narrateur n'intervenant pas, la 3e personne ne s'oppose à aucune autre, elle est au vrai une absence de personne. Mais dans le discours un locuteur oppose une non-personne *il* à une personne *je/tu*. De même le registre des temps verbaux est bien plus large dans le discours : en fait tous

---

1. C'est le cas ci-dessus, p. 241, n. 1.
2. Nous parlons toujours des temps du « récit historique » pour éviter le terme « temps narratifs » qui a créé tant de confusion. Dans la perspective que nous traçons ici, l'aoriste est un « temps narratif », mais le parfait peut aussi en être un, ce qui obscurcirait la distinction essentielle entre les deux plans d'énonciation.

les temps sont possibles, sauf un, l'aoriste, banni aujourd'hui de ce plan d'énonciation alors qu'il est la forme typique de l'histoire. Il faut surtout souligner les trois temps fondamentaux du discours : présent, futur, et parfait, tous les trois exclus du récit historique (sauf le plus-que-parfait). Commun aux deux plans est l'imparfait.

La distinction opérée ici entre deux plans d'énonciation au sein de la langue met dans une perspective différente le phénomène qui a été appelé, il y a cinquante ans, « la disparition des formes simples du prétérit »[1] en français. Le terme « disparition » ne convient assurément pas. Une forme ne disparaît que si sa fonction n'est plus nécessaire ou si une autre forme la remplit mieux. Il s'agit donc de préciser la situation de l'aoriste par rapport au *double* système de formes et de fonctions que constitue le verbe. Il y a deux relations distinctes à observer. D'une part, c'est un fait, l'aoriste ne s'emploie pas dans la langue parlée, il ne fait pas partie des temps verbaux propres au discours. En revanche, comme temps du récit historique, l'aoriste se maintient fort bien, il n'est d'ailleurs nullement menacé et aucun autre temps ne pourrait le suppléer. Ceux qui le croient en voie d'extinction n'ont qu'à faire l'expérience de remplacer, dans les morceaux cités plus haut, les aoristes par des parfaits. Le résultat serait tel qu'aucun auteur ne se résoudrait à présenter l'histoire dans une perspective pareille. On peut mettre en fait que quiconque sait écrire et entreprend le récit d'événements passés emploie spontanément l'aoriste comme temps fondamental, qu'il évoque ces événements en historien ou qu'il les crée en romancier. Par souci de la variété, il pourra changer de ton, multiplier les points de vue, et adopter d'autres temps, mais alors il quitte le plan du récit historique. Il nous faudrait des statistiques précises, fondées sur de larges dépouillements de textes de toute sorte, livres et journaux, et comparant l'usage de l'aoriste il y a cinquante ans à celui d'aujourd'hui, pour établir à tous les yeux que ce temps verbal demeure aussi nécessaire qu'il l'était, dans les conditions strictes de sa fonction linguistique. Parmi les textes qui serviraient de témoins, on devrait inclure aussi les traductions, qui nous renseignent sur les équivalences spontanées qu'un auteur trouve pour faire passer un récit écrit en une autre

---

1. C'est le titre d'un article de Meillet, publié en 1909, qui a été recueilli dans *Linguistique historique et linguistique générale*, I, p. 149 sq.

langue dans le système temporel qui convient au français [1].

Inversement la statistique ferait ressortir la rareté des récits historiques rédigés entièrement au parfait, et montrerait combien le parfait est peu apte à convoyer la relation objective des événements. Chacun peut le vérifier dans telle œuvre contemporaine où la narration, de parti pris, est entièrement au parfait [2]; il serait intéressant d'analyser les effets de style qui naissent de ce contraste entre le ton du récit, qui se veut objectif, et l'expression employée, le parfait à la 1re personne, forme autobiographique par excellence. Le parfait établit un lien vivant entre l'événement passé et le présent où son évocation trouve place. C'est le temps de celui qui relate les faits en témoin, en participant; c'est donc aussi le temps que choisira quiconque veut faire retentir jusqu'à nous l'événement rapporté et le rattacher à notre présent. Comme le présent, le parfait appartient au système linguistique du discours, car le repère temporel du parfait est le moment du discours, alors que le repère de l'aoriste est le moment de l'événement.

En outre, il ne faudrait pas traiter de l'aoriste comme d'une unité globale dans son paradigme entier. Ici encore la frontière passe à l'intérieur du paradigme et sépare les deux plans d'énonciation dans le choix des formes personnelles. Le discours exclura l'aoriste, mais le récit historique, qui l'emploie constamment, n'en retiendra que les formes de 3e personne [3]. La conséquence est que *nous arrivâmes* et surtout *vous arrivâtes* ne se rencontrent ni dans le récit historique, parce que formes personnelles, ni dans le discours, parce que formes d'aoriste. En revanche

---

1. Pour citer deux exemples de traductions récentes, le traducteur de la nouvelle d'Ernest Hemingway intitulée *La Grande Rivière au cœur double* (dans le recueil *The Fifth Column and the Forty-nine First Stories*, en français *Paradis perdu*, Paris, 1949) a employé continûment l'aoriste au long de quarante pages (avec l'imparfait et le plus-que-parfait). Sauf deux ou trois phrases de monologue intérieur, le récit entier est, en français, installé dans cette relation temporelle, parce qu'aucune autre n'est possible. — De même la version française de Heyerdahl, *L'Expédition du Kon-Tiki*, présente exclusivement à l'aoriste, en chapitres entiers, la plus grande partie du récit.

2. C'est le cas de *L'Étranger* d'Albert Camus. L'emploi exclusif du parfait dans ce récit comme temps des événements a été commenté avec pénétration, mais à un autre point de vue, par M. Jean-Paul Sartre, *Situations* I, p. 117-118.

3. Il faudrait nuancer cette affirmation. Le romancier emploie encore sans effort l'aoriste aux 1res personnes du singulier et du pluriel. On en trouvera à chaque page d'un récit comme *Le Grand Meaulnes* d'Alain-Fournier. Mais il en va autrement de l'historien.

il arriva, ils arrivèrent se présenteront à chaque instant sous la plume de l'historien, et n'ont pas de substituts possibles.

Les deux plans d'énonciation se délimitent donc en traits positifs et négatifs :

— dans l'énonciation historique, sont admis (en formes de 3e personne) : l'aoriste, l'imparfait, le plus-que-parfait et le prospectif; sont exclus : le présent, le parfait, le futur (simple et composé);

— dans l'énonciation de discours, sont admis tous les temps à toutes les formes; est exclu l'aoriste (simple et composé).

Les exclusions sont aussi importantes que les temps admis. Pour l'historien, le présent [1], le parfait et le futur sont exclus parce que la dimension du présent est incompatible avec l'intention historique : le présent serait nécessairement alors le présent de l'historien, mais l'historien ne peut s'historiser sans démentir son dessein. Un événement, pour être posé comme tel dans l'expression temporelle, doit avoir cessé d'être présent, il doit ne pouvoir plus être énoncé comme présent. Pour la même raison le futur est exclu; il n'est qu'un présent projeté vers l'avenir, il implique prescription, obligation, certitude, qui sont modalités subjectives, non catégories historiques. Quand, dans le récit des événements et par le jeu de l'enchaînement historique surgit une imminence ou doit s'accuser une fatalité, l'historien use du temps que nous appelons le prospectif (« il *allait* partir, « il *devait* tomber »).

Dans le discours, au contraire, l'exclusion est limitée à l'aoriste, temps historique par excellence. Introduit dans le discours, l'aoriste paraîtra pédant, livresque. Pour énoncer des faits passés, le discours emploie le parfait, qui est à la fois l'équivalent fonctionnel de l'aoriste, donc un temps, et aussi autre chose qu'un temps.

Nous voici arrivé, traitant du parfait, devant un autre grand problème, de structure formelle autant que d'emploi : quelle est la relation entre temps simples et temps composés ? Ici encore les paradigmes de la conjugaison n'enseignent pas le principe de la distribution, puisque, on l'a vu, la distinction que nous faisons entre deux plans d'énonciation traverse la distinction entre temps simples et temps composés. Nous avons constaté ce fait singulier que le plus-que-parfait est commun au discours et à l'histoire, tandis que le parfait

1. Nous ne parlons pas ici, bien entendu, du « présent historique » des grammaires, qui n'est qu'un artifice de style.

appartient au discours seul. Sous ces désaccords apparents on peut néanmoins reconnaître une structure cohérente.

Ce n'est pas une originalité de remarquer que les temps simples et composés se répartissent en deux groupes symétriques. Négligeant les formes nominales, qui d'ailleurs s'y conforment également aussi bien que les formes modales, nous avons :

il écrit	*il a écrit*
il écrivait	*il avait écrit*
il écrivit	*il eut écrit* [1]
il écrira	*il aura écrit* [2]

système en expansion, où les formes composées produisent à leur tour des formes composées, qui sont dites surcomposées :

il a écrit	*il a eu écrit*
il avait écrit	*il avait eu écrit*, etc.

Le parallélisme formel des deux séries à tous les temps suffit à montrer que la relation entre formes simples et composées n'est pas elle-même temporelle. Et cependant, en même temps qu'on expulse de cette opposition la temporalité, il faut bien l'y réintroduire partiellement, puisque *il a écrit* fonctionne comme forme temporelle du passé. Comment sortir de cette contradiction ? En la reconnaissant et en la précisant. *Il a écrit* s'oppose à la fois à *il écrit* et à *il écrivit*, mais non de la même manière. La raison en est que *les temps composés ont un double statut :* ils entretiennent avec les temps simples deux types distincts de relations :

1º Les temps composés s'opposent un à un aux temps simples en tant que chaque temps composé fournit à chaque temps simple un corrélat au *parfait*. Nous appelons « parfait » la classe entière des formes composées (avec *avoir* et *être*), dont la fonction — sommairement définie, mais cela suffit ici — consiste à présenter la notion comme « accomplie » par rapport au moment considéré, et la situation « actuelle » résultant de cet accomplissement temporalisé.

Les formes de parfait ont un critère formel : elles peuvent toujours se construire comme verbes d'une proposition libre. On les ordonnera dans la série suivante :

> parfait de présent : *il a écrit*
> parfait d'imparfait : *il avait écrit*
> parfait d'aoriste : *il eut écrit*
> parfait de futur : *il aura écrit*.

1. Exemple : « en un instant il eut écrit cette lettre ».
2. Exemple : « Il aura écrit cette lettre dans une heure ».

2⁰ Les temps composés ont une autre fonction, distincte de la précédente : ils indiquent l'*antériorité*. Ce terme prête facilement à discussion, mais nous n'en trouvons pas de meilleur. Dans notre vue, l'antériorité se détermine toujours et seulement par rapport au temps simple corrélatif. Elle crée un rapport logique et intra-linguistique, elle ne reflète pas un rapport chronologique qui serait posé dans la réalité objective. Car l'antériorité intra-linguistique maintient le procès *dans le même temps* qui est exprimé par la forme corrélative simple. C'est là une notion propre à la langue, originale au plus haut point, sans équivalent dans le temps de l'univers physique. On doit rejeter les approximations de l' « antériorité » telles que « passé du passé », « passé du futur », etc., selon une terminologie assez répandue, à vrai dire dénuée de sens : il n'y a qu'un passé, et il ne peut admettre aucune qualification : « passé du passé » est aussi peu intelligible que le serait « infini de l'infini ».

La marque formelle des formes d'antériorité est double : 1⁰ elles ne peuvent se construire comme formes libres ; 2⁰ elles doivent s'employer conjointement avec des formes verbales simples de même niveau temporel. On trouvera les formes d'antériorité dans des propositions non libres introduites par une conjonction telle que *quand*. Elles se rangeront donc ainsi :

> antérieur de présent : *quand il a écrit* une lettre (il l'envoie)
> antérieur d'imparfait : *quand il avait écrit...* (il l'envoyait)
> antérieur d'aoriste : *quand il eut écrit...* (il l'envoya)
> antérieur de futur : *quand il aura écrit...* (il l'enverra).

La preuve que la forme d'antériorité ne porte par elle-même aucune référence au temps est qu'elle doit s'appuyer syntaxiquement sur une forme temporelle libre dont elle adoptera la structure formelle pour s'établir au même niveau temporel et remplir ainsi sa fonction propre. C'est pourquoi on ne peut admettre : *quand il a écrit..., il envoya*.

Les temps composés, qu'ils indiquent l'accompli ou l'antériorité, ont la même répartition que les temps simples quant aux deux plans d'énonciation. Ils appartiennent aussi, les uns au discours, les autres au récit. Pour ne pas en préjuger, nous avons formulé les exemples à la 3ᵉ personne, forme commune aux deux plans. Le principe de la distinction est le même : « quand *il a fini* son travail, *il rentre* chez lui » est du discours, à cause du présent, et, aussi bien, de l'antérieur de présent ; — « quand *il eut fini..., il rentra* » est un énoncé historique, à cause de l'aoriste, et de l'antérieur d'aoriste.

La réalité de la distinction que nous posons entre formes d'accompli et formes d'antériorité nous paraît mise en évidence par un autre indice encore. Suivant qu'il s'agit des unes ou des autres, la structure des relations entre les formes temporelles est différente. Dans la catégorie de l'accompli, la relation qui s'établit entre formes composées est symétrique à celle qui règne entre les formes simples corrélatives : *il a écrit* et *il avait écrit* sont entre eux dans le même rapport que *il écrit* et *il écrivait*. Ils s'opposent donc sur l'axe du temps par une relation temporelle paradigmatique. Mais les formes d'antériorité n'ont pas de relation temporelle entre elles. Étant syntaxiquement des formes non libres, elles ne peuvent entrer en opposition qu'avec les formes simples dont elles sont les corrélats syntaxiques. Dans un exemple comme : « Quand *il a fait* son travail, *il part* », l'antérieur de présent « (quand) *il a fait* » s'oppose au présent « *il part* », et doit sa valeur à ce contraste. C'est une relation temporelle syntagmatique.

Tel est le statut double du parfait. De là provient la situation ambiguë d'une forme comme *il avait fait*, qui est membre de deux systèmes. En tant que forme (libre) d'accompli, *il avait fait* s'oppose comme imparfait au présent *il a fait*, à l'aoriste *il eut fait*, etc. Mais en tant que forme (non libre) d'antériorité, *(quand) il avait fait*, s'oppose à la forme libre *il faisait* et n'entretient aucune relation avec *(quand) il fait*, *(quand) il a fait*, etc. La syntaxe de l'énoncé décide de l'appartenance de la forme de parfait à l'une ou à l'autre des deux catégories.

Ici se place un procès de grande portée et qui intéresse le développement de la langue. C'est l'équivalence fonctionnelle entre *je fis* et *j'ai fait*, qui discrimine précisément le plan du récit historique et celui du discours. En fait, la 1re personne *je fis* n'est admise ni dans le récit, étant 1re personne, ni dans le discours, étant aoriste. Mais l'équivalence vaut aussi pour les autres formes personnelles. On discerne pourquoi *je fis* a été supplanté par *j'ai fait*. C'est à partir de la 1re personne que le processus a dû commencer, là était l'axe de la subjectivité. A mesure que l'aoriste se spécifie comme temps de l'événement historique, il se distance du passé subjectif qui, par tendance inverse, s'associe à la marque de la personne dans le discours. Pour un locuteur parlant de lui-même, le temps fondamental est le « présent »; tout ce qu'il prend à son compte comme accompli en l'énonçant à la 1re personne du parfait se trouve rejeté immanquablement dans le passé. A partir de là, l'expression est fixée : pour spécifier le passé subjectif, il suffira d'employer dans le discours la forme d'accompli. Ainsi de la forme de parfait *j'ai lu ce livre*, où *j'ai lu* est un accompli de présent, on glisse à la forme temporelle de passé *j'ai lu ce livre l'année dernière ; j'ai lu ce livre dès qu'il a paru*. Le discours est alors pourvu d'un temps passé symétrique de l'aoriste du récit et qui contraste avec lui pour la valeur : *il fit* objectivise l'événement en le détachant du présent; *il a fait*, au contraire, met l'événement passé en liaison avec notre présent.

Seulement le système du discours subit de ce chef une atteinte sensible : il gagne une distinction temporelle, mais au prix de la perte d'une distinction fonctionnelle. La forme *j'ai fait* devient ambiguë et crée une déficience. En soi, *j'ai fait* est un parfait qui fournit soit la forme d'accompli, soit la forme d'antériorité au présent *je fais*. Mais quand *j'ai fait*, forme composée, devient l' « aoriste du discours », il prend la fonction de forme simple, de sorte que *j'ai fait* se trouve être tantôt parfait, temps composé, tantôt aoriste, temps simple. A ce trouble, le système a remédié en recréant la forme manquante. En face du temps simple *je fais*, il y a le temps composé *j'ai fait* pour la notion d'accompli. Or puisque *j'ai fait* glisse au rang de temps simple, il aura besoin d'un nouveau temps composé qui exprime à son tour l'accompli : ce sera le surcomposé *j'ai eu fait*. Fonctionnellement, *j'ai eu fait* est le nouveau parfait d'un *j'ai fait* devenu aoriste. Tel est le point de départ des temps surcomposés. Le système est ainsi réparé et les deux paires d'oppositions redeviennent symétriques. Au présent, *je mange* s'oppose un parfait *j'ai mangé* qui fournit au discours 1º un accompli de présent (p. ex. « *j'ai mangé ;* je n'ai plus faim »); 2º un antérieur de présent (p. ex. « quand *j'ai mangé*, je sors me promener »). Lorsque *j'ai mangé* devient aoriste, il se recrée un nouveau parfait *j'ai eu mangé* qui pareillement donne 1º un accompli d'aoriste (p. ex. « *j'ai eu mangé* mon repas en dix minutes »); 2º un antérieur d'aoriste (p. ex. « *quand j'ai eu mangé*, je suis sorti »). En outre le parallélisme temporel est rétabli entre les deux plans d'énonciation : au couple *il mangea* (aoriste) : *il eut mangé* (parfait) du récit historique, le discours répond maintenant par *il a mangé* (nouvel aoriste) : *il a eu mangé* (nouveau parfait).

Nous n'avons donné ici qu'une esquisse sommaire d'un vaste sujet qui demanderait de longues analyses et des statistiques détaillées. L'essentiel était de faire apparaître ces grandes divisions, parfois peu visibles, qui parcourent le système temporel du verbe français moderne. Les unes, comme la distinction du récit historique et du discours, créent deux sous-systèmes de temps et de personnes verbales; l'autre, celle du présent et du parfait, n'est pas d'ordre temporel; mais à chaque niveau temporel le parfait porte deux fonctions que la syntaxe distingue : fonction d'accompli et fonction d'antériorité, symétriquement réparties, en partie par réfection, entre le récit et le discours. Le tableau d'une conjugaison d'un verbe français, où les paradigmes s'alignent, complets et uniformes, ne laisse même pas soupçonner que le système formel du verbe a une structure double (conjugaison de présent et conjugaison de parfait), comme est double cette organisation temporelle, fondée sur des relations et des oppositions qui sont la réalité de la langue.

CHAPITRE XX

La nature des pronoms [1]

Dans le débat toujours ouvert sur la nature des pronoms, on a l'habitude de considérer ces formes linguistiques comme formant une même classe formelle et fonctionnelle; à l'instar, par exemple, des formes nominales ou des formes verbales. Or toutes les langues possèdent des pronoms, et dans toutes on les définit comme se rapportant aux mêmes catégories d'expression (pronoms personnels, démonstratifs, etc.). L'universalité de ces formes et de ces notions conduit à penser que le problème des pronoms est à la fois un problème de langage et un problème de langues, ou mieux, qu'il n'est un problème de langues que parce qu'il est d'abord un problème de langage. C'est comme fait de langage que nous le poserons ici, pour montrer que les pronoms ne constituent pas une classe unitaire, mais des espèces différentes selon le mode de langage dont ils sont les signes. Les uns appartiennent à la syntaxe de la langue, les autres sont caractéristiques de ce que nous appellerons les « instances de discours », c'est-à-dire les actes discrets et chaque fois uniques par lesquels la langue est actualisée en parole par un locuteur.

On doit considérer d'abord la situation des pronoms personnels. Il ne suffit pas de les distinguer des autres pronoms par une dénomination qui les en sépare. Il faut voir que la définition ordinaire des pronoms personnels comme contenant les trois termes *je, tu, il,* y abolit justement la notion de « personne ». Celle-ci est propre seulement à *je/tu,* et fait défaut dans *il.* Cette différence foncière ressortira de l'analyse de *je.*

Entre *je* et un nom référant à une notion lexicale, il n'y a pas seulement les différentes formelles, très variables, qu'im-

1. Extrait de *For Roman Jakobson,* Mouton & Co., La Haye, 1956.

pose la structure morphologique et syntaxique des langues particulières. Il y en a d'autres, qui tiennent au processus même de l'énonciation linguistique et qui sont d'une nature plus générale et plus profonde. L'énoncé contenant *je* appartient à ce niveau ou type de langage que Charles Morris appelle pragmatique, qui inclut, avec les signes, ceux qui en font usage. On peut imaginer un texte linguistique de grande étendue — un traité scientifique par exemple — où *je* et *tu* n'apparaîtraient pas une seule fois; inversement il serait difficile de concevoir un court texte parlé où ils ne seraient pas employés. Mais les autres signes de la langue se répartiraient indifféremment entre ces deux genres de textes. En dehors de cette condition d'emploi, qui est déjà distinctive, on relèvera une propriété fondamentale, et d'ailleurs manifeste, de *je* et *tu* dans l'organisation référentielle des signes linguistiques. Chaque instance d'emploi d'un nom se réfère à une notion constante et « objective », apte à rester virtuelle ou à s'actualiser dans un objet singulier, et qui demeure toujours identique dans la représentation qu'elle éveille. Mais les instances d'emploi de *je* ne constituent pas une classe de référence, puisqu'il n'y a pas d' « objet » définissable comme *je* auquel puissent renvoyer identiquement ces instances. Chaque *je* a sa référence propre, et correspond chaque fois à être unique, posé comme tel.

Quelle est donc la « réalité » à laquelle se réfère *je* ou *tu* ? Uniquement une « réalité de discours », qui est chose très singulière. *Je* ne peut être défini qu'en termes de « locution », non en termes d'objets, comme l'est un signe nominal. *Je* signifie « la personne qui énonce la présente instance de discours contenant *je* ». Instance unique par définition, et valable seulement dans son unicité. Si je perçois deux instances successives de discours contenant *je*, proférées de la même voix, rien encore ne m'assure que l'une d'elles ne soit pas un discours rapporté, une citation où *je* serait imputable à un autre. Il faut donc souligner ce point : *je* ne peut être identifié que par l'instance de discours qui le contient et par là seulement. Il ne vaut que dans l'instance où il est produit. Mais, parallèlement, c'est aussi en tant qu'instance de forme *je* qu'il doit être pris; la forme *je* n'a d'existence linguistique que dans l'acte de parole qui la profère. Il y a donc, dans ce procès, une double instance conjuguée : instance de *je* comme référent, et instance de discours contenant *je*, comme référé. La définition peut alors être précisée ainsi : *je* est l' « individu qui énonce la présente instance de discours contenant l'instance linguistique *je* ». Par conséquent, en introduisant la situation d' « allocution », on obtient une définition symétrique pour *tu*, comme l' « individu allocuté dans la présente instance de discours contenant l'instance linguistique *tu* ». Ces définitions visent *je* et *tu* comme catégorie du langage et se rapportent à leur position dans le langage. On ne considère pas les formes spécifiques de cette catégorie dans les langues données, et il importe peu que ces formes doivent figurer explicitement dans le discours ou puissent y demeurer implicites.

Cette référence constante et nécessaire à l'instance de discours constitue le trait qui unit à *je/tu* une série d' « indicateurs » relevant, par leur forme et leurs aptitudes combinatoires, de classes différentes, les uns pronoms, les autres adverbes, d'autres encore locutions adverbiales.

Tels sont d'abord les démonstratifs : *ce*, etc. dans la mesure où ils sont organisés corrélativement aux indicateurs de personne, comme dans lat. *hic/iste*. Il y a ici un trait nouveau et distinctif de cette série : c'est l'identification de l'objet par un indicateur d'ostension concomitant à l'instance de discours contenant l'indicateur de personne : *ce* sera l'objet désigné par ostension simultanée à la présente instance de discours, la référence implicite dans la forme (par exemple, *hic* opposé à *iste*) l'associant à *je*, à *tu*. Hors de cette classe, mais au même plan et associés à la même référence, nous trouvons les adverbes *ici* et *maintenant*. On mettra en évidence leur relation avec *je* en les définissant : *ici* et *maintenant* délimitent l'instance spatiale et temporelle coextensive et contemporaine de la présente instance de discours contenant *je*. Cette série n'est pas limitée à *ici* et *maintenant*; elle s'accroît d'un grand nombre de termes simples ou complexes procédant de la même relation : *aujourd'hui, hier, demain, dans trois jours*, etc. Il ne sert de rien de définir ces termes et les démonstratifs en général par la deixis, comme on le fait, si l'on n'ajoute pas que la deixis est contemporaine de l'instance de discours qui porte l'indicateur de personne; de cette référence le démonstratif tire son caractère chaque fois unique et particulier, qui est l'unité de l'instance de discours à laquelle il se réfère.

L'essentiel est donc la relation entre l'indicateur (de personne, de temps, de lieu, d'objet montré, etc.) et la *présente* instance de discours. Car, dès qu'on ne vise plus, par l'expression même, cette relation de l'indicateur à l'instance unique qui le manifeste, la langue recourt à une série de termes distincts qui correspondent un à un aux premiers et qui se réfèrent, non plus à l'instance de discours, mais aux objets

« réels », aux temps et lieux « historiques ». D'où les corrélations telles que *je : il — ici : là — maintenant : alors — aujourd'hui : le jour même — hier : la veille — demain : le lendemain
— la semaine prochaine : la semaine suivante — il y a trois
jours : trois jours avant*, etc. La langue même dévoile la
différence profonde entre ces deux plans.

On a traité trop légèrement et comme allant de soi la référence au « sujet parlant » implicite dans tout ce groupe
d'expressions. On dépouille de sa signification propre cette
référence si l'on ne discerne pas le trait par où elle se distingue des autres signes linguistiques. C'est pourtant un fait
à la fois original et fondamental que ces formes « pronominales » ne renvoient pas à la « réalité » ni à des positions
« objectives » dans l'espace ou dans le temps, mais à l'énonciation, chaque fois unique, qui les contient, et réfléchissent
ainsi leur propre emploi. L'importance de leur fonction
se mesurera à la nature du problème qu'elles servent à résoudre, et qui n'est autre que celui de la communication intersubjective. Le langage a résolu ce problème en créant un
ensemble de signes « vides », non référentiels par rapport à
la « réalité », toujours disponibles, et qui deviennent « pleins »
dès qu'un locuteur les assume dans chaque instance de son
discours. Dépourvus de référence matérielle, ils ne peuvent
pas être mal employés; n'assertant rien, ils ne sont pas soumis
à la condition de vérité et échappent à toute dénégation.
Leur rôle est de fournir l'instrument d'une conversion, qu'on
peut appeler la conversion du langage en discours. C'est en
s'identifiant comme personne unique prononçant *je* que
chacun des locuteurs se pose tour à tour comme « sujet ».
L'emploi a donc pour condition la situation de discours et
nulle autre. Si chaque locuteur, pour exprimer le sentiment
qu'il a de sa subjectivité irréductible, disposait d'un « indicatif » distinct (au sens où chaque station radiophonique
émettrice possède son « indicatif » propre), il y aurait pratiquement autant de langues que d'individus et la communication deviendrait strictement impossible. A ce danger le
langage pare en instituant un signe unique, mais mobile, *je*,
qui peut être assumé par chaque locuteur, à condition qu'il
ne renvoie chaque fois qu'à l'instance de son propre discours.
Ce signe est donc lié à l'*exercice* du langage et déclare le locuteur comme tel. C'est cette propriété qui fonde le discours
individuel, où chaque locuteur assume pour son compte
le langage entier. L'habitude nous rend facilement insensibles
à cette différence profonde entre le langage comme système
de signes et le langage assumé comme exercice par l'individu.

Quand l'individu se l'approprie, le langage se tourne en instances de discours, caractérisées par ce système de références internes dont la clef est *je*, et définissant l'individu par la construction linguistique particulière dont il se sert quand il s'énonce comme locuteur. Ainsi les indicateurs *je* et *tu* ne peuvent exister comme signes virtuels, ils n'existent qu'en tant qu'ils sont actualisés dans l'instance de discours, où ils marquent par chacune de leurs propres instances le procès d'appropriation par le locuteur.

Le caractère systématique du langage fait que l'appropriation signalée par ces indicateurs se propage dans l'instance de discours à tous les éléments susceptibles de s'y « accorder » formellement; avant tout, par des procédés variables selon le type d'idiome, au verbe. On doit insister sur ce point : la « forme verbale » est solidaire de l'instance individuelle de discours en ce qu'elle est toujours et nécessairement actualisée par l'acte de discours et en dépendance de cet acte. Elle ne peut comporter aucune forme virtuelle et « objective ». Si le verbe est usuellement représenté par son infinitif comme entrée de lexique pour nombre de langues, c'est pure convention; l'infinitif en langue est tout autre chose que l'infinitif de la métalangue lexicographique. Toutes les variations du paradigme verbal, aspect, temps, genre, personne, etc. résultent de cette actualisation et de cette dépendance vis-à-vis de l'instance de discours, notamment le « temps » du verbe, qui est toujours relatif à l'instance où la forme verbale figure. Un énoncé personnel fini se constitue donc sur un double plan : il met en œuvre la fonction dénominative du langage pour les références d'objet que celle-ci établit comme signes lexicaux distinctifs, et il agence ces références d'objet à l'aide d'indicateurs auto-référentiels correspondant à chacune des classes formelles que l'idiome reconnaît.

Mais en est-il toujours ainsi ? Si le langage en exercice se produit par nécessité en instances discrètes, cette nécessité le voue-t-elle aussi à ne consister qu'en instances « personnelles »? Nous savons empiriquement que non. Il y a des énoncés de discours, qui en dépit de leur nature individuelle, échappent à la condition de personne, c'est-à-dire renvoient non à eux-mêmes, mais à une situation « objective ». C'est le domaine de ce qu'on appelle la « troisième personne ».

La « troisième personne » représente en fait le membre non marqué de la corrélation de personne. C'est pourquoi il n'y a pas truisme à affirmer que la non-personne est le seul mode d'énonciation possible pour les instances de discours qui ne doivent pas renvoyer à elles-mêmes, mais qui prédiquent le procès de n'importe qui ou n'importe quoi hormis l'instance même, ce n'importe qui ou n'importe quoi pouvant toujours être muni d'une référence objective.

Ainsi, dans la classe formelle des pronoms, ceux dits de « troisième personne » sont entièrement différents de *je* et *tu*, par leur fonction et par leur nature. Comme on l'a vu depuis longtemps, les formes telles que *il*, *le*, *cela*, etc. ne servent qu'en qualité de substituts abréviatifs (« Pierre est malade; *il* a la fièvre »); ils remplacent ou relaient l'un ou l'autre des éléments matériels de l'énoncé. Mais cette fonction ne s'attache pas seulement aux pronoms; elle peut être remplie par des éléments d'autres classes; à l'occasion, en français, par certains verbes (« cet enfant écrit maintenant mieux qu'il ne *faisait* l'année dernière »). C'est une fonction de « représentation » syntaxique qui s'étend ainsi à des termes pris aux différentes « parties du discours », et qui répond à un besoin d'économie, en remplaçant un segment de l'énoncé, et même un énoncé entier, par un substitut plus maniable. Il n'y a donc rien de commun entre la fonction de ces substituts et celle des indicateurs de personne.

Que la « troisième personne » est bien une « non-personne » certains idiomes le montrent littéralement [1]. Pour n'en prendre qu'un exemple entre beaucoup, voici comment se présentent les préfixes pronominaux possessifs dans les deux séries (à peu près inaliénable et aliénable) du Yuma (Californie) : 1re pers. ?-, *?an^v*-; 2e pers. *m*-, *man^v*-; 3e pers. zéro, *n^v*- [2]. La référence de personne est une référence zéro hors de la relation *je/tu*. En d'autres idiomes (indo-européens notamment), la régularité de la structure formelle et une symétrie d'origine secondaire produisent l'impression de trois personnes coordonnées. C'est notamment le cas des langues modernes à pronom obligatoire où *il* semble, à égalité avec *je* et *tu*, membre d'un paradigme à trois termes; ou de la flexion de présent indo-européen, avec *-mi*, *-si*, *-ti*. En fait la symétrie est seulement formelle. Ce qu'il faut considérer comme distinctif de la « 3e personne » est la propriété 1° de se combiner avec n'importe quelle référence d'objet; 2° de n'être jamais réflexive de l'instance de discours; 3° de comporter un nombre parfois assez grand de variantes pronominales ou démonstratives; 4° de n'être pas compatible avec le para-

1. Voir déjà en ce sens *B.S.L.* XLIII (1946), pp. 1 sq.; ci-dessus p. 225.
2. D'après A. M. Halpern, dans son article « Yuma », *Linguistic Structures of Native America*, ed. Harry Hoijer and others (= *Viking Fund Publications in Anthropology*, 6), 1946, p. 264.

digme des termes référentiels tels que *ici, maintenant,* etc.

Une analyse, même sommaire, des formes classées indistinctement comme pronominales, conduit donc à y reconnaître des classes de nature toute différente, et par suite, à distinguer entre la langue comme répertoire de signes et système de leurs combinaisons, d'une part, et, de l'autre, la langue comme activité manifestée dans des instances de discours qui sont caractérisées comme telles par des indices propres.

CHAPITRE XXI

De la subjectivité dans le langage [1]

Si le langage est, comme on dit, instrument de communication, à quoi doit-il cette propriété? La question peut surprendre, comme tout ce qui a l'air de mettre en question l'évidence, mais il est parfois utile de demander à l'évidence de se justifier. Deux raisons viennent alors successivement à l'esprit. L'une serait que le langage se trouve *en fait* ainsi employé, sans doute parce que les hommes n'ont pas trouvé le moyen meilleur ni même d'aussi efficace pour communiquer. Cela revient à constater ce qu'on voudrait comprendre. On pourrait aussi penser à répondre que le langage présente telles dispositions qui le rendent apte à servir d'instrument; il se prête à transmettre ce que je lui confie, un ordre, une question, une annonce, et provoque chez l'interlocuteur un comportement chaque fois adéquat. Développant cette idée sous un aspect plus technique, on ajouterait que le comportement du langage admet une description behavioriste, en termes de stimulus et de réponse, d'où l'on conclut au caractère médiat et instrumental du langage. Mais est-ce bien du langage que l'on parle ici? Ne le confond-on pas avec le discours? Si nous posons que le discours est le langage mis en action, et nécessairement entre partenaires, nous faisons apparaître, sous la confusion, une pétition de principe, puisque la nature de cet « instrument » est expliquée par sa situation comme « instrument ». Quant au rôle de transmission que remplit le langage, ll ne faut pas manquer d'observer d'une part que ce rôle peut être dévolu à des moyens non linguistiques, gestes, mimique, et d'autre part, que nous nous laissons abuser, en parlant ici d'un « instrument », par certains procès de transmission qui, dans les sociétés humaines,

1. *Journal de Psychologie*, juil.-sept. 1958, P.U.F.

sont, sans exception, postérieurs au langage et qui en imitent le fonctionnement. Tous les systèmes de signaux, rudimentaires ou complexes, se trouvent dans ce cas.

En réalité la comparaison du langage avec un instrument, et il faut bien que ce soit avec un instrument matériel pour que la comparaison soit simplement intelligible, doit nous remplir de méfiance, comme toute notion simpliste au sujet du langage. Parler d'instrument, c'est mettre en opposition l'homme et la nature. La pioche, la flèche, la roue ne sont pas dans la nature. Ce sont des fabrications. Le langage est dans la nature de l'homme, qui ne l'a pas fabriqué. Nous sommes toujours enclins à cette imagination naïve d'une période originelle où un homme complet se découvrirait un semblable, également complet, et entre eux, peu à peu, le langage s'élaborerait. C'est là pure fiction. Nous n'atteignons jamais l'homme séparé du langage et nous ne le voyons jamais l'inventant. Nous n'atteignons jamais l'homme réduit à lui-même et s'ingéniant à concevoir l'existence de l'autre. C'est un homme parlant que nous trouvons dans le monde, un homme parlant à un autre homme, et le langage enseigne la définition même de l'homme.

Tous les caractères du langage, sa nature immatérielle, son fonctionnement symbolique, son agencement articulé, le fait qu'il a un *contenu*, suffisent déjà à rendre suspecte cette assimilation à un instrument, qui tend à dissocier de l'homme la propriété du langage. Assurément, dans la pratique quotidienne, le va-et-vient de la parole suggère un échange, donc une « chose » que nous échangerions, elle semble donc assumer une fonction instrumentale ou véhiculaire que nous sommes prompts à hypostasier en un « objet ». Mais, encore une fois ce rôle revient à la parole.

Une fois remise à la parole cette fonction, on peut se demander ce qui la prédisposait à l'assurer. Pour que la parole assure la « communication », il faut qu'elle y soit habilitée par le langage, dont elle n'est que l'actualisation. En effet, c'est dans le langage que nous devons chercher la condition de cette aptitude. Elle réside, nous semble-t-il, dans une propriété du langage, peu visible sous l'évidence qui la dissimule, et que nous ne pouvons encore caractériser que sommairement.

C'est dans et par le langage que l'homme se constitue comme *sujet ;* parce que le langage seul fonde en réalité, dans *sa* réalité qui est celle de l'être, le concept d' « ego ».

La « subjectivité » dont nous traitons ici est la capacité du locuteur à se poser comme « sujet ». Elle se définit, non par le sentiment que chacun éprouve d'être lui-même (ce sentiment, dans la mesure où l'on peut en faire état, n'est qu'un reflet), mais comme l'unité psychique qui transcende la totalité des expériences vécues qu'elle assemble, et qui assure la permanence de la conscience. Or nous tenons que cette « subjectivité », qu'on la pose en phénoménologie ou en psychologie, comme on voudra, n'est que l'émergence dans l'être d'une propriété fondamentale du langage. Est « ego » qui *dit* « ego ». Nous trouvons là le fondement de la « subjectivité », qui se détermine par le statut linguistique de la « personne ».

La conscience de soi n'est possible que si elle s'éprouve par contraste. Je n'emploie *je* qu'en m'adressant à quelqu'un, qui sera dans mon allocution un *tu*. C'est cette condition de dialogue qui est constitutive de la *personne*, car elle implique en réciprocité que je deviens *tu* dans l'allocution de celui qui à son tour se désigne par *je*. C'est là que nous voyons un principe dont les conséquences sont à dérouler dans toutes les directions. Le langage n'est possible que parce que chaque locuteur se pose comme *sujet*, en renvoyant à lui-même comme *je* dans son discours. De ce fait, *je* pose une autre personne, celle qui, tout extérieure qu'elle est à « moi », devient mon écho auquel je dis *tu* et qui me dit *tu*. La polarité des personnes, telle est dans le langage la condition fondamentale, dont le procès de communication, dont nous sommes parti, n'est qu'une conséquence toute pragmatique. Polarité d'ailleurs très singulière en soi, et qui présente un type d'opposition dont on ne rencontre nulle part, hors du langage, l'équivalent. Cette polarité ne signifie pas égalité ni symétrie : « ego » a toujours une position de transcendance à l'égard de *tu ;* néanmoins, aucun des deux termes ne se conçoit sans l'autre ; ils sont complémentaires, mais selon une opposition « intérieur/extérieur », et en même temps ils sont réversibles. Qu'on cherche à cela un parallèle ; on n'en trouvera pas. Unique est la condition de l'homme dans le langage.

Ainsi tombent les vieilles antinomies du « moi » et de l' « autre », de l'individu et de la société. Dualité qu'il est illégitime et erroné de réduire à un seul terme originel, que ce terme unique soit le « moi », qui devrait être installé dans sa propre conscience pour s'ouvrir alors à celle du « prochain », ou qu'il soit au contraire la société, qui préexisterait comme totalité à l'individu et d'où celui-ci ne se serait dégagé qu'à mesure qu'il acquérait la conscience de soi. C'est dans une réalité dialectique englobant les deux termes et les définissant par relation mutuelle qu'on découvre le fondement linguistique de la subjectivité.

Mais faut-il que ce fondement soit linguistique? Où sont les titres du langage à fonder la subjectivité?

En fait le langage en répond dans toutes ses parties. Il est marqué si profondément par l'expression de la subjectivité qu'on se demande si, autrement construit, il pourrait encore fonctionner et s'appeler langage. Nous parlons bien du langage, et non pas seulement de langues particulières. Mais les faits des langues particulières, qui s'accordent, témoignent pour le langage. On se contentera de citer les plus apparents.

Les termes mêmes dont nous nous servons ici, *je* et *tu*, ne sont pas à prendre comme figures, mais comme formes linguistiques, indiquant la « personne ». C'est un fait remarquable — mais qui pense à le remarquer tant il est familier? — que parmi les signes d'une langue, de quelque type, époque ou région qu'elle soit, jamais ne manquent les « pronoms personnels ». Une langue sans expression de la personne ne se conçoit pas. Il peut seulement arriver que, dans certaines langues, en certaines circonstances, ces « pronoms » soient délibérément omis; c'est le cas dans la plupart des sociétés d'Extrême-Orient, où une convention de politesse impose l'emploi de périphrases ou de formes spéciales entre certains groupes d'individus, pour remplacer les références personnelles directes. Mais ces usages ne font que souligner la valeur des formes évitées; c'est l'existence implicite de ces pronoms qui donne leur valeur sociale et culturelle aux substituts imposés par les relations de classe.

Or ces pronoms se distinguent de toutes les désignations que la langue articule, en ceci : *ils ne renvoient ni à un concept ni à un individu.*

Il n'y a pas de concept « je » englobant tous les *je* qui s'énoncent à tout instant dans les bouches de tous les locuteurs, au sens où il y a un concept « arbre » auquel se ramènent tous les emplois individuels de *arbre*. Le « je » ne dénomme donc aucune entité lexicale. Peut-on dire alors que *je* se réfère à un individu particulier? Si cela était, ce serait une contradiction permanente admise dans le langage, et l'anarchie dans la pratique : comment le même terme pourrait-il se rapporter indifféremment à n'importe quel individu et en même temps l'identifier dans sa particularité? On est en présence d'une classe de mots, les « pronoms personnels », qui échappent au statut de tous les autres signes du langage. À quoi donc *je* se réfère-t-il? À quelque chose de très singulier, qui est exclusivement linguistique : *je* se réfère à l'acte de discours individuel où il est prononcé, et il en désigne le locuteur. C'est un terme qui ne peut être identifié que dans ce que nous avons appelé ailleurs une instance de discours, et qui n'a de référence qu'actuelle. La réalité à laquelle il renvoie est la réalité du discours. C'est dans l'instance de discours où *je* désigne le locuteur que celui-ci s'énonce comme « sujet ». Il est donc vrai à la lettre que le fondement de la subjectivité est dans l'exercice de la langue. Si l'on veut bien y réfléchir, on verra qu'il n'y a pas d'autre témoignage objectif de l'identité du sujet que celui qu'il donne ainsi lui-même sur lui-même.

Le langage est ainsi organisé qu'il permet à chaque locuteur de *s'approprier* la langue entière en se désignant comme *je*.

Les pronoms personnels sont le premier point d'appui pour cette mise au jour de la subjectivité dans le langage. De ces pronoms dépendent à leur tour d'autres classes de pronoms, qui partagent le même statut. Ce sont les indicateurs de la *deixis*, démonstratifs, adverbes, adjectifs, qui organisent les relations spatiales et temporelles autour du « sujet » pris comme repère : « ceci, ici, maintenant », et leurs nombreuses corrélations « cela, hier, l'an dernier, demain », etc. Ils ont en commun ce trait de se définir seulement par rapport à l'instance de discours où ils sont produits, c'est-à-dire sous la dépendance du *je* qui s'y énonce.

Il est aisé de voir que le domaine de la subjectivité s'agrandit encore et doit s'annexer l'expression de la temporalité. Quel que soit le type de langue, on constate partout une certaine organisation linguistique de la notion de temps. Il importe peu que cette notion se marque dans la flexion d'un verbe ou par des mots d'autres classes (particules; adverbes; variations lexicales, etc.), c'est affaire de structure formelle. D'une manière ou d'une autre, une langue distingue toujours des « temps »; que ce soit un passé et un futur, séparés par un « présent », comme en français; ou un présent-passé opposé à un futur, ou un présent-futur distingué d'un passé, comme dans diverses langues amérindiennes, ces distinctions pouvant à leur tour dépendre de variations d'aspect, etc. Mais toujours la ligne de partage est une référence au « présent ». Or ce « présent » à son tour n'a comme référence temporelle qu'une donnée linguistique : la coïncidence de l'événement décrit avec l'instance de discours qui le décrit. Le repère temporel du présent ne peut être qu'intérieur au discours. Le *Dictionnaire général* définit le « présent » comme « le temps du verbe qui exprime le temps où l'on est ». Mais prenons-y garde, il n'y a pas d'autre critère ni d'autre expression pour indiquer « le temps où l'on *est* » que de le prendre comme « le temps où l'on *parle* ». C'est là le moment éternellement « présent », quoique ne se rapportant jamais aux mêmes événements d'une chronologie « objective », parce qu'il est déterminé pour chaque locuteur par chacune des instances de discours qui s'y rapporte. Le temps linguistique est *sui-référentiel.* En dernière analyse la temporalité humaine avec tout son appareil linguistique dévoile la subjectivité inhérente à l'exercice même du langage.

Le langage est donc la possibilité de la subjectivité, du fait qu'il contient toujours les formes linguistiques appropriées à son expression, et le discours provoque l'émergence de la subjectivité, du fait qu'il consiste en instances discrètes. Le langage propose en quelque sorte des formes « vides » que chaque locuteur en exercice de discours s'approprie et qu'il rapporte à sa « personne », définissant en même temps lui-même comme *je* et un partenaire comme *tu.* L'instance de discours est ainsi constitutive de toutes les coordonnées qui définissent le sujet et dont nous n'avons désigné sommairement que les plus apparentes.

L'installation de la « subjectivité » dans le langage crée, dans le langage et, croyons-nous, hors du langage aussi bien, la catégorie de la personne. Elle a en outre des effets très variés dans la structure même des langues, que ce soit dans l'agencement des formes ou dans les relations de la signification. Ici nous visons nécessairement des langues particulières, pour illustrer quelques effets du changement de perspective que la « subjectivité » peut introduire. Nous ne saurions dire quelle est, dans l'univers des langues réelles, l'extension des particularités que nous signalons; pour l'instant, il est moins important de les délimiter que de les faire voir. Le français en donne quelques exemples commodes.

D'une manière générale, quand j'emploie le présent d'un verbe aux trois personnes (selon la nomenclature traditionnelle), il semble que la différence de personne n'amène aucun changement de sens dans la forme verbale conjuguée. Entre *je mange,* et *tu manges,* et *il mange,* il y a ceci de commun et de constant que la forme verbale présente une description d'une action, attribuée respectivement, et de manière identique, à « je », à « tu », à « il ». Entre *je souffre* et *tu souffres* et *il souffre,* il y a pareillement en commun la description d'un même état. Ceci donne l'impression d'une évidence, déjà impliquée par l'alignement formel dans le paradigme de la conjugaison.

Or nombre de verbes échappent à cette permanence du

sens dans le changement des personnes. Ceux dont il va s'agir dénotent des dispositions ou des opérations mentales. En disant *je souffre*, je décris mon état présent. En disant *je sens (que le temps va changer)*, je décris une impression qui m'affecte. Mais que se passera-t-il si, au lieu de *je sens (que le temps va changer)*, je dis : *je crois (que le temps va changer)* ? La symétrie formelle est complète entre *je sens* et *je crois*. L'est-elle pour le sens ? Puis-je considérer ce *je crois* comme une description de moi-même au même titre que *je sens*? Est-ce que je me décris croyant quand je dis *je crois (que...)* ? Sûrement non. L'opération de pensée n'est nullement l'objet de l'énoncé; *je crois (que...)* équivaut à une assertion mitigée. En disant *je crois (que...)*, je convertis en une énonciation subjective le fait asserté impersonnellement, à savoir *le temps va changer*, qui est la véritable proposition.

Considérons encore les énoncés suivants : « Vous êtes, *je suppose*, Monsieur X... — *Je présume* que Jean a reçu ma lettre. — Il a quitté l'hôpital, d'où *je conclus* qu'il est guéri. » Ces phrases contiennent des verbes qui sont des verbes d'opération : *supposer, présumer, conclure*, autant d'opérations logiques. Mais *supposer, présumer, conclure*, mis à la 1ʳᵉ personne, ne se comportent pas comme font, par exemple, *raisonner, réfléchir*, qui semblent pourtant très voisins. Les formes *je raisonne, je réfléchis* me décrivent raisonnant, réfléchissant. Tout autre chose est *je suppose, je présume, je conclus*. En disant *je conclus (que....)*, je ne me décris pas occupé à conclure; que pourrait être l'activité de « conclure »? Je ne me représente pas en train de supposer, de présumer, quand je dis *je suppose, je présume*. Ce que *je conclus* indique est que, de la situation posée, je tire un rapport de conclusion touchant un fait donné. C'est ce rapport logique qui est instauré en un verbe personnel. De même *je suppose, je présume* sont très loin de *je pose, je résume*. Dans *je suppose, je présume*, il y a une attitude indiquée, non une opération décrite. En incluant dans mon discours *je suppose, je présume*, j'implique que je prends une certaine attitude à l'égard de l'énoncé qui suit. On aura noté en effet que tous les verbes cités sont suivis de *que* et une proposition : celle-ci est le véritable énoncé, non la forme verbale personnelle qui la gouverne. Mais cette forme personnelle en revanche, est, si l'on peut dire, l'indicateur de subjectivité. Elle donne à l'assertion qui suit le contexte subjectif — doute, présomption, inférence — propre à caractériser l'attitude du locuteur vis-à-vis de l'énoncé qu'il profère. Cette manifestation de la subjectivité ne prend son relief qu'à la première personne. On n'imagine guère de pareils verbes à la deuxième personne sinon pour reprendre *verbatim* une argumentation : *tu supposes qu'il est parti*, ce qui n'est qu'une manière de répéter ce que « tu » vient de dire : « *Je suppose* qu'il est parti.* » Mais que l'on retranche l'expression de la personne en ne laissant que : *il suppose que...*, et nous n'avons plus, au point de vue de *je* qui l'énonce, qu'une simple constatation.

On discernera mieux encore la nature de cette « subjectivité » en considérant les effets de sens que produit le changement des personnes dans certains verbes de parole. Ce sont des verbes qui dénotent par leur sens un acte individuel de portée sociale : *jurer, promettre, garantir, certifier*, avec des variantes locutionnelles telles que *s'engager à... se faire fort de...* Dans les conditions sociales où la langue s'exerce, les actes dénotés par ces verbes sont regardés comme contraignants. Or ici, la différence entre l'énonciation « subjective » et l'énonciation « non subjective » apparaît en pleine lumière, dès qu'on s'est avisé de la nature de l'opposition entre les « personnes » du verbe. Il faut garder à l'esprit que la « 3e personne » est la forme du paradigme verbal (ou pronominal) qui ne renvoie *pas* à une personne, parce qu'elle se réfère à un objet placé hors de l'allocution. Mais elle n'existe et ne se caractérise que par opposition à la personne *je* du locuteur qui, l'énonçant, la situe comme « non-personne ». C'est là son statut. La forme *il...* tire sa valeur de ce qu'elle fait nécessairement partie d'un discours énoncé par « je ».

Or *je jure* est une forme de valeur singulière, en ce qu'elle place sur celui qui s'énonce *je* la réalité du serment. Cette énonciation est un *accomplissement* : « jurer » consiste précisément en l'énonciation *je jure*, par quoi Ego est lié. L'énonciation *je jure* est l'acte même qui m'engage, non la description de l'acte que j'accomplis. En disant *je promets, je garantis*, je promets et je garantis effectivement. Les conséquences (sociales, juridiques, etc.) de mon jurement, de ma promesse, se déroulent à partir de l'instance de discours contenant *je jure, je promets*. L'énonciation s'identifie avec l'acte même. Mais cette condition n'est pas donnée dans le sens du verbe; c'est la « subjectivité » du discours qui la rend possible. On verra la différence en remplaçant *je jure* par *il jure*. Alors que *je jure* est un engagement, *il jure* n'est qu'une description, au même plan que *il court, il fume*. On voit ici, dans des conditions propres à ces expressions, que le même verbe, suivant qu'il est assumé par un « sujet » ou qu'il est mis hors de la « personne », prend une valeur différente. C'est une conséquence de ce que l'instance de discours qui contient le verbe pose l'acte en même temps qu'elle fonde le sujet. Ainsi l'acte est accompli par l'instance d'énonciation de son « nom » (qui est « jurer »), en même temps que le sujet est posé par l'instance d'énonciation de son indicateur (qui est « je »).

Bien des notions en linguistique, peut-être même en psychologie, apparaîtront sous un jour différent si on les rétablit dans le cadre du discours, qui est la langue en tant qu'assumée par l'homme qui parle, et dans la condition d'*intersubjectivité*, qui seule rend possible la communication linguistique.

CHAPITRE XXII

La philosophie analytique
et le langage [1]

Les interprétations philosophiques du langage suscitent en général chez le linguiste une certaine appréhension. Comme il est peu informé du mouvement des idées, le linguiste est porté à penser que les problèmes propres du langage, qui sont d'abord des problèmes formels, ne peuvent retenir le philosophe et, inversement, que celui-ci s'intéresse surtout dans le langage à des notions dont lui linguiste ne peut tirer parti. Il entre peut-être dans cette attitude quelque timidité devant les idées générales. Mais l'aversion du linguiste pour tout ce qu'il qualifie, sommairement, de « métaphysique » procède avant tout d'une conscience toujours plus vive de la spécificité formelle des faits linguistiques, à laquelle les philosophes ne sont pas assez sensibles.

C'est donc avec d'autant plus d'intérêt que le linguiste étudiera les conceptions de la philosophie dite analytique. Les philosophes d'Oxford s'adonnent à l'analyse du langage ordinaire, tel qu'il est parlé, pour renouveler le fondement même de la philosophie, en la délivrant des abstractions et des cadres conventionnels. Un colloque s'est tenu à Royaumont, dont l'objet a été précisément l'exposé et la discussion de cette philosophie [2]. Selon un de ses représentants, l'école d'Oxford accorde aux langues naturelles la valeur d'un objet exceptionnel, qui mérite les investigations les plus fouillées, pour des raisons qui nous sont clairement données et qu'il vaut la peine de rapporter :

1. *Les Études philosophiques*, nº 1, janv.-mars 1963, P.U.F.
2. *La Philosophie analytique*, Paris, Éditions de Minuit, 1962 (Cahiers de Royaumont, Philosophie, nº IV). Il est regrettable que la date à laquelle a eu lieu ce colloque n'apparaisse nulle part dans la publication.

... Les philosophes d'Oxford abordent la philosophie, presque sans exception, après une étude très poussée des humanités classiques. Ils s'intéressent donc spontanément aux mots, à la syntaxe, aux idiotismes. Ils ne voudraient pas utiliser l'analyse linguistique aux seules fins de résoudre les problèmes de la philosophie, car l'examen d'une langue les intéresse pour lui-même. Donc ces philosophes sont peut-être plus aptes et plus portés aux distinctions linguistiques que la plupart des philosophes.

Pour eux, les langues naturelles, que les philosophes ont l'habitude de stigmatiser comme gauches et impropres à la pensée, contiennent en réalité une richesse de concepts et des distinctions des plus subtiles, et elles remplissent une variété de fonctions auxquelles les philosophes demeurent d'ordinaire aveugles. En outre, puisque ces langues se sont développées pour répondre aux besoins de ceux qui s'en servent, ils estiment probable qu'elles ne retiennent que les concepts utiles et les distinctions suffisantes; qu'elles sont précises là où on a besoin d'être précis et vagues là où on n'a pas besoin de précision. Tous ceux qui savent parler une langue ont sans doute une emprise implicite de ces concepts et de ces nuances. Mais, toujours selon l'école d'Oxford, les philosophes qui s'efforcent de décrire ces concepts et ces distinctions ou bien les méconnaissent ou les simplifient à l'extrême. En tout cas, ils ne les ont examinés que superficiellement. Les vraies richesses que recèlent les langues restent ensevelies.

C'est pourquoi l'école d'Oxford s'est vouée à des études très fouillées, très minutieuses du langage ordinaire, études par lesquelles elle espère découvrir des richesses enfouies et rendre explicites des distinctions dont nous n'avons qu'une connaissance confuse, en décrivant les fonctions disparates de toutes les sortes d'expressions linguistiques. Il m'est difficile de décrire en termes généraux cette méthode. Souvent on étudiera deux ou trois expressions, à première vue synonymes; on démontrera qu'on ne peut s'en servir indifféremment. On scrutera les contextes d'emploi, en essayant de mettre en lumière le principe implicite qui préside au choix [1].

C'est aux philosophes d'autres tendances de dire si l'on fait ainsi ou non œuvre philosophique. Mais pour les linguistes, du moins pour ceux qui ne se détournent pas des problèmes de la signification et considèrent que le contenu des classes d'expression leur ressortit aussi, un pareil programme est plein d'intérêt. C'est la première fois, compte tenu des essais antérieurs, autrement orientés, de Wittgenstein, que des philosophes se livrent à une enquête approfondie sur les ressources conceptuelles d'une langue naturelle et qu'ils y apportent l'esprit d'objectivité, la curiosité et la patience requises, car, nous dit le même auteur :

tous les grands philosophes ou presque ont exigé qu'on scrutât les mots dont on se servirait et reconnu qu'on peut être aveuglé par un mot mal interprété. Mais, selon les philosophes d'Oxford d'aujour-

1. J. Urmson, *op. cit.*, p. 19 sq.

d'hui, on n'a jamais assez reconnu l'importance et la complexité du travail qu'exige une telle enquête préalable. Ils consacrent des articles ou des livres entiers à des études qu'on expédiait autrefois en quelques lignes [1].

On se reporte alors tout naturellement à l'exposé que donne au même recueil le philosophe considéré comme le « maître incontesté de cette discipline », J.-L. Austin, sous le titre : *Performatif : constatif* [2]. Nous avons ici un spécimen de ce type d'analyse, appliqué aux énoncés dits performatifs, par opposition à ceux qui sont déclaratifs ou constatifs. L'énoncé performatif

a sa fonction à lui, il sert à effectuer une action. Formuler un tel énoncé, *c'est* effectuer l'action, action, peut-être, qu'on ne pourrait guère accomplir, au moins avec une telle précision, d'aucune autre façon. En voici des exemples :

Je baptise ce vaisseau *Liberté*.
Je m'excuse.
Je vous souhaite la bienvenue.
Je vous conseille de le faire.

... Dire : « je promets de », formuler, comme on dit, cet acte performatif, *c'est* là l'acte même de faire la promesse [3]...

Mais peut-on reconnaître à coup sûr un tel énoncé ? M. Austin doute et finalement nie qu'on en possède un critère certain : il juge « exagéré et en grande partie vain » l'espoir de trouver « quelque critère soit de grammaire soit de vocabulaire qui nous permettra de résoudre dans chaque cas la question de savoir si tel ou tel énoncé est performatif ou non ». Il y a, certes, des formes « normales », comportant comme dans les exemples ci-dessus un verbe à la première personne du singulier, au présent de l'indicatif, à la voix active; ou encore des énoncés à la voix passive et à la deuxième ou troisième personne du présent de l'indicatif, tels que : « les voyageurs sont priés d'emprunter la passerelle pour traverser les voies ». Mais, continue-t-il, les formes « normales » ne sont pas nécessaires :

... Il n'est pas du tout nécessaire qu'un énoncé, pour être performatif, soit exprimé dans une de ces formes dites normales... Dire « Fermez la porte », cela se voit, est aussi bien performatif, aussi bien l'accomplissement d'un acte, que dire « je vous ordonne de la fermer ». Même le mot « chien », à lui seul, peut parfois... tenir lieu de performatif explicite et formel : on effectue par ce petit mot le

1. *Ibid.*, p. 21.
2. *Ibid.*, p. 271-281.
3. *Ibid.*, p. 271.

même acte que par l'énoncé « je vous avertis que le chien va vous attaquer » ou bien par « Messieurs les étrangers sont avertis qu'il existe par ici un chien méchant ». Pour rendre performatif notre énoncé, et cela sans équivoque, nous pouvons faire usage, au lieu de la formule explicite, de tout un tas d'expédients plus primitifs comme l'intonation, par exemple, et le geste. De plus et surtout, le contexte même dans lequel sont prononcées les paroles peut rendre assez certaine la façon dont on doit les prendre, comme description, par exemple, ou bien comme avertissement [1]...

Tout l'essentiel de cet article porte sur les « malheurs » de l'énoncé performatif, sur les circonstances qui peuvent le frapper de nullité : quand celui qui l'accomplit n'est pas qualifié, ou qu'il manque de sincérité, ou qu'il rompt son engagement. Considérant ensuite l'énoncé constatif ou assertion de fait, l'auteur observe que cette notion n'est pas plus certaine ni mieux définie que la notion opposée, et qu'elle est sujette, d'ailleurs, à des « malheurs » identiques. En somme, conclut-il, « nous avons peut-être besoin d'une théorie plus générale de ces actes de discours et, dans cette théorie, notre antithèse Constatif-Performatif aura peine à survivre » [2].

Nous n'avons retenu de cet article que les points les plus saillants dans le raisonnement et, dans la démonstration, les arguments qui touchent aux faits proprement linguistiques. Nous n'examinerons donc pas les considérations sur les « malheurs » logiques qui peuvent atteindre et rendre inopérants l'un et l'autre type d'énoncé, non plus que la conclusion où elles mènent M. Austin. Que celui-ci ait ou non raison, après avoir posé une distinction, de s'employer aussitôt à la diluer et à l'affaiblir au point d'en rendre problématique l'existence, il n'en reste pas moins que c'est un fait de langue qui sert de fondement à l'analyse dans le cas présent, et nous y portons d'autant plus d'intérêt que nous avions nous-même d'une manière indépendante signalé la situation linguistique particulière de ce type d'énoncé. En décrivant, il y a quelques années, les formes subjectives de l'énonciation linguistique [3], nous indiquions sommairement la différence entre *je jure*, qui est un acte, et *il jure*, qui n'est qu'une information. Les termes « performatif » et « constatif » n'apparaissaient pas encore [4], c'était bien

1. *Ibid.*, p. 274.
2. *Ibid.*, p. 279.
3. De la subjectivité dans le langage (*Journal de Psychologie*, 1958, p. 267 sq.); ci-dessus, p. 258 sq.
4. Une remarque de terminologie. Puisque *performance* est déjà entré dans l'usage, il n'y aura pas de difficulté à y introduire *performatif* au sens particulier qu'il a ici. On ne fait d'ailleurs que ramener

néanmoins la substance de la définition. L'occasion s'offre ainsi d'étendre et de préciser nos propres vues en les confrontant à celles de M. Austin.

Il faut d'abord délimiter le champ de l'examen en spécifiant les exemples qu'on juge adéquats. Le choix des exemples est ici de première importance, car on doit proposer d'abord ceux qui sont évidents, et c'est de la réalité des emplois que nous dégagerons la nature des fonctions et finalement les critères de la définition. Nous ne sommes nullement certain qu'on puisse donner comme probantes pour la notion de performatif les locutions citées plus haut : *Je vous souhaite la bienvenue.* — *Je m'excuse.* — *Je vous conseille de le faire.* Ou du moins elles ne prouvent plus guère aujourd'hui, tant la vie sociale les a banalisées. Tombées au rang de simples formules, elles doivent être ramenées à leur sens premier pour retrouver leur fonction performative. Par exemple, quand *je présente mes excuses* est une reconnaissance publique de tort, un acte qui apaise une querelle. On pourrait découvrir, dans des formules plus banales encore, des résidus d'énoncés performatifs : *bonjour,* sous sa forme complète : *Je vous souhaite le bon jour,* est un performatif d'intention magique, qui a perdu sa solennité et sa vertu primitives. Mais ce serait une tâche distincte que de rechercher les performatifs tombés en désuétude pour les ranimer au sein de contextes d'emploi aujourd'hui abolis. Plutôt que d'entreprendre ces exhumations, nous avons intérêt à choisir des performatifs de plein exercice et qui se prêtent directement à l'analyse.

On peut en proposer une première définition, en disant que les énoncés performatifs sont des énoncés où un verbe déclaratif-jussif à la première personne du présent est construit avec un dictum. Ainsi : *j'ordonne* (ou *je commande, je décrète,* etc.) *que la population soit mobilisée,* où le dictum est représenté par : *la population est mobilisée.* C'est bien un dictum, puisque l'énonciation expresse en est indispensable pour que le texte ait qualité de performatif.

en français une famille lexicale que l'anglais a prise à l'ancien français : *perform* vient de l'ancien français *parformer.* Quant au terme *constatif,* il est régulièrement fait sur *constat :* un énoncé constatif est bien un énoncé de constat. Bien que *constat* soit étymologiquement le présent latin *constat* « il est constant », le français le traite comme un substantif de même série que *résultat* et le rattache ainsi à la famille de l'ancien verbe *conster* « être constant ». Le rapport *conster : constat* est ainsi parallèle à *résulter : résultat.* Et de même que sur *résultat, prédicat,* on a fait *résultatif, prédicatif,* il sera licite de tirer de *constat* un adjectif *constatif.*

Une autre variété de tels énoncés est donnée par la construction du verbe avec un complément direct et un terme prédicatif : *Je le proclame élu.* — *Nous vous déclarons coupable.* — *Je nomme X. directeur.* — *Je vous désigne comme mon successeur.* — *Je vous charge de cette mission* (d'où le titre de *chargé de mission*). — *Je vous délègue comme mon représentant* (d'où le titre de *délégué*). — *Nous vous faisons chevalier* (où le verbe *faire* est bien un performatif de parole), ou encore, sans différence : *je relève X. de ses fonctions; je le dispense... ; je l'exempte... ; je l'exonère... ;* etc.

Cette première délimitation permet déjà d'exclure des énoncés tels que : *je sais que Pierre est arrivé.* — *Je vois que la maison est fermée.* En effet : 1° *savoir, voir* ne sont pas des verbes de catégorie performative, comme il sera indiqué plus loin; 2° la proposition *Pierre est arrivé ; — la maison est fermée* n'énonce pas un dictum, mais un factum; 3° l'énoncé entier dans son emploi effectif ne remplit pas de fonction performative.

En revanche, il faut reconnaître comme authentiques et admettre comme performatifs les énoncés qui le sont de manière inapparente, parce qu'ils ne sont qu'implicitement mis au compte de l'autorité habilitée à les produire. Ce sont ceux qui sont en usage aujourd'hui dans le formulaire officiel : *M. X. est nommé ministre plénipotentiaire.* — *La chaire de botanique est déclarée vacante.* Ils ne comportent pas de verbe déclaratif *(Je décrète que...)* et se réduisent au dictum, mais celui-ci est publié dans un recueil officiel, sous la signature du personnage d'autorité, et parfois accompagné de l'incise *par la présente.* Ou encore le prononcé du dictum est rapporté impersonnellement et à la troisième personne : *Il est décidé que...* — *Le Président de la République décrète que...* Le changement consiste en une simple transposition. L'énoncé à la troisième personne peut toujours être reconverti en une première personne et reprendre sa forme typique.

Voilà un domaine où sont produits les énoncés performatifs, celui des actes d'autorité. Nous en ouvrons un autre, où l'énoncé n'émane pas d'un pouvoir reconnu, mais pose un engagement personnel pour celui qui l'énonce. A côté des actes d'autorité publiant des décisions qui ont force de loi, il y a ainsi les énoncés d'engagement relatifs à la personne du locuteur : *je jure..., je promets..., je fais vœu..., je m'engage à...,* ou aussi bien : *j'abjure..., je répudie..., je renonce..., j'abandonne...,* avec une variante de réciprocité : *nous convenons...; entre X. et Y. il est convenu que...; les parties contractantes conviennent...*

De toute manière, un énoncé performatif n'a de réalité que s'il est authentifié comme *acte*. Hors des circonstances qui le rendent performatif, un tel énoncé n'est plus rien. N'importe qui peut crier sur la place publique : « je décrète la mobilisation générale ». Ne pouvant être *acte* faute de l'autorité requise, un tel propos n'est plus que *parole ;* il se réduit à une clameur inane, enfantillage ou démence. Un énoncé performatif qui n'est pas acte n'existe pas. Il n'a d'existence que comme acte d'autorité. Or, les actes d'autorité sont d'abord et toujours des énonciations proférées par ceux à qui appartient le droit de les énoncer. Cette condition de validité, relative à la personne énonçante et à la circonstance de l'énonciation, doit toujours être supposée remplie quand on traite du performatif. Là est le critère et non dans le choix des verbes. Un verbe quelconque de parole, même le plus commun de tous, le verbe *dire*, est apte à former un énoncé performatif si la formule : *je dis que...*, émise dans les conditions appropriées, crée une situation nouvelle. Telle est la règle du jeu. Une réunion de caractère officiel ne peut commencer que quand le président a déclaré : *la séance est ouverte*. L'assistance sait qu'il est président. Cela le dispense de dire : « *Je déclare que* la séance est ouverte », ce qui serait de règle. Ainsi, dans la bouche du même personnage, *la séance est ouverte* est un acte, tandis que *la fenêtre est ouverte* est une constatation. C'est la différence entre un énoncé performatif et un énoncé constatif.

De cette condition en résulte une autre. L'énoncé performatif, étant un acte, a cette propriété d'être *unique*. Il ne peut être effectué que dans des circonstances particulières, une fois et une seule, à une date et en un lieu définis. Il n'a pas valeur de description ni de prescription, mais, encore une fois, d'accomplissement. C'est pourquoi il est souvent accompagné d'indications de date, de lieu, de noms de personnes, témoins, etc., bref, il est événement parce qu'il crée l'événement. Étant acte individuel et historique, un énoncé performatif ne peut être répété. Toute reproduction est un nouvel acte qu'accomplit celui qui a qualité. Autrement, la reproduction de l'énoncé performatif par un autre le transforme nécessairement en énoncé constatif [1].

Cela conduit à reconnaître au performatif une propriété

---

1. Nous ne parlons pas, naturellement, de la multiplication matérielle d'un énoncé performatif par voie d'impression.

singulière, celle d'être *sui-référentiel*, de se référer à une réalité qu'il constitue lui-même, du fait qu'il est effectivement énoncé dans des conditions qui le font acte. De là vient qu'il est à la fois manifestation linguistique, puisqu'il doit être prononcé, et fait de réalité, en tant qu'accomplissement d'acte. L'acte s'identifie donc avec l'énoncé de l'acte. Le signifié est identique au référent. C'est ce dont témoigne la clausule « par la présente ». L'énoncé qui se prend lui-même pour référence est bien sui-référentiel.

Doit-on élargir le cadre formel que nous avons jusqu'ici assigné à l'énoncé performatif? M. Austin classe comme performatifs les énoncés conçus à l'impératif : « Dire : Fermez la porte, cela se voit, est aussi bien performatif que dire : Je vous ordonne de la fermer [1]. » Cela semblerait aller de soi, l'impératif étant la forme par excellence de l' « ordre ». En réalité, c'est là une illusion, et qui risque de créer le plus grave malentendu sur la nature même de l'énoncé performatif. Il faut considérer plus attentivement les modalités de l'emploi linguistique.

Un énoncé est performatif en ce qu'il *dénomme* l'acte performé, du fait qu'Ego prononce une formule contenant le verbe à la première personne du présent : « *Je déclare* la session close. » — « *Je jure* de dire la vérité. » Ainsi un énoncé performatif doit nommer la performance de parole et son performateur.

Rien de pareil dans l'impératif. Il ne faut pas être dupe du fait que l'impératif produit un résultat, que *Venez!* fait venir effectivement celui à qui on s'adresse. Ce n'est pas ce résultat empirique qui compte. Un énoncé performatif n'est pas tel en ce qu'il peut modifier la situation d'un individu, mais en tant qu'il est *par lui-même* un acte. L'énoncé *est* l'acte; celui qui le prononce accomplit l'acte en le dénommant. Dans cet énoncé, la forme linguistique est soumise à un modèle précis, celui du verbe au présent et à la première personne. Il en va tout autrement à l'impératif. Nous avons ici affaire à une modalité spécifique du discours; l'impératif n'est pas dénotatif et ne vise pas à communiquer un contenu, mais se caractérise comme pragmatique et vise à agir sur l'auditeur, à lui intimer un comportement. L'impératif n'est pas un temps verbal; il ne comporte ni marque temporelle ni référence personnelle. C'est le sémantème nu employé comme forme jussive avec une intonation spécifique. On voit donc qu'un impé-

---

1. Citation complète ci-dessus, p. 269.

ratif n'équivaut pas à un énoncé performatif, pour cette raison qu'il n'est ni énoncé ni performatif. Il n'est pas énoncé, puisqu'il ne sert pas à construire une proposition à verbe personnel; et il n'est pas performatif, du fait qu'il ne dénomme pas l'acte de parole à performer. Ainsi *venez!* est bien un ordre, mais linguistiquement c'est tout autre chose que dire : *J'ordonne que vous veniez.* Il n'y a énoncé performatif que contenant la mention de l'acte, savoir *j'ordonne*, tandis que l'impératif pourrait être remplacé par tout procédé produisant le même résultat, un geste, par exemple, et n'avoir plus de réalité linguistique. Ce n'est pas donc le comportement attendu de l'interlocuteur qui est ici le critère, mais la forme des énoncés respectifs. La différence résulte de là : l'impératif produit un comportement, mais l'énoncé performatif est l'acte même qu'il dénomme et qui dénomme son performateur. Nous repousserons donc toute identification de l'un à l'autre.

Un second équivalent de l'énoncé performatif serait, selon M. Austin, l'avertissement donné par un écriteau : « Même le mot "chien" à lui seul peut parfois... tenir lieu de performatif explicite et formel : on effectue par ce petit mot le même acte que par l'énoncé "je vous avertis que le chien va vous attaquer" ou bien par "Messieurs les étrangers sont avertis qu'il existe par ici un chien méchant" [1]. » En fait, il y a lieu de craindre ici encore les effets d'une confusion. Sur un écriteau, « chien » est un signal linguistique, non une communication et encore moins un performatif. Dans le raisonnement de M. Austin, le terme « avertissement » a un rôle ambigu, étant pris en deux sens distincts. N'importe quel signal « iconique » ou linguistique (panneau, enseigne, etc.) a un rôle d' « avertissement ». Le klaxon d'une auto est appelé « avertisseur ». De même l'écriteau « Chien » ou « Chien méchant » peut bien être interprété comme un « avertissement », mais c'est néanmoins tout autre chose que l'énoncé explicite « je vous avertis que... » L'écriteau est un simple signal : à vous d'en tirer la conclusion que vous voudrez quant à votre comportement. Seule la formule « je vous avertis que... » (supposée produite par l'autorité) est performative d'avertissement. Il ne faut pas prendre l'implication extra-linguistique comme équivalent de l'accomplissement linguistique; ces espèces relèvent de deux catégories entièrement différentes. Dans

1. *Ibid.*, p. 269.

le signal, c'est nous qui suppléons la fonction d'avertissement.

Nous ne voyons donc pas de raison pour abandonner
la distinction entre performatif et constatif. Nous la croyons
justifiée et nécessaire, à condition qu'on la maintienne
dans les conditions strictes d'emploi qui l'autorisent, sans
faire intervenir la considération du « résultat obtenu » qui
est source de confusion. Si l'on ne se tient pas à des critères
précis d'ordre linguistique et formel, et en particulier si
l'on ne veille pas à distinguer sens et référence, on met en
danger l'objet même de la philosophie analytique, qui est
la spécificité du langage dans les circonstances où valent
les formes linguistiques qu'on choisit d'étudier. La délimitation exacte du phénomène de langue importe autant à
l'analyse philosophique qu'à la description linguistique,
car les problèmes du contenu, auxquels s'intéresse plus
particulièrement le philosophe, mais que le linguiste ne
néglige pas non plus, gagnent en clarté à être traités dans
des cadres formels.

CHAPITRE XXIII

Les verbes délocutifs [1]

Le terme donné comme titre à cet article n'a pas encore cours en linguistique. Nous l'introduisons ici pour définir une classe de verbes qu'il s'agit précisément de faire reconnaître dans sa particularité et dans sa généralité. Les exemples où nous trouvons ces verbes sont pris les uns aux langues classiques, les autres aux langues modernes du monde occidental, mais ils ne prétendent pas délimiter une aire géographique ni une famille génétique. Bien plutôt ils illustrent une similitude des créations morphologiques qui se réalisent dans un cadre culturel à peu près pareil. On verra qu'il ne s'agit pas de faits rares, mais au contraire de formations fréquentes, dont la banalité d'emploi a pu voiler la singularité de nature.

Un verbe est dit « dénominatif » s'il dérive d'un nom, « déverbatif », si d'un verbe. Nous appellerons *délocutifs* des verbes dont nous nous proposons d'établir qu'ils sont *dérivés de locutions*.

Soit le verbe latin *salutare*, « saluer ». La formation en est limpide; *salutare* dérive de *salus -tis*; c'est donc, à strictement parler, un dénominatif, en vertu d'une relation qui semble évidente. En réalité le rapport de *salutare* à *salus* exige une autre définition; car le *salus* qui sert de base à *salutare* n'est pas le vocable *salus*, mais le souhait *salus!* Donc *salutare* ne signifie pas « salutem alicui efficere », mais « "salutem" alicui dicere » [2]; non « accomplir le salut », mais « dire : salut! ». Il faut donc ramener *salutare* non à *salus* comme signe nominal, mais à *salus* comme locution de discours; en d'autres termes, *salutare* se réfère non à

---

la notion de *salus*, mais à la formule « *salus !* », de quelque manière qu'on restitue cette formule dans l'usage historique du latin [1]. Ce statut double de *salus* explique qu'on puisse dire à la fois *salutem dare* « donner le salut » (= « sauver » [2]) et *salutem dare* « donner le "salut" » (= « saluer »)[3]. Ce sont bien deux formes de *salus* qui se distinguent par là, et seule la seconde expression *salutem dare* équivaut à *salutare*. On voit ainsi que, malgré l'apparence, *salutare* n'est pas dérivé d'un nom doté de la valeur virtuelle d'un signe linguistique, mais d'un syntagme où la forme nominale se trouve actualisée comme « terme à prononcer ». Un tel verbe se définit donc par rapport à la locution formulaire dont il dérive et sera dit *délocutif.*

Dès qu'on en a pris conscience, on est amené à reviser un bon nombre de dérivations verbales considérées — superficiellement — comme dénominatives. Dans la même famille étymologique que *salutare*, nous rencontrons le cas de *salvere*. Il semblerait, à ne tenir compte que des rapports morphologiques, que l'adjectif *salvus* ait produit deux dénominatifs verbaux : *salvare* et *salvere*. Cette vue serait gravement erronée. Pour peu qu'on attache d'importance à poser des relations exactes, il faut reconnaître deux plans distincts de dérivation. Le véritable et seul dénominatif de *salvus*, « sauf », est le présent *salvare*, « rendre sauf, sauver » (qui n'est attesté en fait que dans la latinité chrétienne; c'est *servare* qui en tient lieu à l'époque classique). Mais *salvere* est tout autre chose qu'un verbe d'état tiré de *salvus*.

Le fait essentiel à voir est que *salvere* dérive non de *salvus*, mais de la formule de salutation *salve! (salvete!)*. Car ce verbe *salvere* n'a en réalité qu'une forme unique : l'infinitif *salvere*, qui s'emploie dans les locutions telles que *ubeo te salvere*, « je te souhaite le bonjour ». Les formes personnelles sont extrêmement rares; un exemple comme *salvebis a meo Cicerone*, « tu as les salutations de mon (fils) Cicéron »[4], se dénonce, par la construction même *salvere ab ...*, comme un tour improvisé. Il s'ensuit que *salvere* est en fait la conversion de *salve!* en la forme grammaticale exigée par la syntaxe de la phrase indirecte. Il n'existe donc pas de verbe *salvere*, mais une ou deux formes verbales non paradigmatisées, transposant la locution « *salve!* »

---

1. Par exemple, *salus sit tibi* ou *vos Salus servassit* (Pl., *Epid.*, 742), etc.
2. Cic., *Verr.*, II, 154.
3. *Salute data redditaque* (Liv., III, 26, 9).
4. Cic., *Att.*, VI, 2.

en référence de discours rapporté. Au point de vue fonctionnel, *salvere* est un délocutif, resté d'ailleurs à l'état embryonnaire.

Un verbe non dérivé peut devenir délocutif dans une partie de ses formes si le sens et la construction l'y amènent. Très caractéristique est à ce point de vue le verbe *valere*, que la formule *salve*, *vale* évoque assez naturellement ici. Il existe assurément un verbe *valere*, « avoir vigueur; être efficace », qui est un verbe de plein exercic dans toute la latinité. Mais il faut mettre à part un emploi spécifique : la formule épistolaire *te jubeo valere*. L'infinitif *valere* n'est pas ici pris dans sa valeur normale; *te ubeo valere* ne se laisse pas classer avec d'autres emplois de *jubeo* + infinitif, tels que *te jubeo venire*. Ici *valere* est l'infinitif converti de *vale!* de sorte que *te jubeo valere* équivaut à *te jubeo : vale!* Ainsi la dérivation syntaxique *vale!* > *valere* donne à *valere* dans cette expression une fonction délocutive.

On pensera naturellement à la situation analogue de l'infinitif grec *khaírein*. On a d'une part l'infinitif en fonction normale : *khaírein táll' egó s' ephíemai*, « je t'accorde de prendre ton plaisir pour tout le reste »[1]; mais *khaírein* en emploi formulaire dans *khaírein tini légein*, « envoyer ses salutations à quelqu'un », représente la forme délocutive transposant l'impératif *khaíre*, « salut! ».

La création de verbes délocutifs s'effectue sous la pression de nécessités lexicales, elle est liée à la fréquence et à l'importance des formules prégnantes dans certains types de culture. Le latin en offre quelques exemples très instructifs dans leur diversité. Si, matériellement, *negare* dérive de *nec*, c'est en tant qu'il signifie « *dire* nec ». Le terme de base est, ici encore, un terme formant locution entière, en l'espèce *nec* comme portant un jugement négatif et constituant à lui seul une proposition. Un autre délocutif est *autumare* qui est proprement « dire *autem* », d'où « argumenter; asserter ». On ne saurait concevoir que des particules comme *nec* ou *autem* eussent donné lieu à des verbes dérivés si elles avaient été prises dans leur fonction logique. C'est seulement en tant qu'éléments formels de discours que *nec* ou *autem* se prêtent à former des verbes. Ceux-ci ayant la connotation exclusive « dire ... » sont au sens le plus strict des délocutifs.

On sait que lat. *quiritare*, « appeler au secours », s'explique littéralement comme « crier : *Quirites!* ». Nous avons là-

---

1. Soph., *Ajax*, 112.

dessus le témoignage de Varron : « quiritare dicitur is qui Quiritium fidem clamans implorat » [1], et d'ailleurs la littérature a conservé des exemples de la quiritatio sous forme de l'appel : *Quirites!* c *porro, Quirites!* [2]. Un verbe pareil ne peut être que déloutif, puisque le terme de base n'est pas la désignation *Quirites*, mais l'appel *Quirites!* Autrement *quiritare*, s'il était dénominatif, devrait signifier « faire de quelqu'un un Quirite ». On voit la différence.

Nous trouverons dans ce mode de dérivation le moyen de mieux comprendre le sens d'un terme important du vieux rituel romain, le verbe *parentare*, « faire une oblation funèbre à la mémoire de quelqu'un ». Le rapport avec *parens* est évident, mais comment l'interpréter ? Un *parentare* dénominatif de *parens* devrait signifier « *traiter comme *parens* », ce qui omet l'essentiel; d'où viendrait alors que le verbe se restreigne aux usages funéraires ? Personne ne semble avoir seulement vu la difficulté. Elle se résout par une induction que nous appuierons sur le texte suivant. A la mort de Romulus, ou plutôt lors de sa disparition soudaine, nous dit Tite-Live, le peuple fut d'abord saisi de frayeur : *deinde, a paucis initio facto*, « *deum deo natum regem parentemque urbis Romanae saluere* » *universi Romulum ubent*, « puis, suivant l'exemple de quelques-uns, tous à la fois poussent des vivats en l'honneur de Romulus dieu et fils d'un dieu, roi et père de la ville de Rome » [3]. Qui lit attentivement ce passage, au milieu d'une narration si riche en traditions authentiques, peut déceler dans la formulation livienne une expression certainement empruntée à un rituel archaïque. A l'aide de l'expression *parentem salvere jubent*, il nous semble qu'on doit restaurer une formule solennelle qui consistait dans l'appel : « *parens, salve!* » Tite-Live nous conserverait en syntaxe indirecte la formule même de la *conclamatio*. L'hypothèse devient certitude quand on retrouve cette même expression dans un épisode célèbre; lorsque Énée fait célébrer l'anniversaire de la mort d'Anchise, après les jeux funèbres, quand tous les rites sont accomplis, il jette des fleurs sur la tombe de son père en prononçant : *salve, sancte parens, iterum* [4]. La concordance paraît décisive. Ce rite est précisément celui d'une

---

1. Varron, *L. L.*, V, 7.
2. Voir Schulze, *Kl. Schr.*, p. 178 sqq. pour de nombreuses citations.
3. Liv., I, 16, 3; cf. quelques lignes plus loin, *Romulus, parens hujus urbis* (I, 16, 6).
4. Virg., *En.*, V, 80.

parentatio. Là se trouve l'explication de *parentare* qui doit signifier littéralement : « prononcer la formule *salve, parens!* » La locution s'est réduite à son terme essentiel, *parens,* sur lequel a été formé *parentare,* typiquement délocutif [1].

Tout ce qui vient d'être dit du rapport entre lat. *salus* et *salutare* vaut aussi pour fr. *salut* et *saluer,* ainsi que pour les couples correspondants des autres langues romanes. Il s'agit de la même relation de locution à délocutif, et d'une relation à poser synchroniquement, sans égard à la descendance historique de lat. *salutem* à fr. *salut.* Il n'est plus difficile à présent de ranger dans la même classe fr. *merci* et *(re)mercier* (a. fr. *mercier*). Que *remercier* signifie « dire merci », on l'apprend dès le plus jeune âge; il importe néanmoins de souligner la relation par « *dire* (et non : faire) merci ». Car *merci* dans son sens lexical de « grâce » (cf. *demander merci*) devrait produire un dénominatif *(re)mercier* au sens de « faire grâce, gracier », ce qui n'est jamais le cas. Seul *merci!* comme locution conventionnelle permet de justifier *(re)mercier,* qui se caractérise par là comme délocutif, non comme dénominatif. Il ne faudrait d'ailleurs pas croire que l'emploi de *merci!* comme locution dût entraîner nécessairement la création d'un dérivé verbal tel que *remercier.* On pouvait recourir à des expressions distinctes. Telle est par exemple la situation en russe où la formule *spasibo!* « merci! » n'a pas produit de verbe dérivé et demeure indépendante du verbe *blagódarit',* « remercier ». En revanche sont clairement délocutifs angl. *to thank,* all. *danken,* par rapport au substantif *thank(s), Dank.* Déjà en gotique la locution *þank fairhaitan* (= *Dank verheißen), traduisant gr. *khárin ékhein* (Lc, XVII, 9), montre que *þank* était devenu un terme consacré, désormais détaché de *þagkjan,* « denken ».

Étant donné que le terme de base est pris en quelque sorte comme nom de la notion, et non comme expression de la notion, les langues modernes gardent la possibilité, illustrée plus haut par lat. *negare, autumare,* de construire un délocutif sur une particule, à condition que celle-ci puisse s'employer comme locution. On aura ainsi en anglais *to hail,* « crier : hail! », *to encore,* « crier : encore! », en améri-

---

1. Le même rapport entre *parentare* et *parens* a été indiqué par H. Wagenvoort, *Studies in Roman Literature, Culture and Religion,* Leiden, 1956, p. 290, d'après le résumé de M. Leumann, *Glotta,* 36 (1957), p. 148-9. (Note de correction.)

cain *to okey*, et même *to yes* [1]; en français *bisser*, « crier :
bis! ». On cite en vieux haut-allemand un verbe *aberen*,
« répéter », tiré de *aber*, comme lat. *autumare* de *autem*.
Nous traiterons également comme délocutifs fr. *tutoyer*,
vouvoyer, puisqu'ils signifient précisément et seulement
« *dire* : tu (vous) ». Il est évident qu'un dénominatif de *tu*
serait impossible : « tu » n'est pas une qualité qu'on puisse
conférer; c'est un terme d'allocution, dont *tutoyer* sera
le délocutif.

La plupart des verbes cités jusqu'ici se rapportent à
des conventions de la vie sociale. Les conditions générales
de la culture étant à peu près pareilles dans les diverses
sociétés occidentales modernes, il peut sembler naturel
que nous rencontrions les mêmes expressions en plusieurs
langues. Mais les similitudes constatées peuvent résulter
ou de créations indépendantes ou au contraire d'actions
d'une langue sur l'autre. Il ne serait pas indifférent de
pouvoir préciser dans chaque cas la nature exacte du procès.
Or la définition donnée ici des verbes délocutifs met souvent en mesure de faire les distinctions nécessaires.

Ainsi en gotique l'adjectif *hails*, « sain, en bonne santé »,
a un emploi formulaire dans le terme *hails*, « khaîre! salut! ».
Mais le verbe dérivé *hailjan* ne signifie que « guérir »; c'est
un dénominatif. Il n'existe pas de *hailjan*, « *saluer* ». C'est
dans une phase plus récente du germanique qu'apparaît
un verbe nouveau, vha. *heilazzen*, v. isl. *heilsa*, v. a. *halettan*,
« to hail », qui est délocutif. Il a été probablement créé
d'après le modèle de lat. *salutare*.

De son côté, le slave concorde avec le latin dans la relation v. sl. *cělŭ* (russe *celyi*), « salvus » : *celovati*, « salutare »
(russe *celovat'*, « embrasser »). Est-ce en slave une création
indépendante ? La réponse se dégage de la définition même du
délocutif. Pour la création d'un délocutif *celovati*, l'existence
d'un adjectif *cělŭ* est une condition certes nécessaire, mais
non suffisante; il faut en outre que la forme de base soit
susceptible d'un emploi formulaire. Or nous avons bien
en slave l'équivalent de lat. *salvus*, mais non celui de lat.
salve! Il est donc hautement vraisemblable que le rapport
cělŭ : *celovati* a été en slave calqué sur le latin, directement
ou à travers le germanique.

La même question peut être posée et résolue à propos
d'une concordance semblable entre l'arménien et l'iranien.
On a arm. *druat*, « éloge, louange » et *druatem*, « saluer,

1. Mencken, *The American Language*, p. 195.

louer, acclamer », comme lat. *salus : salutare.* Or ce terme vient de l'iranien (avest. *druvatāt-* « salus ») [1]. On pourrait en conclure sommairement que l'arménien a pris à l'iranien le présent dérivé aussi bien que le nom. Mais on constate que, si l'iranien a bien converti le nom *drūd*, « santé », en formule de salutation : moyen-perse *drūd abar tō*, « salut à toi! » il n'a que *drūdēn-* comme verbe délocutif. Il s'ensuit que le présent *druatem* s'est créé en arménien même par dérivation autonome.

Ce sont en définitive les ressources et la structure de chaque système linguistique qui décident de cette possibilité de dérivation verbale comme de toutes les autres. Il est instructif d'observer à ce point de vue les différences de comportement entre les langues à partir d'une situation lexicale commune. On relève en trois langues une expression de même sens : all. *willkommen*, angl. *welcome*, fr. *bienvenu*. C'est l'emploi comme formule d'accueil qui en a déterminé le développement sur chaque domaine. L'expression germanique était si étroitement associée à un rite d'accueil qu'elle est devenue, empruntée par a. fr. *wilecome*, ital. *bellicone*, le nom de la grande coupe d'hospitalité. Or l'anglais a réalisé un délocutif dans le verbe *to welcome*, « to say : welcome! » L'allemand n'a pas été aussi loin; il n'existe pas de verbe **willkommen*, mais seulement une locution *willkommen* (adj.) *heißen*, « souhaiter la bienvenue ». En français, la langue a rencontré une difficulté qu'elle n'a surmonté que partiellement. De l'adjectif *bienvenu*, clair et autrefois décomposable (*très bien venus soiés*, XIIIe s.), on a répugné à tirer un délocutif **bienvenir (quelqu'un)* qui eût été l'équivalent exact de *to welcome (someone)*. Mais on s'est avancé dans cette direction en créant un infinitif *bienvenir* limité au tour *se faire bienvenir de quelqu'un*. Le point de départ est l'expression *être bienvenu (de quelqu'un)* traitée comme un passif, sur laquelle on a établi un causatif *se faire bienvenir*, de même que *être bien vu (de quelqu'un)* conduit à *se faire bien voir (de quelqu'un)*. Mais ce ne sont que des approximations d'un délocutif qui ne s'est pas accompli.

Rien n'est plus simple en apparence que le sens de lat. *benedicere*, « bénir » à partir des deux morphèmes qui le constituent, *bene* et *dicere*. Cet exemple a dans la présente analyse un intérêt propre, puisque la forme même contient *dicere* et nous fait soupçonner la condition d'un délocutif.

---

1. Cf. Hübschmann, *Arm. Gramm.*, p. 146

Mais l'examen révèle une histoire bien plus complexe et moins linéaire, dont la description reste à faire. Nous nous bornerons pour notre propos à en indiquer les points les plus saillants.

1º Il y a eu un emploi de *bene dicere* qui n'a pas été relevé. On le rencontre dans un passage de Plaute : *quid si sors aliter quam voles evenerit? — Bene dice!* « qu'arrivera-t-il si le sort tourne autrement que tu ne le veux? — Pas de mauvais augure! »[1]. Ici Plaute, par cette locution *bene dice*, imite certainement gr. *euphḗmei!* Rien ne prouve d'ailleurs que ce *bene dice!* ait jamais conduit à un verbe *bene dicere* au sens de gr. *euphēmeîn*, car en grec même il n'existe pas de verbe *euphēmeîn*, mais seulement un infinitif *euphēmeîn*, transposition de l'impératif *euphḗmei (euphēmeîte)* dans un tour comme *euphēmeîn keleúein*, « inviter à prononcer des paroles de bon augure », qui est la formulation rituelle de « inviter au silence »[2].

2º Différent est le sens de la formule *bene tibi dico*, « je te souhaite du bien »[3]. Il faut ici se garder de croire, comme on semble le faire, que *bene dicere* signifie littéralement « souhaiter du bien »; *dicere* n'est pas pris ici absolument et n'a d'ailleurs jamais signifié « souhaiter ». Il faut entendre *bene* comme le terme régime de *dicere* : « *bene!* » *dicere alicui*, « dire : *bene!* à quelqu'un ». Ce *bene!* est interjection de souhait connue en maint exemple · *bene mihi, bene vobis*, « à ma santé! à la vôtre! » chez Plaute[4]; *bene nos ; patriae, bene te, pater, optime Caesar*, « à notre santé! à la tienne, père de la patrie! » chez Ovide[5], etc. Du fait même que les deux composants gardent leur autonomie, *bene dicere* n'est pas arrivé à prendre la place de l'authentique délocutif qui eût été un verbe dérivé directement de *bene!* On pourrait imaginer un délocutif allemand **pros(i)tieren* qui en donnerait l'idée[6].

3º Une troisième acception apparaît quand *bene dicere* se prend dans la langue classique pour « louer, faire l'éloge de quelqu'un »; c'est de nouveau un développement dû

1. Pl., *Casina*, 345.
2. C'est ce que nous avons eu l'occasion de montrer plus en détail dans un article paru il y a quelques années (*Die Sprache*, I [1949], p. 116 sq.) sur l'expression grecque *euphēmeîn*; ci-dessous, p. 308 sq.
3. Pl., *Rud.*, 640; *Trin.*, 924, etc.
4. *Persa*, 773, cf. 709, etc.
5. *Fastes*, II, 635.
6. Note de correction. Je n'ai pu voir un article de A. Debrunner sur lat. *salutare* publié dans la *Festschrift Max Vasmer*, Berlin, 1956, p. 116 sq. et qui est cité *K.Z.*, 74, 1956, p. 143, n. 2.

à une influence littéraire : *bene dicere* sert à traduire gr. *eulogeîn*, tout différent de *euphēmeîn;*

4° Enfin, quand gr. *eulogeîn* a été choisi lui-même pour rendre hébr. *brk*, c'est *benedicere* (devenu signe unique) qui en reste l'équivalent latin, mais cette fois dans la nouvelle valeur judéo-chrétienne de « bénir », produisant à son tour *benedictus, benedictio*. C'est la notion moderne.

Pour achever de caractériser ce type de dérivation verbale, il paraît utile de prévenir deux confusions possibles. En premier lieu, on doit soigneusement distinguer les délocutifs et les verbes dérivés d'interjections : *claquer, huer, chuchoter*, angl. *to boo*, etc. Un délocutif a toujours pour radical un *signifiant*, qui peut être interjeté dans le discours, mais sans cesser d'être signifiant, alors que les verbes comme *claquer* sont bâtis sur de simples onomatopées. Ici, la distinction est facile. Un peu plus insidieuse serait la tentation de confondre les délocutifs avec ce qu'on appelle les « verbes de souhait » dans la grammaire traditionnelle. Assurément des expressions comme *welcome! salut!* servent à transmettre un souhait. Mais cet arrière-plan psychologique est étranger au problème. Le délocutif se définit non par le contenu intentionnel, mais par la relation formelle entre une locution et un verbe dénotant l'énoncé de cette locution. Le sens de la locution constituante importe peu. La différence apparaît clairement si l'on compare le « verbe de souhait » par excellence qui est *souhaiter*, à un délocutif comme *saluer*. Le mot *souhait* n'est pas une formule de souhait; c'est un substantif comme un autre, et le verbe dérivé *souhaiter* est un simple dénominatif, tandis que *salut* est certes un substantif, mais aussi, sous la forme *salut!*, une formule de salut; c'est pourquoi *saluer*, signifiant « dire : salut! », s'appellera délocutif. Seront aussi à classer comme délocutifs fr. *sacrer*, « dire : *sacré ...! »*, *pester*, « dire : *peste! »*.

Le trait essentiel et signalétique d'un délocutif est qu'il est avec sa base nominale dans la relation « dire ... », et non dans la relation « faire ... » qui est propre au dénominatif. Ce n'est pas le caractère le moins instructif de cette classe de nous montrer un signe de la langue dérivant d'une locution de discours et non d'un autre signe de la langue; de ce fait même, les délocutifs seront surtout, au moment où ils sont créés, des verbes dénotant des activités de discours. Leur structure aussi bien que les raisons qui les appellent à l'existence leur assignent une position toute particulière parmi les autres classes de dérivés verbaux.

VI

Lexique et culture

CHAPITRE XXIV

Problèmes sémantiques de la reconstruction[1]

Les notions sémantiques se présentent encore sous une forme si vague que pour en traiter un aspect, il faudrait commencer par poser un corps de définitions rigoureuses. Mais ces définitions demanderaient à leur tour une discussion portant sur les principes mêmes de la signification. C'est une tâche longue et ardue, dont les travaux consacrés jusqu'ici à la sémantique ne donnent qu'une faible idée. Aussi, dans cette contribution qui se limite au thème suggéré par les éditeurs du présent recueil, nous aurons à procéder plutôt empiriquement, négligeant pour l'instant les considérations théoriques pour traiter dans le concret quelques types de problèmes que le linguiste rencontre quand il s'occupe de reconstruire.

En général, les critères d'une reconstruction formelle peuvent être stricts, parce qu'ils découlent de règles précises, dont on ne peut s'écarter que si l'on se croit en mesure d'y substituer des règles plus exactes. Tout l'appareil de la phonétique et de la morphologie intervient pour soutenir ou réfuter ces tentatives. Mais, en matière de sens, on n'a pour guide qu'une certaine vraisemblance, fondée sur le « bon sens », sur l'appréciation personnelle du linguiste, sur les parallèles qu'il peut citer. Le problème est toujours, à tous les niveaux de l'analyse, à l'intérieur d'une même langue ou aux différentes étapes d'une reconstruction comparative, de déterminer si e comment deux morphèmes formellement identiques ou comparables peuvent être identifiés par leur sens.

Le seul principe dont nous ferons usage dans les considérations qui suivent, en le prenant pour accordé, est que

1. *Word*, vol. X, nos 2-3, août-déc. 1954.

le « sens » d'une forme linguistique se définit par la totalité
de ses emplois, par leur distribution et par les types de
liaisons qui en résultent. En présence de morphèmes identiques pourvus de sens différents, on doit se demander s'il
existe un emploi où ces deux sens recouvrent leur unité.
La réponse n'est jamais donnée d'avance. Elle ne peut être
fournie que par une étude attentive de l'ensemble des
contextes où la forme est susceptible d'apparaître. On n'a
pas le droit de la présumer, positive ou négative, au nom
de la vraisemblance.

1. Soit par exemple le cas des homophones anglais *story*
« narrative » et *story* « set of rooms ». Ce qui fait obstacle
à leur identification n'est pas notre sentiment qu'un « récit »
et un « étage » sont inconciliables, mais l'impossibilité de
trouver un emploi tel qu'un sens y soit commutable avec
l'autre. Même des expressions choisies à dessein comme
ambiguës telles que *to build a story* ou *the third story* (d'un
recueil — d'un immeuble), une fois replacées dans un contexte
authentique, perdent immédiatement leur ambiguïté. Il
faut donc les tenir pour distincts. Et c'est seulement à titre
de confirmation que la preuve étymologique sera utilisée :
story « narrative » < a. fr. *estoire (historia)*, mais *story*
« floor » < a. fr. *estorée (*staurata)*. L'étymologie pourrait
nous manquer; même donnée, elle ne suffirait pas seule
à garantir l'indépendance actuelle des deux morphèmes,
qui auraient pu, en vertu de leur identité formelle, s'associer par leur sens en quelque manière et créer une unité
sémantique nouvelle.

2. Voici le cas inverse. Il y a en français *voler* « fly » et
voler « steal ». Les deux verbes sont distincts à tous égards.
L'un, *voler* « fly », fait partie de la classe sémantique de
« marcher, courir, nager, ramper », etc.; l'autre, *voler* « steal »
entre en synonymie avec « dérober, soustraire », etc. *Voler*
« fly » est intransitif; *voler* « steal » est transitif. La dérivation ne comporte qu'un terme commun aux deux : *vol.*
Autrement ils diffèrent : *voler* « fly » entraîne *voleter, s'envoler,
survoler, volée, volatile, volaille, volière ;* mais *voler* « steal »
seulement *voleur.* Cette limitation même de *voler* « steal »
fait soupçonner qu'il se ramène à un emploi spécialisé de
voler « fly ». La condition en serait un contexte où *voler*
« fly » se prêterait à une construction transitive. On trouve
ce contexte dans la langue de la fauconnerie; c'est l'expression « le faucon *vole* la perdrix » (= atteint et saisit au vol).
Telle est la condition de fait, non présumable par avance,
où l'emploi exceptionnellement transitif crée un **nouveau**

sens de *voler*; dans cette situation le *vol* de l'oiseau signifie
à la fois « flying » et « stealing ». La coexistence de deux
voler ne doit donc pas provoquer à les concilier dans une
unité improbable; la situation particulière de l'un des deux
homonymes et notamment la pauvreté de sa dérivation
incitent à rechercher l'emploi typique qui a introduit une
scission dans un champ sémantique unitaire pour en faire
deux domaines aujourd'hui distincts.

3. Dans l'appréciation des différences de sens qui inter-
viennent entre les membres d'un ensemble formellement
lié, le linguiste est toujours enclin à se guider inconsciemment sur les catégories de sa propre langue. De là des problèmes sémantiques qui se ramènent, tout bien considéré,
à des problèmes de traduction. On en rencontre même
dans celles des restitutions qui n'ont jamais été mises en
question et pourraient passer pour évidentes. La correspondance entre gr. *títhēmi, éthēka,* « poser » et lat. *facere,*
« faire » est une donnée élémentaire de l'enseignement
comparatif. D'où l'on conclut que **dhē-* admet à la fois
le sens de « poser » et celui de « faire ». Mais entre « poser »
et « faire » la connexion n'est pas pour nous si manifeste
qu'on doive l'admettre sans justification pour l'indo-européen. Dans notre classification des notions, « poser » se
range avec « placer, mettre, loger », etc.; et « faire » avec
« accomplir, construire, fabriquer, opérer », etc. Les deux
lignes ne se rencontrent pas. La multiplicité même des
acceptions de « faire » ne semble pas contribuer à préciser
la liaison pourtant impliquée dans ces rapprochements
anciens. Pour fonder ce rapport de sens, on a allégué des
emplois techniques [1]. En fait les raisons doivent être cher-
chées dans une définition plus précise des emplois. On
doit observer d'abord que là même où la traduction "poser"
est admissible, les conditions de l'emploi montrent que
« poser » signifie proprement « poser quelque chose qui
subsistera désormais, qui est destiné à durer » : en grec,
avec *themeília,* « poser les fondements », avec *bômon,* « fonder
un autel ». C'est pourquoi il est apte à signifier « établir
dans l'existence, créer », cf. en vieux-perse *būmīm adā...
asmānam adā,* « il a posé (= créé) la terre, il a posé (= créé)
le ciel », en grec *khármat' éthēken,* « il a posé (= créé) des
joies pour les hommes » (Pind., *Ol.,* 2, 101), etc. En second
lieu, on remarquera qu'une des constructions les plus fréquentes de **dhē-* est prédicative, ce qui fournit justement

---

1. Cf. Ernout-Meillet, *Dict. étym.,* p. 372 fin.

la condition du sens usuel de « faire », aussi bien dans les langues qui connaissent encore « poser » que dans celles qui, comme le latin, ont seulement « faire » : *basiléa tina theînai*, c'est littéralement *aliquem regem facere ;* une expression telle que *theînaí tina athánaton* équivaut exactement à *immortalem facere*. Il suffit d'indiquer le principe; les exemples abondent. L'important est de voir que : 1º la distinction de « poser » et « faire » ne répond pas à la réalité indo-européenne sous la forme tranchée qu'elle a pour nous; 2º la construction de **dhē-* est une composante essentielle de l'emploi et du sens; 3º la notion de « faire », en tant qu'elle est exprimée par **dhē-*, se détermine par des liaisons particulières qui seules permettent de la définir, car la définition n'est possible que dans les termes de la langue même.

4. Cette situation se présente souvent, sous des aspects parfois moins reconnaissables. On rencontre alors des difficultés qui peuvent tenir à ce que l'un ou l'autre des sens considérés est inexactement ou trop sommairement défini. Nous en prendrons un exemple dans le cas d'un verbe grec dont les sens n'ont semblé jusqu'ici créer aucun problème. Nous avons en grec *tréphō* « nourrir », avec de nombreux dérivés et composés attestant le même sens : *trophós*, « nourricier », *tropheús*, « nourrisseur », *trophḗ*, « nourriture », *dio-tréphḗs*, « nourrisson de Zeus », etc. Il est déclaré identique à *tréphō*, « épaissir, coaguler (un liquide) », pf. *tétrophè*, « se coaguler, être compact », qui à son tour a été rattaché à *thrómbos*, « caillot de sang (malgré la phonétique), puis à une série de comparaisons incohérentes dont on trouvera le détail chez Boisacq 353 et qui ne nous retiendront pas ici. Seule nous importe la relation en grec même de *tréphō* « nourrir » et de *tréphō* « cailler (le lait) ». Il est fort possible en effet que les deux sens n'en fassent qu'un, mais comment se rejoignent-ils ? Les dictionnaires ne marquent aucun embarras. Celui de Liddell-Scott-Jones définit ainsi *tréphō :* « 1. *thicken* or *congeal* a liquid; 2. usu. *cause to grow* or *increase, bring up, rear*, esp. of children bred and brought up in a house ». De même Bailly : « 1. rendre compact; 2. rendre gras, engraisser, nourrir ». Même à qui ne se fie qu'au « sentiment » de la langue, une pareille relation devrait apparaître si étrange qu'elle imposerait une vérification des emplois. Qu'on ait pu admettre comme évident que « cailler (le lait) » conduit au sens de « nourrir, élever (un enfant) » suffirait à discréditer cet empirisme « intuitif » qui sert de méthode dans la plus

grande partie des reconstructions. Ici la disparité des sens semble telle qu'on ne pourrait les concilier que par un artifice. En réalité, la traduction de *tréphō* par « nourrir », dans l'emploi qui est en effet le plus usuel, ne convient pas à tous les exemples et n'est elle-même qu'une acception d'un sens plus large et plus précis à la fois. Pour rendre compte de l'ensemble des liaisons sémantiques de *tréphō*, on doit le définir : « favoriser (par des soins appropriés) le développement de ce qui est soumis à croissance ». Avec *paîdas*, *híppous*, on le traduira « nourrir, élever (des enfants, des chevaux) ». Mais on a aussi *tréphein aloiphḗn*, « favoriser l'accroissement de la graisse » (*Od.*, XIII, 410); *tréphein khaítēn*, « laisser croître sa chevelure » (*Il.*, XXIII, 142). C'est ici que s'insère un développement particulier et « technique », qui est justement le sens de « cailler ». L'expression grecque est *tréphein gála* (*Od.*, IX, 246), qui doit maintenant s'interpréter à la lettre comme « favoriser la croissance naturelle du lait, le laisser atteindre l'état où il tend », ou, prosaïquement, « le laisser cailler ». Ce n'est rien autre qu'une liaison idiomatique de *tréphein* au sens de « laisser croître, favoriser la croissance » qu'il a partout. Au point de vue du grec, il n'y a pas de différence entre *tréphein khaítēn*, « laisser la chevelure se développer » et *tréphein gála*, « laisser le lait se développer ». Il n'y en a pas davantage entre *tróphies paîdes*, « enfants qui ont grandi (et atteint l'âge adulte) » et *kúmata tróphoenta*, *kúma tróphi*, « vagues qui ont atteint leur plein développement ». Il n'y a donc plus de problème du classement des deux sens de *tréphō*, puisqu'il n'y a qu'un sens, partout le même. On peut conclure que *tréphō* « cailler » n'existe pas; il existe un emploi de *tréphō gála*, qui crée une association pour nous insolite, mais explicable dans les contextes grecs. On voit aussi que toute la difficulté provient, au fond, des différences entre les ressources lexicales des langues considérées. Alors que *tréphein paîda* se rend directement en anglais ou en français (« rear a child, nourrir un enfant »), *tréphein gála* exige une traduction spécifique (« curdle milk, cailler du lait »). Le linguiste qui se demande : « comment concilier "curdle" et "rear", ou "cailler" et "nourrir" ? » ou qui invente une filiation entre ces deux sens, est victime d'un faux problème. La question ne se pose ni dans une langue moderne, où les formes sont différentes, ni en grec, où les sens sont identiques. Ce n'est là qu'un exemple entre beaucoup des difficultés gratuites créées dans la reconstruction sémantique soit par une définition insuffisante des termes en discussion, soit par une transposition illégitime des valeurs d'un système sémantique dans un autre.

5. Le même problème pourra être posé, non plus à l'intérieur d'une langue historique, mais dans la synchronie d'une reconstruction formelle. Il y a en indo-européen une racine *dwei-* « craindre », bien attestée par gr. *déos*, « crainte » (*dweyos*) et le parfait *dé-dwoi-a*, « j'ai crainte » fournissant le présent *deídō*, par av. *dvaēθā-*, « menace, motif de crainte », par le présent arm. *erknč'im*, « je crains ». Ce *dwei-* « craindre » est matériellement identique au thème du numéral *dwei-* « deux ». La ressemblance persiste dans les dérivés de date historique : hom. *dé-dwoi-a*, « j'ai crainte », a l'air d'être bâti sur le même thème que l'adjectif *dwoi-ós*, « double », et arm. *erknč'im*, « je crains », rappelle *erku*, « deux » (*dwō*); l'alternance dans le parfait homérique 1. sg. *dé-dwoi-a* : 1. pl. *dé-dwi-men* est conforme à celle du numéral *dwei-* (*dwoi-*) : *dwi-*. Bref, tout paraît indiquer une identité formelle entre ces deux radicaux. Est-ce un hasard? Mais, pour exclure un hasard, il faudrait démontrer que l'identité formelle se vérifie dans le sens. Et quelle liaison de sens pourrait-on imaginer entre « craindre » et « deux » qui ne ressemble à un jeu d'esprit? Il faut néanmoins y regarder plus attentivement, et ne pas repousser sans examen la possibilité d'un rapport. Car — cela est essentiel — si nous pouvons considérer comme « simple » la notion de « deux », nous n'avons aucun droit de présumer également « simple » une notion telle que « craindre ». Rien ne nous assure *a priori* qu'elle ait eu la même structure sémantique dans des états anciens de l'indo-européen que dans la langue de nos propres raisonnements. Et l'analyse de cette structure sémantique a elle-même pour condition l'étude des emplois de *dwei-*, « craindre », là où nous pouvons le mieux les observer. Le grec homérique se prête à une pareille étude, et il la récompense. Car c'est dans un texte de l'*Iliade*, mille fois lu et relu pourtant, que la solution s'offre, encore inédite. Voici le passage : *līen méga pêma... eisoróōntes déidimen ; en doiêi dè saosémen ē apolésthai nêas* (*Il.*, IX, 229-230), littéralement : « prévoyant un grand désastre, nous avons peur *(deídimen)* ; ce qui est en doute *(en doiêi)* est : sauverons-nous ou perdrons-nous les vaisseaux? » Le texte même, rapprochant dans la même phrase *deídimen* et *en doiêi*, éclaire, comme par une démonstration d'école, leur relation. L'expression *en d(w)oyêi* [1] *(esti)* signifie proprement « la chose est en

---

1. La forme du dat. gr. *doiêi* remonte à *dwoyyāi* et répond au dat. sg. f. skr. *dvayyāi* (Wackernagel, *Nachr. Gött. Ges.*, 1914, p. 119).

double, en doute, *in dubio* », c'est-à-dire « elle est à *redouter* ».
D'où il suit que *dwei- « craindre » signifie « être en double,
douter » au sens où *douter* est pris en ancien français (= fr.
mod. *redouter*). La situation décrite dans le texte cité (sentiment devant une alternative périlleuse) restaure la liaison
cherchée entre *dwei- numéral et *dwei- verbal. On peut
désormais les identifier pour le sens. A titre subsidiaire,
on utilisera des parallèles tels que lat. *duo, dubius (in dubio
esse), dubitare ;* all. *zwei, zweifeln,* etc. Ainsi, grâce à un
contexte décisif, se configure en indo-européen une notion
telle que « craindre » avec ses liaisons spécifiques que seul
l'emploi peut révéler, et qui sont différentes de celles qui
la déterminent aujourd'hui [1].

6. La nécessité de recourir aux contextes pourrait sembler
un principe de méthode trop évident pour mériter qu'on
y insiste. Mais quand on ramène le sens aux variétés de
l'emploi, il devient impératif de s'assurer que les emplois
permettent non seulement de rapprocher des sens qui
paraissent différents, mais de motiver leur différence. Dans
une reconstruction d'un procès sémantique doivent aussi
entrer les facteurs qui provoquent la naissance d'une nouvelle « espèce » du sens. Faute de quoi la perspective est
faussée par des appréciations imaginaires. Nous en prendrons
un exemple dans un rapprochement banal entre tous, celui
de lat. *testa* et de fr. *tête*. On va répétant que le passage du
sens de *testa*, « cruche; tesson », à celui de *tête* serait dû à
une dénomination de plaisanterie. L'explication se trouve
jusque dans les plus récents dictionnaires [2]. Il serait temps
de voir les faits, qui d'ailleurs sont clairs et qu'on a seulement omis de considérer. Le problème commence avec le
nom de la « tête » en latin classique. On constate que *caput*
ne signifie pas seulement « tête », mais aussi « personne »,
et aussi « capital (financier) » et aussi « capitale (d'une pro-
vince) »; il entre dans des liaisons telles que *caput amnis,*
« source (ou embouchure) d'un fleuve », *caput coniurationis,*
« chef de la conjuration », *caput cenae,* « pièce principale du
repas », *caput libri,* « chapitre d'un livre », *caput est ut...* « il
est essentiel de... », etc. Le nombre et l'étendue de ces
variantes affaiblissaient la spécificité de *caput* « tête », ce
qui conduisait à deux solutions possibles. Ou bien on le
redéterminait comme **caput corporis,* qui aurait été lui-même

1. Cette démonstration était inédite. J'en avais cependant indiqué
la conclusion par lettre à J. Pokorny qui en fait mention dans son
Idg. Etym. Wb., 1949, p. 228.
2. Cf. Bloch-Wartburg, *Dict. étym.*, 2 (1950), p. 602.

ambigu et que, en tout cas, la langue a repoussé; ou bien on le remplaçait par un terme différent. C'est ce qui s'est produit en latin même, par recours à *testa*, qui désignait toute coquille dure, et qui s'est d'abord appliqué à ce que nous appelons encore la « boîte crânienne » (cf. brain*pan*, Hirn*schale*). Le sens de « crâne » apparaît clairement en latin tardif [1] (Antoninus Placentinus : *vidi testam de homine,* « j'ai vu un crâne d'homme ») et il servait déjà à dénommer la « tête » : *testa :* caput vel vas fictile (*C.G.L.*, V, 526-39), d'où en ancien français *teste*, « crâne ». Il est probable que, comme terme anatomique, *testa* était en usage chez les médecins romains longtemps avant que les textes le mentionnent. Il n'y a donc dans ce procès ni plaisanterie, ni à vrai dire singularité propre à fixer l'attention. On pourra même trouver que le cas de *testa : tête* a usurpé la place qu'il tient dans l'enseignement traditionnel; il offre simplement un aspect particulier du renouvellement qui a atteint la plupart des noms de parties du corps. De là se dégagent les oppositions successives : lat. *caput : testa* > a. fr. *chef : teste* > fr. mod. *tête : crâne*. Mais dans cette perspective rectifiée, les considérations sur *testa* comme désignation humoristique ne paraissent plus fondées. La véritable question serait plutôt d'étudier comment coexistent et se délimitent respectivement *caput* et *testa* en latin tardif, *chef* et *teste* en ancien français, pour conduire à la répartition actuelle. Si cette recherche reste encore à faire, c'est en partie au moins parce qu'une appréciation inexacte de la nature du procès en a obscurci la portée.

7. Dans le cadre d'une comparaison à grande échelle, mettant en œuvre plusieurs langues, on constate souvent que des formes évidemment apparentées se distinguent chacune par une variété particulière de sens. Quoique l'unité sémantique de la famille soit indéniable, elle ne semble pas pouvoir se définir exactement. On a l'impression que le « sens premier », conservé exactement par une langue, s'est trouvé dévié par des raisons particulières dans chacune des autres, produisant ainsi une image composite de la situation sémantique. En général les comparatistes ne s'attardent pas à l'examiner, quand les correspondances formelles sont satisfaisantes. Ou s'ils considèrent le sort propre d'une des formes, c'est sans égard à la question d'ensemble. Tel est, par exemple, le cas du nom du « che-

---

1. Les principaux exemples ont été réunis par E. Löfstedt, *Syntactica*, 1 (1933), p. 352, avec la conclusion correcte qu'ils imposent. Mais personne ne semble en avoir tenu compte.

min » : skr. *pánthāḥ*, av. *pantā̊*, arm. *hun*, v. sl. *pǫtĭ*, v. pr. *pintis*, gr. *póntos*, lat. *pons*. L'antiquité indo-européenne du terme est garantie par les archaïsmes de la flexion. On ne saurait dire que le sens fasse obstacle à la restitution d'une forme commune. Néanmoins les divergences apparaissent assez sérieuses pour justifier une question. En indo-iranien, slave et baltique, il s'agit du « chemin ». Mais gr. *póntos* signifie « mer »; lat. *pons* désigne le « pont », et arm. *hun*, le « gué ». Comme ces sens ne s'équivalent pas et que, dans la distribution dialectale, c'est spécialement en grec et en latin que la divergence se manifeste, on tend à penser que ce désaccord tient à des raisons de style ou de culture. En grec c'est une figuration poétique qui aurait assimilé la « mer » à un « chemin ». En latin, le transfert de « chemin » à « pont » résulterait de la civilisation des terramare... Ces hypothèses ont pour fondement une autre hypothèse, non reconnue comme telle, informulée et inconsciente : le sens premier serait celui de « chemin », soit parce qu'il est attesté dans un dialecte ancien tel que l'indo-iranien, soit à cause de l'accord entre l'indo-iranien, le slave et le baltique, soit en vertu de sa « simplicité »; et les sens de « mer » ou « pont » ou « gué » en seraient des déviations. Mais les emplois dont nous disposons dans les textes anciens les plus abondants, en védique [1], permettent d'accéder à une notion plus exacte de *pánthāḥ* et d'en nuancer la représentation. D'abord, il y a en védique plusieurs autres noms du chemin, et qui tous en quelque manière se distinguent de celui-ci : *yāna-* dénomme le « chemin » des âmes vers leur séjour *(devayāna, pitṛyāna)* ; *mārga-*, le sentier des animaux sauvages *(mṛga)*; *adhvan*, la route frayée; *ráthya*, la voie des chars. Ce qui caractérise le *pánthāḥ* est qu'il n'est pas simplement le chemin en tant qu'espace à parcourir d'un point à un autre. Il implique peine, incertitude et danger, il a des détours imprévus, il peut varier avec celui qui le parcourt, et d'ailleurs il n'est pas seulement terrestre, les oiseaux ont le leur, les fleuves aussi. Le *pánthāḥ* n'est donc pas tracé à l'avance ni foulé régulièrement. C'est bien plutôt un « franchissement » tenté à travers une région inconnue et souvent hostile, une voie ouverte par les dieux à la ruée des eaux, une traversée d'obstacles naturels, ou la route qu'inventent les oiseaux dans l'espace, somme toute un chemin dans une région interdite au passage normal, un moyen de parcourir une

---

1. Les principaux exemples védiques ont été utilement rassemblés par P. Thieme, *Der Fremdling im Rigveda*, Leipzig, 1938, p. 110-117.

étendue périlleuse ou accidentée. L'équivalent le plus approché sera plutôt « franchissement » que « chemin », et c'est bien ce sens qui explique la diversité des variantes attestés. A partir de skr. *pathya* et dans l'histoire de l'indo-aryen, nous avons « chemin », mais ce sens n'est pas plus « originel » que les autres; ce n'est qu'une des réalisations de la signification générale ici définie. Ailleurs, ces réalisations sont représentées autrement. En grec, le « franchisse-ment » est celui d'un bras de mer (cf. *Hellés-pontos*), puis plus largement d'une étendue maritime servant de « passage » entre deux continents; en arménien, d'un « gué »; et en latin, *pons* désignera le « franchissement » d'un cours d'eau ou d'une dépression, donc un « pont ». Nous ne sommes pas en mesure de donner les raisons précises, qui tiennent à la géographie ou à la culture, de ces déterminations parti-culières, toutes préhistoriques. Du moins aperçoit-on que « chemin », « bras de mer », « gué », « pont » sont comme les variantes d'une signification qu'ils laissent reconstruire, et que le problème ne concerne pas l'aspect sémantique du terme dans telle ou telle langue, mais qu'il se pose pour cha-cun d'eux et pour la famille entière dont ils sont les membres.

8. Quand, dans la comparaison des termes d'un groupe unitaire, on se trouve en présence de développements de sens qui se distribuent en groupes tranchés, on est souvent obligé d'indiquer dans quelle direction le sens a varié et lequel des sens constatés a produit l'autre. Il faut bien alors se référer à un critère assez général et constant pour n'avoir pas besoin d'être à chaque fois justifié. Un des critères les plus usuels est le caractère « concret » ou « abstrait » du sens, l'évolution étant supposée se faire du « concret » à l' « abstrait ». Nous n'insisterons pas sur l'ambiguïté de ces termes, hérités d'une philosophie désuète. Il s'agit seulement de savoir si, même acceptés sans discussion, ils peuvent fournir un principe valable dans la reconstruction sémantique. Le meilleur moyen de les éprouver sera d'exa-miner l'application qui en a été faite — inconsciemment — dans un problème lexical d'assez grande portée. C'est le cas curieux d'une famille étymologique bien définie dans ses rapports formels, dont le sens se partage entre des notions très matérielles d'une part, morales et institutionnelles de l'autre.

Il s'agit du terme qui, en général, se rapporte à la « fidé-lité » *(trust)* et qui, dans le Moyen Age germanique, a eu une grande importance culturelle et sociale (cf. *trust*, *true*, *truce*, etc.). L'unité du sens dans les formes germaniques ressort de leur simple énumération. En gotique, on a *trauan*, « pepoithénai, être confiant », *ga-trauan*, « pisteúesthai, se fier », *trauains*, fr. « pepoíthēsis, confiance », *traustei* (d'après le gén. *trausteis*), « diathēkē, pacte, alliance »; de plus, v. isl. *trūa*, v. a. *trūōn*, v. h. a. *trū(w)ēn*, « avoir confiance », dérivés de **trūwō* dans v. isl. *trū*, fr. « respect », v. a. *truwa*, « respect religieux, croyance », v. isl. *trūr* ,« fidèle », au degré plein v. a. *trēowian*, v. h. a. *triuwen*, « se fier », un dérivé **drou-sto-* donne v. isl. *traustr*, « de confiance, fort » et l'abstrait **draustyā* dans got. *trausti*, v. isl. *traust* « confiance », v. h. a. *trost*, « fait de donner confiance, encouragement »; un adjectif **dreuwo-* dans got. *triggws*, v. isl. *tryggr*, v. h. a. *gi-triuwi*, « fidèle » et dans le nom v. a. *trēow* f., v. h. a. *triuwa*, fr. « fidélité ». Mais, hors du germanique, les termes apparentés portent un sens tout différent, qui est du reste représenté partiellement en germanique aussi. Ils désignent l' « arbre », parfois spécialement le « chêne », ou le « bois » en général : gr. *drûs*, « chêne », skr. *dāru, dru-*, av. *dru-*, « arbre, bois », *drvaēni-*, « de bois », got. *triu*, « bois, arbre » (et les formes correspondantes, angl. *tree*, etc.), gall. *derw* pl., « chênes », v. sl. *drĕvo*, russe *dérevo*, « arbre », lit. *dervà*, « bois de pin ».

Comment organiser cette distribution de sens, « arbre » d'une part, « fidélité » de l'autre, dans un ensemble de formes qui autrement sont bien liées ? Toute cette famille étymologique a été étudiée par H. Osthoff, dans un grand chapitre de ses *Etymologica Parerga* (1901) qui s'intitule significativement « Eiche und Treue ». Il pose à l'origine de tout le développement morphologique et sémantique le mot indoeuropéen représenté par gr. *drûs*, « chêne », d'où procéderaient les valeurs morales impliquées dans *Treue* et *truste*. L'adjectif got. *triggws*, v. h. a. *gitriuwi*, « getreu, fidèle », signifierait proprement « ferme comme un chêne ». Dans la mentalité germanique, le « chêne » aurait été le symbole de la solidité et de la confiance, et l'image du « chêne » inspirerait l'ensemble des représentations de la « fidélité ». Depusi plus d'un demi-siècle, la théorie d'Osthoff passe pour établie; les dictionnaires étymologiques s'y réfèrent comme à une démonstration acquise [1]. On croirait donc avoir ici le type d'une désignation concrète évoluant en notion morale une institution aurait pour origine un symbole végétal.

Mais dès le premier examen cette construction révèle ses failles. Osthoff, en mettant le nom du « chêne » au point de départ de toute la dérivation, admet implicitement — l'argu-

---

1. Cf. Walde-Pokorny, 1, p. 804; Pokorny, *op. cit.*, p. 214.

ment est essentiel pour sa théorie — que le nom du « chêne »
est indo-européen. Or tout le dément. C'est seulement
en grec que *drū-* signifie « chêne ». Partout ailleurs le sens
est « arbre, bois » en général : hitt. *taru*, i. ir. *dāru-, dru-*,
got. *triu*, etc., v. sl. *drŭva* pl. En grec même, *dóru* s'applique
à un arbre (*Od.*, VI, 167), au bois du navire (*Il.*, XV, 410),
au bois de lance et à la lance. Bien mieux, le sens de « chêne »
que gr. *drûs* a dans la langue classique est secondaire et
relativement récent : un scholiaste (ad *Il.*, XI, 86) savait
encore que « les anciens appelaient *drûs* n'importe quel
arbre » *(drûn ekáloun hoi palaioì... pân déndron)*. Le terme
générique pour « arbre » a dénommé l'arbre le plus important, le « chêne », probablement sous l'action des croyances
attachées aux chênes prophétiques de Dodone. D'ailleurs
le nom commun de l'arbre, gr. *déndrewon*, s'explique par un
redoublement brisé, avec dissimilation, de **der-drew-on*
(cf. lat. *cancer* de **kar-kro-*), et repose sur **drew-* au sens
d' « arbre ». Tout confirme donc que **dreu-* désignait l'arbre
en général, et que le sens de « chêne » a été acquis en grec
seulement. Cette limitation a une raison : le chêne ne croît
que sur une partie de l'aire indo-européenne, dans la région
médiane de l'Europe qui va de la Gaule à la Grèce septen-
trionale, non au-delà vers l'est; de fait il n'y a pas de nom
indo-iranien du « chêne ». Ainsi la démonstration d'Osthoff
est atteinte dans son principe même; la signification qu'il
croyait originelle se révèle tardive et limitée. Par suite la
relation qu'il instituait entre les notions perd son appui
principal.

Il faut pousser plus loin et dénoncer un vice de méthode
dans l'argumentation entière. Les relations morphologiques
et la distribution des formes n'indiquent pas entre les termes
qui dénotent l'« arbre » et ceux pour « fidélité » une relation
telle que les seconds dérivent des premiers. Ils se répartissent
également dans chaque langue et relèvent les uns et les
autres d'une même signification, qui se laisse reconstruire
à l'aide de l'ensemble des formes attestées. On doit poser
la base formelle comme I **der-w-* II **dr-eu-*, avec le sens
de « être ferme, solide, sain ». Cf. skr. *dhruva-* (pour **druva-*
contaminé par *dhar-*), av. *drva*, v. p. *duruva-*, « ferme, sain »,
gr. *dro(w)ón·iskhurón* Hes., v sl. **su-dorwa* > *sŭdravŭ*,
r. *zdóróv* « sain », irl. *derb* (**derwo-*), « sûr », v. pr. *druwis*,
« foi » (< « sécurité »), lit. *drútas*, « ferme, puissant », etc.
Ici se placent naturellement les membres germaniques de
ce groupe tels que got. *trauan, trausti*, etc., qui en dérivent
tout droit et ont fixé en germanique la terminologie de la

« confiance ». Dès lors, c'est de cette commune signification que participe également la désignation de l' « arbre ». A l'inverse du raisonnement d'Osthoff, nous considérons que le **derwo,-* **drwo-*, **dreu-* au sens d'« arbre » n'est qu'un emploi particulier du sens général de « ferme, solide ». Ce n'est pas le nom « primitif » du chêne qui a créé la notion de solidité, c'est au contraire par l'expression de la solidité qu'on a désigné l'arbre en général et le chêne en particulier : gr. *drûs* (gall. *derwen*) signifie littéralement « le solide, le ferme ». Nous avons un parallèle en iranien, où « arbre » se dit *draxt* (m. perse), *diraxt* (pers. mod.) qui remonte à av. *draxta-*, adjectif de *drang-*, « tenir ferme ». La conception romantique du chêne inspirateur de la fidélité fait place à une représentation moins singulière et probablement plus exacte : le nom **drū-* de l'arbre n'a rien de « primitif », c'est une qualification, qui, une fois attachée à son objet, en est devenue la désignation, et s'est trouvée séparée de sa famille sémantique; de là la coexistence de deux morphèmes devenus distincts, tels que *tree* et *true* en anglais. On voit ici combien est fallacieux le critère du « concret » et de l' « abstrait » appliqué à une reconstruction, et combien importante la distinction nécessaire entre la signification et la désignation.

9. La différence de sens et la difficulté de la reconstruction atteignent un degré plus élevé encore quand les formes se répartissent en classes distinctes et grammaticalement inconciliables. Dans les cas envisagés jusqu'ici, on avait affaire à des formes dont le statut au moins ne s'opposait pas à une comparaison directe, le sens seul prêtant à discussion. Mais comment opérer quand les similitudes formelles sont contredites par des différences fonctionnelles ? On peut mettre facilement en rapport des formes verbales et nominales réparties selon les mêmes principes de la dérivation. Peut-on rapprocher dans la même famille sémantique des formes dont les unes sont des particules, les autres des formes verbales ou nominales, sans commun emploi syntaxique ? Un tel problème est cependant posé par la coexistence de formes de séries différentes qui se groupent autour du terme indo-européen **pot(i)-* désignant le « chef ». En essayant de le résoudre, nous répondrons à la question de méthode que ce cas soulève.

Un i. e. **pot(i)-* se présente à l'état libre dans skr. *pati-*, « chef » et aussi « époux », gr. *pósis*, « époux », en composition dans skr. *jās-pati-*, « maître de la lignée » (type indo-iranien très productif), gr. *des-pótēs*, lat. *hospes, compos*, lit. *viešpats*, « seigneur », got. *bruþ-faþs*, « bridegroom », etc. On y rattache aisément lat. *potis* et un ensemble de dérivés : *potior, possum, possideo*. Le sens, uniformément distribué, se définit comme « maître, chef », avec un développement propre au latin et à l'italique vers la notion de « pouvoir ». Mais il y a homophonie entre ce **pet-/ *pot(i)-*, « chef » et une particule **pet-/pot(i)-* d'identité signifiant « même, self » : hitt. *-pet*, av. *-paiti*, lat. *-pte*, lit. *-pat*. Les deux ne se présentent pas toujours ensemble; le hittite n'a pas de forme de **pot(i)-*, « chef », et la particule semble manquer en sanskrit et en grec. Mais dans la majorité des langues l'un et l'autre apparaissent, sans toutefois qu'on discerne de liaison entre eux. La reconstruction d'un rapport sémantique doit nécessairement commencer par une décision de principe : laquelle des deux classes prendra-t-on comme point de départ? La question a été tranchée en sens opposés. Meillet jugeait qu'on devait procéder de **poti-*, « chef » et que la valeur de lit. *pats*, « (lui)-même » résultait d'un emploi appositionnel, sur lequel il ne s'est pas autrement expliqué [1]; hypothèse qui n'est guère conciliable avec l'antiquité évidente de la particule. Plus vraisemblable, mais non exempte de difficultés, est l'opinion de H. Pedersen qui tire le sens de « maître » de « même », en alléguant non des preuves précises, mais des parallèles : il compare certains emplois de « lui-même » désignant le « maître de maison », tels que gr. *autós*, lat. *ipse*, dan. dial. *han selv*, « le maître », *hun selv*, « la maîtresse de maison », russe *sam, sama*, « barin i barynja » [2]. Mais tout ce que ces exemples peuvent prouver est que, dans une situation très particulière, qui est celle des familiers ou des domestiques, il suffit d'un pronom pour renvoyer au personnage d'autorité. Ainsi s'expriment à l'occasion des esclaves, dans la comédie grecque ou latine, mais non des hommes libres dans le langage solennel du culte ou de la poésie. L'emploi de *ipse* pour le maître de maison est un simple fait de « parole », il n'a jamais atteint le niveau de la « langue ». Il est au surplus trop sporadique et récent pour rendre compte de formes évidemment archaïques et « nobles » telles que le couple skr. *pati/patnī*, gr. *pósis/pótnia*. On ne constate pas non plus que cet emploi « ancillaire » de *autós, ipse*, etc., ait jamais produit une dénomination lexicale du « maître » comme tel, ni une dérivation à partir de ce sens. Bref ces parallèles sont à la fois trop limités

---

1. Meillet, *Wörter und Sachen*, 12 (1929), p. 18.
2. H. Pedersen, *Archiv Orientální* 7, p. 80 sq., et *Hittitisch*, 1938, p. 77-8. Cf. déjà Schrader-Nehring, *Reallexikon*, I, p. 216.

dans leur sphère et d'un style trop « familier » pour qu'on puisse y voir autre chose que des « variantes de situation »; les pronoms *ipse, autós* peuvent occasionnellement désigner le maître; ils n'ont jamais signifié « maître » hors de leur contexte. Ils ne nous aident pas à retrouver la liaison des deux formes **pot(i)-*.

La manière dont les formes de chaque série se distribuent respectivement prête à observation. On notera que le hittite, dialecte archaïque à maints égards, possède seulement la particule *-pet*, « même » (*apaš-pet*, « lui-même, précisément lui »), il n'a pas trace d'une forme nominale telle que **pot(i)-*. Cela fait présumer que celle-ci a chance d'être secondaire. D'autre part, les formes nominales du groupe de « maître » ne se relient à aucune racine verbale; quand il y a une forme verbale, telle que skr. *patyate*, lat. *potior*, elle est clairement dénominative. Il s'agit donc d'une famille lexicale qui est entièrement et exclusivement nominale. Les termes en présence sont donc d'un côté une particule, de l'autre une forme nominale.

Il faut d'abord préciser la fonction de la particule *-pet*. Il y a dans les langues indo-européennes deux expressions distinctes de l'identité, qu'on peut illustrer par l'exemple du gotique, qui possède à la fois *sama* et *silba* : par *sama*, « same », s'énonce l'identité comme permanence de l'objet reconnue sous divers aspects ou en diverses instances; par *silba*, « self », l'identité comme opposée à l'altérité : « lui-même » à l'exclusion de tout autre. Pour le dire en passant, la valeur d'insistance et de contraste inhérente à l'expression de la catégorie « self » conduit à la signaler soit par référence à l'être corporel (d'où i. ir. *tanū-*; hitt. *tuekka-*; v. h. a. *leip*; fr. *en personne, en chair et en os*, etc.), soit par une dénotation emphatique, telle que le superlatif; d'où all. *selbst*, gr. *autótatos*, lat. *ipsissimus* (cf. *met-ipsimus* > a. fr. *medisme*, fr. *même*), sl. *sam* comme superlatif, etc., en tant que personnifications « exemplaires » de la notion. C'est évidemment à la notion de « self » que répond la fonction de l'enclitique hitt. *-pat*, lit. *-pat*, dont l'emploi est hérité : h. *apaš-pat* « précisément celui-là, lui-même », lit. *ten-pat*, « là même », *aš pats*, « moi-même », avec une valeur de superlatif développée en lituanien : *pàts pirmàsis*, « le tout premier ».

Dans cette fonction, la particule s'attache au pronom et il se produit alors une liaison sélective qui apparaît clairement en iranien, où *-pati* forme corps avec le réfléchi, av. *xᵛaē-paiti-*, « soi-même » et surtout le dérivé *xᵛaēpaiθya-*, v. p. *(h)uvāipašiya-*, « sien propre », dans la construction

prédicative v. p. *(h)uvaipašiyam kar-*, « proprium facere,
s'approprier », pour n'importe quelle personne, mais toujours
pour une personne. De cet emploi on peut tirer l'explication
du **pet/pot-*, nominal, suffixé et nominalisé par *-i* dans
*poti-, qui signifiera la personne en propre, le « ipse » avec
une détermination quelconque. En effet, le présent dérivé
de *pati-*, skr. *patya-*, construit avec le datif, conserve le sens
de « être propre à » : *āsutíṣ cắrur mắdāya patyate*, litt. « le
breuvage agréable est propre à l'ivresse » (*R.V.*, VIII, 1, 26),
et av. *paiθya-* signifie « avoir en propre » (et non « être maître
de »). Cette définition de **poti-* comme « le ipse, l'être en
personne » est conditionnée par la détermination qui en
effet accompagne toujours le terme dans les expressions
les plus anciennes : le **dems poti* (av. *dəng pati-*, véd. *dam-
pati*, gr. *des-pótēs*) est littéralement « le *ipse* de la maison,
l'être même de la famille », celui qui *personnifie* la cellule
sociale. C'est ce que nous transposons dans les termes de
notre propre culture par la traduction usuelle « *maître* de
maison ». De là procèdent les autres composés, échelonnés
dans la gradation territoriale, skr. *viś-pati-*, av *vis-paiti-*,
lit. *vieš-pats*, « celui qui est le ipse du **wik-* = maître du
clan », etc.

Pour corroborer cette interprétation, nous trouvons deux
indices. Le sens de lat. *hospes* (**ghos-pet-*), qui désigne aussi
bien celui qui reçoit que celui qui offre l'hospitalité, s'explique bien comme le « ipse » plutôt que le « maître » de la
prestation réciproque désignée par **ghos(ti)-* dans laquelle
les deux membres sont partenaires égaux. En outre, il devient
maintenant possible de lier la série des composés en **-poti*
à une formation de même sens, mais de structure différente,
qui appartient à l'indo-européen occidental. Saussure a
autrefois attiré l'attention sur la formation curieuse des
termes lat. *dominus, tribunus*, got. *þiudans*, « roi », *kindins*,
« hēgemōn », v. isl. *drottenn*, « prince », qui sont des dérivés
secondaires en **-no-* des termes de base pour désigner des
chefs : le *dominus* (**domo-no-*) est le chef de la *domus*, comme
le *þiudans* (**teuta-no*) de la *þiuda*[1]. Si nous comparons la
série des dérivés en *-no-* et celle des composés en *-poti*,
nous voyons qu'elles sont parallèles et comportent des éléments communs : **domo-no-* et **dem(s)poti-*; **genti-no-*
(got. *kindins*) et **gentu-poti-* (av. *zantu-pati*); un lat. **vicinus*
serait le pendant de skr. *viś-pati*. Cette corrélation entre les

---

[1]. F. de Saussure, *Cours de linguistique générale*, 4ᵉ éd., 1949,
p. 309.

termes en -*no*- du domaine occidental et les composés en
-*poti*, qui prolifèrent surtout en indo-iranien, suggère qu'ils
expriment la même notion. Or un dérivé en -*no*- ne peut
guère par lui-même convoyer le sens spécifique de « chef,
maître »; *domo-no-, *genti-no- doivent signifier simplement
« celui de la *domus*, celui de la *gens* », c'est-à-dire en fait,
celui qui la personnifie et en quelque sorte l'assume, qui
agit en son nom et a autorité sur elle. Telle est justement
la valeur que *poti indique par lui-même : le personnage
représentatif, un ipse investi d'autorité dans la fraction
sociale, ce que nous appelons le « maître ».

S'il en est ainsi, le fondement de l'histoire sémantique de
*poti, « maître » se trouve dans les syntagmes ou les composés
dont *poti est second membre. C'est ce que les faits confirment : skr. *pati*-, « maître », à l'état libre est tiré des composés
où il a contracté son sens. Mais alors qu'en est-il d'une
acception particulière du terme, celle d' « époux », attestée
par skr. *pati*-, gr. *pósis*? Est-ce seulement le mari comme
« maître » de la femme? Cela satisferait une conception
simpliste de la conjugalité indo-européenne, mais serait
mis en défaut par le féminin *patnī*, *pótnia*. La dénomination
se rapporte sans doute à d'anciens usages, sur lesquels un
des composés, got. *bruþ-faþs* nous renseigne indirectement.
La relation de *bruþ-faþs*, « numphíos, Bräutigam », à *brups*,
« numphē », s'éclaire par les formes modernes *Bräutigam*,
bridegroom (pour *-*goom*), v. a. *bryd-guma*, où -*faþs* a été
remplacé par le nom de l'« homme » (-*guma*), pour indiquer
« l'homme de la mariée », c'est-à-dire « le partenaire masculin
de la *brūti* ». Il faut se référer ici à de très antiques formules
où les futurs conjoints sont posés l'un en face de l'autre
comme partenaires d'une alliance : à Rome, *ubi tu Gaius,
ego Gaia;* dans l'Inde, *amo 'ham asmi sā́ tvam*, « je suis
celui-ci, tu es celle-là »[1]. De même dans le cas présent,
le *pati* et la *patnī*, le *pósis* et la *pótnia* (-*póina*) sont proprement le « ipse » et la « ipsa » de l'engagement qui les unit.
C'est pourquoi le partenaire masculin de la *brūti* est dénommé
comme *bhrūti-poti-, où *-*poti* a la même fonction que -*pet*-
dans lat. *hospes*.

Dans cette restitution, on voit apparaître, comme facteurs
décisifs dans l'histoire sémantique des deux morphèmes à
identifier, la nominalisation de la particule *pet*/*pot*- en -*poti*
et l'emploi de la particule avec un pronom pour souligner
l'ipséité. Le développement des syntagmes *(*dems poti)*

---

1. Cf. *Language*, 29 (1953), p. 259.

et des composés est lié à la valeur institutionnelle des désignations ainsi créées, dans la structure propre de la société indo-européenne. L'homme qualifié d'un titre en **-poti* est à l'origine, non le chef ou le maître, mais le représentant de la division sociale.

Les faits latins méritent d'être considérés dans leur ensemble, parce qu'ils présentent, dans la variété des sens et des fonctions syntaxiques, comme un résumé du procès entier. L'importance prise en latin par le groupe de *posse, potens, potentia, potestas*, et la prédominance de la notion de « pouvoir » dans les dérivés modernes ont obscurci aux yeux des philologues et des linguistes les relations qui articulent tout ce groupe sémantique et en particulier les conditions où cette notion de « pouvoir » s'est formée. Au point de départ, nous trouvons l'héritage de la particule enclitique *(mea)pte* qui sert à souligner ce qui est en propre, l'ipséité : suopte *pro suo ipsius, ut* meopte *meo ipsius,* tuopte *tuo ipsius* (P. Festus, 409, 1). On observera que *utpote* signifie non « comme il est possible », mais « comme il est propre (à la circonstance). comme il est naturel », et que le sens de l'adverbe comparatif *potius,* « plutôt, de préférence », superl. *potissimum,* « surtout », fait induire un *pote,* « juste, précisément, proprement », comme hitt. *-pat* ci-dessus [1]. Par là est introduite dans les formes nominales la valeur de « qui est en propre », soulignant la possession comme « propriété ». En effet *compos* signifie littéralement « qui est mis en possession de », non pas seulement dans *compos sui* (ou *mentis, animi*), « qui est en possession de ses esprits » ou comme nous disons, « *maître* de soi », mais aussi dans *compos culpae* (Pl., *Truc.*, 835), « qui est en possession de sa faute, qui s'identifie à elle, qui en assume la responsabilité », *compos voti,* « qui a la possession de son vœu, qui l'a fait sien » (= qui le voit réalisé), en connexion manifeste avec la valeur du composé av. *xᵛaē-paiθya-*, « proprius ». Tel est évidemment aussi le sens de *poti-* dans *possideo,* litt. « occuper comme sien propre ». De l' « ipse » au dérivé « proprius » se dessine un rapport qui va fixer le sens de « possession ». Le présent archaïque *potio* signifie « proprium facere, faire de quelque chose le bien propre de quelqu'un » : *eum nunc potivit pater servitutis,* litt. « son père a fait de lui la possession de la servitude » (Pl., *Amph.*, 177). A cela vient s'ajouter le fait décisif que *potis* tend à se construire prédicativement; on voit ainsi comment

---

1. Il serait tentant naturellement de retrouver cette particule dans la forme même de lat. *ipse.* Mais le rapprochement de *-pse* avec *-pote, -pte* crée une difficulté phonétique qui paraît insurmontable.

potis sum facere, litt. « je suis *à même* de faire, *ipse* sum qui faciam » devient « je *peux* faire ». La notion de « pouvoir » est alors constituée, un « pouvoir » dépendant de la capacité distinctive de la personne, de son ipséité, et non de la nature humaine ou d'un concours de circonstances. C'est la dernière étape du procès qui conduit d'une particule d'identité à la création d'un groupe nominal distinct, important et productif, et que les emplois, indo-européens aussi bien que latins, permettent de reconstruire avec quelque vraisemblance.

Dans ces analyses, qui visent surtout à illustrer quelques règles simples de méthode, nous avons fait choix d'exemples divers. Les problèmes considérés sont de complexité variable et de niveaux différents, situés dans la synchronie d'une même langue ou dans la perspective échelonnée d'une préhistoire lointaine. Ils ont été choisis pour leur valeur de types, et parce qu'il nous a semblé que chacun d'eux pouvait être amené à sa solution. Une méthode aux prises avec les difficultés d'un problème réel se laisse au moins juger sur les solutions qu'elle propose, tandis qu'à raisonner sur des conclusions acquises, on est sûr de gagner sans risque, et de n'enseigner que le connu.

Dans tous les cas discutés se trouve impliqué un problème de relation, et c'est par les relations qu'est définie une structure sémantique. Le lecteur averti discernera sans doute dans la démarche suivie ici les mêmes préoccupations qui se font jour dans d'autres parties de la linguistique actuelle, et mêmes certaines analogies dans l'objet de la recherche. Les considérations qui précèdent tournent autour d'une même question, qui est l'identification des traits distinctifs par opposition aux variantes : comment définir la distribution et les capacités combinatoires d'un « sens »; comment un sens tenu pour différent d'un autre peut ne représenter qu'une de ses variantes; comment la variante d'un sens se « sémantise » à son tour et devient unité distincte, tous problèmes qui se transposeraient immédiatement en termes de phonémique. Mais les notions sémantiques, beaucoup plus complexes, plus difficiles à objectiver et surtout à formaliser, étant engagées dans la « substance » extra-linguistique, appellent d'abord une description des emplois qui seuls permettent de définir un sens. Et cette description elle-même exige qu'on se délivre des fausses évidences, des références aux catégories sémantiques « universelles », des confusions entre les données à étudier et celles de la langue du descripteur. C'est peut-être dans le travail de la reconstruction que ces conditions sont le plus sévères.

CHAPITRE XXV

Euphémismes anciens et modernes [1]

Il y a quelque chose de singulier et de paradoxal dans l'explication partout admise du terme grec qui dénomme l' « euphémisme » [2]. Les dictionnaires donnent à εὐφημεῖν deux sens opposés, et celui qu'on pose en premier dit le contraire de ce qu'il signifie : « dire des paroles de bon augure» et par conséquent « éviter les paroles de mauvais augure », d'où « garder le silence ». Ainsi, selon la définition littérale de Liddell-Scott-Jones : « *avoid all unlucky words* during sacred rites : hence, as the surest mode of avoiding them, *keep a religious silence* ». Mais le deuxième sens est à l'opposé : *shout in triumph*. Cela revient à instituer un euphémisme de l'euphémisme. Mais la signification réelle ni les emplois historiques ne cadrent avec ce schème pseudo-logique. Pour en voir l'impossibilité, il suffit d'observer que les deux sens se trouvent chez les mêmes auteurs; que si nous devons admettre comme premier sens « se taire », celui de « crier » devient incompréhensible; et enfin que εὐφημία, εὐφημισμός, qui sont déjà usités chez les Grecs à sens d' « euphémisme », ne peuvent se rattacher ni à l'un ni à l'autre.

Dans l'exégèse de ces mots il s'est introduit une confusion entre les valeurs de « langue » et celles de « parole » (au sens saussurien). Les acceptions religieuses, ave toutes leurs résonances, leurs associations, leurs interférences, relèvent de la « parole ». Mais ces acceptions ne se déterminent qu'à partir d'une valeur purement linguistique. Dans l'étude du vocabulaire cultuel, comme de tous les vocabulaires spéciaux.

---

1. *Die Sprache*, I (1949), p. 116-122.
2. Les observations qui suivent se rattachent aux divers thèmes traités si instructivement par W. Havers, *Neuere Literatur zum Sprachtabu*. S. B. Wien. Akad., 223, 5, 1946.

il faut bien séparer les deux aspects du problème si l'on veut
comprendre la nature des actions qui s'y croisent. On doit
donc commencer par restaurer la signification propre de
εὐφημεῖν, εὐφημία, et celle-ci est indubitablement positive;
il faut affirmer, puisque cette évidence a été méconnue, que
εὐφημεῖν signifie toujours et seulement « émettre des paroles
de bon augure ». Pour n'en rappeler que quelques témoignages, on trouve déjà chez Homère le composé ἐπευφημεῖν
qui signifie clairement « acquiescer par une clameur auspi-
cieuse » (πάντες ἐπευφήμησαν Ἀχαιοί [A, 22, 376]) et souvent
dans la littérature poétique εὐφημεῖν au sens de « pousser
des clameurs auspicieuses » (Esch., *Ag.*, 596; *Eum.*, 1035);
κέλαδος ηὐφήμησεν (Esch., *Pers.*, 389); ὀλολυγμὸς εὐφημῶν
(*Ag.*, 28); ou dans le véritable discours εὔφημον ἔπος
(*Suppl.*, 512); εὔφημος μοῦσα (*Suppl.*, 694); ἀνοίγειν εὔφημον
στόμα (Ar., *Av.*, 1719); λόγων εὐφημία (Eur., *IA.*, 1469), etc
Comment alors le sens négatif s'est-il formé? Un passage
d'Hérodote (III, 38) aide à le comprendre. Darius demanda
à des Indiens à quel prix ils accepteraient de brûler leurs
pères décédés : οἱ δὲ ἀμβώσαντες μέγα εὐφημέειν μιν ἐκέλευον, « ceux-ci se récrièrent fort et prièrent Darius de ne
pas prononcer des paroles de mauvais augure » (Legrand).
La locution εὐφημέειν μιν ἐκέλευον montre que le verbe
conserve son sens propre, mais que la circonstance où il est
interjeté sous forme d'injonction lui confère pour nous un
sens négatif : « ne parlez pas de malheur! » Il s'agit ici de
renverser l'effet d'une évocation sinistre. Cette acception
résulte donc entièrement du contexte où le verbe est introduit sous forme d'un *appel* à l'εὐφημία, pour combattre des
propos jugés malséants et qui risquent d'attirer le malheur.
De fait, c'est toujours à l'*impératif* ou dans des substituts
de l'impératif que nous trouvons cet emploi de εὐφημεῖν,
et comme une invitation à favoriser par ses paroles (cf. lat.
favete linguis) le cours d'une cérémonie que même des
paroles futiles troubleraient : εὐφημῆσαι κέλεσθε (I, 171,
seul exemple homérique); εὐφήμει, εὐφημεῖτε (Ar., *Nub.*, 297;
Ach., 241); εὔφημον κοίμησον στόμα (Esch., *Ag.*, 1247);
γλῶσσαν εὔφημον φέρειν (*Choéph.*, 581); εὔφημος ἴσθι (Soph.,
Fr., 478), etc. Que, dans la pratique, cette injonction soit
devenue l'équivalent de « faites silence! », cela ne modifie en
rien la signification du verbe. Il n'existe pas de εὐφημεῖν
« garder le silence » employé librement en contexte narratif
au sens de σιωπᾶν, mais seulement des circonstances dans
le culte où l'invitation à « parler auspicieusement » (εὐφημεῖν), lancée par le héraut, oblige d'abord l'assistance à faire

cesser tous autre propos. L'action de l'emploi cultuel sur le sens du mot apparaît clairement.

Il faut, pour apprécier un euphémisme, restituer autant que possible les conditions de l'emploi dans le discours parlé. Une expression comme εἴ τι πάθοιμι, ἤν τι πάθω, « s'il m'arrive quelque chose (= si je meurs) », n'autorise évidemment pas à poser παθεῖν τι au sens de « mourir ». La situation seule détermine l'euphémisme. Et cette situation, suivant qu'elle est permanente ou occasionnelle, modifie le type de l'expression euphémistique d'après des normes propres à chaque langue.

Tout dépend de la nature de la notion que l'on veut rendre présente à l'esprit tout en évitant de la désigner. Si la notion est de celles que la norme morale et sociale réprouve, l'euphémisme ne dure pas; contaminé à son tour, il devra être renouvelé. Il faut quelque réflexion pour discerner d'anciennes désignations « honnêtes » dans lat. *meretrix* (cf. *mereor*), gr. πόρνη (cf. πέρνημι), got. *hors*, « πόρνος, μοιχός » (cf. lat. *carus*). Mais d'autres notions ne sont défavorables qu'occasionnellement, et l'expression, selon le cas, sera directe ou recevra un substitut. Par exemple, en avestique, l'opposition de « blanc » et « noir » s'exprime normalement par les adjectifs *auruša-* et *sāma-* (*syāma-*, *syāva-*). Elle est utilisée en figuration symbolique dans la mythologie des créations adverses : l'astre Tištriya prend la forme d'un cheval blanc *(auruša-)*, son ennemi, le démon Apaoša, d'un cheval noir *(sāma-)*, cf. Yt, VIII, 20-21. Mais le même texte (VIII, 58) prescrit d'offrir à Tištriya « un mouton blanc, ou noir, ou de n'importe quelle couleur uniforme », *pasūm auružəm vā vohu-gaonəm vā*. Cette fois, l'offrande est consacrée à Tištriya, et rien de ce qu'on lui offre ne doit évoquer le monde des daivas; aussi « noir » se dit *vohu-gaona-* « de bonne couleur », pour conjurer *sāma-*[1].

Il arrive qu'une expression devenue banale et que rien ne signalait à l'attention s'éclaire par les croyances attachées à la notion qu'elle recouvre. Ceux qui ont l'habitude de dire,

---

1. Bartholomae, *Wb.* 1432 donne une autre explication de *vohu-gaona-*, qui serait « blutfarben », et se rattacherait à *vohuni* « sang ». Il nous paraît plus simple d'admettre *vohu-* dans son sens ordinaire et de considérer *vohu-gaona-* comme un euphémisme aussi bien dans l'emploi cité que comme nom de plante. D'ailleurs le nom même du « sang », av. *vohuni*, s'il est apparenté à *vohu-*, atteste le renouvellement d'un mot proscrit; en tout cas la variété des formes pour « sang » en iranien moderne et la difficulté de les ramener à un prototype commun (cf. Henning, *ZII.*, IX, p. 227) sont la preuve d'altérations en partie volontaires.

comme en français, « de bonne heure » pour « tôt » (cf. *zu guter Zeit*) ne sont plus sensibles à la singularité, réelle pourtant, de lat. *māne*, « tôt », adverbe de *mānus*, « bon, favorable ». De cette liaison entre l'idée de « tôt » et de « bon » il n'y a pas encore d'explication satisfaisante. Car invoquer, avec J. B. Hofmann (*Lat. Etym. Wb.*, II, p. 27), *matūtīnus, mātūrus* pour justifier un sens originel de « rechtzeitig », c'est à la fois faire bon marché de la valeur religieuse de *mānus* et laisser dans l'ombre le point essentiel : pourquoi justement le *matin* est-il qualifié ainsi ? Nous devons tenir compte de vieilles conceptions que reflète encore le calendrier romain. Les jours n'étaient pas simplement répartis comme *fasti* ou *nefasti*. Il y avait en outre des divisions à l'intérieur de certains jours. On connaît par Varron les *dies fissi* qui étaient néfastes le matin et fastes le reste du temps; les *dies intercisi*, néfastes le matin et le soir et fastes dans l'intervalle. Le matin avait donc une qualité spéciale qui le disposait à l'interdit. Or nous avons à ce sujet, venant d'un autre peuple, un témoignage de haut intérêt. E. Destaing a recueilli, sous la dictée d'un indigène instruit, un véritable traité du tabou linguistique chez les Berbères [1]. Dans les indications très précises qui motivent l'emploi des euphémismes, il en est une qui revient à propos de presque tous les noms d'animaux, d'instruments, etc. : c'est le matin qu'ils sont frappés de l'interdit le plus sévère. « L'expérience a démontré que l'influence néfaste des êtres et des choses, ainsi que celle des mots qui les désignent, s'exerce surtout le matin. En conséquence, toute une catégorie de mots tabous ne sont proscrits du langage que dans la matinée, avant le repas pris vers le milieu du jour. C'est le cas des noms du balai, de l'aiguille, du poêlon, etc. [2]. » Entre autres euphémismes réservés en berbère au langage du matin, notons celui qui concerne le lièvre : au lieu de l'appeler *autūl*, on dit *bu tmezgīn*, « l'animal aux longues oreilles ». Cela fait penser aussitôt aux désignations indo-européennes, gr. λαγωός, « l'animal aux oreilles pendantes », pers. *xargōš*, « l'animal aux oreilles d'âne », qui doivent être aussi des substituts [3]. Les Berbères sont si sensibles aux présages du matin que si un homme, sortant de chez lui au début de la journée, aperçoit une aiguille à terre, « il la ramasse, la jette au loin et revient furieux à sa maison pour

1. E. Destaing, *Interdictions de vocabulaire en berbère*, dans les *Mélanges René Basset* (Publications de l'Institut des Hautes Études marocaines, XI), II, 1925, p. 177-277.
2. Destaing, *op. cit.*, p. 178.
3. Havers, *Sprachtabu*, p. 51.

changer son matin. Comment change-t-il de matin ? Il entre à la maison, se couche, ferme les yeux, fait semblant de dormir un instant, puis retourne à ses occupations ; ou bien il prend les ustensiles dans lesquels a été servi le dîner de la veille ; s'il y a des restes, il mange quelques bouchées ; s'il n'y a rien de cuit, il prend un peu de farine, la jette dans sa bouche et s'en va en disant : C'est celui-ci qui est le vrai matin et non pas l'autre [1] ! »

Le matin est en effet le moment dangereux, où, au sortir de la nuit, se décide le sort, faste ou néfaste, de la journée. De cette croyance doit dériver l'expression latine *māne* où l'on peut maintenant reconnaître le même euphémisme que dans l'adjectif *mānis* appliqué aux esprits des morts, aux *mānēs*. De même que ces esprits redoutables sont propitiés par leur nom de « bons », de même on veut rendre favorable le début de la matinée en le qualifiant de « *bonne* heure », ou *māne*. Nous avons ici un nouvel exemple du procédé connu par gr. Εὐμενίδες.

Dans tous ces exemples, il s'agit d'une notion fixe dont la valeur religieuse a un signe constant. On y affecte une dénomination stable, qui relève toujours elle aussi du vocabulaire sacré. Le procédé consiste à doter d'un nom faste une notion néfaste. Mais il existe aussi, pour d'autres idées, un procédé différent, par lequel on *désacralise* l'expression jugée mauvaise en lui substituant un équivalent lointain ou affaibli. On peut expliquer par là diverses manières, parfois insuffisamment comprises, de dire « tuer » en grec.

L'une d'elles mérite une mention particulière. Hérodote se sert plusieurs fois de καταχρᾶσθαι pour « tuer » à côté de ἀποκτεῖναι, mais bien que les deux verbes semblent employés l'un pour l'autre librement au cours du même récit, l'usage en est conditionné par des raisons qui tiennent aux circonstances. Astyage, pour se débarrasser du fils de sa fille, qui d'après une prophétie doit le déposséder de sa royauté, enjoint à Harpage de l'emporter et de le tuer : φέρων δὲ ἐς σεωυτοῦ ἀπόκτεινον (I, 108). L'ordre est transmis par Harpage à Mitradates sous la même forme brutale : καί μιν Ἀστυάγης ἐντέλλεται ἀποκτεῖναι (I, 111). Mais, pour décider Mitradates au meurtre, Harpage le menace personnellement, en cas de désobéissance, de la pire des morts : ὀλέθρῳ τῷ κακίστῳ σε διαχρήσεσθαι (I, 110). Quand Astyage découvre plus tard que son ordre n'a pas été exécuté, il fait venir Harpage et lui demande : « De quelle façon as-tu

1. Destaing, *op. cit.*, p. 220.

fait périr l'enfant né de ma fille, que je t'avais remis ? τέῳ δὴ
μόρῳ τὸν παῖδα κατεχρήσαο τὸν τοι παρέδωκα ἐκ θυγατρὸς
γεγονότα τῆς ἐμῆς; (I,117). On voit que διαχρᾶσθαι est
employé comme une atténuation de ἀποκτεῖναι et qu'il
apparaît dans le *discours* comme une expression plus vague.

— Dans un autre passage (III, 36), Cambyse prescrit à ses
gardes de saisir Crésus et de le tuer : λαβόντας μιν ἀποκτεῖναι. Mais ceux-ci, prudents, cachent Crésus : si Cambyse
changeait d'idée, ils seraient récompensés, sinon il serait
toujours temps de le mettre à mort, τότε καταχρήσασθαι.
L'historien interprète la pensée de ceux à qui cette mise à
mort répugne. — Même contraste entre la notion brutale
qui est formulée dans une décision et l'expression plus
vague, au moment de l'exécution : les Lacédémoniens décident de tuer les Minyens, τοῖσι ὦν Λακεδαιμονίοισι ἔδοξε
αὐτοὺς ἀποκτεῖναι ; mais au moment de les exécuter...,
ἐπεὶ ὦν ἔμελλόν σφεας καταχρήσεσθαι (III, 146). On recourt
encore à ce verbe pour un châtiment qui est demandé et
en reproduisant les termes de la demande : ἔπεμπον ἐπειρη-
σομένους εἰ καταχρήσωνται τὴν ὑποζάκορον τῶν θεῶν, « ils
envoyèrent demandei à l'oracle s'ils devaient exécuter la
sous-prêtresse des déesses [qui avait livré à Miltiade des
secrets] (VI, 135); οἱ Ἐλαιούσιοι τῷ Πρωτεσίλεῳ τιμωρέοντες
ἐδέοντό μιν καταχρησθῆναι, « les Éléontins, pour venger
Protésilas, avaient demandé qu'on le mît à mort » (IX, 120).
Enfin, Hérodote emploie καταχρᾶσθαι avec le réfléchi
pour « se donner la mort » : λέγουσι ... αὐτοῦ μιν ἐν τῇσι
θυρέῃσι καταχρήσασθαι ἑωυτόν (I, 82), dans le même sens
on trouve aussi αὐτὸν διαχρᾶσθσι (I, 24) et ἑωυτὸν κατεργάζεσθαι *(ibid.)*. Il apparaît donc que καταχρᾶσθαι, διαχρᾶσθαι, κατεργάζεσθαι, signifient par euphémisme « en finii
avec quelqu'un, le liquider », dans des cas où le sentiment
proscrivait l'expression crue. Le jeu des emplois illustre et
motive la déviation sémantique.

C'est au même sentiment que répond fr. *exécuter* au sens
de « mettre à mort ». Cette acception procède de l'euphémisme officiel *exécuter (à mort)* et de celui qui désigne le
bourreau, « exécuteur de la haute justice, des hautes œuvres »
(cf. all. *Scharfrichter*). Le discrédit qui s'attachait à la fonction
de bourreau l'a fait dénommer en grec par des euphémismes .
ὁ δήμιος (scil. δοῦλος), ὁ κοινὸς δήμιος (Plat., *Leg.*, 872 b),
ϳ δημόκοινος (Soph. Antiph. Isocr.). En latin, au contraire,
on a préféré un nom qui est une injure : *carnufex*. Mais que
signifie exactement *carnufex?* Le sens littéral est bien celui
que définit Don. Hec. (441) · *carnifices dicti quod carnes ex*

homine faciant. Ce composé a néanmoins quelque chose de singulier, si on le compare à *opi-fex, auri-fex, arti-fex,* etc. Il donne l'impression d'une traduction. Et c'est bien comme une traduction qu'il nous paraît s'expliquer : *carnu-fex* calque exactement gr. κρεουργός « boucher », déjà chez Esch. κρεουργὸν ἦμαρ (*Ag.*, 1592); cf. κατακρεουργεῖν, « mettre en pièces » (Hdt., VII, 181); κρεουργηδὸν διασπάσαντες τοὺς ἄνδρας, « les dépeçant membre à membre comme des bouchers » (Hdt., III, 13). Le latin a donc transposé en appellation du « bourreau » le nom grec du « boucher », ce qui est malgré tout une sorte d'euphémisme, en réservant à « boucher » le mot *macellarius,* dérivé de *macellum* qui d'ailleurs vient lui aussi du grec.

Dans un tout autre domaine, M. Havers a justement souligné le caractère euphémistique des expressions pour « éteindre le feu », en relation avec les croyances populaires relatives au feu comme être vivant [1]. A tous les témoignages qu'il a réunis on peut ajouter quelques données iraniennes. Une superstition très forte en Iran et en Afghanistan interdit d'éteindre une flamme en soufflant [2]. Cela ne signifie pas qu'on ne puisse dire proprement « éteindre le feu »; il y a même une expression énergique, *ātaš kuštan,* « tuer le feu » (cf. skr. *pari-han-* dans le même sens). Mais dans l'usage un euphémisme prévaut : *sākit kardan,* « apaiser », surtout *xāmūš kardan,* « rendre silencieux, faire taire (le feu) », ou *ruxsat dādan,* lui « donner congé »· on dira du feu *ruxsat šude,* « il a pris congé, il est éteint ». En Afghanistan, la locution ordinaire est *(ātaš) gul kardan* (cf. hindi *gul karnā*), « éteindre », passif *gul šudan,* euphémisme aussi, mais où le sens de *gul* n'est pas tout à fait clair [3]. Il s'agit probablement du mot due d'anciens dictionnaires interprètent « the snuff of a lamp or a candle », et l'expression signifierait à peu près « moucher la flamme ». Tous ces procédés ne visent pas seulement à atténuer l'idée d' « éteindre ». De même que dans le rituel du sacrifice védique, on « apaise » *(śāmayati),* on « fait consentir » *(saṃjñāpayati)* la victime qu'en fait on « étrangle », de même on « apaise » le feu qu'on éteint. Tout cela va dans le même sens que lat. *ignem tutare* qui est bien à entendre « calmer, apaiser (le feu) [4] » et qui confirme l'origine euphémistique de fr. *tuer.*

1. Havers, *op. cit.*, p. 64 sqq.
2. Cf. Massé, *Croyances et coutumes persanes,* 1938, II, p. 283 « ne pas souffler la lampe, car on abrégerait ainsi sa propre existence »
3. Bogdanow, *Journ. As. Soc. Beng.*, 1930, p. 78.
4. Jud *Rev de linguistique rom.*, I, p. 181 sqq.; Havers. *op. cit*

Don et échange
dans le vocabulaire indo-européen

C'est le grand mérite de Marcel Mauss, dans son mémoire désormais classique sur le Don[2], d'avoir mis en lumière la relation fonctionnelle entre le don et l'échange et défini par là un ensemble de phénomènes religieux, économiques et juridiques propres aux sociétés archaïques. Il a montré que le don n'est qu'un élément d'un système de prestations réciproques à la fois libres et contraignantes, la liberté du don obligeant le donataire à un contre-don, ce qui engendre un va-et-vient continu de dons offerts et de dons compensatoires. Là est le principe d'un *échange* qui, généralisé non seulement entre les individus, mais entre les groupes et les classes, provoque une circulation de richesses à travers la société entière. Le jeu en est déterminé par des règles, qui se fixent en institutions de tous ordres. Un vaste réseau de rites, de fêtes, de contrats, de rivalités organise les modalités de ces transactions.

La démonstration de Mauss est fondée avant tout sur les sociétés archaïques, qui lui ont fourni des faits massifs et concluants. Si l'on cherche à vérifier ce mécanisme dans les sociétés anciennes, particulièrement dans le monde indo-européen, les exemples probants se font beaucoup plus rares. Certes, Mauss a lui-même décrit « une forme archaïque de contrat chez les Thraces », il a aussi décelé dans l'Inde et dans la Germanie anciennes des vestiges d'institutions analogues, et d'ailleurs il faut réserver les chances de trouvailles toujours possibles sur ce vaste domaine où l'enquête n'a pas été systématiquement poursuivie. Il reste que ces sociétés sont beaucoup plus difficiles à explorer et que,

1. *L'Année sociologique*, 3e sér., t. II, P.U.F., 1951
2. *L'Année sociologique*, nouv. série, I, 1923-1924.

dans l'état des documents utilisables, on ne doit pas compter sur un grand nombre de témoignages précis et sûrs, si on les désire explicites.

Nous avons cependant des faits moins apparents, d'autant plus précieux qu'ils ne risquent pas d'avoir été déformés par des interprétations conscientes. Ce sont ceux que livre le vocabulaire des langues indo-européennes. On ne saurait les utiliser sans une élaboration fondée sur la comparaison des formes attestées. Mais de cet examen résultent des conclusions qui suppléent en une assez large mesure à l'absence de témoignages sur les périodes les plus anciennes de nos sociétés. Quelques exemples seront ici produits et analysés pour l'enseignement qu'on en peut tirer sur la préhistoire des notions de don et d'échange.

Dans la plupart des langues indo-européennes, « donner » s'exprime par un verbe de la racine *dō- qui fournit aussi un grand nombre de dérivés nominaux. Aucun doute ne semblait possible sur la constance de cette signification, jusqu'au jour où l'on a établi que le verbe hittite dā- signifie non « donner », mais « prendre ». Un grand embarras en est résulté, qui dure encore. Faut-il considérer hitt. dā- comme un verbe différent ? On s'y résigne mal. Doit-on admettre au contraire que le sens originel de *dō- serait « prendre » et se conserverait fidèlement dans hitt. dā- ainsi que dans des composés comme indo-iranien ā dā-, « recevoir » ? Cela retournerait le problème sans le rendre plus aisé ; il resterait à expliquer comment « donner » aurait pu sortir de « prendre ». En réalité la question paraît insoluble si on cherche à tirer « prendre » de « donner » ou « donner » de « prendre ». Mais le problème est mal posé. Nous considérons que *dō- ne signifiait proprement ni « prendre » ni « donner », mais l'un ou l'autre selon la construction. Il devait s'employer comme angl. *take* qui admet deux sens opposés : *to take something from s. o.*, « prendre », mais *to take something to s. o.*, « livrer (quelque chose à quelqu'un) » ; cf. aussi *to betake oneself*, « se rendre » ; d'ailleurs, en moyen anglais, *taken* signifie aussi bien « to deliver » que « to take ». De même *dō- indiquait seulement le fait de saisir ; seule la syntaxe de l'énoncé le différenciait en « saisir pour garder » (= prendre) et « saisir pour offrir » (= donner) Chaque langue a fait prévaloir l'une de ces acceptions aux depens de l'autre, pour constituer des expressions antithétiques et distinctes de « prendre » et de « donner ». C'est ainsi qu'en hittite dā- signifie « prendre » et s'oppose à *pai-*, « donner », alors que, dans la plupart des autres langues, c'est **dō-* qui veut dire « donner » et un verbe différent assume le sens de « prendre ». Quelques traces subsistent de la double possibilité; alors même que la répartition était fixée en indo-iranien, le verbe *dā-* « donner » avec le préverbe *ā-* marquant mouvement vers le sujet, signifie « recevoir ».

Il semble donc que le verbe le plus caractéristique pour « donner » ait été marqué d'une curieuse ambivalence sémantique, la même qui affectera des expressions plus techniques telles que « acheter » et « vendre » en germanique (all. *kaufen : verkaufen*) ou « prêter » et « emprunter » en grec (δανείζω : δανείζομαι). « Prendre » et « donner » se dénoncent ici, dans une phase très ancienne de l'indo-européen, comme des notions organiquement liées par leur polarité et susceptibles d'une même expression.

Or, **dō-* n'en est pas le seul exemple. Depuis longtemps la question est posée de l'étymologie du verbe « prendre » en germanique, got. *niman*, all. *nehmen*, qui suppose une racine **nem-*. On penserait naturellement à en rapprocher gr. νέμω. Les comparatistes s'y sont toujours refusés en alléguant la différence de sens [1]. A première vue cette différence est réelle. Mais il faudrait la définir avec quelque précision avant de décider si elle fait vraiment obstacle au rapprochement. Le verbe grec νέμω a les deux valeurs de « donner légalement en partage » (Ζεὺς νέμει ὄλβον ἀνθρώποισι [*Od.*, XIV, 188]) et d'« avoir légalement en partage » (πόλιν νέμειν, [Hdt., I, 59]) [2]. En gotique, *niman* signifie bien « prendre » en diverses acceptions. Mais un composé de ce verbe a un intérêt particulier; c'est *arbi-numja*, « héritier », litt. « celui qui prend (= reçoit) l'héritage ». Or, le terme grec que *arbi-numja* traduit est κληρονόμος « héritier ». Est-il fortuit que (κληρο)νόμος et *(arbi)numja* soient formés de νέμω en grec et de *niman* en gotique ? Nous tenons ici le *missing link* qui permet de joindre des significations que l'histoire a séparées. Got. *niman* veut dire « prendre », non pas au sens de « saisir » (qui se dit *greipan*, all. *greifen*), mais au sens de « recevoir » et plus exactement de « recevoir en partage, en possession », ce qui recouvre exactement une des deux acceptions de gr. νέμω. La liaison est maintenant restaurée entre νέμω et *niman*, et ici se confirme

---

1. C. en dernier lieu Feist, *Étym. Wb. der got. Spr.* [3], p. 376.
2. Tout comme fr. *partager* signifie « donner en partage » et « avoir en partage ».

l'ambivalence de *nem- qui indique l'attribution légale comme donnée ou comme reçue [1].

Considérons à présent le nom même du « don », dans son expression la plus constante à travers la plupart des langues indo-européennes. Nous constatons qu'on a utilisé en général des formes nominales dérivées de *dō-. Or, il arrive — et ce fait n'a guère été remarqué — qu'une même langue emploie simultanément plusieurs de ces dérivés, en les différenciant par leurs suffixes. La coexistence de ces « synonymes » doit éveiller l'attention et appelle une vérification stricte, d'abord parce qu'il n'y a pas de synonymes, et plus particulièrement parce que la simplicité d'une notion telle que « don » ne semblerait pas demander des expressions multiples.

Pour « don », le grec ancien n'a pas moins de cinq mots distincts et parallèles, que nos dictionnaires et traductions rendent identiquement « don, cadeau » : δώς, δόσις, δῶρον, δωρεά, δωτίνη [2]. Il faut essayer de définir ce que chacun d'eux a de spécifique en vertu de sa formation. Le premier, δώς, n'a qu'un exemple unique, chez Hésiode : δὼς ἀγαθή, ἅρπαξ δὲ κακή, « donner est bien, ravir est mal » (*Tr.*, 354); mot racine qui, comme ἅρπαξ, doit être une création du poète pour une expression aussi nue, aussi peu différenciée que possible, du don. Dans δόσις, la notion est présentée comme accomplissement effectif, c'est l'acte de donner susceptible de se réaliser en don [3] : καί οἱ δόσις ἔσσεται ἐσθλή « (celui qui se dévouera), nous lui ferons un don de prix » (*Il.*, X, 213). Cette fois, le don est promis par avance, désigné en détail, et doit récompenser un acte d'audace. Il faut prendre ensemble δῶρον et δωρεά : le premier, δῶρον, est bien le don de générosité, de reconnaissance ou d'hommage, tel qu'il est incorporé dans l'objet offert; et δωρεά désigne proprement, en tant qu'abstrait, la « fourniture de présents » (cf. Hdt., III, 97) ou l'« ensemble des présents » (*id.*, III, 84), d'où l'emploi adverbial δωρεάν, « en manière

---

1. On en peut citer d'autres preuves : à germ. *geben*, « donner » correspond v. irl. *gaibim*, « prendre, avoir »; tandis que v. sl. *berǫ* signifie « je prends », la même forme en irlandais, *do-biur*, signifie « je donne », etc. Ces termes sont affectés d'une instabilité apparente qui reflète en réalité la double valeur inhérente à des verbes de ce sens. Les étymologistes refusent souvent d'admettre ces significations opposées ou tâchent de n'en retenir qu'une, repoussant ainsi des rapprochements évidents et faisant tort à l'interprétation.

2. Il y en a même un sixième, δόμα, mais tardif et que nous ne retiendrons pas.

3. Cf. nos *Noms d'agent et noms d'action en indo-européen*, 1948, p. 76.

de présent, gratuitement ». Aristote définit justement la δωρεά comme une δόσις ἀναπόδοτος (*Top.*, 125 a, 18), une δόσις qui n'impose pas l'obligation de rendre. Enfin reste le terme le plus significatif, δωτίνη, qui est un don aussi, mais d'une tout autre espèce. La δωτίνη, chez Homère, est le don obligé offert à un chef qu'on veut honorer (*Il.*, IX. 155, 297) ou le don auquel on est tenu à l'égard d'un hôte; Ulysse, reçu chez Polyphème, se sent en droit de compter sur la δωτίνη qui fait partie des devoirs d'hospitalité : εἴ τι πόροις ξεινήιον ἠὲ καὶ ἄλλως | δοίης δωτίνην, ἥ τε | ξείνων θέμις ἐστίν (*Od.*, IX, 267). Alkinoos, accueillant Ulysse chez lui, ne veut pas le laisser partir avant d'avoir réuni toute la δωτίνη qu'il lui destine : εἰς ὅ κε πᾶσαν | δωτίνην τελέσω (*Od.*, XI, 351). Les emplois du mot chez Hérodote confirment ce sens technique. Un homme, désirant se lier avec le mari d'une femme qu'il convoite, offre à celui-ci en δωτίνη tout ce qu'il pourrait désirer de ses biens, mais sous condition de réciprocité (Hdt., VI, 62). On ne saurait souligner plus clairement la valeur fonctionnelle de la δωτίνη, de ce don qui oblige à un contre-don. C'est là le sens constant du mot chez Hérodote; que la δωτίνη soit destinée à provoquer un don en retour ou qu'elle serve à compenser un don antérieur, elle inclut toujours l'idée d'une réciprocité : c'est le don auquel une cité est astreinte vis-à-vis de celui qui l'a obligée (I, 61); le don envoyé à un peuple pour engager son amitié (I, 69)[1]. D'où le présent δωτινάζω (II, 180) qui signifie « recueillir les δωτῖναι » sous forme de contributions volontaires des cités en vue d'une œuvre commune. Dans une inscription de Calauria, δωτίνη vise la « redevance » en nature due par celui qui a obtenu une concession de terrain (*I.G.*, IV, 841, 8, 11; IIIᵉ s. av. J.-C.). Nous avons dans δωτίνη la notion du don en retour ou du don qui appelle retour. Le mécanisme de la réciprocité du don est dévoilé par la signification même, et mis en relation avec un système de prestations d'hommage ou d'hospitalité.

---

1. Cette signification de δωτίνη une fois fixée aide à trancher un problème philologique. On lit chez Hérodote, VI, 89, que les Corinthiens cédèrent aux Athéniens, par amitié, des vaisseaux au prix « symbolique » de cinq drachmes, « car la loi leur interdisait un don tout à fait gratuit » : δωτίνην (var. δωρεήν) γὰρ ἐν τῷ νόμῳ οὐκ ἐξῆν δοῦναι. Le sens de « don gratuit » qui est celui de δωρεή, non de δωτίνη, doit faire adopter la leçon δωρεὴν de ABCP, contre les éditeurs (Kallenberg, Hude, Legrand) qui admettent δωτίνην d'après DRSV.

Jusqu'ici nous avons considéré des mots que leur sens désignait immédiatement. Mais une enquête valable doit et peut aller bien au-delà des termes qui portent référence explicite au don. Il en est de moins apparents, qui ne se signalent pas aussitôt et que parfois certaines particularités dans la signification permettent seules de reconnaître. D'autres ne conservent leur valeur propre que sur une partie du domaine indo-européen. Il faut tirer parti des uns et des autres pour restituer cette préhistoire qui a été complexe.

Un rapport évident unit à la notion de don celle d'hospitalité. Mais il faut distinguer entre les termes afférents à l'hospitalité. Certains, comme gr. ξένος, sont sans étymologie certaine. L'étude du mot se confond donc avec celle de l'institution et doit être laissée à l'historien de la société hellénique. Plus intéressants sont les termes dont nous pouvons suivre l'évolution, même et peut-être surtout si cette évolution en a dévié le sens. De ce nombre est le mot latin *hostis*. Le terme *hostis* sera considéré ici dans ses relations avec d'autres mots latins de la même famille, qui s'étend hors du latin (got. *gasts*, v. sl. *gosti*, « hôte »), mais nous laisserons de côté *hospes*, qui, quoique certainement apparenté, ne s'analyse pas avec certitude.

Des témoignages latins bien connus aident à restituer l'histoire de *hostis* à Rome. Le mot signifie encore « étranger » dans la Loi des XII Tables, et ce sens était familier aux érudits romains. Varron (*L.L.*, V, 3) enseigne : « hostis... tum eo verbo dicebant peregrinum qui suis legibus uteretur, nunc dicunt eum quem tum dicebant perduellionem ». Et Festus (414, 37) nous donne en outre cette importante définition : « ... ab antiquis hostes appellabantur quod erant pari iure cum populo Romano atque *hostire* ponebatur pro *aequare* ».

On a en effet une série de preuves que *hostire* signifiait bien *aequare*. Plusieurs dérivés le confirment, qui se rapportent les uns à des opérations matérielles, les autres à des institutions juridiques ou religieuses. C'est chez Festus même *redhostire*, « referre gratiam », et chez Plaute : promitto... *hostire* contra ut merueris, « je promets de te payer de retour selon tes mérites » (*Asin.*, 377). En outre, *hostimentum* est défini comme « beneficii pensatio » et « aequamentum » (Non., 3, 26) et, d'après une glose, plus précisément, « *hostimentum* dicitur lapis quo pondus exaequatur » (*C.G.L.*, V 209, 3). Ce sens apparaît en effet chez Plaute, où il indique la « compensation » du travail et du salaire : « par pari datum hostimentumst, opera pro pecunia » (*Asin.*, 172). La même notion est présente dans *hostus* que Varron précise comme terme rural : « *hostum* vocant quod ex uno facto olei reficitur; factum dicunt quod uno tempore conficiunt » (*R.R.*, I, 24, 3); le sens est proprement « compensation, ce qui est obtenu d'huile en compensation d'un pressurage ». On nommait *hostorium* le bâton à *égaliser* le boisseau (lignum quo modius aequatur, Prisc., II, 215, 17; *C.G.L.*, V, 503, 36). Augustin (*Civ. Dei*, IV, 8) mentionne une *dea Hostilina* qui avait charge d'égaliser les épis (ou peut-être plutôt d'égaliser la récolte au travail dépensé). Ces indications concordantes et claires ne sont pas amoindries par certaines gloses de l'abrégé de Festus et de Nonius d'après lesquelles *hostire* signifierait « ferire, comprimere, caedere »; ce sens est déduit de citations archaïques, entendues inexactement et qui d'ailleurs le réfutent : dans *hostio ferociam* (Pacuv.), *hostit voluntatem tuam* (Naev.), le verbe signifie non « abattre », mais « compenser, contrebalancer ».

On gagne à cette famille de dérivés un terme important en y annexant le mot *hostia*. On ne dénomme pas *hostia* n'importe quelle victime offerte, mais seulement celle qui est destinée à « compenser » la colère des dieux. Tout aussi important dans un autre domaine est le terme *hostis*, dont on voit la relation avec tous ceux qui l'entourent. La signification première de *hostis* est bien celle que dit Festus : non pas n'importe quel « étranger », mais l'étranger qui est *pari iure cum populo Romano*. C'est par là que *hostis* assume à la fois le sens d' « étranger » et celui d' « hôte ». L'égalité de droits dont il jouit à l'égard du citoyen romain est liée à sa condition d'hôte. *Hostis* est proprement celui qui compense et jouit de compensation, celui qui obtient à Rome la contrepartie des avantages qu'il a dans son pays et en doit à son tour l'équivalent à celui qu'il paie de réciprocité. Cette vieille relation s'est affaiblie, puis abolie, à mesure que le statut du *civis* se définissait avec plus de rigueur et que la *civitas* devenait la norme unique et toujours plus stricte de l'appartenance juridique à la communauté romaine. Les rapports réglés par des accords personnels ou familiaux se sont effacés devant les règles et les devoirs imposés par l'État; *hostis* est devenu alors l' « étranger », puis l' « ennemi public », par un changement de sens qui est lié à l'histoire politique et juridique de l'État romain.

À travers *hostis* et les termes apparentés en vieux latin nous pouvons saisir un certain type de *prestation compensatoire* qui est le fondement de la notion d' « hospitalité » dans les sociétés latine, germanique et slave : l'égalité de condition transpose dans le droit la parité assurée entre les personnes par des dons réciproques.

Pour accéder à un aspect différent des mêmes notions, il faut recourir à un autre mot latin, dont le sens a été plus stable, plus complexe aussi : *munus*. On pourrait retracer, à l'aide et autour de *munus*, toute une phénoménologie indo-européenne de l' « échange », dont des fragments survivent dans les nombreuses formes dérivées de la racine **mei-*. Il faudrait en particulier étudier la notion indo-iranienne de *mitra*, le contrat et le dieu du contrat, un terme dont la signification authentique déborde largement celle du « contrat », étant l'équivalent dans le monde humain de ce qu'est le *ṛta* dans le monde cosmique, c'est-à-dire le principe de la réciprocité totale qui fonde en droits et en obligations la société des hommes, au point qu'une même expression (skr. *druh-*, av. *drug-*) indique ce qui viole le *mitra* et ce qui enfreint le *ṛta*. Cette représentation profonde et riche prend dans lat. *munus* une acception particulière. Dans l'usage des auteurs, *munus* veut dire « fonction, office », ou « obligation », ou « tâche », ou « faveur », ou enfin « représentation publique, jeu de gladiateurs », toutes acceptions qui relèvent du domaine social. La formation de *munus* est caractéristique à cet égard; il comporte ce suffixe **-nes-* qui, suivant une juste observation de Meillet, s'attache à des désignations de caractère juridique ou social (cf. *pignus, fenus, funus, facinus*). L'unité des sens de *munus* se trouve dans la notion de devoir rendu, de service accompli, et celle-ci même se ramène à ce que Festus définit comme un *donum quod officii causa datur*. En acceptant un *munus*, on contracte une obligation de s'acquitter à titre public par une distribution de faveurs ou de privilèges ou par des jeux offerts, etc. Le mot enferme la double valeur de charge conférée comme une distinction et de donations imposées en retour. Là est le fondement de la « communauté », puisque *communis* signifie littéralement « qui prend part aux *munia* ou *munera* »; chaque membre du groupe est astreint à rendre dans la mesure même où il reçoit. Charges et privilèges sont les deux faces de la même chose, et cette alternance constitue la communauté.

Un « échange » qui est constitué de « dons » acceptés et rendus est tout autre chose qu'un commerce d'utilité. Il doit être généreux pour qu'on le juge profitable. Quand on donne, il faut donner ce qu'on a de plus précieux. C'est ce qu'enseignent certains termes apparentés étymologiquement à lat. *mūnus*. D'abord v. irl. *māin, mōin* qui signifie

« cadeau » et « chose précieuse », et surtout got. *maiþms*,
« δῶρον », v. isl. *meiđmar* pl., « joyaux », v. angl. *māđum*,
« trésor, joyau ». Il vaut la peine de remarquer que got.
maiþms n'est pas le don au sens où l'exprimerait *gift*. Ce
mot apparaît dans la traduction de Marc, VII, 11, pour
rendre δῶρον, mais comme équivalent du mot hébreu
κορβᾶν, « offrande au Trésor du Temple ». Le choix de
maiþms montre en gotique comme dans les autres langues
germaniques que le cadeau d'échange doit être d'une valeur
insigne.

Une comparaison de vocabulaire nous révélera une institution analogue à celles-là, mais bien moins apparente
C'est un type de donation à peu près aboli dans les sociétés
historiques et qu'on ne retrouve qu'en interprétant les significations assez dissemblables d'un groupe de mots dérivés
de *dap-* : lat. *daps*, « banquet sacré », v. isl. *tafn*, « animal de
sacrifice », arm. *tawn*, « fête », gr. δαπάνη, « dépense » (cf.
δάπτω, « mettre en pièces, consumer, détruire »), et aussi
lat. *damnum*, « dommage » *(*dap-nom)*. Le sens religieux
d'une partie de ces termes est manifeste. Mais chacun d'eux
n'a gardé, en le spécialisant, qu'un aspect particulier d'une
représentation qui déborde la sphère du sacré et se réalise
aussi bien dans les domaines du droit et de l'économie.
Au centre de la signification nous installerons la notion
de « dépense », comme manifestation à la fois religieuse et
sociale : dépense festive et somptueuse, offrande qui est
large consumation de nourriture, faite pour le prestige et
« en pure perte ». Cette définition paraît rendre compte de
toutes les acceptions spéciales où se morcelle une conception
archaïque. La *daps* romaine est un banquet offert aux dieux,
un vrai banquet de viande rôtie et de vin, que les participants,
après l'avoir désacralisé, consommaient solennellement.
L'antiquité de ce rite se voit aux formules qui le consacraient; d'après Caton, on adressait ces prières à Jupiter :
*Jupiter dapalis, quod tibi fieri oportet, in domo familia mea
culignam vini dapi, eius rei ergo macte hac illace dape pollucenda
esto.. Jupiter dapalis, macte illace dape pollucenda esto* (Cat.,
Agr., 132). L'emploi de *pollucere* avec *daps* en souligne la
magnificence : le verbe accompagne toujours, dans le vieux
vocabulaire religieux, les consécrations fastueuses. On voit
en effet, chez Ovide (*Fastes*, V, 515 sq.), le pauvre paysan
Hyriée offrir en *daps*, à Jupiter qui le visite, un bœuf entier,
son unique possession. Et d'ailleurs de vieux dérivés de *daps*

confirment que ce mot impliquait largesse et l'associent à des festins d'hospitalité : « *dapatice* se acceptos dicebant antiqui, significantes magnifice, et *dapaticum negotium* amplum ac magnificum » (Festus). Le verbe *dapinare*, qu'il se rattache à *daps* ou qu'il soit une adaptation de gr. δαπανᾶν, signifie, dans l'unique exemple qui en subsiste, « traiter royalement à table » : *aeternum tibi dapinabo victum, si vera autumas* (Pl., *Capt.*, 897).

En grec, δαπάνη, dont on ne retient en général que l'acception banale de « dépense », implique aussi largesse, dépense d'apparat et de prestige, quoique le terme ne soit plus restreint au culte. Chez Hérodote (II, 169), δαπάνη signifie « ornement somptueux » dans la décoration d'un édifice. Pindare (*Isthm.*, IV, 29) en livre un emploi significatif : Πανελλάνεσσι δ'ἐριζόμενοι δαπάνᾳ χαῖρον ἵππων « (les concurrents aux jeux), rivalisant avec les peuples de toute l'Hellade, se plaisaient aux dépenses de chevaux ». C'est bien en effet une dépense de rivalité et de prestige. S'il en faut une preuve nouvelle, on la trouvera dans le sens de l'adjectif δαψιλής, « abondant, fastueux », qui est passé en latin, où *dapsilis*, « magnifique, somptueux », s'associe secondairement à *daps* et rénove une ancienne liaison étymologique. Le verbe δαπανᾶν signifie « dépenser », mais il faut l'entendre au sens fort; « dépenser » est ici « consumer, détruire »; cf. δαπανηρός, « prodigue, extravagant ». Ainsi à la notion stricte du « sacrifice alimentaire » (lat. *daps*, v. isl. *tafn*) et de la « fête » (arm *tawn*), il faut associer l'idée d'une prodigalité fastueuse qui est en même temps consommation de nourriture et destruction de richesses. Par là s'éclaire le mot *damnum*, si curieusement séparé de ce groupe sémantique. Il n'est resté dans *damnum* que le sens de « dommage subi », de perte matérielle et surtout pécuniaire : c'est la « dépense » imposée à quelqu'un, et non plus consentie librement, la « perte » qui est préjudice et non plus sacrifice volontaire, bref un détriment ou une pénalité au lieu d'un gaspillage munificent. Des juristes, qui étaient aussi des paysans, ont ainsi précisé et appauvri en pénalité ce qui était signe de largesse et de générosité. De là *damnāre*, « damno afficere, frapper d'une amende », et en général « condamner ».

Tous ces traits aident à construire dans une préhistoire indo-européenne qui n'est pas si ancienne une représentation à la fois religieuse et sociale dont nous gardons encore maintes traces jusque dans notre vocabulaire. Nous disons : *donner* une réception, *offrir* un banquet...; « dépenses » de nourriture, « sacrifices » de biens assumés comme obligations sociales et devoir d'hospitalité. Dans le monde indo-européen, on aboutit, au terme de cette analyse, à spécifier une notion qui peut maintenant retrouver son nom : c'est le potlatch. Il ne semble pas que les sociétés anciennes aient connu cette forme exaspérée de potlatch que plusieurs auteurs, Mauss en particulier, ont décrite chez les Kwakiutl ou les Haïda, ni ces défis insensés où des chefs jaloux de leur prestige se provoquent mutuellement à d'énormes destructions de richesses. Il n'en reste pas moins que les termes analysés ici renvoient à une coutume du type du potlatch. Bien que le thème de la rivalité n'y apparaisse plus, les traits essentiels sont bien les mêmes : la fête de nourriture plantureuse, la dépense de pur faste destinée à soutenir le rang, le banquet de festivité, tout cela n'aurait pas de sens si les bénéficiaires de ces largesses ne se trouvaient pas engagés à se revancher par les mêmes moyens. Est-ce d'ailleurs un hasard si le terme *potlatch* se rapporte essentiellement à des prestations alimentaires et signifie littéralement « nourrir, consommer »[1]? Entre toutes les variétés de potlatch, celle-ci doit avoir été la plus usuelle, dans les sociétés où l'autorité et le prestige des chefs se maintiennent par les largesses qu'ils répandent et dont ils bénéficient alternativement.

Il serait facile d'étendre loin ces considérations, soit en suivant les rapports étymologiques des termes examinés, soit en étudiant au contraire la diversité des expressions indo-européennes pour des notions apparemment identiques. Un exemple montrera sous quel aspect imprévu peut se déceler la notion d' « échange ».

Comme on peut le prévoir, l' « échange » donne lieu à un grand vocabulaire pour spécifier les relations économiques. Mais les termes de cet ordre sont presque tous renouvelés, de sorte qu'on doit considérer chaque langue pour elle-même. Il y a cependant un terme au moins doté d'une certaine extension indo-européenne et d'une signification constante : c'est celui qui désigne en propre la « valeur ». Il est représenté par gr. ἀλφάνω, skr. *arh-*, « valoir, être digne » (cf. *arhat*, « méritant »), av. *arz-*, « id. », lit. *algà*, « prix, salaire ». En indo-iranien et en lituanien, le sens apparaît assez général et abstrait, peu favorable à une détermination plus précise. Mais en grec ἀλφάνω se laisse interpréter plus exactement que ne l'indiquent

1 Cf. Mauss, *op. cit.*, p. 38, n. 1

les dictionnaires en le rendant par « gagner, rapporter ».

Chez Homère, ἀλφάνω signifie certes « procurer un gain », mais ce sens est lié à une situation bien définie; le gain en question est celui qu'un captif rapporte à celui qui le vend. Il suffit d'énumérer les exemples homériques. Pour attendrir Achille qui s'apprête à le tuer, Lycaon l'implore : « Tu m'as autrefois pris et conduit pour me vendre au marché de Lemnos, où je t'ai rapporté le prix de cent bœufs, ἑκατόμβοιον δέ τοι ἦλφον » (Φ 79). D'un petit esclave qu'on offre : « il vous rapporterait mille fois son prix, ὁ δ' ὑμῖν μυρίον ὦνον ἄλφοι » (ο 453). Mélanthos menace de vendre Eumée loin d'Ithaque « pour qu'il me rapporte un beau bénéfice, ἵνα μοι βίοτον πολύν ἄλφοι » (ρ 250), et les prétendants invitent Télémaque à vendre ses hôtes au marché de Sicile « où ils te rapporteront le bon prix, ὅθεν κέ τοι ἄξιον ἄλφοι » (υ 383). Il n'y a pas de variation dans le sens du verbe et on en retrouve la pleine force dans l'épithète qui décore les vierges, παρθένοι ἀλφεσί- βοιαι : elles « rapportent des bœufs » à leur père qui les donne en mariage.

La « valeur » se caractérise, dans son expression ancienne, comme une « valeur d'échange », au sens le plus matériel. C'est la valeur d'échange que possède un corps humain qu'on livre pour un certain prix. Cette « valeur » prend son sens pour qui dispose légalement d'un être humain, que ce soit une fille à marier ou surtout un prisonnier à vendre. On entrevoit par là l'origine très concrète, sur une partie au moins du domaine indo-européen, d'une notion liée à certaines institutions, dans une société fondée sur l'escla- vage.

La notion de « rythme »
dans son expression linguistique [1]

Ce pourrait être la tâche d'une psychologie des mouvements et des gestes d'étudier parallèlement les termes qui les dénotent et les psychismes qu'ils commandent, le sens inhérent aux termes et les représentations souvent très différentes qu'ils éveillent. La notion de « rythme » est de celles qui intéressent une large portion des activités humaines. Peut-être même servirait-elle à caractériser distinctivement les comportements humains, individuels et collectifs, dans la mesure où nous prenons conscience des durées et des successions qui les règlent, et aussi quand, par-delà l'ordre humain, nous projetons un rythme dans les choses et dans les événements. Cette vaste unification de l'homme et de la nature sous une considération de « temps », d'intervalles et de retours pareils, a eu pour condition l'emploi du mot même, la généralisation, dans le vocabulaire de la pensée occidentale moderne, du terme *rythme* qui, à travers le latin, nous vient du grec.

En grec même, où ῥυθμός désigne en effet le rythme, d'où dérive la notion et que signifie-t-elle proprement ? La réponse est donnée identiquement par tous les dictionnaires : ῥυθμός est l'abstrait de ῥεῖν, « couler », le sens du mot, dit Boisacq, ayant été emprunté aux mouvements réguliers des flots. C'est là ce qu'on enseignait voici plus d'un siècle, aux débuts de la grammaire comparée, et c'est ce qu'on répète encore. Et quoi, en effet, de plus simple et de plus satisfaisant ? L'homme a appris de la nature les principes des choses, le mouvement des flots a fait naître dans son esprit l'idée de rythme, et cette découverte primordiale est inscrite dans le terme même.

Il n'y a pas de difficulté morphologique à rattacher ῥυθμός ῥέω, par une dérivation dont nous aurons à considérer le détail. Mais la liaison sémantique qu'on établit entre « rythme » et « couler » par l'intermédiaire du « mouvement régulier des flots » se révèle comme impossible au premier examen. Il suffit d'observer que ῥέω et tous ses dérivés nominaux (ῥεῦμα, ῥοή, ῥόος, ῥυάς, ῥυτός, etc.) indiquent exclusivement la notion de « couler », mais que la mer ne « coule » pas. Jamais ῥεῖν ne se dit de la mer, et d'ailleurs jamais ῥυθμός n'est employé pour le mouvement des flots. Ce sont des termes tout autres qui dépeignent ce mouvement : ἄμπωτις, ῥαχία, πλημυρίς, σαλεύειν. Inversement, ce qui coule (ῥεῖ), c'est le fleuve, la rivière; or, un courant d'eau n'a pas de « rythme ». Si ῥυθμός signifie « flux, écoulement », on ne voit pas comment il aurait pris la valeur propre au mot « rythme ». Il y a contradiction entre le sens de ῥεῖν et celui de ῥυθμός, et l'on ne se tire pas de difficulté en imaginant -   ce qui est pure invention — que ῥυθμός a pu décrire le mouvement des flots. Bien mieux : ῥυθμός, dans ses plus anciens emplois, ne se dit pas de l'eau qui coule, et il ne signifie même pas « rythme ». Toute cette interprétation repose sur des données inexactes.

Il faut bien, pour restaurer une histoire qui a été moins simple, et qui est aussi plus instructive, commencer par fonder la signification authentique du mot ῥυθμός, et en décrire l'emploi dans ses débuts, qui remontent haut. Il est absent des poèmes homériques. On le trouve surtout chez les auteurs ioniens et dans la poésie lyrique et tragique, puis dans la prose attique, surtout chez les philosophes [1].

C'est dans le vocabulaire de l'ancienne philosophie ionienne que nous saisissons la valeur spécifique de ῥυθμός, et tout particulièrement chez les créateurs de l'atomisme, Leucippe et Démocrite. Ces philosophes ont fait de ῥυθμός (ῥυσμός) [2], un terme technique, un des mots clés de leur doctrine, et Aristote, grâce à qui nous sont parvenues plusieurs citations de Démocrite, nous en a transmis la signification exacte. Selon lui, les relations fondamentales entre les corps s'établissent par leurs différences mutuelles, et ces différences se ramènent à trois, ῥυσμός, διαθιγή, τροπή, qu'Aristote interprète ainsi : διαφέρειν γάρ φασι τὸ ὄν ῥυσμῷ καὶ διαθιγῇ καὶ

1. Le *Dictionnaire* de Liddell-Scott-Jones, *s. v.* ῥυθμός, fournit la plupart des références qui ont été utilisées. Mais les différentes acceptions de ῥυθμός y sont rangées à peu près au hasard, en procédant du sens de « rythme », et sans qu'on discerne le principe du classement.

2. Entre ῥυθμός et ῥυσμός, la différence est seulement dialectale; c'est ῥυσμός qui prédomine en ionien. Il y a bien d'autres exemples de la coexistence de -θμος et -σμος : cf. dor. τεθμός, hom. θεσμός; βαθμός et βασμός, etc.

τροπῇ · τούτων δ᾽ ὁ μὲν ῥυσμὸς σχῆμά ἐστιν, ἡ δὲ διαθιγὴ τάξις, ἡ δὲ τροπὴ θέσις. « Les choses diffèrent par le ῥυσμός, par la διαθιγή, par la τροπή; le ῥυσμός est le σχῆμα (« forme »); la διαθιγή (« contact ») est la τάξις (« ordre »), et la τροπή (« tournure ») est la θέσις, « position » (*Métaph.*, 985 *b* 4). Il ressort de ce texte important que ῥυσμός signifie σχῆμα « forme », ce qu'Aristote confirme, dans la suite de ce passage, par un exemple qu'il emprunte à Leucippe. Il illustre ces trois notions en les appliquant respectivement à la « forme », à l' « ordre » et à la « position » des lettres de l'alphabet [1] : A diffère de N par le σχῆμα (ou ῥυσμός), AN diffère de NA par la τάξις, et I diffère de H par la θέσις.

Retenons de cette citation que ῥυσμός a pour équivalent σχῆμα. Entre A et N, la différence est en effet de « forme » ou de « configuration » : deux jambages sont identiques, Λ, le troisième seul diffère, étant intérieur dans A et extérieur dans N. Et c'est bien au sens de « forme » que Démocrite se sert toujours de ῥυθμός [2]. Il avait écrit un traité Περὶ τῶν διαφερόντων ῥυσμῶν, ce qui signifie « sur la variété de *forme* (des atomes) ». Sa doctrine enseignait que l'eau et l'air ῥυθμῷ διαφέρειν, sont différents par la *forme* que prennent leurs atomes constitutifs. Une autre citation de Démocrite montre qu'il appliquait aussi ῥυθμός à la « forme » des institutions : οὐδεμία μηχανὴ τῷ νῦν καθεστῶτι ῥυθμῷ μὴ οὐκ ἀδικεῖν τοὺς ἄρχοντας, « il n'y a pas moyen d'empêcher que, dans la *forme* (de constitution) actuelle, les gouvernants ne commettent d'injustice ». C'est du même sens que procèdent les verbes ῥυσμῶ, μεταρρυσμῶ, μεταρρυσμίζω, « former » ou « transformer », au physique ou au moral : ἀνοήμονες ῥυσμοῦνται τοῖς τῆς τύχης κέρδεσιν, οἱ δὲ τῶν τοιῶνδε δαήμονες τοῖς τῆς σοφίης, « les sots se *forment* par les gains du hasard, mais ceux qui savent (ce que valent) ces gains, par ceux de la sagesse »; ἡ διδαχὴ μεταρυσμοῖ τὸν ἄνθρωπον, « l'enseignement *transforme* l'homme »; ἀνάγκη … τὰ σχήματα μεταρρυθμίζεσθαι, « il faut bien que les σχήματα *changent de forme* (pour passer de l'anguleux au rond) ». Démocrite emploie aussi l'adjectif ἐπιρρύσμιος dont le sens peut maintenant être rectifié; ni « courant, qui se répand » (Bailly) ni « adventitious » (Liddell-Scott), mais « doté d'une forme » : ἐτεῇ οὐδὲν ἴσμεν περὶ οὐδενός, ἀλλ᾽ ἐπιρρυσμίη ἑκάστοισιν ἡ δόξις, « nous

---

1. Ces observations valent pour la forme des lettres dans les alphabets archaïques, que nous ne pouvons reproduire ici. Un I est en effet un H vertical.
2. Les citations de Démocrite qui suivent pourront être retrouvées facilement chez Diels-Kranz, *Vorsokratiker*, II.

ne savons rien authentiquement sur rien, mais chacun *donne
une forme* à sa croyance » (= à défaut de srrence sur rien,
chacun se fabrique une opinion sur tout).

Il n'y a donc aucune variation, aucune ambiguïté dans la
signification que Démocrite assigne à ῥυθμός, et qui est
toujours « forme », en entendant par là la forme distinctive,
l'arrangement caractéristique des parties dans un tout. Ce
point établi, on n'a aucune peine à le confirmer par la totalité
des exemples anciens. Considérons le mot d'abord dans la
prose ionienne. On le trouve une fois chez Hérodote (V, 58),
en même temps que le verbe μεταρρυθμίζω, dans un passage
particulièrement intéressant parce qu'il traite de la « forme »
des lettres de l'alphabet : « (Les Grecs ont emprunté aux
Phéniciens les lettres de leur écriture; ») μετὰ δὲ χρόνου
προβαίνοντος ἅμα τῇ φωνῇ μετέβαλον καὶ τὸν ῥυθμὸν τῶν
γραμμάτων, « à mesure que le temps passait, en même temps
qu'ils changeaient de langue, les Cadméens changèrent aussi
la *forme* (ῥυθμός) des caractères »; οἳ παραλαβόντες (Ἴωνες)
διδαχῇ παρὰ τῶν Φοινίκων τὰ γράμματα, μεταρρυθμίσαντές
σφεων ὀλίγα ἐχρέωντο, « les Ioniens empruntèrent, par voie
d'enseignement, les lettres aux Phéniciens et les employèrent
après les avoir quelque peu *transformées* (μεταρρυθμίσαντες) ».
Ce n'est pas un hasard si Hérodote emploie ῥυθμός pour
la « forme » des lettres à peu près vers la même époque où
Leucippe, nous l'avons vu, définissait ce mot en se servant
justement du même exemple. C'est la preuve d'une tradition
plus ancienne encore, qui appliquait ῥυθμός à la configuration des signes de l'écriture. Le mot est resté en usage chez
les auteurs du *Corpus hippocratique*, et dans le même sens.
L'un d'eux prescrit, pour le traitement du pied-bot,
d'employer une petite chaussure de plomb « de la *forme*
des anciennes crépides de Chios (οἷον αἱ χίαι κρηπῖδες
ῥυθμὸν εἶχον) [1]. De ῥυθμός on tire les composés ὁμόρρυσμος,
ὁμοιόρρυσμος, « de même forme », ὁμορρυσμίη, « ressemblance » (Hpc., 915 *h*, 916 *b*). εὐρρυσμός, « de belle *forme*,
élégant », etc.

Si nous nous adressons aux poètes lyriques, c'est plus tôt
encore, dès le VIIe siècle, que nous voyons ῥυσμός apparaître.
Il est pris, comme σχῆμα ou τρόπος, pour définir la « forme »
individuelle et distinctive du caractère humain. « Ne te vante
pas de tes victoires en public, conseille Archiloque, et ne
t'effondre pas chez toi pour pleurer tes défaites; réjouis-toi
des sujets de joie et ne t'irrite pas trop des maux; γίγνωσκε

---

1 *De art.*, IV, 226, Littré.

δ᾽ οἷος ῥυσμὸς ἀνθρώπους ἔχει, apprends à connaître les *dispositions* qui tiennent les hommes » (II, 400, Bergk). Chez Anacréon, les ῥυσμοί sont aussi les « formes » particulières de l'humeur ou du caractère : ἐγὼ δὲ μισέω πάντας ὅσοι σκολιοὺς ἔχουσι ῥυσμοὺς καὶ χαλεπούς (fr. 74, 2), et Theognis compte le ῥυθμός parmi les traits distinctifs de l'homme : μήποτ᾽ ἐπαινήσῃς πρὶν ἂν εἰδῇς ἄνδρα σαφηνῶς ὀργὴν καὶ ῥυθμὸν καὶ τρόπον ὅντιν᾽ ἔχει, « ne loue jamais un homme avant de connaître clairement ses sentiments, ses *dispositions* (ῥυσμός), son caractère » (964). Joignons ici Théocrite : Ἀυτονόας ῥυθμὸς ωὗτος, « l'*attitude* d'Autonoé fut la même » (XXVI, 23).

Chez les Tragiques, ῥυθμός et les verbes dérivés gardent constamment le même sens que dans tous les textes cités : ἐν τριγώνοις ῥυθμοῖς, « en *forme* triangulaire », dans un fragment d'Eschyle (frgm. 78 N²); νηλεῶς ὧδ᾽ ἐρρύθμισμαι, « un sort impitoyable a fait ma *forme* (= condition) présente » (*Prom.*, 243); πόρον μετερρύθμιζε, « (Xerxès, dans sa démence,) prétendait *transformer* un détroit » (*Pers.*, 747); μονορρύθμοι δόμοι, « une demeure *disposée* pour une seule personne » (*Suppl.*, 961)[1]. Très instructif est l'emploi de ῥυθμίζω chez Sophocle (*Antig.*, 318) : au gardien à qui il enjoint de se taire parce que sa voix le fait souffrir et qui lui demande : « Est-ce aux oreilles ou dans ton âme que ma voix te fait souffrir ? », Créon répond : τί δὲ ῥυθμίζεις τὴν ἐμὴν λύπην ὅπου; « pourquoi *figures-tu* l'emplacement de ma douleur ? » C'est là exactement le sens de ῥυθμίζω, « donner une forme », et le scholiaste rend avec raison ῥυθμίζειν par σχηματίζειν, διατοποῦν, « figurer, localiser ». Euripide parle du ῥυθμός d'un vêtement, de sa « forme » distinctive (ῥυθμὸς πέπλων, *Héracl.*, 130); de la « modalité » d'un meurtre (τρόπος καὶ ῥυθμὸς φόνου, *El.*, 772); de la « marque distinctive » du deuil (ῥυθμὸς κακῶν, *Suppl.*, 94); il emploie εὐρύθμως, « d'une manière convenable », pour l'arrangement d'un lit (*Cycl.*, 563) et ἄρρυθμος pour une passion « disproportionnée » (*Hipp.*, 529).

Ce sens de ῥυθμός persiste dans la prose attique du Vᵉ siècle. Xénophon (*Mém.*, III, 10, 10) fait du ῥυθμός, du « proportionnement », la qualité d'une belle cuirasse, qu'il qualifie de εὔρυθμος, « de belle *forme* ». Chez Platon, on relève, entre autres, le ῥυθμός, la « disposition proportionnée » entre l'opulence et le dénuement (*Lois*, 728 *e*), et des expressions

---

1. Un autre exemple de ῥυθμός chez Eschyle, *Choéph.*, 797, en contexte très altéré, est inutilisable.

comme ῥυθμίζειν τὰ παιδικά, « *former* un jeune favori »
(*Phaedr.*, 253 *b*), μεταρρυθμίζεσθαι, « reproduire la *forme* »,
en parlant des images que les miroirs renvoient (*Tim.*, 46 *a*);
ce même verbe μεταρρυθμίζειν signifie au moral « *réformer*
(le caractère) » chez Xénophon (*Econ.*, XI, 2, 3). Et Aristote
lui-même forge ἀρρύθμιστος, « non réduit à une *forme*, inor-
ganisé » (*Métaph.*, 1014 *b* 27).

Il faut borner ici cette liste à peu près exhaustive d'exemples. Les citations suffisent amplement à établir : 1º que
ῥυθμός ne signifie jamais « rythme » depuis l'origine jusqu'à
la période attique; 2º qu'il n'est jamais appliqué au mouvement régulier des flots; 3º que le sens constant est « forme
distinctive; figure proportionnée; disposition », dans les
conditions d'emploi d'ailleurs les plus variées. De même
les dérivés ou les composés, nominaux ou verbaux, de ῥυθμός
ne se réfèrent jamais qu'à la notion de « forme ». Telle a été
la signification exclusive de ῥυθμός dans tous les genres
d'écrits jusqu'à l'époque où nous avons arrêté nos citations.

Ce sens établi, on peut et il faut le préciser. Pour « forme »,
il y a en grec d'autres expressions : σχῆμα, μορφή, εἶδος, etc.,
dont ῥυθμός doit en quelque manière se distinguer, mieux
que notre traduction ne peut l'indiquer. La structure même
du mot ῥυθμός doit être interrogée. Nous pouvons à présent
revenir utilement à l'étymologie. Le sens premier, tel qu'il a
été dégagé, semble nous éloigner définitivement de ῥεῖν,
« couler », par où on l'expliquait. Et cependant nous n'aban-
donnerons pas à la légère une comparaison qui est morphologiquement satisfaisante; le rapport de ῥυθμός à ῥέω ne
prête par lui-même à aucune objection. Ce n'est pas cette
dérivation même que nous avons critiquée, mais le sens
inexact de ῥυθμός qui en avait été déduit. A présent, nous
pouvons, sur la base du sens rectifié, reprendre l'analyse.
La formation en -(θ)μός [1] mérite attention pour le sens
spécial qu'elle confère aux mots « abstraits ». Elle indique,
non l'accomplissement de la notion, mais la modalité particulière de son accomplissement, telle qu'elle se présente aux
yeux. Par exemple, ὄρχησις est le fait de danser, ὀρχηθμός
la danse particulière vue dans son déroulement; χρῆσις est
le fait de consulter un oracle, χρησμός la réponse particulière
obtenue du dieu; θέσις est le fait de poser, θεσμός la disposition particulière; στάσις est le fait de se tenir, σταθμός la
manière de se tenir, d'où : équilibre d'une balance, ou : sta-

---

1. Pour une analyse des formations en -θμός, cf. Holt, *Glotta*,
XXVII, p. 182 sq.; mais il ne parle pas de ῥυθμός.

tion occasionnelle, etc. Cette fonction du suffixe souligne déjà l'originalité de ῥυθμός. Mais c'est surtout le sens du radical qu'il faut considérer. Quand les auteurs grecs rendent ῥυθμός par σχῆμα, quand nous-même le traduisons par « forme », ce n'est dans les deux cas qu'une approximation. Entre σχῆμα et ῥυθμός, il y a une différence : σχῆμα par rapport à ἔχω, « je (me) tiens » (cf. pour la relation lat. *habitus : habeō*) se définit comme une « forme » fixe, réalisée, posée en quelque sorte comme un objet. Au contraire ῥυθμός, d'après les contextes où il est donné, désigne la forme dans l'instant qu'elle est assumée par ce qui est mouvant, mobile, fluide, la forme de ce qui n'a pas consistance organique : il convient au *pattern* d'un élément fluide, à une lettre arbitrairement modelée, à un péplos qu'on arrange à son gré, à la disposition particulière du caractère ou de l'humeur. C'est la forme improvisée, momentanée, modifiable. Or, ῥεῖν est le prédicat essentiel de la nature et des choses dans la philosophie ionienne depuis Héraclite, et Démocrite pensait que, tout étant produit par les atomes, seul leur arrangement différent produit la différence des formes et des objets. On peut alors comprendre que ῥυθμός, signifiant littéralement « manière particulière de fluer », ait été le terme le plus propre à décrire des « dispositions » ou des « configurations » sans fixité ni nécessité naturelle et résultant d'un arrangement toujours sujet à changer. Le choix d'un dérivé de ῥεῖν pour exprimer cette modalité spécifique de la « forme » des choses est caractéristique de la philosophie qui l'inspire; c'est une représentation de l'univers où les configurations particulières du mouvant se définissent comme des « fluements ». Il y a une liaison profonde entre le sens propre du terme ῥυθμός et la doctrine dont il décèle une des notions les plus originales.

Comment alors, dans cette sémantique cohérente et constante de la « forme », la notion de « rythme » s'insère-t-elle ? Où est sa liaison avec le concept propre de ῥυθμός ? Le problème est de saisir les conditions qui ont fait de ῥυθμός le mot apte à exprimer ce que nous entendons par « rythme ». Ces conditions sont déjà partiellement impliquées par la définition posée ci-dessus. Le sens moderne de « rythme », qui existe bien en grec même, y résulte *a priori* d'une spécialisation secondaire, celui de « forme » étant seul attesté jusqu'au milieu du Vᵉ siècle. Ce développement est en réalité une création, à laquelle nous pouvons assigner sinon une date, du moins une circonstance. C'est Platon qui a précisé la notion

de « rythme », en délimitant dans une acception nouvelle
la valeur traditionnelle de ῥυθμός. Il faut citer les principaux
textes où se fixe la notion. Dans le *Philèbe* (17 *d*), Socrate
insiste sur l'importance des intervalles (διαστήματα), dont
il faut connaître les caractères, les distinctions et les combinaisons si l'on veut étudier sérieusement la musique. « Nos
devanciers, dit-il, nous ont appris à dénommer ces combinaisons « harmonies » (ἁρμονίας); ἔν τε ταῖς κινήσεσιν αὖ
τοῦ σώματος ἕτερα τοιαῦτα ἐνόντα πάθη γιγνόμενα, ἃ δὴ δι'
ἀριθμῶν μετρηθέντα δεῖν αὖ φασὶ ῥυθμοὺς καὶ μέτρα ἐπονο-
μάζειν. « Ils nous ont appris aussi qu'il se produit d'autres
qualités analogues, inhérentes cette fois aux mouvements
du corps, lesquelles sont soumises aux nombres et qu'il faut
appeler *rythmes* et *mesures* (ῥυθμοὺς καὶ μέτρα). » Dans le
Banquet (187 *b*) : Ἡ γὰρ ἁρμονία συμφωνία ἐστίν, συμφωνία
δὲ ὁμολογία τις... ὥσπερ γε καὶ ὁ ῥυθμὸς ἐκ τοῦ ταχέος καὶ
βραδέος, ἐκ διενηνεγμένων πρότερον, ὕστερον δὲ ὁμολογη-
σάντων, γέγονε. « L'harmonie est une consonance, la consonance un accord... C'est de la même manière que le *rythme*
résulte du rapide et du lent, d'abord opposés, puis accordés. » — Enfin, dans les *Lois* (665a), il enseigne que les
jeunes gens sont bouillants et turbulents, mais qu'un certain
ordre (τάξις), privilège exclusivement humain, apparaît
dans leurs mouvements : τῇ δὴ τῆς κινήσεως τάξει ῥυθμὸς
ὄνομα εἴη, τῇ δ' αὖ τῆς φωνῆς, τοῦ τ' ὀξέος ἅμα καὶ βαρέος
συγκεραννυμένων, ἁρμονία ὄνομα προσαγορεύοιτο χορεία δὲ
τὸ ξυναμφότερον κληθείη. « Cet ordre dans le mouvement a précisément reçu le nom de *rythme*, tandis qu'on
appelle *harmonie* l'ordre de la voix où l'aigu et le grave se
fondent, et que l'union des deux se nomme *art choral*. »

On voit comment cette définition procède du sens traditionnel, comment aussi elle le modifie. Platon emploie encore
ῥυθμός au sens de «forme distinctive, disposition, proportion».
Il innove en l'appliquant à la *forme du mouvement* que le corps
humain accomplit dans la danse, et à la disposition des
figures en lesquelles ce mouvement. se résout. La circonstance décisive est là, dans la notion d'un ῥυθμός corporel
associé au μέτρον et soumis à la loi des nombres : cette «forme»
est désormais déterminée par une « mesure » et assujettie à un
ordre. Voilà le sens nouveau de ῥυθμός : la « disposition »
(sens propre du mot) est chez Platon constituée par une
séquence ordonnée de mouvements lents et rapides, de même
que l'« harmonie » résulte de l'alternance de l'aigu et du grave.
Et c'est l'ordre dans le mouvement, le procès entier de
l'arrangement harmonieux des attitudes corporelles combiné

avec un mètre qui s'appelle désormais ῥυθμός. On pourra alors parler du « rythme » d'une danse, d'une démarche, d'un chant, d'une diction, d'un travail, de tout ce qui suppose une activité continue décomposée par le mètre en temps alternés. La notion de rythme est fixée. A partir du ῥυθμός, configuration spatiale définie par l'arrangement et la proportion distinctifs des éléments, on atteint le « rythme », configuration des mouvements ordonnés dans la durée : πᾶς ῥυθμὸς ὡρισμένῃ μετρεῖται κινήσει, « tout rythme se mesure par un mouvement défini » (Aristote, *Probl.*, 882 *b* 2).

L'histoire ici esquissée aidera à apprécier la complexité des conditions linguistiques d'où s'est dégagée la notion de « rythme ». On est bien loin des représentations simplistes qu'une étymologie superficielle suggérait, et ce n'est pas en contemplant le jeu des vagues sur le rivage que l'Hellène primitif a découvert le « rythme »; c'est nous au contraire qui métaphorisons aujourd'hui quand nous parlons du rythme des flots. Il a fallu une longue réflexion sur la structure des choses, puis une théorie de la mesure appliquée aux figures de la danse et aux inflexions du chant pour reconnaître et dénommer le principe du mouvement cadencé. Rien n'a été moins « naturel » que cette élaboration lente, par l'effort des penseurs, d'une notion qui nous semble si nécessairement inhérente aux formes articulées du mouvement que nous avons peine à croire qu'on n'en ait pas pris conscience dès l'origine.

CHAPITRE XXVIII

Civilisation
Contribution à l'histoire du mot [1]

Toute l'histoire de la pensée moderne et les principaux achèvements de la culture intellectuelle dans le monde occidental sont liés à la création et au maniement de quelques dizaines de mots essentiels, dont l'ensemble constitue le bien commun des langues de l'Europe occidentale. Nous commençons seulement à discerner l'intérêt qu'il y aurait à décrire avec précision la genèse de ce vocabulaire de la culture moderne. Une pareille description ne pourrait être que la somme de multiples travaux de détail, consacrés à chacun de ces mots dans chacune des langues. Ces travaux sont encore rares et ceux qui les entreprennent éprouvent vivement, surtout pour le français, la pénurie des dépouillements lexicaux les plus nécessaires.

Dans une étude bien connue [2], M. Lucien Febvre a brillamment esquissé l'histoire d'un des termes les plus importants de notre lexique moderne, le mot *civilisation*, et le développement des notions si fécondes qui s'y rattachent, entre la fin du XVIIIe et le milieu du XIXe siècle. Il a aussi déploré les difficultés qu'on rencontre à dater exactement l'apparition du mot en français. Justement parce que *civilisation* est un de ces mots qui inculquent une vision nouvelle du monde, il importe de préciser autant qu'on le peut les conditions dans lesquelles il a été créé. C'est seulement à cette phase des premiers emplois que se borne la présente contribution, qui vise surtout à étendre le problème et à enrichir la documentation.

M. Febvre n'avait pas rencontré en français d'exemple sûr

1. Extrait de *Hommage à Lucien Febvre*, Paris, 1954.
2. *Civilisation. Le mot et l'idée* (Publications du Centre International de Synthèse), Paris, 1930, p. 1-55. Exposé fait au Centre de Synthèse en mai 1929.

de *civilisation* avant 1766. Peu après la publication de son étude, de nouvelles précisions et des exemples plus anciens ont été apportés d'un côté par Ferdinand Brunot, dans une note succincte de son *Histoire de la langue française* [1], de l'autre par Joachim Moras, qui a consacré à la notion de civilisation en France un mémoire détaillé [2]. On y peut ajouter encore d'autres données, fournies par nos lectures propres.

Il apparaît maintenant comme très probable que les plus anciens exemples du mot se trouvent dans les écrits du marquis de Mirabeau. On a peine à se représenter aujourd'hui la célébrité et l'influence de l'auteur de l'*Ami des hommes* non seulement dans le cercle des physiocrates, mais dans le monde intellectuel tout entier et pendant de longues décades jusqu'au premier quart du XIXe siècle au moins. Pour apprécier son action, nous avons les témoignages fervents de ceux de ses contemporains qui ont embrassé passionnément sa doctrine. Tel Linguet qui, dans sa *Théorie des lois civiles* (1767), cite côte à côte « l'*Ami des hommes, l'Esprit des lois*, et quelques autres ouvrages publiés par des génies supérieurs ». Tel aussi l'abbé Baudeau dont la *Première Introduction à la philosophie économique* (1771) est signée « Un disciple de l'*Ami des hommes* ». Mais c'est aussi, beaucoup plus tard, en 1814, le très lucide Benjamin Constant qui, dans un écrit directement apparenté à l'objet de cette étude, *De l'esprit de conquête et de l'usurpation, dans leurs rapports avec la civilisation européenne*, se réfère à « deux autorités imposantes, M. de Montesquieu et le marquis de Mirabeau [3] ». Et cependant qui lit aujourd'hui Mirabeau s'étonnera que les outrances et les bizarreries de l'écrivain n'aient fait alors aucun tort à la vogue de l'économiste et du réformateur. C'est à ces défauts éclatants que l'historien de la langue sera sensible aujourd'hui; l'amphigouri, la verve vulgaire, l'incohérence des métaphores et la confusion emphatique du ton semblent l'expression naturelle d'une pensée assurément audacieuse et véhémente.

Or c'est dans celui de ses ouvrages qui d'emblée consacra son nom que se trouve, pour la première fois, le mot *civili-*

---

1. *Histoire de la langue française*, t. VI, 1re partie, 1930, p. 106. Il donne comme premier exemple du mot un passage de Turgot que L. Febvre (*op. cit.*, p. 4-5) a éliminé comme étant probablement dû à Dupont de Nemours.
2. *Ursprung und Entwickelung des Begriffs der Zivilisation in Frankreich (1756-1830)*, Hamburg, 1930 (*Hamburger Studien zu Volkstum und Kultur der Romanen 6*).
3. Éd. 1814, p. 53, n. 1.

sation. A la date de 1756, mais en réalité en 1757 [1], paraissait, sans nom d'auteur, *L'Ami des hommes ou Traité de la population*, qui connut aussitôt le triomphe. On y lit, vers le milieu de la première partie : « A bon droit les Ministres de la Religion ont-ils le premier rang dans une société bien ordonnée. La Religion est sans contredit le premier et le plus utile frein de l'humanité; c'est le premier ressort de la civilisation; elle nous prêche et nous rappelle sans cesse la confraternité, adoucit notre cœur, etc [2]. ». Le mot reparaît dans la suite de l'ouvrage. On le rencontre dans les écrits postérieurs de Mirabeau. Ainsi dans sa *Théorie de l'impôt* (1760) : « L'exemple de tous les Empires qui ont précédé le nôtre et qui ont parcouru le cercle de la civilisation serait dans le détail une preuve de ce que je viens d'avancer » (p. 99) [3]. Un témoignage encore peu connu de la prédilection de Mirabeau pour ce terme a été révélé par l'inventaire de ses papiers et mérite d'être rappelé ici, bien qu'à la date qu'on lui attribue, il ait moins de valeur pour notre objet. Mirabeau a laissé en brouillon le début d'un ouvrage qui, pour faire pendant à *L'Ami des hommes ou Traité de la population*, devait s'intituler *L'Ami des femmes ou Traité de la civilisation*. Weulersse place cette ébauche « vers 1768, sans doute ». Il est dommage qu'on ne puisse dater plus exactement ce texte singulier, conservé aux Archives nationales. Qui aura la curiosité de l'y consulter trouvera un manuscrit [4] comprenant cinq pages et demie d'avant-propos et dix pages, les seules rédigées, du traité proprement dit. Le ton en sera donné par ce détail que, après un préambule en forme d'invocation, le texte commence par le titre suivant : « Traité de la civilisation. Première partie, premier âge. Chapitre Ier. Le bégayement. » Tout extravagant qu'il est, parsemé de réflexions et de digressions du style le plus bizarre, ce fragment contient néanmoins plusieurs

1. Ceci a été établi par G. Weulersse, *Les Manuscrits économiques de François Quesnay et du marquis de Mirabeau aux Archives nationales*, Paris, 1910, p. 19-20, qui montre « que l'ouvrage a été composé entièrement, et sans doute même imprimé, en 1756, mais qu'il n'a paru qu'en 1757 ».
2. Il n'était pas difficile de remonter jusqu'à Mirabeau. Ce passage est cité dans la deuxième édition du *Dictionnaire de Trévoux*. La référence figure maintenant dans la nouvelle édition du *Dictionnaire étymologique* de Bloch-Wartburg, mais avec une date inexacte (1755, au lieu de 1757) et une erreur sur le titre de l'ouvrage *(L'Ami de l'homme* au lieu de *L'Ami des hommes)*.
3. Nous ne croyons pas utile de reprendre ici les exemples donnés par J. Moras pour Mirabeau, ni ceux de l'abbé Baudeau dans les *Éphémérides du citoyen*, déjà cités par L. Febvre et par Moras.
4. Dossier M. 780, n° 3. Le manuscrit a été signalé par G. Weulersse *(op. cit.*, p. 3). J. Moras ne l'a pas complètement utilisé.

emplois instructifs du mot qui était l'objet propre du discours. Nous les énumérons tous : « Elle (= la simplicité) saura me guider dans les routes de la civilisation » (p. 1); « il s'agit de savoir lequel des deux sexes influe le plus sur la civilisation » (p. 2); « l'extirpation de ces préjugés est ce que produisent les connaissances qu'apporte la civilisation » (p. 4); « les honnêtes gens gardent leur honnêteté et leur cœur pour leur conduite, et leur civilisation et leur esprit pour la société » *(Ibid.)*; « la civilisation et l'usage les oblige *(sic)* à se déprécier dans la société » *(Ibid.)*; et surtout ce passage qui est une définition : « J'admire à cet égard combien nos vues de recherches fausses dans tous les points le sont sur ce que nous tenons pour être *la civilisation*. Si je demandais à la plupart en quoi faites-vous consister la civilisation, on me répondrait, *la civilisation est l'adoucissement de ses mœurs, l'urbanité, la politesse, et les connaissances répandues de manière que les bienséances y soient observées et y tiennent lieu de lois de détail ;* tout cela ne me présente que le masque de la vertu et non son visage, et la civilisation ne fait rien pour la société si elle ne luy donne le fonds et la forme de la vertu » (p. 3) [1]. Il résulte de ces emplois que, pour Mirabeau, « civilisation » est un procès de ce qu'on dénommait jusqu'à lui la « police », un acte tendant à rendre l'homme et la société plus « policés », l'effort pour amener l'individu à observer spontanément les règles de la bienséance et pour transformer dans le sens d'une plus grande urbanité les mœurs de la société.

C'est bien ainsi que l'entendent aussi les auteurs qui, à partir de 1765, se servent à leur tour du terme *civilisation*, en général sous l'inspiration de Mirabeau. Les études précitées ont déjà fait état des textes de Boulanger, de Baudeau et de Dupont de Nemours, qu'il est inutile de reproduire ici. Nous y ajouterons plusieurs exemples tirés de Linguet, *Théorie des lois civiles ou Principes fondamentaux de la société* (Londres, 1767) : « Nous ferons voir par la suite que ce malheur est inévitable. Il tient à la civilisation des peuples » (I, p. 202) [2]; « Ce sont là les deux premiers titres du Code originel des hommes, à l'époque de leur civilisation » (II, p. 175); « Je me plais à démêler aux environs la trace des premiers pas qu'ont fait *(sic)* les hommes vers la civilisation » (II, p. 219); « Pour... faire des instruments de la fertilité ceux du luxe, il ne fallait qu'un peu plus de civilisation, qui ne dut pas tarder »

1. Les passages en italiques sont soulignés dans le ms original.
2. C'est le seul passage cité par Brunot *(op. cit.)* avec une référence différente (p. 190) qui ou se rapporte à une autre édition, ou est inexacte.

(II, p. 259). Ici *civilisation* désigne le procès collectif et originel qui fit sortir l'humanité de la barbarie, ce qui achemine déjà à la définition de « civilisation » comme état de la société civilisée, dont les exemples vont se multiplier dès lors.

On peut se demander pourquoi *civilisation* a tant tardé à naître, alors que *civiliser* et *civilisé* étaient depuis longtemps d'usage courant. Il est peu probable que ce procès ait été gêné par l'existence de *civilisation* comme terme de pratique judiciaire (« fait de rendre civil un procès criminel ») qui n'a jamais dû avoir beaucoup d'extension. On pensera plutôt à deux raisons principales. L'une est la rareté à cette époque des mots en *-isation* et la faiblesse de leur accroissement. Quoi qu'en dise J. Moras, il n'y a eu au milieu du XVIIIᵉ siècle qu'un très petit nombre de créations de cet ordre avant la Révolution : on ne relève guère dans les listes de F. Gohin [1] et de A. François [2] que *fertilisation, thésaurisation, temporisation, organisation* (celui-ci créé antérieurement, mais ne prenant vie qu'alors) et enfin notre *civilisation*. C'est bien peu en regard des quelque 70 termes en *-ité* créés pendant la même période [3]. Dans ce faible contingent même, la plupart des mots gardent le sens exclusif d' « acte » (tel *fertilisation*) Pour passer à la notion d' « état » où en vient très vite *civilisation*, on ne peut citer qu'*organisation*, dans « l'organisation des végétaux », puis « des organisations charitables ». L'habitude nous a rendus insensibles au caractère exceptionnel qu'a pris très tôt l'emploi de *civilisation* parmi les autres dérivés en *-isation*. Outre cette productivité alors chétive d'une classe d'abstraits d'aspect technique, nous devons considérer, pour expliquer l'apparition tardive de *civilisation*, la nouveauté même de la notion et les changements qu'elle impliquait dans la conception traditionnelle de l'homme et de la société. De la barbarie originelle à la condition présente de l'homme en société, on découvrait une gradation universelle, un lent procès d'éducation et d'affinement, pour tout dire un progrès constant dans l'ordre de ce que la *civilité*, terme statique, ne suffisait plus à exprimer et qu'il fallait bien appeler la *civilisation* pour en définir ensemble le sens et la continuité. Ce n'était pas seulement une vue historique de la société; c'était aussi une interprétation optimiste et résolument non théologique de son évolution qui s'affirmait, parfois à l'insu de ceux qui la proclamaient, et même si certains, et

---

1. *Les Transformations de la langue française pendant la deuxième moitié du XVIIIᵉ siècle*, Paris, 1902, p. 266 sq.
2. *Hist. de la langue* (de F. Brunot), t. VI, 2ᵉ part., p. 1320.
3. Gohin, *op. cit.*, p. 271.

d'abord Mirabeau, comptaient encore la religion comme le premier facteur de la « civilisation ».

Mais, comme l'a vu M. Febvre[1], le mot a une histoire parallèle et à peu près contemporaine en Angleterre, où les conditions sont curieusement pareilles : *civilize* et *civilized* sont anciens; *civilization* comme terme de procédure est attesté dès le début du XVIIIe siècle, mais *civilization* au sens social date de beaucoup plus tard. Pour une notion destinée à se propager largement et à une époque de contacts étroits entre les deux pays, cela pose la question de l'antériorité de l'un ou de l'autre dans les premiers emplois et de possibles actions réciproques. Il s'agit d'abord de fixer la date d'apparition de *civilization* en anglais. L'excellent *New English Dictionary (N.E.D.)* assigne au premier exemple la date de 1772, dans les entretiens de Boswell avec le docteur Johnson. Dans ce cas, la question de la priorité du français ou de l'anglais, laissée indécise par M. Febvre, serait immédiatement tranchée à l'avantage du français, où *civilisation* était né quinze ans plus tôt, en 1757. Telle est bien la conclusion de J. Moras qui, en dépit de lectures étendues, n'a pu trouver en anglais *civilization* avant 1772[2]. Toutefois, la solution ne peut être acquise si simplement, et de nouvelles précisions auront ici leur intérêt.

Il faut voir comment le mot se présente dans le texte donné par le N.E.D. comme le plus ancien et lire en entier le passage de Boswell invoqué partiellement dans l'article du dictionnaire : « On Monday, March 23 (1772), I found him (= Dr. Johnson) busy, preparing a fourth edition of his folio Dictionary... He would not admit *civilization*, but only *civility*. With great deference to him I thought *civilization*, from *to civilize*, better in the sense opposed to *barbarity* than *civility*, as it is better to have a distinct word for each sense, than one word with two senses, which *civility* is, in his way of using it. » Le passage est intéressant à plus d'un titre. Boswell est conscient d'une différence déjà instaurée entre *civility* au sens de « civilité, politesse » et *civilization*, contraire de « barbarie ». Il plaide, à n'en pas douter, pour un mot qui était déjà en usage, et non pour un néologisme de son invention, puisqu'il s'agit de le faire enregistrer dans un dictionnaire. Il l'avait donc lu, et probablement Johnson aussi, bien que celui-ci répugne à l'accepter. S'il y a quelque chose à conclure

---

1. L. Febvre, *op. cit.*, p. 7 sq.
2. *Op. cit.*, p. 34 sq.

de cet emploi chez Boswell, c'est que d'autres auteurs l'avaient déjà admis.

Cette inférence se trouve indirectement confirmée par la rapidité même du succès de *civilization*. Dès 1775 le dictionnaire d'Ast (cité par le N.E.D.) enregistre *civilization* « the state of being civilized; the act of civilizing ». L'année suivante, on relève des exemples tels que ceux-ci (aucun n'est cité dans le N.E.D.). Dans un pamphlet de Richard Price à l'occasion de la guerre contre l'Amérique : « ... in that middle state of civilization, between its first rude and its last refined and corrupt state [1] ». Et surtout dans le célèbre ouvrage d'Adam Smith, *An inquiry into the Nature and Causes of Wealth of Nations* (1776), où, sans dépouillement systématique, nous relevons en quelques pages ces exemples : « It is only by means of a standing army, therefore, that the civilization of any country can be perpetuated or even preserved for any considerable time » (II, p. 310); « as the society advances in civilization » (II, p. 312); « the invention of fire-arms, an invention which at first sight appears to be so pernicious, is certainly favorable to the permanency and to the extension of civilization » (II, p. 313). On sait qu'Adam Smith passa, en compagnie du duc de Buccleugh, près d'un an à Paris, entre la fin de 1765 et octobre 1766, et fréquenta assidûment le cercle des physiocrates, Quesnay, Turgot, Necker, etc. Peut-être s'y familiarisa-t-il avec le mot *civilisation* alors tout nouveau encore, mais rien ne permet de l'affirmer. L'emploi aisé de *civilization* sous la plume d'Adam Smith en 1776, dans un ouvrage qui avait demandé une élaboration de plusieurs années, prouve en tout cas qu'on ne peut faire remonter à 1772 seulement la création du mot.

De fait, d'autres l'avaient employé avant la mention qu'en fait Boswell. Ici l'information du N.E.D. est en défaut. Il nous a été relativement aisé de découvrir des exemples de *civilization* quelques années avant 1772.

On le rencontre d'abord un an plus tôt, en 1771, dans l'ouvrage de John Millar, professeur à l'Université de Glasgow, *Observations concerning the distinction of ranks in society*, ouvrage qui fut traduit en français d'après la seconde édition, sous le titre de *Observations sur les commencemens de la société* (Amsterdam, 1773) [2]. John Millar annonce dès la préface

1. *Observations on the nature of Civil Liberty, the Principles of Government and the Justice and Policy of the war with America*, Dublin 1776, p. 100.
2. Cette traduction a été mentionnée seule par L. Febvre, *op. cit.*, p. 9 et 22. Dans la traduction française, c'est toujours *civilisation*

son projet d'étudier « the alterations produced... by the influence of civilization and regular government » (p. VII). Voici les exemples recueillis à travers l'ouvrage : « ... among nations considerably advanced in civilization and refinement » (p. 4); « the gradual advancement of society in civilization, opulence and refinement » (p. 37); « being neither acquainted with arts and civilization nor reduced under subjection to any regular government » (p 50); « the advancement of a people in civilization » (p. 63); « the same effects of civilization are at length beginning to appear » (p. 76); « the progress of a people in civilization and refinement » (p. 101); « the advancement of a people in civilization and refinement » (p. 153 en titre du chap. IV) « the advancement of a people in civilization and in the arts of life » (p. 178); « the progress of civilization » (p. 190); « the influence of civilization upon the temper and dispositions of the people » (p. 203).

Mais, en 1771, J. Millar semble manier *civilization* d'une manière si libre déjà qu'on hésite à penser qu'il fût le premier à le produire. Nous lui avons, en effet, trouvé un devancier qui, quatre ans plus tôt, se servait du mot et avait mis la notion en relief. C'était un autre Écossais, Adam Ferguson, professeur de philosophie morale à l'Université d'Edimbourg, dans l'ouvrage intitulé *An Essay on the History of Civil Society* (Edinburgh, 1767) [1]. Dès la page 2 il pose le principe qui gouverne l'évolution des sociétés humaines : « Not only the individual advances from infancy to manhood, but the species itself from rudeness to civilization. » Le mot sera repris maintes fois dans la suite de l'exposé : « We are ourselves the supposed standards of politeness and civilization » (p. 114); « it was not removed by the highest measures of civilization » (p. 137); « our rule in measuring degrees of politeness and civilization » (p. 311); « in the progress of civilization » (p. 373); « luxury necessary to civilization » (p. 375); « in the extremes of civilization and rudeness » (p. 382).

Ici encore on se demande si Adam Ferguson n'avait pas, à son tour, repris le mot à quelqu'un d'autre. Mais nos lectures n'ont pu nous mener plus loin. Il ne semble pas qu'aucun des philosophes dont Ferguson pourrait être tributaire,

qui rend le mot anglais et qui parfois est employé (p. 154) même là où le texte anglais dit *refinement*.

1. Une traduction française en a été publiée en 1783 (l'avertissement de l'éditeur porte qu'elle était imprimée à cette date depuis près de cinq ans), *Histoire de la société civile*, trad. Bergier. Le traducteur se sert partout de *civilisation*. Il est encore moins utile que pour la version française de l'ouvrage de Millar d'en relever les exemples.

notamment Hutcheson, Hume, Locke, ait employé *civilization*. Il faudrait cependant, pour faire état d'une certitude même négative, une lecture exhaustive de ces auteurs abondants, et un examen attentif des publications philosophiques et historiques écossaises et anglaises entre 1750 et 1760 environ [1]. Jusque-là, au point où nous avons pu pousser l'enquête, la première mention imprimée de *civilization* est de 1767, dix ans après le premier exemple de *civilisation* chez Mirabeau. Nous fondant sur ces dates, nous devrions assigner définitivement à l'écrivain français la priorité historique. Il resterait alors à chercher si cette différence de date impliquerait nécessairement que le mot français eût été calqué en anglais, et qui aurait été l'agent de ce transfert. Or il ne semble pas que Ferguson ait pu s'inspirer de Mirabeau; rien ne prouve même qu'il l'ait lu. Au contraire, il y a des raisons de penser que le terme de *civilization* a pu apparaître dans ses écrits, ou dans son enseignement, avant 1767.

Nous trouvons une indication en ce sens dans une lettre de David Hume à Adam Smith, datée du 12 avril 1759, pour lui recommander « our friend Ferguson » en vue d'un poste à l'Université de Glasgow. Hume écrit en faveur de son ami : « Ferguson has very much polished and improved his treatise on Refinement and with some amendments it will make an admirable book, and discovers an elegant and a singular genius [2]. » Or une note de Dugald-Stewart nous apprend que ce traité *On Refinement* a été publié en 1767 sous le titre de *An Essay on the History of Civil Society*. C'était donc, en 1759, le premier état de l'ouvrage dont il a été question ci-dessus. Si le manuscrit de ce premier travail a été conservé, il vaudrait la peine de vérifier si Ferguson y employait déjà *civilization*. Dans l'affirmative, il deviendrait au moins vraisemblable que Ferguson l'aurait inventé pour son compte (s'il ne l'avait pas trouvé chez un auteur antérieur) et qu'en tout cas l'histoire de *civilization* en anglais, au moins à ses débuts, en 1759, ne dépendrait pas d'une influence française. Une recherche serait nécessaire.

Un autre indice dans le même sens pourrait être inféré d'une publication beaucoup plus tardive de Ferguson même. En

1. En tout cas il est clair maintenant que Boswell, Écossais lui-même et qui avait étudié à Edimbourg, avait toutes les raisons d'être familiarisé en 1772 avec un terme que les cours de Ferguson avaient dû faire connaître.
2. Lettre citée par Dugald-Stewart dans sa biographie d'Adam Smith, publiée en tête du recueil posthume, *Essays on Philosophical Subjects*, 1795, p. XLVI.

1792 il publia, dans les loisirs de sa retraite, un aperçu des leçons qu'il avait données à l'Université d'Édimbourg sur les principes de la morale et de la politique : *Principles of Moral and Political Science, being chiefly a Retrospect of Lectures delivered in the College of Edinburgh* (Édimbourg, 1792). Il a plusieurs fois l'occasion d'y employer *civilization* (I, 207, 241, 304; II, 313), mais à cette date le mot n'a plus rien d'insolite. Un de ces exemples doit retenir l'attention : « The success of commercial arts, divided into parts, requires a certain order to be preserved by those who practise them, and implies a certain security of the person and property, to which we give the name of civilization, although this distinction, both in the nature of the thing, and derivation of the word, belongs rather to the effects of law and political establishment on the forms of society, than to any state merely of lucrative possession or wealth » (I, p. 241). L'expression « ...to which *we* give the name of civilization » est ambiguë : est-ce le « nous » de l'usage commun ? ou celui de l'auteur qui crée une nouvelle expression ? Il faudrait tâcher d'établir la date de première rédaction de cet essai, si les manuscrits de Ferguson subsistent encore, pour décider s'il se réfère, ou non, à un vocable de sa propre invention.

Nous terminons sur cette suggestion de nouvelles recherches, à poursuivre en Angleterre, et qui seules pourront élucider le point que nous laissons encore en suspens : si *civilisation* a été inventé deux fois, en France et en Angleterre, indépendamment et vers la même date, ou si c'est le français qui l'a seul introduit dans le vocabulaire de l'Europe moderne.

Index

Table

PRÉFACE

Ouvrage reproduit
par procédé photomécanique.
Impression Bussière
à Saint-Amand (Cher), le 2 février 2006.
Dépôt légal : mai 2004.
1ᵉʳ dépôt légal : février 2006.
Numéro d'imprimeur : 060248/1.

ISBN 2-07-029338-6./Imprimé en France.